EINVERSTANDEN, E.H.

EINVERSTANDEN, E.H.

Parteiinterne Hausmitteilungen, Briefe,
Akten und Intrigen aus der Honecker-Zeit.

Herausgegeben von Henrik Eberle und Denise Wesenberg

Schwarzkopf & Schwarzkopf Verlag

Vorbemerkung

Ganz gleich ob man russische, deutsche oder chinesische Sprichwörter zitiert, die Weisheit bleibt die gleiche: Hinterher ist man schlauer. Auch Marx passt immer: »Der Sieg gehört dem Stärkeren.« Und Nietzsche empfiehlt: »Nur aus der höchsten Kraft der Gegenwart dürft ihr das Vergangene deuten!«

Aber gerade das möchte dieses Buch nicht. Hier sind Momentaufnahmen versammelt, die auf den ersten Blick widersprüchlich wirken. Der erste Deutsche im All war ein DDR-Bürger, aber 1989 wurden Unterhosen im Selbstbausatz geliefert. Erich Honecker erlaubt den Druck verbotener Bücher, wenige Jahre später wird Wolf Biermann ausgewiesen. Die Bürger des Landes lebten mit den Widersprüchen der »Übergangsgesellschaft«, engagierten und arrangierten sich. Der Alltag war oft wichtiger als die Politik. Es ging um Kräutertee und Schweinefleisch, um Ersatzteile, Fliesen und das Abo für die »Wochenpost«. Die Sorgen der Bürger wurden an die Partei herangetragen: Werden Wecker nur noch an Schichtarbeiter verkauft? Wie krank ist Genosse Breshnew? Kann SAT 1 mit der Gemeinschaftsantenne empfangen werden? Warum hat Bundeskanzler Helmut Schmidt seinen Besuch in der DDR abgesagt?

Die Partei hatte zwar immer Recht, wusste aber nicht auf alle Fragen eine Antwort.

Heute fiele die Antwort leicht, denn hinterher...

Aber wir möchten eigentlich nicht antworten. Statt dessen wollen wir Sie einladen, die Politik der Partei, die Wünsche und Hoffnungen der Bewohner der DDR aus einer anderen, historischen Perspektive zu betrachten.

Halle (Saale) im Frühjahr 1999

Henrik Eberle
Denise Wesenberg

Inhalt

I. Der Generalsekretär...   13

... schätzt Fotos nur in höchster Qualität 14
... lässt verbotene Bücher zu 14
... schenkt den Künstlern Vertrauen 15
... nimmt Bürgerprotest zur Kenntnis 16
... verliert einen Freund 17
... möchte, dass Armin Mueller-Stahl hierbleibt 18
... unterstützt die Verbreitung von Thrillern 24
... läßt »Aus meinem Leben« verfassen 24
... ordnet eine Auswertung an 27
... macht Deutschlandpolitik 29
... begutachtet Tapetenkollektionen 31
... bestätigt Anträge auf Ausreise 32
... beendet die Kooperation mit den Kirchen 33
... verschenkt Lindenbäume 34
... ist Zielscheibe des Hasses 37
... erlaubt vorsichtige Annäherungen 38
... rehabilitiert Karl May 39
... genehmigt Anträge auf Einreise 41
... hält ein knappes Schlußwort 45

II. Weggefährten   47

Fordert Menschenrechte: Werner Lamberz 48
Die 12. These über Feuerbach: Jürgen Kuczynski 48
Verursacht Gerüchte: Leonid Breshnew 49
Reagiert angemessen: Ursula Pohl 50
Befördert Reservisten: Oberstleutnant Weller 50
Erfolgreicher Handballer: Oberleutnant Engel 51
Widersacher: Klaus Höpcke und Erich Loest 52
Wird befördert: Heinrich Fink 52
Nimmt Stellung: Olaf G*. 54
Inszeniert Parteitage: Horst Dohlus 55
Übt hochprozentige Kritik: Herbert Kroker 56
Betrügt die Partei: Postenführer Sch*. 58
Der treueste Blockfreund: Gerald Götting 60
Gibt die Waffe ab: Konrad Naumann 61

Fordert Sonderschichten: Horst Schumann 62
Freut sich herzlich: Manfred Stolpe 63
Zuständig für Abtreibungen: Inge Lange 64
Mag keine Drecksender: Günter Schabowski 65
Klatscht Beifall: Manfred Stein 66

III. Politische Probleme   71

Abtreibungen legalisieren 72
Olympia '72 gut vorbereiten 75
Sozialistische PV zum Sieg führen 77
Mangelnde Gastfreundschaft registrieren 78
Statistiken der Religiosität erarbeiten 79
Losungen einsammeln 80
Schwierigkeiten mit Pfarrer Reupert klären 80
Die Besten auszeichnen, aber würdevoll 81
Die Gedenkstrategie ändern 83
Feindbilder am Leben erhalten 84
Entscheidenden Kampfabschnitt herausarbeiten 87
Waffenbesitzer orten 88
Traditionen pflegen, oder nicht 89
Einschaltquoten zur Kenntnis nehmen 91
Gefälschte Briefe an das MfS weiterleiten 91
Das Klinikum Berlin-Buch sanieren 93
Anklagen von Amnesty International prüfen 96
Mehr Weiblichkeit durchsetzen 97
Don Quichotes an die Stasi weiterreichen 98

IV. Thema Nummer 1: Die Versorgung   103

High-tech Probleme 104
Kartoffelernte: Mal so... 105
... mal so 106
Getränke-Kader lassen nichts übrig 106
Die erste echte Versorgungskrise 108
Volvos in der Provinz? Merkwürdig! 109
Persil wird knapp 111
Korruption durch Knappheit 112
»Wo leben Sie denn?« 113
Engpass trotz Planerfüllung: Altenburger Klarer 113

7

Der Star auf dem Schwarzmarkt: Mazda 323 115
Gegen Wurstknappheit offensiv diskutieren 116
Schlecht verteilt: Kräutertee 119
FF-Dabei & Wochenpost sind zu beliebt 120
Wir zuerst! 122
Folgen eines Referates 122
Betr.: Damenschlüpfer zum Selbstnähen 124

V. Das Museum der Nichtigkeiten   127

Kurt Hager befielt eine Kalenderreform 128
Neue Banner braucht das Land 128
Neue Computer hat das Land 129
Die Würdigsten werden ausgezeichnet 129
Verdiente Kollektive werden lobend erwähnt 130
Kontrolle muß gewährleistet sein 131
Der Funktionär muß bewaffnet sein 132
Organisatorisches I: Autogrammwünsche 132
Organisatorisches II: Durchsicht 132
Organisatorisches III: Gehaltsfeststellung 133
Selbstbedienung I: Bootssteg 133
Selbstbedienung II: Datsche am See 134
Glückwunsch I: Zum 50. 134
Glückwunsch II: Von Aufbauleiter Klauschke 135
Glückwunsch III: KGB an SED 135
Glückwunsch IV: Für Erich Mielke 136
Glückwunsch V: Frieden & soziale Geborgenheit 137
Segenswünsche für den Funktionär 138
Die letzten (offiziellen) Worte des Armeegenerals 138
Für Verdienste: Ein Orden für die Funktionärin 140
Für Verdienste Ein Kessel Buntes für den Brigadier ... 141

VI. Gegner: Christen, Drucker, Linksabweichler   143

Christen verteilen modernistische Kleinschriften 144
Oskar Schulze schreibt Briefe 145
Das Sprengkommando droht 147
Familie F. will weg 147
Oskar Brüsewitz verbrennt sich 148
Horst von Trümpling ist gegen den Schah 149

Rudolf Bahro verursacht internationales Aufsehen 155
Ein selbsternannter Kandidat 156
Auch Werktätige sind reiselustig 157
Besorgt: Robert Havemann 158
Mutige Buchbinder 165
Die Kirche informiert sich 167
Drucker drucken »Fehler« 169
Sogar Parteihochschüler protestieren 169

VII. Kulturpolitik   Ein weites Feld 171

F. K. Kaul leidet an den »Leiden des jungen W.« 172
Solidarität findet ohne Wolf Biermann statt 174
Erik Neutsch erwartet klare Weisungen 174
Pro-Biermann-Proteste werden registriert 176
Contra-Biermann-Resolutionen werden organisiert . . . 177
Die Amerikaner laden sich Gäste ein 178
Die Verluste gehen an die Substanz 179
Schreibt keinen Abschiedsbrief: Anna Seghers 180
Zwei Meinungen: Otto Gotsche & Stephan Hermlin . 181
Stefan Heym ist ein kaputter Typ, oder? 183
Ein Orden wird gestiftet 184
Ein Nobelpreis für die DDR? 185
Jugendtanzkapellen werden zur Ordnung gerufen 186
Mehr Frau! 187
Wilhelm Girnus findet einiges zum Kotzen 190
Eklat durch Beckmann 194
Preisverleihung auf dem Land 196
Genug gewandert! 197
Betr. Nationalpreis 198
Wolfgang Mattheuer kündigt die Gemeinschaft auf . . . 199

VIII. Stars im Sozialismus 203

Die Bürkholz-Formation wird aufgelöst 204
Nina Hagen erhält ein künstlerisches Profil 206
Dean Reed ist politisch naiv 208
Der brave Schüler Ottokar bekommt einen Tadel 211
Veronika Fischer reist zeitweilig aus 217
Die Noch-nicht-Stars werden in Schutz genommen . . . 217

Gisela Karau bekommt Ärger im Rate-Team 219
Kurt Masur setzt Neuregelungen durch 220
Die Puhdys suchen nach Kraftfahrzeugen 221
Helga Hahnemann möchte im RIAS auftreten 223
Pankow wacht auf 224

IX. Die Jugend und ihre Erzieher 227

Tramper werden zum Problem 228
»Wenn es Lenin wäre... « 229
Junge Pädagogen sind angewidert 230
Raus aus der FDJ 232
Die Gewerkschaft stimmt der Entlassung zu 233
Den ersten Deutschen im All feiern 234
Junge Pioniere aus der BRD lieben die DDR 235
Vom Blauhemd in den Waffenrock 238
Die westliche Friedensbewegung unterstützen... 238
... und die östliche behindern 240
Heraus zum 1. Mai! 241
Probe für den Ernstfall 242
Friedensbewegte Lehrlinge 243
Mangelnde Treue zur Sowjetunion 244
Für eine erfolgreiche Erziehungsarbeit 245
Pioniere grüßen den Parteitag 246
Kiew ist keine Reise wert 247

X. Die DDR und die Welt Die Welt und die DDR 249

Bulgarische Eitelkeiten befriedigen 250
Angolanische Verwundete versorgen 251
Sao Tomé e Principe Geschenke bringen 252
»Ausländische« Korrespondenten zurechtweisen 253
Antichinesischen Protest zelebrieren 256
Die Merseburger Völkerschlacht untersuchen 256
Die polnische Konterrevolution aussperren... 258
... aber sie ist schon da 258
Über Pelzmäntel nachdenken 260
Polen abwimmeln 260
Marx nach Afrika exportieren 262
Entschädigungsansprüche zurückweisen 263

Heino stört in Bagdad 265
Westgeld eintauschen 267
Den USA-Imperialismus in die Schranken weisen 267
Polnische Pfadfinder betreuen 270
Bummi hilft in Nikaragua 270
Über die USA informieren 272
Scheinparlamente unterstützen 272
Den USA-Imperialismus einladen 273

XI. Die SED zerfällt   275

Ruth P*. ist enttäuscht 276
Das Wichtigste: Gemütlichkeit 279
Fehlbetrag und Kurzschlusshandlung 280
Unpolitisches Fernsehen 280
Genosse Kowalski legt kein Bekenntnis mehr ab 282
Ein Marx-Promoter geht 282
Auch ausgewählte Kader gehen 285
Der Schlingerkurs sorgt für Unruhe 286
Die Partei ist erpressbar geworden 288
Die Verwaltung verhält sich kapitulantenhaft 288
Erik Neutsch fragt sich: Was wird aus uns? 289
Christa Wolf zieht sich zurück 293
Markus Wolf vereinbart einen Termin 294

XII. Der Untergang   297

Viel Volk sammelt sich beim Kirchentag 298
Krawall an der Zionskirche 302
Kohl schaut schon mal... 305
Eine detaillierte Meldung aus Karl-Marx-Stadt 306
Probleme mit der Kandidatenkür 310
Ausländerfeinde lokalisieren 311
Ein Konzert in Frauenstein/Erzgeb. 312
Weg. Nur weg hier. 314
Die Hildebrandts fordern »Realitätsempfinden« 315
»Nennen Sie das Menschenrechte?« 318

Anhang 321

Quellen. 321
Nachwort 330
Personenregister. 337
Abkürzungsverzeichnis. 345
Editorische Notiz 352
Danksagung 352
Die Herausgeber 352

I. Der Generalsekretär...

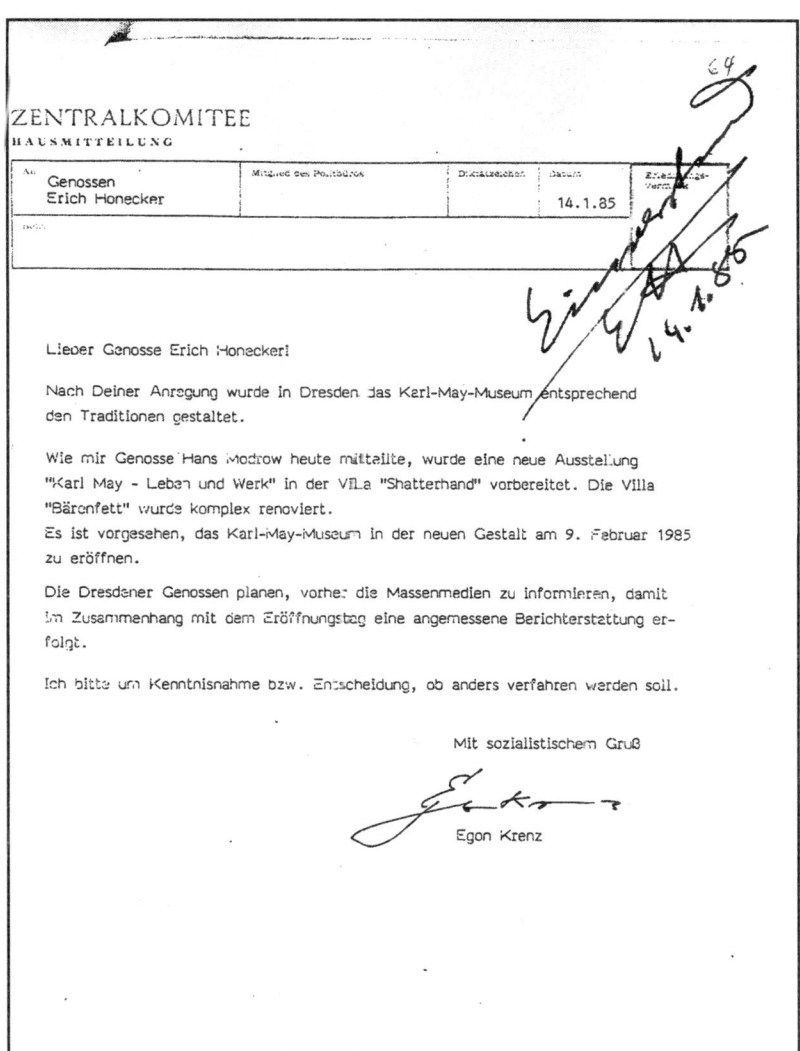

ZENTRALKOMITEE
HAUSMITTEILUNG

An: Genossen Erich Honecker	Mitglied des Politbüros	Diktatzeichen	Datum 14.1.85	Erledigungs-Vermerk
Betr.:				

Lieber Genosse Erich Honecker!

Nach Deiner Anregung wurde in Dresden das Karl-May-Museum entsprechend den Traditionen gestaltet.

Wie mir Genosse Hans Modrow heute mitteilte, wurde eine neue Ausstellung "Karl May - Leben und Werk" in der Villa "Shatterhand" vorbereitet. Die Villa "Bärenfett" wurde komplex renoviert.
Es ist vorgesehen, das Karl-May-Museum in der neuen Gestalt am 9. Februar 1985 zu eröffnen.

Die Dresdener Genossen planen, vorher die Massenmedien zu informieren, damit im Zusammenhang mit dem Eröffnungstag eine angemessene Berichterstattung erfolgt.

Ich bitte um Kenntnisnahme bzw. Entscheidung, ob anders verfahren werden soll.

Mit sozialistischem Gruß

Egon Krenz

... schätzt Fotos nur in höchster Qualität

*Der Machtwechsel von Ulbricht zu Honecker bedeutete auch den Aus-
tausch aller offiziellen Porträts in Behörden, Schulen und Gaststätten.
In Quedlinburg ging dabei etwas schief. Honecker zeichnete die recht-
fertigende Hausmitteilung der Abteilung Agitation vom 10. April 1972
ohne Kommentar ab.* [1]

Von der ZPKK ist uns signalisiert worden, daß über den Kunstsalon
Quedlinburg ein Porträt des Genossen Erich Honecker verbreitet
wurde, das den Qualitätsanforderungen in keiner Weise genügte. Die
Ermittlungen ergaben, daß der Kunstsalon Quedlinburg bei ADN-
Zentralbild 120 Fotos des Gen. Honecker bestellt hat, um die diesbezügliche große Nachfrage zu befriedigen. Zentralbild beauftragte mit
der Herstellung der Abzüge ein privates Fotolabor, verabsäumte jedoch die Qualitätskontrolle bei der Auslieferung. Der Direktor von
Zentralbild wurde wegen dieser Nachlässigkeit gerügt. Im ADN-Zen-
tralbild sind die notwendigen Maßnahmen ergriffen worden, die eine
Wiederholung derartiger Vorfälle ausschließen.

*Mit sozialistischem Gruß
Hans Modrow*

... läßt verbotene Bücher zu

*Am 22. Juni 1972 rezensierte Günter Zehm in der »Welt« den »König
David Bericht« von Stefan Heym. Zehm charakterisierte das Buch als
»brillant, amüsant, elegant«. Es sei sowohl Kritik der Geschichte als
auch Kritik der Gegenwart, ein Gleichnis für die Stalin-Zeit, ja sogar ein
»Paradigma für die Schwierigkeiten eines Intellektuellen unter einem
totalitären Regime überhaupt.« Erich Honecker gab die Rezension noch
am selben Tag mit einer Randbemerkung an Kurt Hager, verantwortli-
ches Politbüromitglied für Kultur, weiter.* [2]

Gen. K. Hager,
kann man das Buch nicht auch bei uns erscheinen lassen. *EH*

Das Buch erschien noch im selben Jahr in der DDR.

... schenkt den Künstlern Vertrauen

Walter Ulbricht pflegte den Künstlern zu sagen, wie er sich Kunst vor-
stellte: repräsentativ, pathetisch, realistisch. Erich Honecker hatte nicht
das Bedürfnis, der Umwelt seinen Stempel aufzudrücken. Daher über-
ließ er auch die Gestaltung des Marx-Engels-Denkmals in Berlin den
Experten. Politbüromitglied Albert Norden wünschte sich wohl man-
ches Mal die alten Zeiten zurück. So in einer Hausmitteilung für Erich
Honecker am 28. Juni 1977.[3]

Lieber Erich!

Im Zusammenhang mit der heutigen Beschlußfassung über die weitere
Gestaltung des Marx-Engels-Platzes ist für mich offen geblieben, ob
wir die Konzeption zur Errichtung des Denkmals oder schon den Entwurf eines Denkmals beschlossen haben. So wie es auf dem Foto steht,
haben wir es mit formaler Steifheit der Figuren zu tun (im Gegensatz
zu dem in der Diskussion von Dir zu recht zitierten Lenin-Denkmal auf
dem Leninplatz). Dort erlebt man schwungvolle Belebung und Bewegung. Weshalb steht Engels, während Marx sitzt? Was soll damit ausgedrückt werden? Worauf sitzt Marx? Ist das die normale Haltung
eines Geistesriesen? Muß man nicht befürchten, daß er von dem ultra-
schmalen Sitz im nächsten Augenblick herunterfällt? Was ist der Sinn
der kubistisch anmutenden Formen zwischen Marx und Engels? Diese
Fragen stellten sich mir beim Betrachten des Fotos.
 Du hattest vollkommen recht, in der Diskussion zu betonen, daß es
allerhöchste Eisenbahn ist, ein repräsentatives Marx-Engels-Denkmal
in der Hauptstadt zu haben. Und ich meine zusätzlich, daß die Gestaltung des ersten bedeutsamen Denkmals der Schöpfer unserer Weltanschauung für Jahrhunderte Geltung haben muß.
 Ich wollte vor den vielen Leuten und vor allem angesichts des Künstler selber das nicht laut sagen. Dir gegenüber aber fühle ich mich verpflichtet, meine Gedanken und Gefühle offen auszusprechen.

Mit sozialistischem Gruß, Albert Norden

Norden erlebte die Einweihung des Denkmals nicht mehr. Marx blieb
sitzen, Engels stand.

... nimmt Bürgerprotest zur Kenntnis

Im Herbst des Jahres 1977 wandten sich Mitglieder der Gärtnerischen Produktionsgenossenschaft (GPG) in Altenburg an Erich Honecker mit einer Beschwerde.[4]

Sehr geehrter Genosse Honecker!

Die von Jahr zu Jahr wachsende Antreiberei zur Arbeit und Mehrleistung, fortwährende Erhöhungen der sogen. Solls auf gleicher Fläche zur Erreichung höherer Erträge, an denen die Bürokräfte ihren Anteil durch hohe Prämien haben, hat zu einer Überforderung aller Mitglieder, Brigadiere und Beschäftigten geführt, die alle kaum erwarten können, daß sie in das Rentenalter kommen, damit sie diesen Beruf aufgeben können und sich anderen Beschäftigungen zuwenden können. Die allerseits notwendige Mitarbeit der Frauen, um in diesem schlecht bezahlten Beruf leben zu können, auch bei kinderreichen Familien, hat zu einer Verwilderung der Kinder geführt, daß dieser Zustand schon zu Schlägereien in der Schule zwischen Kindern und Lehrern und Lehrerinnen geführt hat, die schlechte Verteilung der erzielten Gewinne hat ein Übriges getan.

Wir schlagen deshalb vor, mit sofortiger Wirkung die GPG Altenburg aufzulösen, die Betriebe, in denen sehr viel Geld verbaut wurde, zu VEB zu machen und die anderen ihren Einbringern wieder zurückzugeben.

Die GPG Cyclamen in Gössnitz und die GPG in Schmölln können das gleiche Verfahren erhalten, da die Probleme dort dieselben sind. Unsere 3 Genossenschaften wurden zur gleichen Zeit gegründet. Damals wurde in Aussicht gestellt, daß alle Gärtnereien in Genossenschaften erfaßt würden, jedoch ist dazu in keiner der Städte Meuselwitz, Ronneburg, Meerane und Glauchau und vielen anderen mehr jemals der Versuch unternommen worden.

Was die beiden Städte Schmölln und Gössnitz betrifft, so könnten Sie ja deren Mitglieder dazu hören, die Adressaten sind:

GPG Schmölln Vors, G. Rüdiger 742 Schmölln
und GPG Cyclamen 0422 Gössnitz Vors. M. Bauch

Kollege Bauch ist zwar bald 80 Jahre, gilt aber hier als großer Kenner aller gärtnerischen Dinge.

Für Altenburg benennen wir die Kollegen H. Buchs, W. Schubert, Rinnebach und H. Schmidt, Altenburg 74,
Alle haben Abschriften des Briefes erhalten.

Die meisten der Mitarbeiter
der GPG Altenburg

Honecker gab das Schreiben an die Kreisleitung der SED Altenburg zur Klärung des Sachverhalts. Der 2. Sekretär verfasste am 28. Dezember einen abschließenden Bericht, in dem er feststellte, »daß der besagte Brief keine Basis bei den Genossenschaftsgärtnern und Beschäftigten der GPG« habe und auch in Diskussionen »keine Rolle« spiele. Die Kreisleitung werde jedoch die GPG politisch »unterstützen«, ein »verantwortlicher Genosse des Apparates« werde künftig an »jeder Parteileitungssitzung und Mitgliederversammlung« teilnehmen. Der abschließende Bericht ging an die SED-Bezirksleitung Leipzig. Honecker wurde, wenn überhaupt, durch den üblichen Monatsbericht informiert.

... verliert einen Freund

Am 6. März 1978 starben das Politbüromitglied Werner Lamberz und der ZK-Abteilungsleiter Paul Markowski beim Absturz eines Hubschraubers in der libyschen Wüste. Erich Honecker verlor mit Lamberz einen Mitstreiter, dem er unbedingt vertrauen konnte. Doch auch ein Teil der Bevölkerung trauerte um den scharfzüngigen und weltoffenen Funktionär. Am 10. März sandte das Schriftstellerehepaar Wera und Klaus Küchenmeister Erich Honecker ein Beileidsschreiben.[5]

Lieber Erich,

in diesen trüben Tagen sollst Du wissen, viele empfinden tiefe Trauer. Obwohl Dein Schmerz besonders hart sein muß. Wir beide haben teure Genossen verloren, Du aber zwei Freunde.

Angesichts des Verlustes fühlen wir uns innerlich aufgefordert, so gut es geht, mit verstärktem Einsatz, jeder auf seinem Platz der internationalistischen Arbeit zu dienen.

Es wäre leichtfertig zu sagen: Keiner ist unersetzlich. Trotzdem, dessen sind wir gewiß, eines Tages werden wir mit der Kraft unserer Partei die Reihe wieder schließen.

In herzlicher Verbundenheit
Deine Wera und Klaus

... möchte, dass Armin Mueller-Stahl hierbleibt

Armin Mueller-Stahl gehörte 1976 zu den Unterzeichnern der Protestresolution gegen die Ausbürgerung Wolf Biermanns. Die SED-Funktionäre nahmen ihm das ganz besonders übel. Denn Mueller-Stahl hatte in »Das unsichtbare Visier« den MfS-Kundschafter Achim Detjen gespielt, eine Heldenfigur, mit der sich ganze Truppenteile identifizierten. Nach dem Protest bekam der Schauspieler keinen Fuß mehr auf die Erde, Rollenangebote wurden zurückgezogen, der Film »Geschlossene Gesellschaft« nur ein einziges Mal gezeigt. Am 13. März 1979 wandte er sich deswegen an Erich Honecker.[6]

Sehr geehrter Genosse Honecker,

ein sehr kurzfristiges Angebot, in einem Film der BRD eine Hauptrolle zu spielen, eine Rolle, nach der sich ein Schauspieler alle zehn Finger leckt, liegt vor, ein annehmbarer Film in jeder Hinsicht.

Diese Arbeit wurde mir abgelehnt, warum, weswegen, ich weiß es nicht.

Ich verzichte darauf, alle meine Querelen, die ich in unzähligen Gesprächen und auch schriftlich dargelegt habe, zu wiederholen, nur soviel, es wurde mir Vertrauen zugesichert, zugesichert auch, daß Partei und Regierung auf mein Hierbleiben wert legen, versprochen im kapitalistischen Ausland arbeiten zu können, überhaupt ein größerer beruflicher Spielraum, man sprach von einem Peter-Schreier-Status, heute nun muß ich feststellen, daß jene Versprechungen nicht gelten, nie gegolten haben.

In mehreren Gesprächen mit Werner Lamberz, dessen viel zu früher Tod mich tief betroffen gemacht hat, wurden diese Angebote erhärtet, lagen sie konkret auf dem Tisch.

Heute nun, da ich mich das erstemal auf diese Absprachen berufen möchte, steht keine Genehmigung, steht ein Verbot. Kein Wort der Erklärung, keines der Verständigung, verboten, so einfach geht das.

Wort gegen Verbot. Das ist deprimierend und unverständlich, da doch eine Reihe von Kollegen im kapitalistischen Ausland auftreten, auch im Fernsehen und auch zum Ansehen der Republik. Wenn es nun daran liegen sollte, daß, wie mir mitgeteilt wurde, diese Arbeit unerwünscht sei, wegen meiner Migliedschaft im Fernsehensemble, werde ich, dies vorweggesagt, aufhören es zu sein, werde ich die Mitgliedschaft aufkündigen. Es ist doch wirklich schwer zu begreifen, daß damalige Absprachen, dem Fersehmitglied angeboten, heute, eben wegen dieser Mitgliedschaft, keinen Bestand mehr haben sollen.

Ich bin mir über die Ungewöhnlichkeit dieses Briefes im klaren, aber meine Situation ist es auch, und ich sehe diesen Brief als die letzte Möglichkeit an, Klarheit in dieser Angelegenheit zu schaffen. Ich bitte Sie um eine kurzfristige Genehmigung, die Zusage müßte in dieser Woche erfolgen, da der erste Drehtag am 19. März stattfinden soll.

Ich bedanke mich und grüße Sie.
Armin Mueller-Stahl

Erich Honecker notierte am 13. März an den Rand des Schreibens: »Kommt nicht in Frage.« Armin Mueller-Stahl schrieb am 24. Juli 1979 noch einmal an den Generalsekretär.

Sehr verehrter Genosse Honecker,

ich denke, daß es vorkommen darf, daß ein, in seinem Lande populärer Schauspieler, in einer für ihn ausweglosen Situation, sich an das Staatsoberhaupt wendet; dies vorweg, damit geklärt ist, daß ich nicht leichtfertig und unbedacht Ihre Zeit in Anspruch nehme.

Ich bitte Sie mit allem Nachdruck, mir und meiner Familie, die schon vor zwei Jahren genehmigte, dann verweigerte Ausreise zu genehmigen. In diesem Brief steckt der Wunsch und das Angebot, diese Angelegenheit fair abzuwickeln.

Als ich Sie vor kurzem bat, es mir zu ermöglichen, in der BRD einen wichtigen, einen annehmbaren Film drehen zu dürfen, tat ich es, weil mir eine Traumrolle angeboten wurde (von den ca. 60 Spiel- und Fern-

19

sehfilmen, die ich machte, hätte dieser zweifelsfrei zu den drei Wichtigsten gehört), die ich, weil ich glaubte, sie obendrein besonders gut spielen zu können, auch spielen wollte, tat ich es, weil mir wichtig schien zu klären, ob eine früher gegebene Zusage Bestand hat, tat ich es, weil ich hoffte, daß irgendwie und irgendwo ein Gespräch zustande käme, das Aufschluss darüber gibt, ob noch eine Spur von gegenseitigem Vertrauen vorhanden ist.

Es kam kein Gespräch zustande, lediglich ein lapidar mitgeteiltes Verbot (man wäre nicht daran interessiert, daß ich in einem ausländischen Film mitwirke) vom Fernsehen der DDR.

Der Tatsache, daß ich im Sommer 77 einen Ausreiseantrag stellte, gingen unzählige Querelen voraus, die verdeutlichten, so schien es, wie wenig wert auf mich gelegt wurde. Arbeitsstreichungen, Drohungen, Gerüchte, Briefe, die nicht beantwortet wurden, kurz: ich wurde behandelt wie jemand, den man nicht haben will. Während ich meine Sachen verpackte, kamen andere Gesprächspartner mit neuen Gesprächsinhalten; waren es vorher Unfreundlichkeiten, waren es nun ausschließlich Freundlichkeiten; z.B. das Angebot, im kapitalistischen Ausland drehen bzw. arbeiten zu dürfen. Man sprach wörtlich von einem »Peter-Schreier-Status«.

Wie sehr kann man das eigentlich mißverstehen?

War das Versprechen, im kapitalistischen Ausland arbeiten zu dürfen, am Ende gar kein Versprechen? Nur eine freundlich-machende Wortattrappe?

Oder habe ich mir dieses Versprechen verwirkt?

Und wenn ja – wodurch?

Die Mißverständnisse haben sich vervielfältigt, die klärenden Gespräche dagegen auf Null reduziert.

Damals, als mir der schon genehmigte Antrag verweigert wurde, akzeptierte ich stillschweigend diesen Vorgang, machte mir Vorwürfe, die weiße Fahne zu früh gehißt zu haben; ich wollte nicht fehlen, wenn in strittigen Fragen eine großzügigere Handhabung verwirklicht würde. Auf die Zeit wollte ich vertrauen, die normalisiert, besonders aber auf den Film »Geschlossene Gesellschaft«, der helfen sollte, den entstandenen Mißtrauensberg, der zwischen meinen Kollegen und mir nach dem Ausreiseantrag entstanden war, abzutragen.

Die Vorgänge um diesen Film, von Verantwortlichen zunächst gelobt, später von Verantwortlichen als feindlich abqualifiziert, haben mich sehr betroffen gemacht. Dadurch, daß eine öffentliche Auseinandersetzung um diesen Film nicht geduldet wurde, dadurch, daß diese Tatsache, eine hinter der Hand geführte erst möglich machen konnte, ist das deprimierende Spiel des Mißtrauens wieder voll im Gang. Mehr denn je. Der Vorsitzende des Fernsehens, der es fertig brachte, einen Drehtag zu unterbrechen, um die Zurücknahme meiner Unterschrift von der leidigen Biermann-Petition zu erzwingen, hat bis heute, zweieinhalb Jahre danach, nicht das Herz gehabt, mir von sich aus ein klärendes Gespräch anzubieten, da doch alles ungeklärt blieb; die Gründe meines ersten Antrags haben fast alle noch Bestand.

Ich bin mir im klaren darüber, daß ein Schauspieler nicht nur Rosinen als Angebote erwarten kann; häufig genug muß er sich mit Brot begnügen; aber unsere Vorhaben (ich stand mit Freunden im Wort, eine psychologisch interessante Geschichte zu drehen, die längst abgelehnt wurde), waren Rosinen; die mir in der BRD abgelehnten Rollen waren Rosinen. (Ein weiteres Filmangebot aus der BRD, die faschistische Vergangenheit zum Thema habend, ein Film der bei uns hätte gedreht werden können, wurde mir ebenfalls abgelehnt). Wenn an mir auch nur eine Spur von Interesse vorhanden gewesen wäre, hätte man auf ein Gespräch mit Sicherheit nicht verzichtet.

Als mir das Verbot mitgeteilt wurde, versprach man, sich um Rollen für mich zu kümmern. Ich betonte, daß es für mich von großer Wichtigkeit ist, nach dem Ausreiseantrag und den Vorgängen um den Film »Geschlossene Gesellschaft«, in einer interessanten Rolle als nächstes aufzutreten, etwas was vom Genossen Selbmann auch verstanden wurde, so schien es. Unter keinen Umständen wollte ich, so sagte ich es, in einer Larifari-Komödie oder Abenteurergeschichte zu sehen sein. Angeboten wurden mir zwei grobgezimmerte Abenteurergeschichten – man hat nicht mit Interesse nach Arbeit für mich gesucht.

Die DEFA hat sich überhaupt nicht um mich gekümmert. Die Tatsache, daß ich den Hauptpreis für unseren Film »Die Flucht« in Karlovy Vary entgegennahm, fand kaum Beachtung, weder in unserer Presse noch bei der DEFA, ein bedauernswerter Vorgang, den ich beim Gen. Pehnert beklagte, der meine Sorgen aus unzähligen Gesprächen bestens kennt. Was hätte ich noch tun sollen? Mit dieser Geste legte ich den Kollegen als auch der internationalen Fachwelt klar, daß ich zur DDR gehöre. Irgendwann hätte das Mißtrauen mir gegenüber auch wieder aufhören müssen.

Die traurige Bilanz: Ich habe in den letzten zwei Jahren ganze 40 Tage gearbeitet, 40 Drehtage am Film »Geschlossene Gesellschaft«, und so wie er gezeigt wurde, wäre er besser nicht gezeigt worden, Gespräche und Post bestätigen mir das.

Es scheint nicht nur so, daß dieselben Leute, die mir damals meinen Entschluß, weggehen zu wollen, verübelten, mir heute verübeln, daß ich nicht gegangen bin. Mittlerweile, so hat es den Anschein, ist das Verhältnis zu denen, die 77 weggingen, entkrampfter, als zu mir, der ich blieb. Am Ende bin ich nur jemand lächerliches, semtimentalisches, jemand, der gebellt und nicht gebissen hat, jemand, der die Lippen gespitzt und nicht gepfiffen hat, kurzum: jemand, der nicht ernst zu nehmen ist, mit dem nach Belieben verfahren werden kann.

Aus diesem Zustand will ich mich schnellstens befreien.

Ich verlasse nicht nur mein Publikum mit Trauer, obwohl ich der Verantwortung ihm gegenüber entbunden bin, da ich ihm vorenthalten werde; ich verlasse auch mit Trauer mein Haus, das ich mit meiner Schwester gemeinsam aufgebaut habe, und an dem ich sehr hänge.

Während ich drehte, hat sie Mühe, Kraft und Einfälle investiert, häufig sich Tricks einfallen lassen, um die schwererhältlichen Materialien zu beschaffen, um aus einer häßlichen Ruine ein ansehnliches Haus zu gestalten. Ich möchte und sie möchte mit ihrer Familie dieses Haus beziehen, das soviel mit ihr zu tun hat.

Mit herzklopfendem Nachdruck bitte ich Sie darum, und ich möchte wiederholen, was ich in meinem ersten Antrag formulierte: Niemand wird glauben, daß mir mit meinen knappen 50 Jahren sowas wie materielle Vorteile oder eine neuerliche Karriere vorschwebt, bis zum Rentenalter verbleiben mir nur noch wenige Jahre, selbst zu bestimmen, wie ich leben und meine Probleme lösen will – ich möchte für mich selber zuständig sein dürfen.

Ich bitte Sie, die Ausreise für mich, meine Frau und meinen 5jährigen Sohn zu genehmigen. Wir wollen zu meinem Bruder und der übrigen Familie in die BRD.

Ich bitte sehr, meinen Antrag zu bewilligen, mein Entschluß ist endgültig.

Ich grüße Sie
Armin Mueller-Stahl

Ich bitte um nichts, außer, daß ich behandelt werde wie jemand, der diesem Lande auch genützt hat.

Ursula Ragwitz, Leiterin der Kulturabteilung des ZK, nahm zu Mueller-Stahls Schreiben am 16. August 1979 Stellung. Sie warnte Honecker, dass sich »eine sofortige Genehmigung des Ausreiseantrags politisch nicht günstig auswirken würde.« Sie schlug vor, für »1980 oder 1981« Möglichkeiten für eine »weitere Tätigkeit« des Schauspielers bei der DEFA zu suchen. Erst nach dem Scheitern derartiger Angebote wäre es zweckmäßig, »wenn Du dem Bürger Mueller-Stahl die Ausreise genehmigst.«[7] Erwartungsgemäß ergaben die Aussprachen mit Mueller-Stahl unüberbrückbare Differenzen. Und so notierte ein Mitarbeiter des ZK am 5.9.1979 die Linie für den weiteren Umgang mit Mueller-Stahl.[8]

Auftrag des Genossen Erich Honecker

1. Nach den Feierlichkeiten zum 30. Jahrestag der DDR wird ein zuständiger Genosse des Ministeriums des Innern auf Mueller-Stahl zukommen, um die Formalitäten für eine zeitweilige Ausreise (für 3 Jahre) unter Beibehaltung der Staatsbürgerschaft der DDR mit ihm zu erledigen.

2. Ab sofort wird von mir Mueller-Stahl benachrichtigt, daß der Vorsitzende des Staatsrates sein Schreiben an den zuständigen Minister des Innern mit der Empfehlung gegeben hat, diese Angelegenheit im konstruktiven Sinne zu bearbeiten. Seitens des Ministeriums des Innern wird in Erwägung gezogen, ihm eine zeitweilige Ausreise für zunächst 3 Jahre (mit Familie) zu gestatten – unter Beibehaltung der Staatsbürgerschaft der DDR.

Termin für die Ausreise: nach Ausstellung der Dokumente, ab Mitte Oktober.

Mueller-Stahl verließ die DDR 1980.

... unterstützt die Verbreitung von Thrillern

Erich Honecker las nicht viel in seiner gering bemessenen Freizeit, aber Harry Thürks Thriller »Der Gaukler« muss ihm gefallen haben. Das Buch schilderte den Weg des zweitklassigen Sowjetliteraten Wetrow, der von der CIA systematisch zum Regimekritiker aufgebaut und im Westen mit Preisen überhäuft wurde. Ähnlichkeiten zu lebenden Personen waren nicht zufällig. Am 19. April 1979 berichtete Joachim Herrmann über die Unterstützung für den politisch erwünschten Bestseller.[9]

Lieber Genosse Honecker!

Entsprechend Deinem Auftrag kann ich Dir mitteilen, daß das Buch von Harry Thürk »Der Gaukler«, um eine schnelle Befriedigung der großen Nachfrage zu ermöglichen, als Paperback in einer Auflage von 100 000 Exemplaren (2 Bände) herausgegeben wird.

Der Termin des Beginns der Auslieferung ist der 24. April 1979.

Mit vielen Grüßen
J. Herrmann

... läßt »Aus meinem Leben« verfassen

Erich Honecker wurde von Pergamon Press, einem Verlag im Firmenimperium Robert Maxwells, gebeten, eine Autobiografie für die Reihe »Leaders of the world« zu verfassen. Das Institut für Marxismus-Leninismus trat in Aktion und lieferte einen Entwurf ab. Inoffizieller Leiter des Autorenkollektivs wurde Politbüromitglied Kurt Hager, da das IML zu seinem Bereich gehörte. Die Autoren Günther Heyden und Gerhard Roßmann stimmten das Manuskript mit Hager ab, der auch die anderen Politbüromitglieder um Stellungnahmen zu dem Entwurf bat. Axen sandte seine Bemerkungen im März 1980 an Kurt Hager.[10]

Lieber Kurt!

Wie besprochen, übermittle ich Dir beiligend einige Bemerkungen zum Entwurf der Autobiografie. Es wäre mir angenehm, wenn ich die Meinung der Redaktionskommission bekäme, im allgemeinen sowie auch zu meinen Bemerkungen.

Axen

Bemerkungen zum Entwurf der Autobiographie

Insgesamt finde ich inhaltlich den Entwurf sehr gut. Er vermittelt überzeugend die Gewißheit von der Überlegenheit und vom Sieg des Kommunismus. Das ist das Stärkste und das Wichtigste. Großartig sind die Charakterzüge der Arbeiterklasse, der Kommunisten und der Heroismus unserer Partei getroffen. Es ist in seiner Art ein sehr gelungener Beitrag zur Geschichte der Partei, ein Musterbeispiel, wie man Autobiographien schreiben soll.
Ich habe nur wenige Bemerkungen:
1. Der Inhalt ist sehr klug und überlegt ausgewählt und geordnet. Er betrifft das Wesentliche, das Allgemeingültige, das durch den persönlichen Kampf so stark wirkt. Dennoch bitte ich zu prüfen, ob nicht das Kapitel »Treffen auf der Krim« ergänzt und erweitert werden müßte durch eine geraffte Darstellung der aktiven, führenden und leitenden Teilnahme bei wichtigen Ereignissen der internationalen kommunistischen Bewegung. Immerhin hat der Autor eine maßgebliche Rolle und bedeutende Verdienste z.B. um das Gelingen des Konsultativtreffens der kommunistischen und Arbeiterparteien 1968 in Budapest, um die Vorbereitung und erfolgreiche Gestaltung der Internationalen Beratung der kommunistischen und Arbeiterparteien Moskau in Juni 1969, um die Berliner Konferenz der kommunistischen und Arbeiterparteien Europas Berlin 1976. (Es wäre auch noch einmal zu erwägen, ob nicht die Teilnahme an wichtigen Parteitagen von Bruderparteien sozialistischer als auch kapitalistischer Länder aufgenommen werden sollte.) Natürlich geht es nicht um eine chronologische Aufzählung. Mit einigen wichtigen Ereignissen könnten die Erfahrungen und Gefühle des Autors in bezug auf unsere kommunistische Weltbewegung wiedergegeben werden. Dabei brauchen auch nicht – was nicht möglich ist – alle

Persönlichkeiten erwähnt zu werden. Ich verstehe, daß der Autor mit Recht im Interesse des Werkes viele Tatsachen aus seinem Leben und aus seiner Tätigkeit nicht berücksichtigen konnte. Wahrscheinlich ist der Zwang zur thematischen Konzentration auch der Grund, daß die Frage der internationalen kommunistischen Bewegung nach 1945 ausgespart werden mußte. Da aber völlig richtig von namhaften Führern der national-revolutionären Befreiungsbewegung die Rede ist, sollte die internationale kommunistische Bewegung nicht nur auf die Zeit der Komintern beschränkt bleiben.

2. Es wäre zu empfehlen, die im Text unmittelbar mit den Namen der erwähnten Persönlichkeiten verbundenen Lebensdaten in einem Personenregister als Anmerkung zu bringen. Erstens liest sich das besser, zweitens würde das gestatten, bei einzelnen Personen sachlich knapp eine politische Charakteristik zu geben (ein bis höchstens zwei Sätze). Es wäre umso begründeter angesichts der unterschiedlichen Rolle der einzelnen Persönlichkeiten. Ich bin völlig einverstanden, daß alle diese Namen gebracht werden. Denn die Geschichte muß man so schreiben, wie sie war. Personen sollen deshalb nicht weggelassen werden, können aber durch ein solches Register in ihrer objektiven historischen Rolle sachlich gekennzeichnet werden. Das würde auch für die 97% unserer Parteimitglieder, von Millionen anderer Leser gar nicht zu sprechen, geschichtswissenschaftlich von Wert sein.

Hager antwortete Axen am 17. März 1980.

Lieber Hermann!

Wir haben zur Autobiographie des Genossen Erich Honecker Stellung genommen und sind der Meinung, daß es sich um ein bedeutsames Werk handelt, das in hervorragender Weise den kurzen Abriß der Geschichte der SED und die Thälmannbiographie ergänzt und deshalb auch in der DDR erscheinen muß.

Es ergeben sich zunächst bestimmte Schwierigkeiten, da der englische Verlag die Rechte für die Herausgabe hat, aber wir wollen erreichen, daß er uns für die Herausgabe in der DDR die Verlagsrechte überläßt.

Zu dem Manuskript gab es seitens der Genossen nur einzelne Hinweise. Der Teil über die Kombinate und das Wohnungsbauprogramm wurde vom Genossen Mittag noch einmal überarbeitet.

Was Deine Bemerkung anbelangt, so sind wir mit Punkt 1) einverstanden, haben allerdings vorgeschlagen, bei der Erwähnung der Begegnung mit Vertretern der Bruderparteien nicht so sehr ins Detail zu gehen, da es sich ja nicht um eine Dokumentation handelt.

Was Punkt 2) angeht, so haben wir vorgeschlagen, kein Personenverzeichnis anzufügen, da dies bei Autobiographien nicht üblich ist und dann auch ein Quellenverzeichnis aller Zitate aufgenommen werden müßte.

Mit Genossen Erich Honecker habe ich alle Einzelheiten besprochen und dem Politbüro einen Beschluß vorgelegt, der vor allen Dingen die Herausgabe der Autobiographie im Dietz Verlag vorsieht, sobald das Buch bei Maxwell erschienen ist.

Ich wünsche Dir weiterhin gute Erholung und fordere Dich dringend auf, nicht nebenbei zu arbeiten.

Mit sozialistischem Gruß
Kurt Hager

Die Startauflage in deutscher Sprache, gedacht für Westdeutschland, Österreich und die Schweiz, betrug 10 000 Exemplare. Die englische Ausgabe startete mit 6000 Exemplaren, Taschenbuchausgaben in Spanisch und Portugiesisch (je 5000 Exemplare) folgten. Der ursprüngliche Titel lautete »Autobiographisches«. Da dies jedoch nicht ins Englische zu übersetzen war, entschied sich Maxwell für »From my life«. Die deutsche Ausgabe erhielt konsequenterweise den Titel »Aus meinem Leben«. Unter diesem Titel waren schon die Memoiren August Bebels erschienen.

... ordnet eine Auswertung an

Aus unseren Betrieben sei noch viel mehr herauszuholen, kommentierten Kollegen die Diebstähle der anderen. Schließlich wusste man nie, was man selbst einmal gebrauchen konnte... Doch 1980 ging es an die Substanz: Der Schnaps wurde knapp. Die Leipziger Parteikontrollkommission handelte. Am 5. Juni 1980 wurde Erich Honecker von den Vorfällen informiert. Honecker ordnete eine »Auswertung« in den Medien an. Schon am nächsten Tag erhielt Heinz Geggel, der für Agitation zuständige Abteilungsleiter, das Schreiben. Er verfuhr »wie besprochen«. Vertuschen ließ sich ohnehin nichts mehr.[11]

Lieber Genosse Erich!

Die Zentrale Parteikontrollkommission erhielt von den Genossen der Bezirksparteikontrollkommission Leipzig eine Information über umfangreiche Diebstahlshandlungen und Schiebereien in der GHG Nahrung und Genuß Leipzig. Nach den vorliegenden Informationen beläuft sich die bisher festgestellte Schädigung des Volkseigentums bereits auf 750 000 Mark, wobei zu erwarten ist, daß sich die Summe noch erhöhen wird.

Nach dem gegenwärtigen Stand der Untersuchungen ist damit zu rechnen, daß gegen ca. 80 Personen Ermittlungsverfahren eingeleitet werden. 14 Personen, darunter auch Mitglieder der Partei, wurden bereits in Untersuchungshaft genommen, weitere Verhaftungen stehen bevor.

Die Verbrechen dieses größten in der letzten Zeit aufgedeckten Schieberringes wurden in der Weise begangen, daß Lagerleiter, Versandleiter, Schichtleiter, aber auch Kraftfahrer und Transportarbeiter der GHG im Zusammenspiel mit Verkaufstellenleitern und Beschäftigten des Einzelhandels große Mengen von Spirituosen und Nahrungsmitteln palettenweise aus den Lagern der GHG direkt entwendeten bzw. abtransportieren ließen und in Einzelhandelsgeschäften verkauften. Der Erlös aus dem Verbrechen wurde anteilmäßig aufgeteilt.

Soweit Mitglieder der Partei in die Sache verwickelt sind, wurden Parteiverfahren gegen die Betreffenden eingeleitet.

Ich bitte um Deine Kenntnisnahme.

Mit sozialistischem Gruß
E. Mückenberger

... macht Deutschlandpolitik

Im April 1980 reiste Wirtschaftslenker Günter Mittag zur Hannovermesse und machte der westdeutschen Wirtschaft weitgehende Avancen. Er traf auch mit Bundeskanzler Helmut Schmidt zusammen. In Moskau stieß diese neue deutsch-deutsche Gesprächsrunde auf allerhöchstes Missfallen. Trotzdem setzte sich Erich Honecker gegen die Moskauer Fraktion im Politbüro durch und lud Schmidt zu einem »Arbeitsbesuch« in die DDR ein. Die 1. Sekretäre der Bezirksleitungen informierte er per Fernschreiben.[12]

Liebe Genossen,

wie Ihr wißt, findet am 28. und 29. August 1980 zwischen mir und dem Bundeskanzler der BRD, Helmut Schmidt, auf meine Einladung ein Arbeitstreffen am Werbellinsee statt. Dieses Treffen ist ein Teil der Bemühungen der UdSSR und der anderen sozialistischen Staaten, ungeachtet des aggressiven Vorgehens des USA-Imperialismus und der NATO den Dialog mit den westlichen Ländern zu Fragen der Rüstungsbegrenzung und der Abrüstung fortzuführen.

Vor allem nach dem Raketenbeschluß der NATO vom Dezember 1979 sind viele Anstrengungen in dieser Richtung unternommen worden. Dabei haben die Treffen von L.I. Breshnew mit Giscard d'Estaing im Mai und Helmut Schmidt im Juni eine besondere Rolle gespielt. Die DDR unterstützt das.

Bei meinem bevorstehenden Treffen mit Bundeskanzler Schmidt werden ebenfalls diese Probleme im Vordergrund stehen. Auch in den Beziehungen zwischen der DDR und der BRD bleibt die Friedenssicherung die zentrale Frage.

Wir sind bestrebt, der BRD das konstruktive Programm der Warschauer Vertragsstaaten zu erläutern, und sie für Schritte in der richtigen Richtung zu bestärken.

Natürlich versucht die andere Seite in Verbindung mit dem bevorstehenden Treffen, ihre revanchistische Propaganda zur Geltung zu bringen.

Das wird von der grundsätzlich nationalistischen Position diktiert, wie sie nach wie vor, wenn auch mit taktischen Unterschieden, alle gegenwärtigen Bundestagsparteien vertreten. Verstärkt wird das durch den in der BRD ablaufenden Wahlkampf.

Selbstverständlich ist deshalb die Respektierung der souveränen Gleichheit der beiden deutschen Staaten, die volle Achtung der Unabhängigkeit der DDR als souveräner sozialistischer Staat sowie des Grundsatzes der Nichteinmischung in die inneren Angelegenheiten absolutes Grundprinzip für das Herangehen an alle Fragen, die auf dem Treffen aufgeworfen werden.

Unter diesem Gesichtspunkt ergeben sich die mit dem Bundeskanzler der BRD zu besprechenden Hauptprobleme. Es geht um

– die Förderung der Bemühungen um Rüstungsbegrenzung und Abrüstung, insbesondere um das Eintreten für baldige Verhandlungen über nukleare Raketenwaffen mittlerer Reichweite, für Fortschritte bei den Wiener Verhandlungen und die unverzügliche Ratifizierung von Salt II,

– um die Vorbereitungen für einen erfolgreichen Verlauf des KSZE-Treffens im Herbst in Madrid und die Unterstützung der Einberufung einer Konferenz über militärische Entspannungen und Abrüstung in Europa,

– um die weitere Durchsetzung der Prinzipien der friedlichen Koexistenz in den Beziehungen zwischen Staaten unterschiedlicher Gesellschaftsordnung, vor allem auch in den Beziehungen zwischen der DDR und der BRD,

– um die Zurückweisung der aggressiven imperialistischen Umtriebe gegen die sozialistischen Länder, gegen die Länder der nationalen Befreiung, gegen den Kampf der Völker um nationale Unabhängigkeit und gesellschaftlichen Fortschritt und gegen den Frieden,

– um Fragen der bilateralen Beziehungen zwischen der DDR und der BRD auf der Basis des Völkerrechts entsprechend dem Grundlagenvertrag und der Schlußakte der Konferenz von Helsinki über Frieden, Sicherheit und Zusammenarbeit in Europa.

Wir verfolgen mit Festigkeit und Flexibilität den Kurs, alles zu tun, das imperialistische Konzept der Konfrontation zu durchkreuzen, neue Fortschritte zur Entspannung, insbesondere zur Abrüstung zu erzielen und den Frieden dauerhaft zu sichern.

Alles, was wir tun, ist darauf gerichtet, mit dem Blick auf den X. Parteitag der SED unsere sozialistische Deutsche Demokratische Republik allseitig weiter zu stärken und gemäß dem außenpolitischen Grundprinzip unserer Partei ständig darauf hinzuwirken, die günstigsten äußeren Bedingungen für die erfolgreiche Entwicklung des Sozialismus in unserem Lande, für die Verwirklichung unseres Programms zu gewährleisten.

Dazu soll auch das Arbeitstreffen mit dem Bundeskanzler der BRD am Werbellinsee dienen.

Mit sozialistischem Gruß
E. Honecker

Helmut Schmidt nahm die Entwicklung in Polen jedoch als Vorwand, den deutsch-deutschen Dialog abzubrechen. Am 22. August sagte er telefonisch ab, wie Honecker den Mitgliedern des Politbüros mitteilte.[13]

Liebe Genossen!

Soeben hat mich Bundeskanzler Schmidt angerufen und mitgeteilt, daß er sich aufgrund der Entwicklung nicht in der Lage sehe, der Einladung zum Arbeitsbesuch in der DDR nachzukommen. Dem fügte er die Verlesung eines Grobentwurfs für eine mögliche Mitteilung an die Massenmedien der DDR hinzu.

Ich habe Helmut Schmidt gesagt, daß ich aufgrund des Besuches des Präsidenten Sambias, Genossen Kaunda, nicht länger mit ihm sprechen kann. Die Einladung zum Arbeitsbesuch habe er von mir erhalten. Alle organisatorischen Vorbereitungen seien, wie er wisse, getroffen. Wenn er sich nicht in der Lage sehe, der Einladung Folge zu leisten, so sei das bedauerlich, aber nicht zu ändern.

E. Honecker

... begutachtet Tapetenkollektionen

Eine Verpflichtung zu höheren Produktionszielen wurde immer gern gesehen. War die Bewegung von Parteimitgliedern initiiert, so nahmen die oberen Hierarchien besonders wohlwollend Kenntnis. Aber nur gelegentlich landeten die Ergebnisse derartiger Initiativen auf dem Schreibtisch von Mitgliedern des Politbüros. Und ausgesprochen selten kam es

vor, dass sie von Zimmer zu Zimmer gereicht wurden. Joachim Herr-
mann (Agitationssekretär) muss begeistert gewesen sein, als er seinem
Generalsekretär am 17. Oktober 1980 die Tapeten aus Schwerin
sandte. Der höchste Mann im Staat schaute sie sich tatsächlich an, wie
sein Erledigungsvermerk ausweist.[14]

Lieber Genosse Honecker!

Anliegend schicke ich Dir die Tapetenkollektion 1980/81 aus dem
VEB Verpackungsmittelwerk Schwerin, die die Genossen mit ihrem
Schreiben an Dich über ihre gesamten Produktionsziele anläßlich der
Bezirksparteiaktivtagung übergeben haben.

Mit vielen Grüßen
J. Herrmann

... bestätigt Anträge auf Ausreise

Das Procedere war immer gleich. Ausreiseanträge wurden von der
»Abteilung Inneres« bei den Räten der Kreise entgegengenommen. Dann
durchliefen sie mehrere Institutionen. Eine Arbeitsgruppe von Innen-
ministerium und Staatssicherheit stellte schließlich Listen von etwa 2000
Personen zusammen. Diese wurden an die Sicherheitsabteilung im ZK
der SED weitergereicht. Deren Leiter gab sie an Erich Honecker, so auch
am 3. November 1981.[15]

Werter Genosse Honecker!

Als Anlage übergeben wir Dir die Liste XII/81 – Übersiedlungen nach
der BRD und Westberlin – mit der Bitte um Bestätigung.

Mit sozialistischem Gruß
Scheibe

Erich Honecker zeichnete die Listen mit der üblichen Formel ab: »Ein-
verstanden, E. Honecker«.

... beendet die Kooperation mit den Kirchen

Am 6. März 1978 traf sich Erich Honecker mit Bischof Albrecht Schönherr, dem Vorsitzenden der Konferenz der Evangelischen Kirchenleitungen in der DDR. Die neue gemeinsame Orientierung auf eine handzahme »Kirche im Sozialismus« stellte die SED selbst mit der Einführung des Wehrkundeunterrichts und dem Ausbau der Zivilverteidigung in Frage. Ab 1980 führten einzelne Kirchen »Friedensdekaden« durch, ihr Motto »Frieden schaffen ohne Waffen« führte zu neuen Konfrontationen. Am 10. November 1981 teilte Erich Honecker den 1. Sekretären der Bezirks- und Kreisleitungen per Telegramm mit, dass der Versuch der Zusammenarbeit gescheitert war. [16]

Liebe Genossen!

In den letzten Wochen tagten die Synoden von sechs Landeskirchen (Sachsen, Kirchenprovinz Sachsen, Anhalt, Mecklenburg, Görlitz, Greifswald). Auf diesen Tagungen erfolgten provokatorische Angriffe gegen die Politik unseres Staates und die sozialistische Gesetzlichkeit. In besonders krassem Ausmaß geschah dies auf der Synode der Kirchenprovinz Sachsen (Magdeburg), deren Bischof Dr. Krusche seit kurzem als Nachfolger von Bischof Schönherr die Funktion des Vorsitzenden des Kirchenbundes ausübt.

Gesetzwidrige Forderungen dieser Synoden bezogen sich vor allem auf die organisierte Kampagne zur Einführung eines »sozialen Friedensdienstes«, der gegen die in der Verfassung festgelegte Wehrpflicht gerichtet ist. In die gleiche Richtung zielt die Forderung nach einer Änderung des Bausoldatendienstes. Weiter wandte man sich gegen Maßnahmen und Übungen der Zivilverteidigung.

Es handelt sich um Forderungen, die aus dem Arsenal der Imperialisten stammen und um eine Kampagne, die vom Westen gesteuert wird. Besonders deutlich wird dies bei dem Verlangen nach einseitigen Abrüstungsvorleistungen durch die Sowjetunion (z.B. Reduzierung der SS-20-Raketen und Abbau der Panzerüberlegenheit).

Angriffe wurden gegen unsere Bildungspolitik, insbesondere gegen die kommunistische Erziehung geführt, bei der angeblich junge Christen diffamiert würden. Es geht der Kirche darum, sich in unsere Schulpolitik einzumischen, die ausschließlich Sache des Staates ist.

Eine verleumderische Polemik wurde auch gegen unsere Informationspolitik in Bezug auf die Berichterstattung über die Entwicklung in der Volksrepublik Polen geführt.

Das alles geschah, obwohl den Kirchenleitungen und Bischöfen in wiederholten Gesprächen unsere Friedenspolitik erläutert wurde und die eindeutige Zurückweisung ihrer Forderungen durch das Staatssekretariat für Kirchenfragen erfolgte. Sie wurden darauf hingewiesen, daß ein Beharren auf ihren Positionen ungesetzlich ist und nur zur Konfrontation mit dem Staat führen könne.

Es ergibt sich die Notwendigkeit, verstärkt an der kirchlichen Basis, in den Kreisen, Städten und Gemeinden mit den Synodalen, den Pfarrern und Kirchgemeinderäten Gespräche zu führen. Dabei ist ihnen die Friedenspolitik der Deutschen Demokratischen Republik und der Sowjetunion, das aggressive Wesen der NATO anhand konkreter Tatsachen zu erläutern. Aus der Sicherung des Friedens und der Politik zum Wohle unseres Volkes ergibt sich die Pflicht des sozialistischen Staates und jedes Bürgers zur Landesverteidigung und zur Zivilverteidigung, zum Schutze der Bevölkerung im Interesse aller unserer Bürger. Es ist ihnen darzulegen, daß die ungesetzlichen Aktivitäten der Landessynoden nur den Interessen der Kirche und der Friedensbewegung schaden, es geht darum, daß sich die realistischen Kreise unter den Bischöfen, in den Kirchenleitungen und an der kirchlichen Basis nicht vom Weg des 6. März 1978 durch negative Kräfte abbringen lassen und dafür wirken, daß die Kirchen ihre Möglichkeiten für die Friedenspolitik der DDR und unsere Politik zum Wohle aller Bürger einsetzen.

E. Honecker

... verschenkt Lindenbäume

Am 8. Juli 1981 unterrichtete Joachim Herrmann, als Mitglied des Politbüros zuständig für Medienfragen, Erich Honecker über den Verkauf von Lindenbäumen nach Japan. Die Angelegenheit fiel in sein Ressort, da die Anfrage vom Leiter der japanischen Fernsehgesellschaft NTV gekommen war.[17]

Lieber Genosse Honecker!

Entsprechend Deinem Auftrag habe ich mich nach dem Verkaufsobjekt von Lindenbäumen nach Japan erkundigt und von Genossen Heinz Adameck folgende Auskunft erhalten:

Zwischen dem Leiter der Fersehgesellschaft NTV, Kobayashi, und Genossen Adameck besteht seit dem Besuch von Kobayashi in der DDR und dem Abschluß eines Vertrages zwischen beiden Fernsehanstalten guter Kontakt.

Kobayashi hat über unseren Botschafter in Tokio, Genossen Horst Brie, den Wunsch an Genossen Adameck herangetragen, 500 Lindensetzlinge zu erwerben und dafür 500 japanische Kirschbaumsetzlinge für die Hauptstadt der DDR zu liefern.

Diese Bitte rührt bei Kobayashi daher, daß er unter anderem die Patenschaft über zahlreiche japanische Gärten innehat. Genosse Brie hat empfohlen, auf die Bitte von Kobayashi einzugehen. Bisher ist in dieser Richtung noch nichts unternommen worden. Genosse Adameck hat lediglich veranlaßt, den Kostenpunkt eines solchen Austausches zu ermitteln, um dann die Angelegenheit an die dafür zuständigen Organe heranzutragen.

Ich bitte um Dein Einverständnis, daß bei genereller Zustimmung durch Dich, die ganze Angelegenheit an die für die Beziehungen mit Japan zuständigen Instanzen zur Abwicklung übergeben wird.

Mit vielen Grüßen
J. Herrmann

Erich Honecker kreuzte die Passage »500 Lindensetzlinge« an und vermerkte: »als Geschenk der DDR«, war aber ansonsten »einverstanden«. Der schöneren Zahl wegen rundete die DDR die Zahl auf 1000 auf. Acht Monate später erreichte das Gegengeschenk der Japaner die DDR, eine Sendung mit 1000 Kirschbäumen. Professor Harald Linke, Leiter des Botanischen Gartens in Dresden, erkannte den wissenschaftlichen Wert des Geschenks und richtete am 26. Februar 1982 eine Bitte an das Sekretariat des Staatsrates der DDR.[18]

Sehr geehrte Genossen!

Einer Zeitungsnotiz entnehme ich, daß dem Vorsitzenden des Staatsrates, Gen. Generalsekretär Honecker, in Erwiderung seiner 1000-Linden-Geschenksendung aus Japan 1000 Zierkirschen zugegangen sind. In der Annahme, daß die Japaner nicht nur eine Sorte sondern eine Auswahl ihres Angebotes geschickt haben, könnte dies das umfangreichste Sortiment sein, daß derzeit in der DDR, vielleicht sogar im ganzen sozialistischen Lager existiert.

In meiner Eigenschaft als Fachrichtungsleiter Landschaftsarchitektur und gleichzeitig als wissenschaftlicher Leiter des Botanischen Gartens der Technischen Universität Dresden möchte ich Sie bitten, folgenden Vorschlag zu prüfen:

Wir meinen, daß diese Sortenvielfalt für die ganze Republik viel Interessantes zu bieten hat, dazu bedürfte es jedoch eines Dauertestes und einer wissenschaftlichen Bearbeitung der Arten. Beides könnte – bis in Berlin der neue Botanische Garten (für den ich Entwürfe bearbeiten konnte) fertig ist – hier in Dresden durchgeführt werden. Falls die Pflanzen selbst nicht mehr zur Verfügung stehen, würden wir auch mit Reisern auskommen, die wir veredeln können. Angesichts der fortgeschrittenen Jahreszeit müßten sie jedoch bald entnommen werden.

Nach Abschluß der Untersuchungen würden wir natürlich die Ergebnisse den für die Vermehrung bestimmten Baumschulen übergeben, besondere Kosten entstehen Ihnen keine. Für einen – hoffentlich positiven – Bescheid wäre ich Ihnen sehr verbunden.

Mit sozialistischem Gruß
H. Linke

Vom Staatsrat wurde die Angelegenheit an das Politbüro weitergeleitet. Joachim Herrmann informierte Honecker am 11. März 1982.[19]

Lieber Genosse Honecker!

Nach Rücksprache mit Genossen Erhard Krack besteht die Möglichkeit, für wissenschaftliche Zwecke eine Anzahl der japanischen Pflanzen zur Verfügung zu stellen. Genosse Krack würde – wenn Du einverstanden bist – den Kontakt mit Professor Dr. Harald Linke von der TU Dresden aufnehmen und mit ihm, in Beantwortung der an Dich gerichteten Eingabe, alles weitere veranlassen. Außerdem teilt Genosse

Krack mit, daß sich die 500 japanischen Zierkirschen bis Ende März/Anfang April im VEG Baumschule Dresden, Betriebsteil Berlin-Baumschulenweg in Quarantäne befinden, ehe sie dann ihre Standorte, Spreeufer des Palastes der Republik und Leipziger Straße, erhalten werden.

Mit vielen Grüßen
J. Herrmann

Honecker teilte Linke am 12. März 1982 sein Einverständnis mit.[20]

Werter Genosse Linke!

Eine Rücksprache mit dem Berliner Oberbürgermeister, Genossen Erhard Krack, hat ergeben, daß die Möglichkeit besteht, eine Anzahl der japanischen Zierkirschenbäumchen für die in Aussicht genommenen Zwecke zur Verfügung zu stellen. Genosse Krack wird sich zur Realisierung der Angelegenheit mit Ihnen in Verbindung setzen.

Mit sozialistischem Gruß
E. Honecker

... ist Zielscheibe des Hasses

Wohlweislich anonym wandte sich ein Kritiker Honeckers im März 1982 an die SED. Dass der eifrige Bastler nicht nur Honecker, sondern die gesamte Partei meinte, zeigte er, als er das Schreiben an »seine« SED-Kreisleitung schickte. Honecker erhielt das Schreiben nicht persönlich. Einen Durchschlag sandte die Bezirksparteikontrollkommission Leipzig jedoch an die zentrale Parteikontrollkommission.[21]

Information
Die KPKK Schmölln setzte uns in Kenntnis, daß die SED-Kreisleitung Schmölln einen an sie gerichteten anonymen Brief erhielt, der diffamierende Äußerungen gegen den Generalsekretär der Partei, Genossen Erich Honecker, gegen unsere Partei und unsere Politik zum Inhalt hat.

In diesem Brief wurden aus der Presse ausgeschnittene Wortgruppen zu folgendem Text verwendet:

- Wer muß gekippt werden, Erich Honecker;
- Enttäuschende Politik der SED;
- Warnung vor Erich Honecker mit Genossen;
- Unheil aus der SED;
- keine Meinungsfreiheit;
- Schergen, sitzen in DDR – UdSSR;
- Düsterer Himmel, Angst, Sorge, Verbrechen, brutal, Chaos;
- kommunistische Heuchelei;
- Erich Honecker am Pranger;
- DDR gefährdet den Frieden
- Kampf gegen Erich Honecker
- Nachruf für Erich Honecker (verwendete Unterschriften einer Traueranzeige);
- Die DDR lächerlich;
- SED – UdSSR verantwortlich mißhandelt, foltern;
- drastische Preiserhöhungen der SED
Die Sicherheitsorgane wurden verständigt.

Bamberg
Vorsitzende

... erlaubt vorsichtige Annäherungen

Die Gruppe Karat hatte einen Hit: »Über sieben Brücken mußt Du gehn«. Daher fragte das ZDF an, ob Karat in der ZDF-Hitparade auftreten könne. Die Konzert- und Gastspielagentur der DDR leitete die Anfrage an Kurt Hager, zuständiges Mitglied des Politbüros, weiter. Da damit jedoch ein Präzedenzfall geschaffen wurde, legte Hager die Anfrage am 30. November 1982 Erich Honecker vor. Der entschied: »Einverstanden.«[22]

Lieber Erich!

Ich bin dafür, der Gruppe »Karat« den Auftritt in der ZDF-Hitparade zu genehmigen, sofern gewährleistet ist, daß sie als Rockformation aus der DDR angekündigt wird.
Mit sozialistischem Gruß, Kurt Hager

... rehabilitiert Karl May

Dank seiner Deutschtümelei erfreute sich der 1913 gestorbene sächsische Schriftsteller Karl May im Nationalsozialismus großer Beliebtheit. Das führte dazu, dass er in den fünfziger Jahren von der SED verfehmt und aus den Bibliotheken verbannt wurde. Am Anfang der achtziger Jahre wollten Verlage Karl May neu auflegen. Auch das Fernsehen bekundete Interesse an den westdeutschen Winnetou-Filmen. Da dies eine Änderung der ideologischen Linie erforderte, musste Erich Honecker entscheiden. Honecker sprach sich für die Filme und Bücher aus und so wies die Kulturabteilung des ZK am 28. Februar 1983 die SED-Bezirksleitung an, auch das Museum in Radebeul neu zu gestalten.[23]

Lieber Genosse Modrow!

Im Zusammenhang mit den jüngsten Aktivitäten unseres Verlagswesens und des Fernsehens, eine Reihe von Werken Karl Mays neu herauszugeben bzw. unserem Publikum in Verfilmungen vorzustellen, entstand die Frage, wie künftig hinsichtlich des Indianermuseums Radebeul, seiner Namensbezeichnung und seines Bezuges zum Schaffen von Karl May, verfahren werden sollte.

Wir übermitteln Dir hierzu zwei Vorschläge, die die Zustimmung unseres Generalsekretärs, Genossen Erich Honecker, erfahren haben, und bitten Dich, die erforderlichen Maßnahmen zu veranlassen.

1. Der offizielle Name des Museums »Indianermuseum der Karl-May-Stiftung Radebeul«, der in seinen beiden Aussagen sowohl dem tatsächlichen Sammlungsprofil wie den rechtlichen Gegebenheiten entspricht, in letzter Zeit jedoch meist durch die Kurzbezeichnung »Indianermuseum Radebeul« verdrängt wurde, sollte künftig konsequent angewendet werden. Das würde eine entsprechende Namensbezeichnung auf dem Eingangsschild, dem Briefkopfbogen sowie in Publikationen, Prospekten usw. voraussetzen.

2. Ohne das Museum in seinem bewährten Sammlungs- und Ausstellungsprofil (Kultur und Lebensweise der nordamerikanischen Indianer) zu verändern, sollte geprüft werden, wie die museale Darstellung durch eine kleine Vitrinenausstellung zu Leben und Werk des Schriftstellers Karl May ergänzt werden könnte.

Mit sozialistischem Gruß
Ursula Ragwitz
Abteilungsleiter

Im April 1983 war ein neuer Stempel bestellt, eine Karl-May-Büste aus dem Fundus geholt und eine Vitrine zu Mays Leben gestaltet. Als nächster Schritt folgte die Renovierung des ehemaligen Wohnhauses von Karl May. Eine Ausstellung zum Leben des Autors wurde erarbeitet, mit der Bezirksleitung Dresden abgestimmt, vom Kulturministerium geprüft und von Politbüromitglied Egon Krenz bestätigt. Krenz informierte Honecker dann auch am 14. Januar 1985 über den Vollzug der Maßnahme und schlug vor, die Presse zu informieren. Honecker zeichnete das Papier noch am gleichen Tag mit der üblichen Formel ab: »Einverstanden. EH«.[24]

Lieber Genosse Erich Honecker!

Nach Deiner Anregung wurde in Dresden das Karl-May-Museum entsprechend den Traditionen gestaltet.

Wie mir Genosse Hans Modrow heute mitteilte, wurde eine neue Ausstellung »Karl May – Leben und Werk« in der Villa »Shatterhand« vorbereitet. Die Villa »Bärenfett« wurde komplex renoviert. Es ist vorgesehen, das Karl-May-Museum in der neuen Gestalt am 9. Februar 1985 zu eröffnen.

Die Dresdener Genossen planen, vorher die Massenmedien zu informieren, damit im Zusammenhang mit dem Eröffnungstag eine angemessene Berichterstattung erfolgt.

Ich bitte um Kenntnisnahme bzw. Entscheidung, ob anders verfahren werden soll.

Mit sozialistischem Gruß
Egon Krenz

Für 1992 plante das ZK dann eine Briefmarke mit dem Bildnis Karl Mays. Etwas weit vorausgedacht...

... genehmigt Anträge auf Einreise

Im Juli 1980 verließ der musikalische Leiter der Begleitband von Veronika Fischer, Franz Bartzsch, bei einem Gastspiel die DDR.[25] Der begabte Musiker und Arrangeur fand schnell Anschluss und wurde Leiter der Band von Roland Kaiser. Ein geplanter Auftritt in Ost-Berlin stellte Roland Kaiser vor Probleme, die er Erich Honecker mitteilte. Kaisers Brief erreichte den Generalsekretär am 9.3.1987. Daß er seine Wirkung nicht verfehlte, zeigt eine handschriftliche Notiz in der rechten oberen Ecke: »Einverstanden. E. Honecker«.[26]

Sehr geehrter Herr Staatsratsvorsitzender,

im Rahmen Ihrer 750-Jahr-Feierlichkeiten für Berlin hat sich mir die Möglichkeit eröffnet, drei Konzerte im Friedrichstadtpalast geben zu können. Zu meiner festen Musikerbesetzung gehört ein ehemaliger Bürger Ihres Landes, Herr Franz Bartzsch (geboren am 8.6.1947 in Schmölln). Durch die Art und Weise wie er seinen Wohnortwechsel vollzogen hat, hat er sich offensichtlich selbst der Möglichkeit beraubt, in Ihrem Land arbeiten zu können.

Bei einer Anfrage an die Künstleragentur der DDR, ob eine Ausnahmeregelung möglich sei, wurde mir gesagt, daß die dafür notwendige Kompetenz der Künstleragentur nicht gegeben sei.

Es handelt sich bei meinen drei Konzerten unter anderem auch um eine Aufzeichnung für das Fernsehen der DDR und unterliegt somit auch höchsten Qualitätsansprüchen.

Herr Franz Bartzsch ist nicht nur ein wesentlicher musikalischer Mitarbeiter, sondern darüberhinaus auch der musikalische Gesamtleiter.

Bei einem Fehlen seiner Person müßten wir also eine spürbare Qualitätsminderung hinnehmen, die, da es sich um die Premiere meiner Europatournee handelt, einen besonderen Verlust darstellen würde.

Ich wende mich deshalb an Sie persönlich, weil auch in unseren Medien immer mehr darüber berichtet wird, wie sehr sich der Austausch im Bereich der Kultur beider deutscher Staaten intensiviert, und glaube daher, daß Sie persönlich einem Künstler wie Franz Bartzsch es ermöglichen werden, an diesem Austausch teilzuhaben.

Zum Abschluß meines Briefes möchte ich Ihnen selbstverständlich über Art und Inhalt unserer Korrespondenz Diskretion zusichern.

In der Hoffnung, Ihre Zeit nicht zu sehr in Anspruch genommen zu haben und eine positive Entscheidung von Ihnen zu erhalten, verbleibe ich

mit freundlichen Grüßen
hochachtungsvoll
Roland Kaiser

Damit war die Sache jedoch keineswegs ausgestanden, wie ein Brief Kurt Hagers an Egon Krenz vom 1.4.1987 beweist.[27]

Lieber Egon!

Nach Rücksprache mit Genossin Gisela Steineckert schlage ich vor, keinen Einwand gegen die Teilnahme von Franz Bartzsch an dem Gastspiel von Roland Kaiser (BRD) zu erheben. Sie ist überzeugt, daß B. bei unseren Unterhaltungskünstlern keine Resonanz finden und ein Einspruch ihn nur aufwerten würde.

Mit sozialistischem Gruß
Kurt Hager

Doch auch damit nicht genug: Am 7.4.1987 entsteht eine Gesprächsnotiz über eine Unterredung Hagers mit dem Generaldirektor der Künstler-Agentur der DDR. Detailliert wird darin dem Agentur-Chef Hermann Falk aufgetragen, wie das Gespräch mit Roland Kaiser zu führen sei.[28]

Genosse Hager informierte über einen Brief Roland Kaisers an den Staatsratsvorsitzenden, in dem dieser über die Zusammensetzung seiner Gruppe zum Gastspiel anläßlich des Berlin-Jubiläums berichtet und darum bittet, die Teilnahme von Bartzsch zuzulassen. Es wurde die Entscheidung getroffen, dieser Bitte zu entsprechen.

Genosse Hager beauftragte Genossen Falk, in Bälde ein Gespräch mit R. Kaiser zu führen und ihm sinngemäß als Antwort auf seinen Brief folgendes zu sagen:

1. R. K. die Frage stellen, ob er weiterhin den Wunsch hat, von Bartzsch begleitet zu werden.
2. Wenn ja, ihm mitzuteilen, daß auf Grund seines Briefes an den Staatsratsvorsitzenden entschieden wurde, der Teilnahme von B. an dem Gastspiel zuzustimmen.
3. Das setzt voraus, daß B. sich während seines Aufenthaltes an die Gesetze der DDR hält.
4. Zu unterstreichen ist, daß es sich um eine einmalige Ausnahmeregelung handelt, die keinerlei Präzedenzfall für andere Besuche von B. in der DDR schafft. B. hat sich gegenüber der DDR nicht loyal verhalten und das Vertrauen, das in ihn gesetzt wurde, schmählich enttäuscht.
5. Die Ausnahmeregelung wird gegenüber R. K. getroffen, obwohl dieser in allen Vertragsverhandlungen zusagte, daß B. am Gastspiel nicht beteiligt sein wird. Sie wurde getroffen, weil wir die Teilnahme von R. K. an der 750-Jahr-Feier Berlins, der Hauptstadt der DDR, zu schätzen wissen.

Das Gespräch sollte sachlich und ohne Zuspitzungen geführt werden. Mit dem Fernsehen der DDR ist durch die Künstleragentur detailliert über die Aufzeichnung dieses Gastspiels zu sprechen. (B. nicht ins Bild nehmen)

Unsere Unterhaltungskünstler sind auf eine mögliche Begegnung vorzubereiten.

Am 10.4.1987 meldete Falk Vollzug und Einzelheiten des Gesprächs mit Kaiser.[29]

Information über ein Gespräch mit Roland Kaiser am 09.4.1987 in Berlin (West)

Auftragsgemäß führte ich am 09.04.1987 mit Roland Kaiser ein Gespräch in der Angelegenheit seines Schreibens an den Vorsitzenden des Staatsrates, Genossen Honecker, wegen Mitreise seines Musikers Franz Bartzsch. Ich teilte mit, daß auf Grund seines Briefes entschieden sei, daß Herr Bartzsch zu den Konzerten von Roland Kaiser in die DDR einreist. Es handelt sich um eine einmalige Ausnahmeregelung und nicht um einen Präzedenzfall, denn Herr Bartzsch hat sich gegenüber der DDR nicht loyal verhalten und Vertrauen enttäuscht. Die Entscheidung entsprechend dem Wunsch von Roland Kaiser wurde getroffen in Wertschätzung seiner Beteiligung an der 750-Jahrfeier in Berlin. Wir gehen davon aus, daß Herr Bartzsch die Gesetze der DDR einhalten wird. Ich brachte allerdings meine Verwunderung zum Ausdruck, daß es doch klare Absprache gab über die Nichtteilnahme von Bartzsch an den Konzerten.

Herr Kaiser äußerte sich sehr glücklich über diese Entscheidung.

Er betonte, daß die von ihm ausgesprochene Bitte zur Mitwirkung von Bartzsch ausschließlich künstlerische und keinerlei politische Aspekte hätte. Er hätte sich bemüht, es sei ihm aber nicht gelungen, einen adäquaten künstlerischen Ersatz zu sichern. Er wolle aber zum Festprogramm anläßlich des Jubiläums im Friedrichstadtpalast die besten Konzerte abliefern, zu denen er in der Lage ist.

Er versicherte, daß bei einer Ablehnung er die der Künstler-Agentur der DDR gegebene Zusicherung, die Konzerte im Friedrichstadtpalast ohne Franz Bartzsch durchzuführen, voll eingehalten hätte und eine negative Entscheidung von ihm akzeptiert worden wäre. Er bedankte sich für das Entgegenkommen und versicherte, daß er äußerste Diskretion wahren wird und das ihm entgegengebrachte Vertrauen nicht journalistisch vermarkten wird. Darüber hinaus informierte Roland Kaiser, daß Franz Bartzsch seit Jahren nicht mehr mit seinem bürgerlichen, sondern unter dem Künstlernamen Daniel Mathi in Programmheften und bei Veröffentlichungen sowie beim Vorstellen seiner Band erscheint. Das findet auch in der DDR volle Anwendung.

Darüber hinaus gab er unaufgefordert die Erklärung ab, daß bei evtl. offiziellen Begegnungen oder Einladungen in die Vertretung der BRD Franz Bartzsch nicht in Erscheinung treten wird.

Franz Bartzsch sei selbst daran interessiert, daß sein Aufenthalt ohne jede Störung verlaufe, weil er keine negative Haltung zur DDR habe und sich auch niemals weder intern noch öffentlich negativ geäußert habe – im Interesse einer evtl. möglichen künftigen Zusammenarbeit.

Das Gespräch verlief in einer offenen und sachlichen Atmosphäre, in der Herr Kaiser auch seine politische Haltung zum Ausdruck brachte, die erkennen ließ, daß er der Politik der SPD nahe steht und diese unterstützt, insbesondere Lafontaine, und er die Friedenspolitik der Sowjetunion ohne Einschränkung befürwortet.

An dem Gespräch nahm mein Stellvertreter, Genosse Egon Werther, und der Manager von Herrn Kaiser, Herr Kraatz, teil.

Falk

... hält ein knappes Schlußwort

Gemessen an der Dauer seiner Amtszeit gestaltete sich die Rücktritts-erklärung Erich Honeckers kurz. Als der greise Generalsekretär die Erkärung am 18.10.1989 auf einer außerordentlichen Tagung des Polit-büros verlas, stand der Sturz seiner Partei unmittelbar bevor. Zeitgleich mit Honecker fielen auch Joachim Herrmann und Günter Mittag, die ihrer Funktionen als Sekretäre des ZK der SED für Agitation und Pro-paganda bzw. Wirtschaftsfragen enthoben wurden.[30]

Liebe Genossinnen und Genossen!

Nach reiflichem Überlegen und im Ergebnis der gestrigen Beratung im Politbüro bin ich zu folgendem Entschluß gekommen: Infolge meiner Erkrankung und nach überstandener Operation erlaubt mir mein Gesundheitszustand nicht mehr den Einsatz an Kraft und Energie, den die Geschicke unserer Partei und des Volkes heute und künftig verlan-gen. Deshalb bitte ich das Zentralkomitee, mich von der Funktion des Generalsekretärs des ZK der SED, vom Amt des Vorsitzenden des Nationalen Verteidigungsrates der DDR zu entbinden. Dem Zentral-komitee und der Volkskammer sollte dafür ein Genosse vorgeschlagen werden, der fähig und entschlossen ist, der Verantwortung und dem Ausmaß der Arbeit so zu entsprechen, wie es die Lage, die Interessen der Partei und des Volkes und die alle Bereiche der Gesellschaft umfas-sende Vorbereitung des XII. Parteitages erfordern.

Liebe Genossen!

Mein ganzes bewußtes Leben habe ich in unverrückbarer Treue zur revolutionären Sache der Arbeiterklasse und zu unserer marxistisch-leninistischen Weltanschauung der Errichtung des Sozialismus auf deutschem Boden gewidmet, die Gründung und die erfolgreiche Ent-wicklung der sozialistischen Deutschen Demokratischen Republik, deren Bilanz wir am 40. Jahrestag gemeinsam gezogen haben, betrachte ich als die Krönung des Kampfes unserer Partei und meines eigenen Wirkens als Kommunist. Dem Politbüro, dem Zentralkomitee, meinen Kampfgefährten in der schweren Zeit des antifaschistischen

Widerstandes, den Mitgliedern der Partei und allen Bürgern unseres Landes danke ich für jahrzehntelanges gemeinschaftliches und fruchtbares Handeln zum Wohle des Volkes.

Meiner Partei werde ich auch in Zukunft mit meinen Erfahrungen und meinem Rat zur Verfügung stehen.

Erich Honecker

II. Weggefährten

2 9. Juni 1987
31/87
3-

EVANGELISCHE KIRCHE IN BERLIN-BRANDENBURG

Der Konsistorialpräsident

K. -- Nr. --

Bei Beantwortung wird um Angabe
der Geschäftsnummer gebeten

1020 Berlin, den 29. Juni 1987

Neue Grünstraße 18 - 22

Fernsprecher 2 00 30

Herrn
Joachim Herrmann
Sekretär des Zentralkomitees
Mitglied des Politbüros

Berlin

Sehr geehrter Herr Herrmann!

Bitte gestatten Sie, daß ich Ihnen unmittelbar nach dem Evangelischen Kirchentag Berlin herzlich für die offensive Informationspolitik unserer Medien zum Kirchentag danke! Sachlich, umfassend und wohlwollend wurde unser Kirchentag in Fernsehen, Rundfunk und Presse dargestellt und der gesamten Öffentlichkeit das richtige Bild einer vielgestaltigen religiösen Groß-Veranstaltung vermittelt, die für evangelische Christen in der Deutschen Demokratischen Republik eine große Ermutigung brachte.

Diese Informationspolitik war deshalb besonders wichtig, weil einige westliche Medien versuchten, unter Mißbrauch des Kirchentages die Reihe von Provokationen gegen die DDR fortzusetzen. Sie haben unwesentliche Randerscheinungen als Hauptsache dargestellt, um den Eindruck von Turbulenzen in der DDR-Kirche und damit der DDR zu vermitteln. Ich habe selbst erlebt, wie ein Korrespondent der ARD nachts um 3.00 Uhr versuchte, christliche Jugendliche zu Aussagen über Vorgänge Pfingsten am Brandenburger Tor zu provozieren. Zu meiner Freude haben die Jugendlichen spontan richtig reagiert: Ein Punk warf ein Ei auf den Korrespondenten, und die übrigen empfahlen ihm, schlafen zu gehen.

In der gegenwärtigen Situation haben viele Christenmenschen bei uns die Solidarität der Medien der Deutschen Demokratischen Republik dankbar empfunden.

Mit vorzüglicher Hochachtung

Stolpe

47

Fordert Menschenrechte: Werner Lamberz

Werner Lamberz zeichnete sich durch Weltoffenheit und Eloquenz aus.
Doch die Vermutung, er sei ein »Liberaler« gewesen, gehört in das Reich
der Legende. Zumindest in den deutsch-deutschen Beziehungen zeigte
er sich als scharfer Gegner jeglicher ideologischer Annäherung. Als im
September 1973 DDR und BRD in die UNO aufgenommen wurden, sah
Lamberz weitergehende Möglichkeiten, Westdeutschland unter Druck
zu setzen. Das Vehikel sollte die aus Ostberlin gesteuerte DKP sein, wie
er seinem Abteilungsleiter Heinz Geggel am 19. Oktober 1973 mit-
teilte. [1]

Heinz! Meines Erachtens müßte die DKP eine große Kampagne
machen über die Verletzung der Menschenrechte in der BRD. Man
könnte Prinzip für Prinzip aus der UNO-Menschenrechts-Deklaration
nehmen und zeigen, wie diese von den vereinten Nationen angenommen Menschenrechte in der BRD ständig verletzt werden. (Zum Beispiel im Zusammenhang mit dem Berufsverbot für Kommunisten usw.
usf.)
W. *Lamberz*

Die 12. These über Feuerbach: Jürgen Kuczynski

Jürgen Kuczynski diskutierte mit Kurt Hager gelegentlich philosophi-
sche Probleme. Man debattierte über Widersprüche im Sozialismus, die
EG und den Stand der Gesellschaftswissenschaften in der DDR. Am 27.
März 1974 formulierte Kuczynski einen Nachtrag zur Diskussion. [2]

Lieber Kurt!

Am 3. April fahre ich für einen Monat (zum 5. Male) nach Cuba. Nach
meiner Rückkehr melde ich mich natürlich, wenn ich irgendetwas
habe, das Dich interessieren könnte.
    Ich habe eine zwölfte »Feuerbachthese«: Nachdem das Proletariat in
den letzten 57 Jahren die Welt verändert hat, ist es höchste Zeit, daß
die Gesellschaftswissenschaftler lernen, sie zu interpretieren.

Mit vielen guten Wünschen und sozialistischem Gruß, Jürgen

Verursacht Gerüchte: Leonid Breshnew

Osteuropäische Partei- und Staatsführer sind gelegentlich alkoholkrank. Leonid Breshnew machte da keine Ausnahme. Bis zu seinem späten Tod 1982 sorgte sein wochenlanges Verschwinden für immer neue Variationen des selben Gerüchtes: Breshnew sei abgesetzt worden. Obwohl Gerüchteverbreitung kein Straftatsbestand war, registrierte die Kreisleitung Schmölln die aktuelle Variante und meldete sie am 5. Februar 1975 der SED-Bezirksleitung Leipzig.[3]

Werter Genosse Schumann!

Über die Kreisdienststelle MfS Schmölln erhielt ich folgende Information, die mir aus keiner anderen Quelle bisher bekannt wurde. Vereinzelte Bürger äußerten Informanten der Dienststelle gegenüber:
– Genosse Breshnew ist als Generalsekretär der KPdSU abgesetzt worden, da er als Repräsentant nicht mehr tragbar sei. Während der Verhandlungen in Frankreich hat er sich mit seinen Gesprächspartnern betrunken.
– Genosse Breshnew hat sich zu sehr von den Regierungskräften der kapitalistischen Länder beeinflussen lassen und es ist zu unerwünschten Beziehungen gekommen. Da dies nicht den Richtlinien entspricht, mußte er aus dem Verkehr gezogen werden. Da in letzter Zeit von ihm nichts mehr zu hören ist, ist das der Beweis dafür.
Aus dem VEB Apollowerk Gößnitz wurde folgende Meinung bekannt:
– Genosse Breshnew ist abgesetzt worden. Erst soll seine Mutter gestorben sein, dann wurde seine Reise nach Ägypten abgesagt und nun soll er krank sein.
– Das ist alles Quatsch. Die sollen uns doch die Wahrheit sagen.

Mit sozialistischem Gruß
Ursula Pohl
1. Sekretär

Reagiert angemessen: Ursula Pohl

Ursula Pohl war eine der wenigen 1. Sekretärinnen einer SED-Kreisleitung. Nicht anders als ihre männlichen Kollegen zeichnete sie sich durch Durchsetzungsvermögen aus. Aber wahrscheinlich hätte ein Mann in ähnlicher Situation weniger angemessen reagiert. Ohne mit der übergeordneten Leitung Rücksprache zu nehmen, setzte sie die Bezirksleitung Leipzig von einer Personalentscheidung in Kenntnis.[4]

Werter Genosse Schumann!

Der Abteilungsleiter für Wirtschaftspolitik unserer Kreisleitung, Genosse Rudi Fink, wurde ab sofort beurlaubt und wird entlassen. Genosse Rudi Fink hat in der Nacht vom 1. zum 2.3.1975 nach dem Besuch einer Veranstaltung seine Frau zusammengeschlagen, so daß sie nicht arbeitsfähig ist.

Von der Parteiorganisation wurde gegen ihn ein Parteiverfahren eingeleitet. Genosse Fink wird eine seinen Kenntnissen entsprechende Tätigkeit zugewiesen. Die Sekretariatsmitglieder wurden verständigt und sind damit einverstanden.

Ich bitte Dich, davon Kenntnis zu nehmen.

Mit sozialistischem Gruß
Ursula Pohl 1. Sekretär

Befördert Reservisten: Oberstleutnant Weller

Am 3. Februar 1977 führte das Sekretariat der SED-Kreisleitung Döbeln einige Aussprachen. Das Ergebnis des Gesprächs mit Werner Weller wurde den Genossen der Bezirksleitung Leipzig mitgeteilt.[5]

Werte Genossen!
[...] Ebenfalls sah sich das Sekretariat veranlaßt, eine Aussprache, im Beisein der Genossen Oberst Paul und Oberst Schulz vom Wehrbezirkskommando Leipzig, mit dem Genossen Oberstleutnant Werner Weller, Leiter des Wehrkreiskommandos Döbeln, durchzuführen.

Zugrunde lag, daß Genosse Weller erneut in einer öffentlichen Gaststätte unter starkem Alkoholeinfluß sich eines leitenden Genossen der

NVA unwürdig benahm, indem er u.a. Werktätige eines Betriebes (in dieser Gaststätte fand eine Betriebsversammlung statt) »beförderte« und »vom Wehrdienst befreite«. Letzteres bestätigte er auf einer Serviette mit seiner Unterschrift.

In diesem Zustand sprach er vor den Werktätigen des Betriebes auch über wehrpolitische Aufgaben. Das Verhalten des Genossen Weller an diesem Abend erregte Mißfallen.

Die Genossen des Sekretariats wiesen dem Genossen Weller nach, daß er die Hinweise des Sekretariats nicht ernst nahm, kein Vertrauen zur Partei und zu den Genossen des Sekretariats hat und daß er arrogant und überheblich gegenüber der Partei ist. Er erhielt durch das Sekretariat eine letztmalige Ermahnung und wurde nachdrücklich darauf aufmerksam gemacht, daß bei einem erneuten Vorkommnis das Sekretariat den Vorschlag seiner Abberufung an das Wehrbezirkskommando einreichen wird.

Durch den Genossen Oberst Paul wird veranlaßt, daß in der GO des Wehrkreiskommandos eine Auswertung vorgenommen wird, an der auch der 1. Sekretär, Genosse Prag, teilnimmt.

Desweiteren wird Genosse Weller durch das Wehrbezirkskommando disziplinarisch zur Verantwortung gezogen.

unleserlich
Vorsitzender der KPKK

Erfolgreicher Handballer: Oberleutnant Engel

Die DDR-Sportler verwiesen ihre westdeutschen Kollegen des öfteren auf die hinteren Plätze. Warum also nicht einkaufen, dachte sich mancher Manager im Westen. Aber vielleicht hätte sich der Vfl Gummersbach im März 1978 nicht unbedingt ein Mitglied des Armeesportklubs Frankfurt/Oder aussuchen sollen...[6]

Versuch der Abwerbung
Am 03.03.1978 nach dem Spiel gegen den Vfl Gummersbach im Rahmen des Banketts wurde mir von einem Funktionär des Vfl Gummersbach ein Abwerbungsversuch unterbreitet. Hierbei war von 50.000 Mark sowie einer Arbeitsstelle, die mir durch den Vfl garantiert

wurde, sowie die Nachholung meiner Frau und Tochter in die BRD die Rede.

Ich lehnte dieses Angebot ab und machte diesem Funktionär klar, welches meine politische Einstellung zu diesem Problem sei.

Er sagte mir noch, daß man Hans Schmidt (SR Rumänien) auch auf diesem Wege bekommen hätte und daß er nicht so stur und unzugänglich wie einige Spieler von uns gewesen wäre.

Hans-Joachim Engel
Oberleutnant

Widersacher: Klaus Höpcke und Erich Loest

Klaus Höpcke war von 1973 bis 1989 stellvertretender Kulturminister, verantwortlich für Verlage, Bibliotheken und Buchhandel. Erich Loest verfasste sozialistische Bestseller, war in Bautzen inhaftiert, schrieb dann Kriminalromane. In den siebziger Jahren wandte er sich vorsichtig aktuellen Themen zu. 1978 stellte er ein brisantes Manuskript fertig. »Es geht seinen Gang« schilderte die Mühen der Ebene beim Aufbau der sozialistischen Gesellschaft, das Buch wurde von Höpcke verboten. Ein Dialog der beiden ist in den Akten der SED überliefert.[7]

Höpcke:»Sind Sie noch ein sozialistischer Schriftsteller der DDR?«
Loest:»Ich frage Sie ja auch nicht, ob sie noch ein sozialistischer Minister der DDR sind.«

Wird befördert: Heinrich Fink

Heinrich Fink befürwortete schon während seines Studiums der Theologie die Anpassung der evangelischen Kirchen an die SED-Diktatur. Nach der Promotion begann der rasche Aufstieg des inoffiziellen Mitarbeiters des MfS[8]: Dozent, stellvertretender Direktor der Sektion Theologie an der Humboldt-Universität, 1978 Habilitation, 1979 ordentliche Professur, 1980 bis 1990 Sektionsdirektor. Heute ist Fink Mitglied der PDS-Fraktion des Bundestages. Am 13.[?][9] März 1978 versuchte die Gewerkschaftsleitung der Sektion Theologie (SGL) seinen Höhenflug

etwas zu bremsen und nahm Stellung zur geplanten Berufung Finks.
Das Schreiben fand sich in den Akten der Arbeitsgruppe Kirchenfragen
des ZK.[10]

Gewerkschaftliche Stellungnahme zu der in Aussicht genommenen
Berufung von Koll. Dozent Heinrich Fink zum ordentlichen Professor

Wenn außerhalb der Sektion liegende gesellschaftliche Gründe eine
Ernennung von Koll. Fink nach Meinung der Universitätsleitung und
anderer leitender Stellen wünschenswert erscheinen lassen, möchte die
SGL dem nicht grundsätzlich widersprechen.

In gewerkschaftlicher, sektionsbezogener Hinsicht kann die SGL
jedoch folgende Gesichtspunkte nicht unerwähnt lassen und bittet
diese bei der Entscheidungsfindung zu bedenken.
Die SGL geht von der Voraussetzung aus, daß durch eine evtl. Ernennung keine Belastung des Lohnfonds der Sektion eintritt, die sich
negativ auf die Gewährung von Steigerungssätzen für die Mitarbeiter
(bei Vorliegen entsprechender Leistungen) auswirken und/oder die
dringend notwendige Einstellung von Assistenten behindern.

Sie geht – gemäß der durch die UGL erfolgten Anleitung weiter
davon aus, daß eine Ernennung erst nach Abschluß des Verfahrens der
Promotion B[11] erfolgt.

Wir erheben dagegen Bedenken, daß die Ernennung des Koll. Fink
für das Fach Praktische Theologie ausgesprochen wird, da das Thema
seiner Dissertation B zu diesem Fach keinen Bezug besitzt. Dies fällt
umso schwerer ins Gewicht, als die zweite kirchliche Prüfung nicht
bestanden wurde, was bei dem Fach Praktische Theologie besonders
gravierend ist.

Wir sind überdies der Auffassung, daß vorrangig vor der [Besetzung]
eines zweiten Lehrstuhles für Praktische Theologie ein Ordinariat für
Kirchenkunde der Orthodoxie aus außenpolitischen und [person]ellen
Gründen wünschenswert wäre. Koll. Dr. Döpmann, zur Zeit a.o. Professor, bietet als Vertreter dieses Faches unseres Erachtens beste Voraussetzungen für eine solche Berufung.

a) Er ist durch seine zahlreichen und anerkannten Veröffentlichungen wissenschaftlich ausgewiesen.

b) Er ist im Rahmen des Bezirksvorstandes Berlin und [Universitäts]
vorstandes der Humboldt-Universität der DSF sowie des Bezirksvor-

53

standes Berlin der CDU seit vielen Jahren gesellschaftlich sehr wirksam.

c) Koll. Döpmann wurde bereits im Jahre 1967 (!) für einen Lehrstuhl (damals: Prof. m. LA.) vorgesehen und hat unter dieser Perspektive eine Wegberufung nach Halle ausgeschlagen.

Unter innersektionellen und gewerkschaftlichen Gesichtspunkten möchten wir schließlich darauf hinweisen, daß auch die Kollegen Baumbach, Martinetti und Wächter langjährige Verdienste in Lehre, Forschung und Erziehung haben, daß langjährige Erwägungen über ihre kadermäßige Perspektive existieren und daß die SGL keinen Anlaß sieht, diese Kollegen hinter Koll. Fink zurückzusetzen.

Trebs, SGL-Vorsitzender

Nimmt Stellung: Olaf G*.

Viele, die sich mit dem DDR-System nicht abfinden konnten, versuchten, ihm durch Flucht in den Westen zu entgehen. Auch die Familie Sch. aus Altenburg entschloss sich zu diesem Schritt und brachte damit den Bruder von Frau Sch*., einen Nachwuchskader der Partei, in arge Bedrängnis.*[12]

Werter Genosse Schumann!

Ich muß Dich von folgendem Vorkommnis informieren. Seit dem 20.08.1979 ist die Familie Sch*. aus Altenburg abgängig und hat offensichtlich Republikflucht begangen. Sch*., Thomas war Verkaufsstellenleiter des Musikwarengeschäftes des Konsum in Altenburg. Die Republikflucht beging er mit seiner Frau und seinen beiden Kindern, 10 und 11 Jahre alt.

Bei der Ehefrau Sch*., Heike handelt es sich um die Schwester des Genossen Olaf G*., ehemaliger Mitarbeiter der SED-Kreisleitung für Staat und Recht, der am 20. Mai mit der Wahl als 1. Stellvertreter des Vorsitzenden des Rates des Kreises Altenburg gewählt wurde.

Genosse G*. hatte bisher keinerlei Verbindungen oder Beziehungen in die BRD. Er wurde planmäßig als Nachwuchskader für den Staatsapparat entwickelt.

Zu seiner Schwester und deren Familie hatte er hier in Altenburg seit Jahren keine Verbindung mehr. Seine Haltung ist auch jetzt prinzipiell und parteimäßig.

Durch die Sicherheitsorgane werden die Umstände des illegalen Grenzübertritts der Familie Sch*. noch untersucht.

Das Sekretariat der SED-Kreisleitung Altenburg wird sich einen Standpunkt zum Genossen G*., der weiteren Ausübung seiner Funktion und der weiteren Perspektive erarbeiten.

Mit sozialistischen Gruß!
SED-Kreisleitung Altenburg – Sekretariat
Kießling
2. Sekretär

Nachwuchskader Genosse G. bestätigte seine parteimäßige Haltung in einer schriftlichen Stellungnahme zur Republikflucht seiner Schwester.*[13]

Standpunkt

Ich verurteile diese Tat meiner Schwester und ihrer Familie. Ab sofort habe ich keine Schwester mehr. Ich sowie meine Ehefrau werden niemals Kontakt zu dieser Familie aufnehmen.
O. G*.

Inszeniert Parteitage: Horst Dohlus

Eine Inszenierung von der Größe eines Parteitages wollte gut vorbereitet sein. Sie fiel in den Aufgabenbereich von Horst Dohlus, seit 1960 Leiter der Abteilung Parteiorgane des ZK und seit 1980 Mitglied des Politbüros der SED. Mediengerecht sollte sie sein; wichtiger noch war aber die Besetzung des Gremiums. Auch Arbeiter sollten auf dem Kongreß der Arbeiterpartei vertreten sein! Horst Schumann, erster Sekretär der Bezirksleitung Leipzig, erhielt deshalb am 21. Januar 1981 entsprechende Hinweise für die Auswahl der Delegierten.[14]

Werter Genosse Schumann!

Zur Vorbereitung der Diskussion auf dem X. Parteitag der SED bitte ich Dich, uns bis zum 2. März 1981 4 bis 6 Vorschläge mit Namen, Funktion und Thema zu unterbreiten, die von Euch als Diskussionsredner auf dem X. Parteitag der SED vorgesehen sind.

Darunter sollten sich auch Arbeiter bzw. Frauen oder Jugendliche befinden. Die Entwürfe der Diskussionsbeiträge sind uns bis 27. März 1981 zuzusenden.

Wir bitten Dich, einen Arbeiter aus Eurer Delegation für das Präsidium des X. Parteitages vorzuschlagen.

Des weiteren solltet Ihr uns einen Arbeiter für die Kommission zum Entwurf der Direktive des X. Parteitages der SED zum Fünfjahrplan, einen Arbeiter für die Mandatsprüfungskommission des X. Parteitages sowie einen Arbeiter für die Antragskommission des X. Parteitages benennen.

Diese Vorschläge sind uns ebenfalls bis zum 2. März 1981 zu unterbreiten.

Mit sozialistischem Gruß
H. Dohlus

Übt hochprozentige Kritik: Herbert Kroker

Trotz strenger Auslese konnte es einmal passieren, dass Wirtschaftslenker die Parteilinie nicht über alles stellten. Vielleicht aber ist Herbert Kroker, Generaldirektor des Kombinates Umformtechnik, im Juli 1982 nur einmal der Kragen geplatzt. Wie auch immer, ein halbes Jahr nachdem die Bezirksparteikontrollkommission Leipzig folgende Notiz verfasste, wurde er zum Direktor eines Kleinbetriebes zur Herstellung von Feuerlöschgeräten in Apolda degradiert. Sein Comeback feierte er erst im Herbst 1989, als er nach dem Rücktritt von Egon Krenz kommissarisch die SED-PDS leitete.[15]

Information

Durch die KPKK wurde über den Inhalt eines Schreibens des Genossen Härtwig, Unterleutnant der VP, an den 1. Sekretär der SED-Kreisleitung Eilenburg informiert.

Der Sachverhalt betrifft den Generaldirektor des VEB Umformtechnik »Herbert Warnke« Erfurt, Genossen Herbert Kroker.

Das Schreiben vom Genossen Härtwig hat folgenden Inhalt:

»Am 7.7.1982 begab ich mich mit meiner Ehefrau und einem Bekannten in die Uffz.-Schule ›Harry Kuhn‹ Bad Düben in den Klub. Wir erhielten Platz in dem Raum, der sich unmittelbar vor dem Ausschank befindet. Weiter waren in diesem Raum anwesend ein Oberstleutnant der NVA, ein Hauptmann und ein Leutnant der NVA. An einem weiteren Tisch saßen Leitungskader des Kombinates Umformtechnik Erfurt, so u.a. der Betriebsleiter der WEMA Bad Düben, Genosse Nowak, der Generaldirektor des Kombinates und drei weitere Genossen.

Mein Eintreffen in der Gaststätte war gegen 19.00 Uhr. Zu diesem Zeitpunkt waren die Genossen des Kombinates nach meiner Meinung in einem leicht angetrunkenen Zustand und unterhielten sich in normaler Lautstärke über Probleme des Betriebes.

Gegen 19.30 Uhr war die Unterhaltung lauter und man konnte am Nebentisch bereits verstehen, um was sich die Genossen unterhielten. Zu diesem Zeitpunkt befand sich der Generaldirektor in einem stark angetrunkenen Zustand. Er gab Äußerungen von sich, die sich mit einer sozialistischen Leiterpersönlichkeit unserer Republik nicht vereinbaren lassen.

So äußerte er sich wie folgt:

›Die DDR befinde sich seit ihrer Gründung in der tiefsten Krise und die Gesellschaft der DDR ist korrumpiert und im Untergang begriffen.‹

›Der Präsident der USA müßte bis ins Jahr 2000 an der Macht bleiben, um von ihm zu lernen.‹

Zum Betriebsleiter der WEMA Bad Düben, Genossen Nowak, sagte er u.a.: ›Du bist kein Betriebsleiter, das beste ist, Du machst Bürgermeister in Bad Düben.‹

Weiterhin brachte er zum Ausdruck, daß die Republik Opfer bringen muß und sogar prominente. Nach seiner Meinung müßte er schon entlassen sein, da er aber Abgeordneter der Volkskammer ist, traut sich das keiner.

In seinen weiteren Ausführungen brachte er zum Ausdruck, daß die Leitungskader und die Werktätigen unserer Republik nicht für die Gesellschaft arbeiten, sondern nur für Honecker.

Weiterhin kam im Gespräch zum Ausdruck der Stand der Planerfüllung des Kombinates und die Mittel und Methoden zu dieser Erfüllung.

Zu den Auslandsmonteuren und Vertretern der WEMA äußerte er sich ebenfalls sehr negativ, so z.B. ›die sind alle viel zu dumm, um im NSW zu bestehen. Wir sollten diese Kader in der BRD oder in den USA ausbilden lassen.‹

Sein Auftreten gegenüber anderen Genossen am Tisch war sehr erniedrigend für diese. Er bezeichnete sie als ›Arschlöcher‹, ›dumme Schweine‹, und andere Ausdrücke. Wenn ein anderer sprechen wollte, unterbrach er ihn mit den Worten ›halt die Schnauze‹.

Diese Auseinandersetzung wurde sehr lautstark geführt und meiner Meinung nach wurde dies von allen Anwesenden in diesem Raum wahrgenommen.

Ich möchte noch hinzufügen, daß gegen 19.45 Uhr 4 Genossen der ABV-Schule Pretzsch in den Raum kamen und dort an einem der freien Tische Platz nahmen. Diese Genossen blieben bis gegen 21.45 Uhr in der Gaststätte.«

Weiter wurde uns mitgeteilt, daß durch den 1. Sekretär der Kreisleitung Eilenburg der Parteiorganisator des Kombinates Umformtechnik, Genosse Rudolf Schmidt, abschriftlich von dieser Information in Kenntnis gesetzt wurde.

Klaus
Stellv. Vorsitzender

Betrügt die Partei: Postenführer Sch*.

Am 14. März 1984 übte Postenführer Sch*. vor der Parteikontrollkom-mission Selbstkritik. Im Haftkrankenhaus (HKH) Leipzig war es zu Dienstverletzungen gekommen, für die er die Verantwortung trug.[16]

Stellungnahme

Am 11.2.84 wies uns der ODH ein, verstärkte Kontrollen (Außenstreifen und Innenstreifen) durchzuführen. Ich als Postenführer unterließ es, einen exakten Streifenplan auszuarbeiten.

Von seiten des ODH bestand keine Forderung zur Erarbeitung eines Streifenplanes. Als Vorgesetzter des Kollektives erteilte ich die Weisungen zu den Streifen, wann ich es für notwendig erachtete.

Auf das Vorkommnis zurückzukommen, welches sich am 11.2.84 gegen 15.40 Uhr im Wachgebäude der HKH bedauerlicherweise abspielte.

In der dienstarmen Zeit spielten wir Karten. Es wurde Mau-Mau gespielt. Die Genossen Hantz und Turczinski beschimpften sich gegenseitig, weil der Genosse Hantz nicht richtig bediente.

Schließlich kam es zu einer tätlichen Auseinandersetzung zwischen beiden Genossen. Beide Genossen waren so in Rage, daß sie sich so nicht ohne weiteres trennen ließen. Wenn ich in die Auseinandersetzung eingegriffen hätte, wäre es möglich gewesen, daß ich beide Genossen kampfunfähig gemacht hätte. Nachdem der Genosse Hantz mit einem Judogriff den Gen. Turczinski zu Boden warf, brach sich der Gen. Turczinski die linke Kniescheibe. Als der Gen. Turczinski feststellt, daß seine Kniescheibe gebrochen war, stellte er die Frage in den Raum: Was nun?

Der Anstoß zum Dienstunfall kam vom Genossen Turczinski. Daraufhin wurde von mir die Meldung so abgefaßt, als ob es sich um einen Dienstunfall handelt. Mit dieser Falschmeldung habe ich meine Vorgesetzten absichtlich auf die schändlichste Art und Weise belogen.

Als Vorgesetzter meines Dienstkollektivs habe ich mich durch die Äußerung des Genossen Turczinskis hinreißen lassen, meinen Vorgesetzten einen vorgetäuschten Dienstunfall weiszumachen. In dieser unrühmlichen Sache habe ich als Kommunist versagt. Durch meine unverantwortliche Handlungsweise habe ich meinem Kollektiv keinen guten Dienst erwiesen.

Letzten Endes hat das gesamte Kollektiv die Sicherheit des Haftkrankenhauses auf Spiel gesetzt.

Als Genosse unserer Partei habe ich mit meinem Verhalten auf das Gröbste gegen unser Parteistatut verstoßen. Ich bitte deshalb um einen strengen Maßstab bei der Auswahl der Parteistrafe anzulegen.

Wenn ich die Dinge mit einem gewissen Abstand betrachte, wird mir nach und nach die volle Tragweite meines Tuns und Handelns voll bewußt.

Sch*.

Der treueste Blockfreund: Gerald Götting

Gerald Götting war von 1949 – 1966 Generalsekretär der CDU und danach bis 1989 deren Vorsitzender. Nach der Wende wurde er wegen der Veruntreuung von Parteigeldern zu 18 Monaten Freiheitsstrafe auf Bewährung verurteilt. Am 5. September 1985 schrieb er an Egon Krenz.[17]

Lieber Egon!

Ein bedauerlicher Vorgang veranlaßt mich, Dich zu informieren. Am 4.9.1985, gegen 8.25 Uhr, fuhr ich von der Otto-Nuschke-Straße in die Friedrichstraße nach links, hatte mein Fahrer keinen Gegenverkehr. Von rechts kam in einer Entfernung ca. 60 – 70m ein Funkstreifenwagen der VP. Vor dem Haus der Sowjetschen Kultur und Wissenschaft überholten wir einen Bus und wechselten dabei die Fahrspur. Eine Gefährdung des Funkstreifenwagens durch uns lag nicht vor. Während des Überholvorgangs fuhr der Funkstreifenwagen – unter Verkürzung des üblichen Sicherheitsabstandes – an uns heran, hupte und gab fortlaufend Lichtsignale. Wir ordneten uns wieder rechts ein, worauf die Angehörigen der VP weiterhin Licht- und Hupsignale gaben. An der Einmündung Friedrichstraße/Kronenstraße schnitten sie uns die Fahrbahn ab und wollten uns zum Anhalten zwingen.

Wir fuhren weiter und die Verfolgung setzte sich in der gesamten

Kronenstraße bis zu meinem Ziel fort. Da ich terminlich gebunden war, habe ich meinen Fahrer gebeten, mit den Genossen des Funkstreifenwagens zu reden. Aus diesem Gespräch ergaben sich auch keine Gründe für diese merkwürdigen Verhaltensweisen der beiden VP-Angehörigen.

Mein Fahrer hat in meinem Auftrag den zuständigen Dienststellenleiter der VP informiert und gleichzeitig über seine Dienststelle einen Bericht eingereicht.

Soweit die Schilderung des Vorfalls aus meiner Sicht.

Ich schreibe Dir, lieber Egon, diese Angelegenheit so ausführlich, weil es doch nicht zum Ansehen unserer Organe beiträgt, wenn sich Angehörige des MfS und der VP in der Öffentlichkeit auseinandersetzen müssen.

Meine Bitte wäre, stärker politisch-erzieherisch auf die in der Regel sehr jungen VP-Angehörigen einzuwirken, um sie noch besser zu befähigen, ihren verantwortungsvollen Dienst zum Schutz und Wohl unserer Bürger auszuüben.

Mit freundlichen Grüßen
Dein Gerald Götting

Gibt die Waffe ab: Konrad Naumann

Konrad Naumann war Erich Honecker 1948 als Instrukteur des Zentralrates der FDJ aufgefallen. Beredsam, charismatisch, durchsetzungsfähig – Honecker beförderte die Karriere Naumanns nach Kräften. Mit dem Machtantritt Honeckers übernahm Naumann die Schlüsselstellung als 1. Sektretär der Bezirksleitung Berlin und wurde 1973 Mitglied des Politbüros. Viele sahen in dem 16 Jahre jüngeren einen möglichen Nachfolger Honeckers. Naumann schadeten weder Alkoholismus noch sein selbst für ostdeutsche Verhältnisse ausschweifendes Sexualleben. Erst als er 1985 Konzepte zur Erneuerung der SED-Politik formulierte, ließ ihn Honecker fallen. Am 5. November 1985 wurde er aus dem Politbüro ausgestoßen. Zwei Tage später schrieb er seinen Abschiedsbrief. Naumann wurde Mitarbeiter des Zentralen Staatsarchives in Potsdam.[18]

Lieber Erich,

In Durchführung des Beschlusses des PB vom 5.XI.85 übersende ich Dir, wie beschlossen, meinen Brief an Dich. Deine prinzipielle Kritik und die aller Genossen des Politbüros ist richtig und hat mich tief getroffen – und ich habe noch keine Fassung wieder gefunden. Ich habe mich durch mein Verhalten selbst ausgestoßen und fühle mich sehr allein. Da ich mein ganzes bewußtes Leben immer das gemacht habe, was beschlossen wurde, bin ich momentan noch nicht in der Lage, selbst zu sagen, was ich arbeiten will, was ich überhaupt kann. Ich bitte Dich in diesem Punkt aufrichtig um Nachsicht.

Mit sozialistischem Gruß
Konrad Naumann

P.S. Meine persönliche Waffe u. Waffenschein habe ich abgegeben.

Fordert Sonderschichten: Horst Schumann

Horst Schumann wurde 1970 1. Sekretär der Bezirksleitung Leipzig und blieb es bis zum November 1989. Am 10. März 1986 sandte er ein typisches Telegramm an die 1. Sekretäre der ihm unterstellten Kreis- und Stadtbezirksleitungen.[19]

Liebe Genossen!

Die vorliegenden Ergebnisse der Planerfüllung machen mit Nachdruck darauf aufmerksam, daß in den ersten zwei Monaten die Ergebnisse nicht ausreichen, um entsprechend unserer Zielstellung den IX. Parteitag mit überbotenem Plan würdig vorzubereiten.

In Auswertung der Bezirksdelegiertenkonferenz und mit dem Ziel, den Plan allseitig zu erfüllen und zu überbieten, dabei die eingegangenen Verpflichtungen voll zu realisieren, sind in den Betriebskollektiven weitere Aktivitäten bis hin zu Sonderschichten noch im Monat März zu organisieren.

Es muß uns gelingen, daß mit der Abrechnung zum 31.3. jeder Kreis und damit der Bezirk seinen ehrenvollen Beitrag zur Vorbereitung des XI. Parteitages geleistet hat.

Mit sozialistischem Gruß
Horst Schumann
1. Sekretär

Freut sich herzlich: Manfred Stolpe

Am 29. Juni 1987 wandte sich Manfred Stolpe, Konsistorialpräsident und damit weltliches Oberhaupt der Evangelischen Kirche in Berlin-Brandenburg, an Joachim Herrmann, Mitglied des Politbüros, um ihm zu danken.[20]

Sehr geehrter Herr Herrmann!

Bitte gestatten Sie, daß ich Ihnen unmittelbar nach dem Evangelischen Kirchentag in Berlin herzlich für die offensive Informationspolitik unserer Medien zum Kirchentag danke! Sachlich, umfassend und wohlwollend wurde unser Kirchentag in Fernsehen, Rundfunk und Presse dargestellt und der gesamten Öffentlichkeit das richtige Bild einer vielgestaltigen religiösen Großveranstaltung vermittelt, die für evangelische Christen in der Deutschen Demokratischen Republik eine große Ermutigung brachte.

Diese Informationspolitik war deshalb besonders wichtig, weil einige westliche Medien versuchten, unter Mißbrauch des Kirchentages die Reihe von Provokationen gegen die DDR fortzusetzen. Sie haben unwesentliche Randerscheinungen als Hauptsache dargestellt, um den Eindruck von Turbulenzen in der DDR-Kirche und damit der DDR zu vermitteln. Ich habe selbst erlebt, wie ein Korrespondent der ARD nachts um 3.00 Uhr versuchte, christliche Jugendliche zu Aussagen über Vorgänge Pfingsten am Brandenburger Tor zu provozieren. Zu meiner Freude haben die Jugendlichen spontan richtig reagiert: Ein Punk warf ein Ei auf den Korrespondenten, und die übrigen empfohlen ihm, schlafen zu gehen.

In der gegenwärtigen Situation haben viele Christenmenschen bei uns die Solidarität der Medien der Deutschen Demokratischen Republik dankbar empfunden.

Mit vorzüglicher Hochachtung
Stolpe

Joachim Herrmann gab den Brief weiter.[21]

Lieber Genosse Honecker!

Anliegend gebe ich Dir einen Brief von Konsistorialpräsident Stolpe zur Kenntnis.

Mit sozialistischem Gruß
J.Herrmann

Zuständig für Abtreibungen: Inge Lange

Inge Lange machte nach einer Schneiderlehre in der FDJ Karriere. Von Lotte Ulbricht unterstützt, wurde sie 1961 Leiterin der Abteilung Frauen im ZK. Ab 1973 war sie Sekretärin des ZK und Kandidatin des Politbüros. Ressort: Frauenfragen. Am 20. Oktober 1987 teilte sie dem Leiter der Arbeitsgruppe Kirchenfragen im ZK exakte Zahlen über Schwangerschaftsabbrüche mit.[22]

Lieber Genosse Bellmann!

Zu Eurer internen Information möchten wir Euch davon in Kenntnis setzen, daß die in der ADN-Information vom 14.10.1987 »Kirche tritt Besorgnissen über DDR-Amnestie entgegen – Dresdner Synode warnt vor Tötung werdenden Lebens« angegebene Zahl, daß in der DDR täglich 250 Schwangerschaftsabbrüche vorgenommen werden, nicht stimmt. Im 1. Jahr nach Inkrafttreten des Gesetzes – 1973 – gab es 113.232 Abbrüche. Seither ist mit geringen Schwankungen die Zahl der Abbrüche im steten Rückgang begriffen. 1986 waren es 85.725. Das entspricht einem Tagesdurchschnitt von 234 und nicht, wie die

Kirche behauptet, 250. Die von der Kirche angegebene Zahl enspricht dem Stand von 1982.

Mit sozialistischem Gruß
Lange

1997 wurden in ganz Deutschland 130 890 Schwangerschaften abge-brochen. In den neuen Ländern und Berlin waren es 39 599, also 108 pro Tag.

Mag keine Drecksender: Günter Schabowski

1961 holte die FDJ die Westantennen vom Dach. In den siebziger Jah-ren durften ARD und ZDF ganz offiziell empfangen werden. Doch auch die neuen Sender RTL und SAT 1 fanden viele Zuschauer. Günter Scha-bowski, erster Sekretär der Bezirksleitung Berlin wurde immer häufiger mit Forderungen konfrontiert, neue Antennen und Satellitenschüsseln zu installieren. Am 18. Dezember 1987 teilte er seine Auffassung dazu Politbüromitglied Joachim Herrmann mit.[23]

Lieber Achim!

Beiliegend übermittle ich Dir zur Information eine knappe Darstellung unseres Standpunktes zu den hier und dort laut werdenden Forderun-gen, staatliche Mittel für die Gewährleistung des Empfangs des Hetz-senders »SAT 1« einzusetzen. Wir lehnen das ab. Das Ganze ist über-haupt nur als erörterungswürdiges Ansinnen zu verstehen, wenn man sich vergegenwärtigt, daß wir seinerzeit die technischen Empfangs-möglichkeiten für die drei Fernsehprogramme der ARD und des ZDF geschaffen haben. Das kann jedoch u.E. nicht bedeuten, daß wir bei jedem Drecksender, den der Gegner neu installiert, ihm noch die Wir-kung seiner Hetze bei uns finanzieren. Wir stehen ja in puncto Weltof-fenheit auf diesem Gebiet in Europa einzigartig da.

Das beiliegende Papier ist als interne Argumentationshilfe für unsere Kreisleitungen gedacht.
Mit bestem Gruß
Günter Schabowski

Schabowskis Mitarbeiter stellten fest, dass der Empfang der Sender in Ostberlin technisch möglich sei, hatten aber allein für die Hauptstadt einen finanziellen Bedarf von 3 Millionen Mark ermittelt. Außerdem laufe eine Vergrößerung des »Antennenwaldes« der Stadtordnung zuwider. Aber wichtiger noch waren die Inhalte der neuen Privatsender. Sie seien »politisch unvertretbar«[24]

Die politischen Sendungen des Fernsehsenders SAT 1 zeigen eine weitgehende ideologische Übereinstimmung mit dem Senat von Westberlin, der Westberliner CDU und der stark an diesem Sender beteiligten Springer AG.

Alte Filme, billigste Filmware aus den USA, flachste Unterhaltung und viel Reklame werden nach dem politischen und gestalterischen »Credo« der Bildzeitung mit dürftigen Nachrichtensendungen antikommunistischer Zielrichtungen verflochten. Viel »Unterhaltung« und wenig Denken. Die Hauptziele sind politisch durch und durch unmoralisch – Desinformation, Verdummung, feindliche Hetze. Möglichst vielen Zuschauern soll mit billigsten Mitteln der »goldene Westen« vorgegaukelt werden.

Dabei wird versucht, sowohl mit »Frühstückssendungen« für Schichtarbeiter, aber auch in den Hauptfernsehzeiten zielgerichtet auf die Bürger der DDR einzuwirken.

Wes Geistes Kind dieser Sender ist, das erkennt man auch daran, daß der Chefredakteur ein gewisser K. v. Kuhlow ist, der im Auftrag des Springerkonzerns die sogenannte »Sibirische Sklavengas«-Kampagne und die »Swerdlowsker Milchglasgeschichte« erfand. Dieses Springersubjekt ist für schmutzigen und skrupellosesten Antikommunismus bekannt.

Für 1988 ist abzusehen, daß der Sender aus der Phase des »Anfütterns« der Leute übergeleitet wird in die Phase eines offenen antikommunistischen Kampfes im Krieg um die Hirne, Gefühle und Empfindungen der Menschen. Dazu wird sein Jahresetat von 120 – 150 Millionen 1987 auf 760 Millionen 1988 aufgestockt.

Für die Schaffung von Empfangsbedingungen für ein derartiges Programm sind uns in unserem Arbeiter- und Bauern-Staat die Mittel zu schade. Wir werden vielmehr die durch die Werktätigen erwirtschafteten Mittel dazu nutzen, um den Empfang unserer Medien in unserer Stadt in guter Qualität zu gewährleisten.

Klatscht Beifall: Manfred Stein

Das Digest der sowjetischen Presse »Sputnik« gab der Geschichte der UdSSR schon immer breiten Raum. Doch mit dem Ruf nach Glasnost – Offenheit – wandte sich die Redaktion heißen Themen zu. GuLAG, Stagnation, der Nichtsangriffspakt zwischen Deutschland und der UdSSR, ja sogar ein Vergleich der Diktatoren Hitler und Stalin verhalfen dem Periodikum zu steigenden Absatzzahlen in der DDR. Doch die Oktobernummer 1988 wurde nicht ausgeliefert, wenige Tage später erfuhr der Postminister aus der Zeitung, dass sein Ministerium den »Sputnik« von der Postzeitungsvertriebsliste gestrichen hatte. Nicht wenige Leser protestierten. Aber auch Beifallsbekundungen gingen im ZK ein. Am 22. November 1988 bedankte sich der Berliner Funktionär Manfred Stein beim zuständigen ZK-Sekretär Joachim Herrmann.[25]

Werter Genosse Herrmann!

Mit großer Zustimmung habe ich die Entscheidung des Ministeriums für Post- und Fernmeldewesen zur Kenntnis genommen, das sowjetische Digest »Sputnik« von der Vertriebsliste zu streichen. Dieser Schritt, der sicher durch das ZK der SED initiiert wurde, war meiner Auffassung nach und der vieler meiner Freunde höchst überfällig. Von Ausgabe zu Ausgabe (seit etwa 1 1/2 Jahren) veröffentlichte der Sputnik Beiträge, die dem Wesen nach direkt sowjetfeindlich waren und in Sprache und Stil immer boshafter und blutrünstiger wurden. Man hatte den Eindruck, als bestünde die ruhmreiche Geschichte des Sowjetvolkes nach der Lesart des Sputnik nur noch aus Stalins Mordlust und Breshnews Stagnation. Nach dem Sputnik könnte sich jeder Kriminelle und jeder Triebtäter, der in den 30er Jahren verurteilt wurde, als Opfer Stalins und des NKWD bezeichnen und entsprechend pikante Histörchen schreiben, die dann sofort veröffentlicht werden und auch in der DDR einen »interessierten Leserkreis« finden. Die Geschmacklosigkeit und das Verlassen des Bodens marxistisch-leninistischer Geschichtsschreibung geht soweit, daß Stalin und Hitler gleichgesetzt werden. Für ein Volk, das so ruhmreich gegen den Faschismus und unter dem Blutzoll von 20 Millionen Menschenopfern gestritten hat, sowie für jeden Antifaschisten eine Zumutung.

Damit ich richtig verstanden werde: Die Stalinschen Massenrepressalien waren schlimm und die Zeit des Personenkultes dürfen sich niemals wiederholen, doch besteht der Massenheroismus des Sowjetvolkes nicht nur aus dem Personenkult und die Leistungen des Sowjetvolkes in den [anderen] Perioden dürfen nicht geleugnet werden. Letzteres fand in den Ausgaben des Sputnik kaum Erwähnung und Würdigung. Einem echten Freund der Sowjetunion, der es schon viele Jahre ist, tut so etwas weh. Dies um so mehr, als es sich um Machwerke handelt, die die sowjetfeindliche bürgerliche Presse Kremlostologen und andere Geschworene Gegner der Sowjetunion hätten nicht besser fabrizieren können. Ich habe in Leserzuschriften an die Redaktion des »Sputnik« mehrfach darauf aufmerksam gemacht. Keine Reaktion! Übrigens, manche Beiträge in der Neuen Zeit sind nicht besser. Mit solchen Beiträgen leisten sowjetische Presseorgane ihrer Perestroika keinen guten Dienst. Und Glasnost habe ich immer so verstanden, als ginge es bei dieser Offenheit um mehr Sozialismus, um die offene Auseinandersetzung mit alldem, was die Sowjetunion am erfolgreichen Vorwärtsschreiten hindert. Wie eine Reihe Veröffentlichungen im Sputnik und in der Neuen Zeit zeigen, glauben einige Journalisten unter dem Mantel der Offenheit sehr eigenartige Geschäfte betreiben zu wollen, die fast konterrevolutionäre Züge tragen. Darunter zähle ich Machwerke der Geschichtsfälschung, die Propagierung bürgerlicher Dekadenz in kulturellen Beiträgen, das Vertreten von Auffassungen für Wirtschaftsmodelle, die die Handschrift Ota Siks tragen könnten. Ich denke, so will Genosse Gorbatschow Glasnost und Perestroika nicht verstanden wissen, nämlich, daß aus allen Löchern konterrevolutionäres und nationalistisches Gewürm hervorbricht, das gegen Lenins Prinzipien und die Einheit der Völker der Sowjetunion zu Felde zieht. Damit sich auseinanderzusetzen ist sicher die Sache der sowjetischen Kommunisten selbst. Die meisten Leser des Sputnik wie ich sie persönlich kenne, sind Leute, die sich hochnäsig zur Politik unserer Partei verhalten, die alles »besser« wissen und in der »westlichen Freiheit« ihr politisches Vorbild sehen. Es sind die Spießer und Nörgler die meinten, im Sputnik ein Sprachrohr gefunden zu haben. Es sind Leute, die den Wohlstand, den der Sozialismus bietet – und einiges mehr – besitzen, den Pkw, die Datsche, die ideal ausgestattete Wohnung, das überdurchschnittliche gute Einkommen. Es sind Leute, die auf Grund weitreichender Beziehungen wissen, wo man manches gefragte und leider knappe Erzeugnis beziehen kann und die natürlich für die

Nationale Front und für Pflegearbeiten im Wohngebiet »keine Zeit« haben. Sofern diese Leute (wie ich sie wie gesagt kenne) Genossen sind, empfinden sie Parteidisziplin und parteiliche Haltung als etwas »Lästiges«, dem man sich notgedrungen fügen muß. Deshalb haben sie zwei Meinungen – eine für die Arbeit und eine für »privat«. In letzter Zeit ist zu bemerken, daß diese Leute keinen Hehl aus ihrer ablehnenden Haltung zur Politik unserer Partei machen und in der Hoffnung, daß wir uns den Veränderungen in der UdSSR nicht entziehen könnten, verstehen a) Genossen Gorbatschow zu verfälschen und b) die Politik des Genossen Gorbatschow so darzustellen, daß sie als Gegensatz zur SED aufgefaßt wird. Dieses schäbige »Ausspielen« ist ihre Grundthese. Sie verbinden dies mit der Hoffnung, daß sich »nach Honecker vieles ändern werde«. Ich denke, und darüber freue ich mich, unsere Partei hat u.a. mit der Entscheidung über den Vertrieb des Sputnik deutlich gemacht, daß über unsere Politik nach wie vor und auch künftig in Berlin, unserer Hauptstadt, entschieden wird und die Illusion gewisser Leute, die ich beschrieben habe, Illusion bleibt. Nebenbei bemerkt, sind es die Leute, die sich heute begierig auf den Sputnik stürzen oder ins Haus der sowjetischen Wissenschaft und Kultur rennen, um gewissen Wissenschaftlern zu[zu]klatschen, jene denen früher unsere Politik zu »russisch« war, die immer betonten, daß wir Deutsche seien und unsere Besonderheiten beachten müßten. Diesen »neuen Freundchen« der Sowjetunion paßt heute absolut nicht, wenn wir die allgemeingültigen Gesetzmäßigkeiten des Sozialismus mit unseren nationalen Besonderheiten verbinden, wie es unsere Partei immer getan hat und nie zugelassen hat, daß bei uns Personenkult und Massenrepressalien auftreten könnten.
Setzt diese gute Politik fort und laßt auch künftig nicht zu, daß – ein Sumpf, der am Gebirge hinzieht – das bereits Errungene verpestet.

Manfred Stein

Erich Honecker verarbeitete Steins Äußerungen in seinem Referat auf der 7. Tagung des ZK der SED am 1. und 2. Dezember 1988. Honecker geißelte das »Gequake wildgewordener Spießer, die die Geschichte der KPdSU und der Sowjetunion im bürgerlichen Sinne umschreiben möchten.« Auch in der Einschätzung, dass einige Gegner die Politik der DDR früher für »zu russisch« hielten, folgte er Steins Brief. Die DDR werde nicht »in die Anarchie marschieren« betonte er und zitierte den Brief »eines Bürgers der DDR«. Die Partei, formulierte Honecker, habe »nie zugelassen, dass bei uns Personenkult und Massenrepressalien auftreten konnten.« Und er konnte es sich nicht verkneifen zu sagen: »Der Brief endet mit der Aufforderung: Setzt diese gute Politik fort!«[26] Stein schrieb wieder an das ZK, bedankte sich und bekundete, »stolz« darauf zu sein, dass der Generalsekretär seinen Brief erwähnte.

III. Politische Probleme

AUFRUF!

AN ALLE REPARATUR- UND BETREIBERKOLLEKTIVE !

 JETZT BEGINNT DER ENTSCHEIDENDE KAMPABSCHNITT ZUR ERFÜLLUNG DES KAMPFAUFTRAGES: QUALITÄTSGERECHTE GENERALREPARATUR!

Die letzte Woche der Großreparatur muß die

Woche der erhöhten Effektivität

sein.

Das bedeutet:

- qualitätsgerechte Rückmontage aller Teile und Aggregate,

- sorgfältige Qualitätskontrollen der ausgeführten Arbeiten,

- erhöhte Aufmerksamkeit der strikten Einhaltung von Ordnung, Disziplin, Sicherheit und Sauberkeit.

▶ DIE ANLAGEN IN EINEN SAUBER BERÄUMTEN ZUSTAND AM 25. 9. 76 ÜBERGEBEN – DAS IST FÜR UNS EHRENSACHE!

Deshalb nutzt die Freischichten, um den für den 25. 9. 76 geplanten Subbotnik schon vorfristig abzuleisten. – Schwerpunktaufgabe dabei: *Ordnungsgemäße Beräumung der Gewerke!*

Nehmt die Woche der erhöhten Effektivität zum Anlaß, nochmals Bestleistungen zu vollbringen. – Beteiligt Euch am Subbotnik! – SICHERT DIE EINWANDFREIE ÜBERGABE DER REPARIERTEN ANLAGEN TERMINGERECHT AN DIE BETREIBER!

gez. Görrisch　　　　　　gez. Broeker
Technischer Direktor　　　Leiter der Reparatur

71

Abtreibungen legalisieren

Unmittelbar nach dem Bau der Mauer stieg die Zahl der Frauen, die bei einem illegalen Schwangerschaftsabbruch starben. Daher diskutierte die SED schon 1963 über die Streichung des § 218. Doch erst mit dem Machtwechsel zu Honecker schien die Legalisierung des Abbruchs möglich. Einziges Hindernis: Die CDU. Daher sprach Albert Norden, zuständig für die befreundeten Parteien mit Gerald Götting, dem Vorsitzenden der CDU. Am 6. Januar 1972 teilte er Erich Honecker das Ergebnis mit.[1]

Lieber Erich!

Zu Deiner Information teile ich Dir mit, daß ich heute eine anderthalbstündige Aussprache mit Gerald Götting hatte.

Es ging einmal um die Frage der Schwangerschaftsunterbrechung, wobei der die Opposition einiger CDU-Mitglieder vor allem aus den klerikalen Kreisen hochzuspielen suchte. Ich habe ihm geraten (was er akzeptierte), eine Argumentation für seine Partei ausarbeiten zu lassen, bei deren endgültiger Fertigstellung wir behilflich sein würden. Dabei sollte neben den schon bekannten Argumenten auch besonders gegenüber den protestantischen Kreisen hervorgehoben werden, daß solche Länder wie Großbritannien und besonders amerikanische Bundesstaaten wie New York, Washington, Alaska usw. (nicht zu reden von den sozialistischen Ländern) bereits einen Stand erreicht haben, den wir auf diesem Gebiet mit unserer geplanten Verordnung erst durchsetzen wollen. Außerdem gehöre es einfach zur Emanzipation der Frau, daß sie über ihren Körper frei verfügen kann. Ihn beeindruckte aus unserer für die Partei herausgegebenen Information der Hinweis, daß »in unserer Gesellschaft jede Frau die reale Möglichkeit hat, in dieser Frage selbst zu entscheiden. Damit steht es auch religiös gebundenen Frauen frei, sich entsprechend ihren persönlichen Moralauffassungen zu verhalten.«

Götting versprach, daß die CDU-Parteiführung eine solche Überzeugungsarbeit leisten werde, daß es nicht zu offenen oppositionellen Äußerungen kommen wird.

In diesem Zusammenhang äußerte er, daß bestimmte Kreise des Klerus die Behauptung verbreiten, daß Max Sefrin darum aus der Regierung ausgeschieden sei, weil er als Gesundheitsminister die Abschaffung des § 218 nicht verantworten könne. Ich habe bereits das Notwendige veranlaßt, daß Max Sefrin in den nächsten Wochen, sei es im Rahmen der Liga für Völkerfreundschaft oder anderweitig, ein- bis zweimal öffentlich auftritt. [...]

Mit sozialistischem Gruß
Norden

Am 7. Februar sprach Götting auf einer Tagung des CDU-Präsidiums mit Funktionärinnen. Waldemar Pilz, Leiter der Abteilung Befreundete Parteien, fertigte eine Hausmitteilung für Norden an.[2]

Werter Genosse Norden!

Ich möchte dich darüber informieren, daß auf der Veranstaltung des Präsidiums der CDU mit Frauen (200), die dieser Partei angehören, Kollege Götting in seinem Schlußwort auf Probleme des Gesetzesentwurfes zur Unterbrechung der Schwangerschaft einging.

Diese Passage wurde von ihm frei gesprochen und war im ausgearbeiteten Manuskript nicht vorgesehen. Nachdem er die Richtigkeit dieses Gesetzentwurfes begründet hatte, legte er dar, daß es innerhalb der CDU keine einheitliche Auffassung zur Unterbrechung der Schwangerschaft gibt. Weiter führte er sinngemäß aus, daß auf die Abgeordneten der CDU zur Abstimmung in der Volkskammer über dieses Gesetz kein Fraktionszwang ausgeübt wird. Es sei der Leitung der Partei bekannt, daß Abgeordnete der Fraktion gegen diesen Gesetzentwurf stimmen werden.

An dieser Beratung nahmen nicht nur Funktionäre der CDU, sondern auch Frauen von Pfarrern u.a. teil.

Im Referat war auch die Vorsitzende des DFD, Genossin Thiele, auf die Probleme des Gesetzentwurfes eingegangen und hatte, entsprechend der Argumentationshinweise des ZK der SED, anstehende Fragen beantwortet.

Pilz

Am 9. März stimmte die Volkskammer dem Gesetz über den Schwangerschaftsabbruch zu. 14 Mitglieder der CDU-Fraktion stimmten dagegen, acht enthielten sich. Bisher hatte die Volkskammer stets einheitlich mit »Ja« gestimmt. Doch vielen CDU-Mitgliedern war das zu wenig. Sie hätten sich wenigstens eine offizielle Stellungnahme ihrer Partei gewünscht. Albert Norden erhielt am 13. März eine Zusammenstellung von Meinungen vom CDU-Hauptvorstand.[3]

Erste Meinungsbildung zur Begründung und Beschlußfassung über das Gesetz zur Unterbrechung der Schwangerschaft auf der 4. Tagung der Volkskammer

Von der Mehrheit unserer Mitglieder und großen Teilen parteiloser Christen, insbesondere von kirchlichen Amtsträgern, wurde die gestrige Tagung der Volkskammer mit großem Interesse und Aufmerksamkeit verfolgt.

Nach unserem bisherigen Überblick kann eingeschätzt werden, daß die Begründung zu dem Gesetzestext vor der Volkskammer durch den Minister für Gesundheitswesen, Prof. Dr. Ludwig Mecklinger, in Mitgliederkreisen allgemein als sachlich bezeichnet wird und bei der Mehrheit unserer Freunde Verständnis findet. Starke Resonanz löste besonders in kirchlichen Kreisen die Unterstreichung der Tatsache aus, daß die Förderung der Liebe zum Kind und die Erhöhung der Geburtenfreudigkeit nach wie vor prinzipielles Anliegen der Politik unseres Staates sind. Als Ausdruck hoher Ehrlichkeit wird gewertet, daß der Minister für Gesundheitswesen auch die Bedenken gegen das Gesetz im kirchlichen Raum erwähnte.

Mit Genugtuung wurde von vielen Unionsfreunden und vor allem in kirchlichen Kreisen das Abstimmungsergebnis über das Gesetz zur Unterbrechung der Schwangerschaft aufgenommen. Besonders kirchliche Amtsträger begrüßen es, daß sich einige Abgeordnete bei der Abstimmung entsprechend ihrem Gewissen entschieden bzw. sich der Stimme enthielten. Diesbezüglich äußerte Prediger Kautz aus dem Bezirk Halle: »14 Abgeordnete haben ihrem Gewissen folgend nein gesagt und 8 sich der Stimme enthalten. Menschen, die die Demokratie gebastelt zu haben meinen, stehen vor der Tatsache, daß bei uns entgegen allem Gerede von Uniformität der Willensbildung an höchster Stelle freie, sachbezogene Meinungsäußerung praktiziert wird.«

Die Teilnehmer der Tagung des Diakonischen Ausschusses des Bundes der Evangelischen Kirchen in der DDR nahmen das beschlossene Gesetz ebenfalls mit Interesse auf und äußerten sich zu dem Abstimmungsergebnis positiv.

Die Gewissensentscheidung der Abgeordneten veranlaßte besonders kirchlich gebundene Bürger zu der Äußerung, daß dadurch die Autorität unserer Volkskammer erhöht wurde.

Verschiedentlich stellen Unionsfreunde die Frage, ob die Gegenstimmen und Stimmenthaltungen ausschließlich aus der Fraktion der CDU kämen und somit ein spezifisch christliche Haltung zum Ausdruck gebracht wurde. So äußerte z.B. Ufd. Kniebusch (streng katholisch) aus Magdeburg-Stadt, da aus der Presse nicht ersichtlich sei, aus welchen Fraktionen die Gegenstimmen und Stimmenthaltungen kamen, müsse er überlegen, ob er nicht seinen Austritt aus der Partei erkläre. Ufd. Haupt, Komplementär aus Radebeul, BV Dresden, schrieb vor der Volkskammertagung in einem Brief an den Bezirksvorsitzenden, daß er davon überzeugt sei, daß die Unionsfreunde Götting und Sefrin in der Volkskammer gegen das Gesetz auftreten würden. Er bezieht sich dabei auf die persönliche Freundschaft zwischen Ufd. Götting und Albert Schweitzer. Er bezeichnete die Unterbrechung der Schwangerschaft als Mord am werdenden Leben und als eine Verletzung der Ehrfurcht vor dem Leben und äußerte, wenn die Volkskammerfraktion der CDU keine geschlossene Meinung gegen das Gesetz vertrete, sich von der CDU zu trennen.

Die Meinungsbildung zum Gesetzinhalt über die Unterbrechung der Schwangerschaft hat sich unter Unionsfreunden nach der Beschlußfassung durch die Volkskammer nicht geändert. Nach wie vor gibt es bei eng kirchlich gebundenen evangelischen und vor allem katholischen Christen weiterhin Ablehnung einer Schwangerschaftsunterbrechung.
unleserlich

Olympia 72 gut vorbereiten

Im Januar 1972 formulierte Rudi Hellmann, Abteilungsleiter Sport im ZK, einige Prinzipien zur Berichterstattung der DDR-Medien über die Olympischen Spiele in Sapporo. Die Abteilung Agitation gab den Hin-

weisen am 17. Januar den letzten Schliff, bevor sie Abteilungsleiter Hans Modrow den Redakteuren von Presse, Funk und Fernsehen als Anweisung verkündete.[4]

Werte Genossen!

Wir bitten, folgende Festlegungen zu beachten:

1. Nationenwertung in der Öffentlichkeitsarbeit

Von Beginn der Olympischen Winterspiele an sollte täglich in allen Zeitungen, im Rundfunk und im Fernsehen der DDR eine Nationenwertung (Platz 1 bis 6) als einheitliche Tabelle veröffentlicht werden: Platz 1 = 7 Punkte, Platz 2 = 5 Punkte usw.

Beispiel

Platz	Mannschaft	Gold	Silber	Bronze	4	5	6	Punkte
1.	UdSSR	2	1	4	2	1	2	45
2.	Norwegen	2	–	3	1	1	3	34

2. Bezeichnung der westdeutschen Mannschaft

Auf Grund von Festlegungen des IOC werden die Sportler der BRD und Westberlins offiziell unter der Bezeichnung »Deutschland« geführt.

Von den Publikationsorganen der DDR wird in der Berichterstattung die Mannschaft der BRD als »BRD« verzeichnet. Sollte sich in der Mannschaft ein Westberliner befinden, so wird die Mannschaft als »BRD/Westberlin« aufgeführt. In der Kommentierung des Wettkampfes wird der Sportler entsprechend seiner Herkunft »BRD« oder »Westberlin« benannt.

3. Fotos und Fernsehaufnahmen der Erstplazierten

a) In der Presse der DDR sollten die Fotos der Goldmedaillengewinner und im Fernsehen der drei Erstplazierten gezeigt werden. Bei gutem Abschneiden von Sportlern der DDR sind auch diese im Bild zu zeigen.

b) Sollte sich in der Nordischen Kombination der Republikflüchtig Pöhland plazieren, so wird auf eine visuelle Darstellung verzichtet.

4. Siegerehrung

Bei Siegerehrungen im Fernsehen sollte die Hymne der BRD gespielt werden. Im Falle eines Sieges von Pöhland erfolgt keine Übertragung bzw. eine Überblendung.

Das olympische Gold in der Nordischen Kombination holte Ulrich Wehling für die DDR. Ralph Pöhland kam auf Platz 10.

Sozialistische PV zum Sieg führen

1972 schlug die Stunde der letzten Unternehmer. Zwischen Februar und Mai wurden 2568 Privatbetriebe und 5600 Betriebe mit staatlicher Beteiligung in »Volkseigentum« überführt. Gelegentlich führte dies zu Protesten. Franz Adler, 1. Sekretär der Kreisleitung Döbeln, meldete am 11. Mai 1972 einen solchen Fall an die Bezirksleitung Leipzig.[5]

Werter Genosse Schumann!

Ich möchte Dich von einem Vorkommnis im Zusammenhang mit der Durchführung des Beschlusses des Politbüros vom 8.2.1972 informieren.

Am 28.4.1972 war die Gründungsversammlung des VEB Untertrikotagen Roßwein (ehem. Fa. Lindner).

Die ehemalige Inhaberin, Frau Lindner und ihr Sohn waren zu der Gründungsversammlung nicht erschienen. Vor der Gründungsversammlung gab es mit der Inhaberin Frau Lindner eine Diskussion. Zur Belegschaft äußerte sie, daß das neue Firmenschild bereits fertig wäre und vor dem Haus stehen würde. Sie meinte damit das Werbeschild des z.Zt. in Roßwein gastierenden Zirkus.

Sie sagte auch, daß sie sich lieber aufhängen würde, als an der Gründungsversammlung teilzunehmen. Heute würde man es genau so machen, wie die Nazis mit den Juden, die auch nur mit einem Bündel gingen. Dem Kollegen Stahlhut, neuer Direktor, warf sie vor, daß er machthungrig wäre und sie verdrängt hätte.

Am Freitag, dem 28.4.1972, vormittags, verlangte Kollege Stahlhut von Frau L. die Schlüssel vom Büro und dem Tresor. Später wurden dann beide Schlüssel vom Sohn überbracht, wobei jeder Schlüssel dreimal zersägt war.

[...] Frau Lindner arbeitet mit in der Produktion im Betrieb und zwar in der Endkontrolle beim Verputzen der Ware.

Der Kollege Stahlhut, Mitglied der CDU, leitet schon längere Zeit diesen Betrieb als Geschäftsführer. Er selbst war finanziell am Unternehmen nicht beteiligt.

Die Kreisdienststelle Döbeln des MfS hat dieses besondere Vorkommnis aufgegriffen und bearbeitet es.

Mit sozialistischem Gruß!
SED-Kreisleitung Döbeln
Adler, 1. Sekretär

Mangelnde Gastfreundschaft registrieren

In einem Bericht an die SED-Bezirksleitung Leipzig vermeldete die Leipziger FDJ-Delegation zu den Weltfestspielen der Jugend 1973 Signale der ganz speziellen Berliner Gastfreundschaft. Kommentiert wurden die Zitate des Wirtes nicht. [6]

Betr. Meinungsäußerungen des Direktors der HO-Gaststätte »Plänterwald«, Genossen König

»Ab 18.00 Uhr gibt es hier für Euch keine Gastgeschenke, da beginnt für uns das Geschäft. Eure FDJler interessieren uns nicht. Zuerst kommen unsere Stammgäste in das Lokal.« Im Ergebnis dessen wurden die Jugendfreunde der Delegation am Eingang der Gaststätte gewaltsam zurückgedrängt und nur Stammgäste eingeschleust. Im Zuge der Auseinandersetzung mit diesem Genossen äußerte er weiter: »Ich warte schon fünf Jahre auf meine Ablösung, ich bekomme diese Wochenendtätigkeit nicht genügend vergütet.«

Statistiken der Religiosität erarbeiten

*Die »Stellvertreter des Vorsitzenden der Räte der Kreise für Inneres«
kümmerten sich um unerfreuliche Dinge: Ausreiseanträge, Zensur der
Mitteilungsblätter der Kirchgemeinden und atheistische Grabredner.
Am 8. Januar 1974 lieferte der Stellvertreter für Inneres den Wort-
bericht zur Statistik über Religiosität im Kreis (Vertrauliche Dienstsache
VII/8/75/2/2) bei der SED Kreisleitung Borna ab.* [7]

Das Material, wie Einwohnerzahl, Sterbefälle und Geburten wurde
durch die Statistik ermittelt, während die Angaben über kirchliche
Beerdigungen und Taufen aus den Kirchenblättern der Jahre 1970 bis
1974 entnommen wurden.

Die Angaben über kirchliche Austritte wurden beim Staatlichen No-
tariat eingeholt.

Die Zahlen der kirchlichen Beerdigungen sowie der Taufen in der
Zeit von 1970 bis 1974 lassen eine rückläufige Tendenz erkennen.

Bei den kirchlichen Bestattungen ist zu vermerken, daß den größten
Anteil der Bereich Borna mit rund 170 jährlich, der Bereich Gr-
oitzsch/Pegau mit rund 60 bis 70 aufweist, während der Raum Kitzscher und Neukiritzsch mit durchschnittlich 20 jährlich in Erscheinung
tritt. Zu erwähnen ist dabei, daß die Zahl der Grabredner, weltliche
Bestattung im Kreis, im Jahre 1973 bzw. 1974 von drei auf eins
zurückgegangen ist, was sich besonders im Raum Groitzsch/Pegau in
der Zahl bemerkbar macht.

In dieser Beziehung wurden bereits Maßnahmen mit der SED-Kreisleitung über die Großbetriebe zur Gewinnung geeigneter Bürger eingeleitet.

Zu den Taufen ist zu sagen, daß der Raum Borna einen Durchschnitt
von 30 Taufen und im Gegensatz dazu der Raum Kitzscher nur zwei
Taufen jährlich aufzuweisen hat.

Die Wertung, wieviel Bürger des Kreises Borna – anhand dieser Analyse mit Stand vom 31.12.1974 noch religiös gebunden sind – sagt folgendes aus:

Gab es 1964 mit einer Einwohnerzahl von 94.354 zur Volkszählung
1964 als religiös gebunden registrierte 59.066 Bürger = 60%, so muß
man heute folgendes einschätzen. Rechnet man in den letzten Jahren
(zehn) rund 4700 Kirchenaustritte und rund 3000 kirchliche Bestat-

tungen bei einer Steigerung der Einwohnerzahl von ca. 1000 Bürgern und setzt 700 Taufen dagegen, so kann man absolut von einer rückläufigen Tendenz mit rund 5% der Einwohner, welche bisher religiös gebunden waren, sprechen.

Das ist gemessen an der Konzentration der Arbeiterklasse für die zurückliegende Zeit absolut zu wenig und erfordert entsprechende Maßnahmen.

Rat des Kreises Borna
Dietze
Stellvertretender des Vorsitzenden für Inneres

Losungen einsammeln

Mitarbeiter der Abteilung Agitation verfassten die Losungen für Gedenktage, Maifeiern und Wahlkämpfe. Dann kursierten diese Entwürfe im ZK. Die anderen Abteilungen brachten Änderungsvorschläge und Ergänzungen ein, so am 14. Februar 1974.[8]

Betrifft: Ergänzung der Losungen für die Wahlen zu den örtlichen Volksvertretungen.
Nach Durchsicht der Thesen zum 25. Jahrestag der Gründung der DDR ergeben sich für die vorgeschlagenen Losungen keine prinzipiellen neuen Gesichtspunkte. Vorschlag wäre noch aufzunehmen:
»Mit allseitiger Erfüllung und zielgerichteter Übererfüllung des Volkswirtschaftsplanes zum 25. Jahrestag der DDR«

H. Lotze

Schwierigkeiten mit Pfarrer Reupert klären

Am 4. Dezember 1975 gab Pfarrer Eberhard Reupert aus Colditz seinen Wehrdienstausweis zurück und nahm Stellung zu der antiisraelischen Propagandakampagne der SED. Ein Mitarbeiter der Bezirksleitung Leipzig notierte: »Zum Antizionismusbeschluss gibt es noch mehr

Schwierigkeiten. Mit Pf. R. wird in der nächsten Zeit eine Aussprache geführt, in der ihm klar unsere Position aufgezeigt wird. Im Ergebnis soll erreicht werden, dass er seinen Wehrdienstausweis beim Wehrkreiskommando abholt.«[9]

An das Wehrkreiskommando Grimma

Ihr Schreiben vom 21.11.1975 nehme ich zum Anlaß, meinen Wehrpaß unter Protest zurückzusenden. Ich kann mich nicht für die Verteidigung eines Staates einsetzen, der so einseitig und wie ich nach bestem Wissen und Gewissen und nach langjähriger Beobachtung sagen kann: so ungerecht gegen ein Volk Stellung nimmt, an dem unser Volk vor nicht langer Zeit in unerhörter Weise schuldig geworden ist. Nachdem von Deutschen in der Vergangenheit grauenhafte Verbrechen an den Juden verübt wurden, ist es unerträglich, wenn eine deutsche Regierung mit ihrem ganzen Propagandaapparat eben dieses Land verleumdet, das den meisten überlebenden Juden, die vor der Nazibarbarei gerettet werden konnten, Zuflucht und Heimat geworden ist. Die Schuld im tragischen Konflikt zwischen Israel und den Arabern nur einer Seite zuzuschreiben, ist eine üble Schwarz-Weiß-Malerei. Wohin eine solche Propaganda führen kann, haben wir in den Jahren der Naziherrschaft erlebt.

Solange sich hier nichts grundsätzlich ändert, verweigere ich nicht nur den Wehrdienst, sondern auch jede Auskunft an das Wehrkreiskommando.

Eberhard Reupert

Die Besten auszeichnen, aber würdevoll

Am 11. Dezember 1975 wurden die Besten des Personals der I. medizinischen Klinik an der Martin-Luther-Universität Halle ausgezeichnet. Das unwürdige Prozedere wurde aktenkundig und zog Kreise. Auch die SED-Bezirksleitung Halle wurde informiert.[10]

Am 10.12.1975, 11.00 Uhr nahm Prof. Krosch gemeinsam mit dem AGL-Vorsitzenden Dr. Wichmann, im Hörsaalvorraum (Konferenzzimmer) die Auszeichnungen der Mitarbeiter der I. Med. Kl. – Geldprämien, Medaillen für treue Dienste, 2 Kollektive der sozialistischen Arbeit (Dialyse und Intensivstation) – vor.

Die auszuzeichnenden Mitarbeiter wurden kurzfristig zusammengerufen (etwa 10.15 zu 11.00 Uhr). Außer den Auszuzeichnenden war niemand geladen. Mit einigen anerkennenden Worten leitete Prof. Krosch die Auszeichnungsaktion ein und übergab gemeinsam mit Dr. Wichmann Urkunden, Ehrennadeln usw. jedem Mitarbeiter persönlich. Dr. Teichmann befand sich im Herzkatheder und konnte zwecks Teilnahme nicht verständigt werden. Doz. Dr. Mampel befand sich in der Ambulanz und wußte ebenfalls nichts von diesem Termin, so daß beide nicht anwesend waren. In diesem Rahmen wurde gleichzeitig einer Mitarbeiterin die Urkunde für einen Verbesserungsvorschlag mit den Worten: »Hier haben Sie die Urkunde, die können sie sich einrahmen und an die Wand hängen« übergeben.

Beim Verlassen des Raumes wurde den Kollektivmitgliedern durch Dr. Wichmann noch mitgeteilt, daß sie jeder zu Frau Wahl gehen könnten und das Geld abholen sollten.

Während der Rückkehr zur Station machte sich unter den Mitarbeitern breite Empörung über die Art und Weise der Auszeichnung bemerkbar. Die Aufnahme/Intensivstation brachte spontan zum Ausdruck, daß sie an der für heute Abend vorgesehenen Festveranstaltung zum Tag des Gesundheitswesens der I. Med. Kl. nicht teilnehmen werden. Vor Wut über die Art der Auszeichnung hat eine Kollegin die Urkunde zerknüllt und in den Papierkorb geworfen.

Genossin Ganzert hat versucht, die Welle der Empörung einzudämmen, die Urkunden wieder einzusammeln, damit die Auszeichnung während der heutigen Festveranstaltung in würdiger Form vorgenommen werden kann. Das ist nicht gelungen.

Ganzert,
unleserlich
Hesse (Stellv. Sekretär) für die Richtigkeit der Angaben

Die Gedenkstrategie ändern

Am 3. Januar 1976 jährte sich der Geburtstag Wilhelm Piecks zum 100. Mal. Pieck, erster Präsident der DDR (1949-1960), war nach dem Tod von seinem Nachfolger, dem Staatsratsvorsitzenden Walter Ulbricht, systematisch in die Vergessenheit gedrängt worden. Ulbrichts Nachfolger Honecker löschte seinerseits jede Erinnerung an Ulbricht aus. Die unmittelbare Nachkriegszeit erhielt in der Traditionspflege wieder oberste Priorität. Die Abteilung Agitation bereitete im Sommer 1975 das Gedenken an Piecks Geburtstag vor und legte großen Wert auf den Druck von Ausschneidebögen zur Gestaltung von Wandzeitungen in den Schulen und Betrieben. Die vorgesehenen Auflagenhöhen waren sonst nur lebenden Personen vorbehalten.[11]

Materialien für die Sichtagitation anläßlich des 100. Geburtstages von Wilhelm Pieck

| 1. | Fotoserie »Wilhelm Pieck« | |
| | 24 s/w Fotos Auflage | 11 300 |

| 2. | 2 Großfotos s/w | |
| | Auflage: | je 5 000 |

| 3. | Plakat »Wilhelm Pieck« | |
| | Auflage: | 90 000 |

| 4. | Transparentdrucke | |
| | Auflage: | 8 000 |

| 5. | Ausschneidebogen 1-teilig | |
| | Auflage: | 85 000 |

| 6. | 5-teiliger Ausschneidebogen, thematisch zum Leben und WirkenWilhelm Piecks gegliedert | |
| | Auflage: | je 85 000 |

| 7. | Farbiges Fotoporträt | |
| | Auflage: | 60 000 |

Feindbilder am Leben erhalten

Der stellvertretende Leiter der Kreisdienststelle des MfS in Döbeln war auf der Kreisdelegiertenkonferenz 1976 zugegen. Vor den ausgewählten Genossen hielt er eine Rede, in der er deutlich machte, was er von der Ostpolitik der SPD hielt.[12]

Liebe Genossinnen und Genossen!

Es ist an und für sich nicht üblich, daß Genossen von uns auftreten. Aber es ergibt sich heute die Gelegenheit dazu, denn wir leben nicht im luftleeren Raum, sondern wir verwirklichen ebenfalls aktiv die Beschlüsse des VIII. Parteitages. Wir haben hier wesentliche Aufgaben zu erfüllen, auch in Vorbereitung des IX. Parteitages.

Ich möchte davon ausgehen, daß viel Positives gesagt wurde und ich möchte mal etwas zur ideologischen Untermauerung berichten. Wir alle wissen, daß die Konferenz in Helsinki einen positiven Charakter in unserem Sinne getragen hat. Wir dürfen aber nicht die Augen davor verschließen, daß es Kräfte gibt, die diese Entwicklung der Entspannung hintertreiben wollen. Ich möchte dazu einige Beweise anstellen. Ich möchte davon ausgehen, daß der Bundeskanzler Schmidt in seiner Eigenschaft natürlich auch als Vorsitzender des Bundesnachrichtendienstes, also des größten Geheimdienstes der Bundesrepublik, seine Anweisungen gegeben hat, daß nach wie vor die DDR als Spionagefeld Nr. 1 bestehen bleibt. Ich möchte Ihnen sagen, daß unter Willy Brandt besonders die Orientierung des Bundesnachrichtendienstes auf folgendes erfolgte, und zwar: Militär – Politik – Wirtschaft – Rüstung – Technik.

Wer genau zuhört, weiß, daß das Militär an erster Stelle steht und wir wissen, daß gegenwärtig in der Bundesrepublik und in anderen Staaten Manöver durchgeführt werden, die dieser politischen Entspannungsphase eine militärische nicht folgen lassen wollen.

In der Reihenfolge sieht das so aus, daß der Bundeskanzler Brandt – und in der Nachfolge Bundeskanzler Schmidt – die Orientierung gegeben haben, alles zur Unterwanderung der DDR einzusetzen, vom Militär angefangen, und die Reihenfolge der Spionage sich aufschlüsselt in zuerst die DDR – als das 1. Feld, die Sowjetunion, Polen, die

CSSR und dann die übrigen »Ostblockstaaten«. Wir kennen also die genaue Linie. Es geht in erster Linie um die DDR.

Genossen! Und wenn wir schon mal alle zusammen sind, so kann ich Euch das Versprechen im Namen der Genossen der Dienststelle abgeben, wir werden alles tun, um der Stärkung unserer Republik mit Hand und Herz zur Seite zu stehen.

Die Sozialdemokratische Partei oder insgesamt die Sozialistische Internationale, wie sie sich alle nennen, die haben ja einen Angriff gegen das sozialistische Lager gestartet, noch bevor das offen ausgesprochen wurde und wir aber in den Informationsbesitz gelangt sind, der recht aufschlußreich war.

Ich möchte nur ganz kurz charakterisieren, welche ideologischen Probleme auf unsere Mitglieder zukommen. Ihnen wird vielleicht nicht bekannt sein, daß Willy Brandt englischer Spion ist. Ich spreche das offen aus. Wir haben deshalb eine eigene Meinung vom Friedens-Nobel-Preisträger Willy Brandt – englischer Spion, Leiter eines Teiles des SPD-Ostbüros in Westberlin ehemals gewesen. Und nun wissen sie genau, wenn Willy Brandt irgendwo an einer Stelle auftaucht, was Willy Brandt vertritt. Er vertritt das Klasseninteresse nicht von uns, sondern das des Monopolkapitals.

Bisher liegen uns Analysen vor, daß die Bundesrepublik in ihrer Gesamtheit 2,5 Millionen Menschen aus dem Gebiet der DDR abgezogen hat. 2,5 Millionen Menschen, wenn wir sie hätten, wären wir froh. Ein Problem ist aber, daß gegenwärtig die SPD-Führung gesagt hat, ganz gleich unter welchen Bedingungen, 2,5 Millionen, das muß sich verdoppeln. Also wir müssen damit rechnen, daß hier viele, viele Probleme auf uns zukommen, ganz gleich in welcher Art, ob das Familienzusammenführungen sind oder ungesetzlicher Grenzübertritt. 2,5 Mio, diese Zahl noch einmal soll abgezogen werden. Es laufen in der BRD umfangreiche Recherchen, wie kann das erfolgen und jetzt wissen wir ganz genau, daß nicht jeder, der in die BRD will, kann oder umgedreht, sondern es gibt Probleme, daß sich der Klassengegner sagt, wir nehmen nicht jeden.

Diese 2,5 Mio sollen sich zusammensetzen aus ing.-technischem Personal, Pädagogen. Das soll nicht irgendwer sein, die Hauptangriffe richten sich vor allem auf Ärzte mit. Und es werden gegenwärtig Diplome anerkannt. Das hat es früher noch nicht gegeben. Schulen/

Oberschulen werden anerkannt. Es brauchen keine Nachprüfungen mehr gemacht werden. Und das alles nach Helsinki.

Genossen, versteht das mal richtig von der Blickrichtung, was hat uns denn eigentlich Schmidt hier zugesichert. Ich möchte hinzufügen, daß der Menschenhandel als eine Methode der Feindtätigkeit bei uns den Schwerpunkt bildet.

Daß gegenwärtig, wie in jedem Jahr vorher, Boltzkriegspläne[13] erarbeitet werden, ist Ihnen wahrscheinlich nicht so bekannt. Bis zum gegenwärtigen Zeitpunkt bestanden 32 Varianten, Westberlin in die BRD einzuverleiben mittels eines gezielten Panzerstoßes und Ihr müßt Euch überlegen, das ist mindestens jedes Jahr 1 Plan und den müssen wir ja kennen. Wenn wir das nicht kennen, können wir nichts. Das soll verdeutlichen, daß nicht etwa Helsinki den Klassenkampf abgeschafft hat.

Als letztes möchte ich noch ganz kurz hinzufügen, unsere Leute glauben ja gar nicht, wie aggressiv der Imperialismus ist. Nur eine Zahl soll das verdeutlichen. Seit Bestehen der NATO hat es 103 Aggressionen gegeben. Dabei waren genauso die Engländer wie die BRD beteiligt. Diese 103 Aggressionen dürfen uns aber nicht dazu verleiten, morgen geht es los. Aber wir müssen wachsam sein so wie bisher, und wo schlagen wir den Gegner, das ist in 1. Linie durch die materielle Produktion und dort, wo uns der Gegner greifen will. Das ist, was Schmidt gesagt hat in Helsinki, wir wollen doch menschliche Beziehungen herstellen. Genossen, die Ideologie, ist ein wesentlicher Bestandteil, wie wir dann handeln.

Aus diesem Grunde, 326 Rundfunksendeanlagen sind entlang unserer Republik an der Westgrenze installiert, um den Kampf, den Ätherkrieg, gegen uns zu führen – dazu 36 Fernsehsendeanlagen. Genossen, Ihr wißt, welche Bedeutung der Gegner der ideologischen Beeinflussung beimißt.

Zum Schluß noch! Es hat eine Umfrage gegeben in der BRD durch ein Meinungsforschungsinstitut, was ist NATO. Erschreckt nicht, Genossen, ein kleiner Prozentsatz hat gewußt, was NATO ist – 10%. 90% wußten das nicht. Von diesen 90% hat ein großer Teil gesagt, das ist ein Gurgelmittel. Ihr könnt mal sehen, wie sich diese Menschen mit Politik befassen, was in die Menschen hineingetragen wird.

Entscheidenden Kampfabschnitt herausarbeiten

Losungen waren allgegenwärtig: »Meine Hand für mein Produkt«, »Aus jedem Gramm Material, aus jeder Minute den höchstmöglichen Nutzeffekt«, »Mein Arbeitsplatz, mein Kampfplatz für den Frieden«. Die Propaganda in den Betrieben gestaltete die Losungen etwas konkreter. Typische Themen waren die Erreichung eines Planziels, die Senkung des Ausschusses, oder wie 1976 im Braunkohlenkombinat Borna, die termingerechte Reparatur der Anlagen.[14]

Aufruf!

An alle Reparatur- und Betreiberkollektive!

Jetzt beginnt der entscheidende Kampfabschnitt zur Erfüllung des Kampfauftrages: Qualitätsgerechte Generalreparatur!

Die letzte Woche der Großreparatur muß die Woche der erhöhten Effektivität sein. Das bedeutet:
– Qualitätsgerechte Rückmontage aller Teile und Aggregat,
– sorgfältige Qualitätskontrollen der ausgeführten Arbeiten,
– erhöhte Aufmerksamkeit der strikten Einhaltung von Ordnung, Disziplin, Sicherheit und Sauberkeit.

Die Anlagen in einem sauber beräumten Zustand am 25.9.76 übergeben – das ist für uns Ehrensache!

Deshalb nutzt die Freischichten, um den für den 25.9.76 geplanten Subbotnik schon vorfristig abzuleisten. – Schwerpunktaufgabe dabei: Ordnungsgemäße Beräumung der Gewerke!

Nehmt die Woche der erhöhten Effektivität zum Anlaß, nochmals Bestleistungen zu vollbringen. – Beteiligt Euch am Subbotnik! – Sichert die einwandfreie Übergabe der reparierten Anlagen termingerecht an die Betreiber!

gez. Görrisch, Technischer Direktor
gez. Broeker, Leiter der Reparatur

Waffenbesitzer orten

Eine Meldung der Kreisparteikontrollkommission über rechtsradikale Junggenossen verunsicherte im Juli 1980 die Kreisleitung der SED in Döbeln.[15]

Werte Genossen!

Von den Genossen der KPKK Hainichen erhielten wir eine Information, daß in Marbach, Kreis Hainichen, eine Gruppe Jugendlicher dingfest gemacht wurde, die im Besitz von Waffen, Munition und faschistischer Literatur waren. In diese Gruppe sind 2 Jugendliche verwickelt, die in Marbach wohnen und im Schmiedewerk »Hermann Matern« Roßwein arbeiten.

Es handelt sich um Sch*., Wolfgang – geb. am 28.12.1960 in Nossen, wohnhaft in Marbach, [...], Industrieschmied im VEB Schmiedewerke Roßwein, Mitglied der Partei seit 4.2.1980 und

B*., Andreas – geb. 9.7.1962 in Nossen, wohnhaft in Marbach, [...], Zerspanerlehrling im VEB Schmiedewerke Roßwein, als Kandidat durch die GO des Schmiedewerkes im Juli 80 aufgenommen, vom Sekretariat noch nicht bestätigt.

Bei dem Sch*. wurde Munition und faschistische Literatur gefunden. Bei B*. verlief die Wohnungsdurchsuchung ergebnislos, er war jedoch mitbeteiligt. Durch das Kreisgericht Hainichen wurde gegen diese beiden Anklage erhoben.

Nach Erhalt dieser Information setzte ich das Sekretariat und den Leiter der Kreisdienststelle des MfS in Kenntnis.

Gegen Sch*. wird bereits in der nächsten Woche das Parteiverfahren durchgeführt. B*. wird im Sekretariat als Kandidat nicht bestätigt. Die Genossen des Schmiedewerkes werden ihren Beschluß aufheben.

Mit sozialistischem Gruß
SED-Kreisleitung Döbeln
– KPKK –
Vorsitzender (unleserlich)

Wie sich jedoch herausstellte, waren beide Personen nicht ganz so gefährlich, wie zunächst angenommen. Das mußte die Kreisparteikontrollkommission nach Untersuchungen im September 1980 einräumen.[16]

[...] Werte Genossen!

In unserem Schreiben vom 31.7.1980 informierten wir Euch über ein Vorkommnis in der Gemeinde Marbach, Kreis Hainichen. Unsere Überprüfungen ergaben, daß durch die Genossen der KPKK Hainichen voreilig informiert wurde.

Was die beiden Genossen aus dem Schmiedewerk Roßwein betrifft, wird folgendes mitgeteilt: Der Kandidat B*., Andreas war im Besitz einer KK-Patrone. Genosse Sch*., Wolfgang hatte verschiedene Arten von Fundmunition aufpoliert und in seinem Zimmer als Dekoration aufgestellt. Was die Literatur betraf, die beim Genossen Sch*. gefunden wurde, so handelt es sich um ein Sportbuch aus der Zeit von 1933-45. Von der Staatsanwaltschaft Hainichen wurde das Verfahren gegen die Jugendlichen aus Marbach eingestellt.

Mit dem Kandidaten B*., Andreas gab es mehrere Aussprachen. Er hat eingesehen, daß es falsch ist, Munition – ganz gleich welcher Art – im Privatbesitz zu behalten. Er wurde durch das Sekretariat als Kandidat bestätigt.

Mit Genossen Sch*., Wolfgang war eine Aussprache noch nicht möglich, da er durch einen schweren Unfall (er ist querschnittsgelähmt) zur Zeit außerhalb des Kreises in einem Sanatorium zur Kur ist. Die parteierzieherische Aussprache erfolgt mit ihm nach seiner Rückkehr. [...]

Traditionen pflegen, oder nicht

Egon Erwin Kisch hatte die Legende in die Welt gesetzt: Der Leipziger Mende-Brunnen sei, meinte er, von einer stadtbekannten Hure gestiftet worden. Die SED hatte daher auch keine Skrupel, ihn nach dem Krieg zu beseitigen. Nach der Einweihung des Gewandhauses stellten die Stadtoberen jedoch fest, daß der Brunnen sich vor dem modernen Gebäude gut ausnehmen würde. Also erwog man, ihn wieder aufzustel-

len. Das rief den Widerspruch des überzeugten Kommunisten Karl Wiegel hervor, der in einem Brief an den Oberbürgermeister der Stadt vom 7. April 1981 Alternativen vorschlug.[17]

Sehr geehrter Genosse Müller!

Wenn man alles gelesen hat, was die Leipziger Volkszeitung in ihrer Ausgabe vom 24. Dezember 1950 über den Mendebrunnen geschrieben hat, dann wird man nachdenklich, wenn man davon hört, daß dieser Brunnen wieder aufgestellt werden soll.

Wenn man weiter liest, was der bekannte Schriftsteller und Literaturwissenschaftler Egon Erwin Kisch über diesen Leipziger Brunnen schreibt (er wird in obigem Artikel zitiert), dann wäre es des Überlegens wert, die Entscheidung wegen einer ev. Wiederaufstellung nochmals zu überprüfen. Die Historie dieses Brunnens ist übrigens den älteren Leipziger Bürgern noch in guter Erinnerung.

Wäre es nicht viel besser, das Buntmetall des ehemaligen Brunnens, soweit es überhaupt noch vorhanden ist, nicht[18] für ein Monumentaldenkmal für Karl Marx (auf dem Karl-Marx-Platz), für August Bebel und Wilhelm Liebknecht (in den Anlagen vor dem Haupbahnhof) oder für Georgi Dimitroff (in den Anlagen vor dem Georgi-Dimitroff-Museum), wie sie seit langer Zeit schon vorgesehen sind, zu verwenden?

Würde das nicht der sozialistischen Entwicklung unserer Heimatstadt Leipzig mit ihren großen revolutionären Traditionen viel besser entsprechen? Überlegen Sie das bitte im Rathaus noch einmal, immerhin sind eine halbe Million Mark, was die Aufstellung des Brunnens voraussichtlich kosten würde, kein Pappenstiel.

Ich erlaubte mir, einen Durschlag dieses Briefes an die SED-Stadtleitung zu geben.

Mit sozialistischem Gruß!
Karl Wiegel

Die SED-Bezirksleitung entschied sich für den Mendebrunnen.

Einschaltquoten zur Kenntnis nehmen

Eberhard Fensch, Sektorenleiter Fernsehen im ZK der SED, machte 1982 eine erstaunliche Entdeckung, die er Joachim Herrmann am 6. Januar 1982 brieflich mitteilte.[19]

Lieber Genosse Herrmann!

Zu Deiner Information möchte ich Dir einen meines Erachtens bemerkenswerten Vorgang kurz mitteilen, der die Aktuelle Kamera betrifft.

An den Tagen des Besuchs von Bundeskanzler Helmut Schmidt hatten wir folgende Zuschauerbeteiligung bei der Hauptausgabe der Aktuellen Kamera 19.30 Uhr im 1. Programm:

Freitag, 11. Dezember 1981 36,1 Prozent

Sonnabend, 12. Dezember 1981 36,1 Prozent

Sonntag, 13. Dezember 1981 50,4 Prozent

Das sind absolut einmalige Zahlen in der Geschichte der Aktuellen Kamera. An »normalen« Sendetagen liegt die Sehbeteiligung der AK-Hauptausgabe seit geraumer Zeit zwischen etwa 7 und 18 Prozent.

E. Fensch

Gefälschte Briefe an das MfS weiterleiten

Auch gutwillige Genossen waren von permanentem Leerlauf, organisatorischen Mängeln und der Selbstherrlichkeit diverser Funktionäre genervt. Genossen aus dem Berliner Verlag griffen zu einen ungewöhnlichen Mittel. Sie schrieben am 27. August 1982 einen zynischen Brief an Günter Mittag, ZK-Sekretär für Wirtschaft, und unterschrieben ihn mit dem Namen des Verlagsdirektors.[20]

Lieber Genosse Mittag!

Ich kann Dir berichten, daß wir immer besser verstehen, die Beschlüsse des 10. Parteitags zu verwirklichen. Unsere Devise heißt: Was andere sparen, das werfen wir zum Fenster heraus!

1.) Der Stellenplan ist so ausgeweitet, daß wir dieses Jahr gleichzeitig fünfzig Prozent der Belegschaft, in einzelnen Bereichen bis zu 80 Prozent, in Urlaub schicken konnten. So sind wir für ein Einsparungsprogramm auf Jahre vorbereitet.

2.) Ich habe angewiesen, daß Benzinkontingent voll zu nutzen, damit wir nicht zu rasch einsparen. Auch ersetzen wir wieder die Kosten den Genossen, die sich im Range höher als Abteilungsleiter des ZK dünken.

3.) Die Auslandsreisetätigkeit haben wir auf Westberlin konzentriert. Spitzenreiter ist der Horizont-Chefredakteur Schwabe. Die Erzählungen seiner beiden Fahrer, die er dafür verwendet, sind eine gute Unterbrechung der alltäglichen Skatturniere in unserem Fahrdienst.

4.) Im Gegensatz zum Politbüro sind wir der Meinung, daß Jahresendprämien nur überflüssige Arbeit verursachen. Deshalb haben wir sie im Sinne der Gleichmacherei in die Gehälter eingerechnet. Eine genaue Analyse unserer Arbeit würde sicher noch manches andere Beispiel bringen, wie wir die Linie der Partei verbiegen. Als größter Verlag der DDR sind wir gerade von der Zentrag mit der Wanderfahne ausgezeichnet worden. Zum Staatsfeiertag wird sich über uns ein Ordenssegen ergießen.

Mit sozialistischem Gruß!
R. Barbarino
Verlagsdirektor

Das Schreiben erreichte Joachim Hermann, im ZK-Sekretariat für die Medien zuständig. Herrmann beauftragte seinen Abteilungsleiter Heinz Geggel mit der Klärung. Geggel erstattete Herrmann in einer formlosen Hausmitteilung am 3. September 1982 Bericht.[21]

Der angebliche Brief des Direktors des Berliner Verlages, Genossen Barbarino, an Genossen Günter Mittag wurde sowohl von den verantwortlichen Genossen des MfS wie vom Parteisekretär des Berliner Verlages einer ersten Prüfung unterzogen. Die einheitliche Meinung aller damit befaßten Genossen ist, daß es sich dabei um eine Provokation handelt. Der Brief stammt nicht von Genossen Barbarino.

Die Untersuchungen durch Genossen des MfS werden fortgesetzt, da es in der Vergangenheit wiederholt, allerdings als anonym erscheinende, provokatorische Briefe im Berliner Verlag gegeben hat. Der Parteisekretär des Berliner Verlages und Genosse Barbarino selbst haben die Vermutung geäußert (anhand der in dem Machwerk behandelten Fragen), daß das provokatorische Schreiben aus dem Bereich des Fuhrparks des Verlages kommen könnte.

Das Original des Schreibens habe ich erneut den Genossen des MfS zur weiteren Bearbeitung zugeschickt.

H. Geggel

Das Klinikum Berlin-Buch sanieren

Als Günter Schabowski im November 1985 die SED-Bezirksleitung Berlin übernahm, ging er die unerledigten Probleme mit gewohnter Zügigkeit an. Doch die Zustände im Klinikum Berlin-Buch erforderten mehr als den ad-hoc-Einsatz einer kombinierten Maurer-Klempner-Brigade. Der Abteilungsleiter für Gesundheitswesen der BL, Arno Bohnenkamp teilte Schabowski am 6. Mai 1987 die wichtigsten Probleme des Klinikums mit. Zum Verständnis: Nicht bilanzierte, d.h. in den Plan eingeordnete Leistungen konnten voraussichtlich im nächsten Fünf-Jahr-Plan (1990-1995) nicht erbracht werden. Eine »nicht getroffene Investitionsentscheidung« meint das Gleiche, wie eine »nicht erfolgte Einordnung«.[22]

Lieber Genosse Günther Schabowski!

Nachfolgend möchten wir Dir komprimiert einige Fakten übergeben, die die äußerst komplizierten medizinischen Betreuungsbedingungen im Klinikum Berlin-Buch widerspiegeln und die zwingende Notwendigkeit einer Veränderung nachhaltig unterstreichen.

1. Medienversorgung/Sanitärbereich:
– Durch defekte Versorgungsleitungen (Dampf, Heizung, Warmwasser, Trinkwasser und Abwasser) ist die Funktionssicherheit stark gefährdet. Allein am Wärmenetz (70 km Fernleitung und 400 km Hausnetz) gibt es derzeit über 1000 provisorische Reparaturstellen

(meist mit Schellen versehene Rohrleitungsdefekte). Seit 1984 wird durch den Bezirkswinterbereitschaftsstab keine volle Heizbereitschaft bestätigt.

– Für das gesamte Klinikum, das aus 5 territorial völlig selbständigen Bereichen von der Größe eines Bezirkskrankenhauses besteht, gibt es nur eine Elektroeinspeisung über das Umspannwerk Berlin-Karow. Gegenwärtig sind 20% der erforderlichen Notstromkapazität verfügbar.

2. Betreuungsbedingungen:

– Fast sämtliche Sanitärbereiche (Toiletten, Bäder, Duschen) entsprechen nicht den Mindestbedingungen zur Sicherung eines modernen Krankenhausbetriebes. Für ca. 20 Patienten steht nur eine Toilette und für über 30 Patienten nur eine Bade- bzw. Duschgelegenheit zur Verfügung. Die Eingabeanalyse des Klinikums 1986 zeigt, daß sich Kritiken und Hinweise der Patienten hauptsächlich auf dieses Problem konzentrieren.

– Die Patienten sind auf den 120 Stationen vorwiegend in Vier- und Fünfbettzimmern untergebracht, im Medizinischen Bereich V gibt es noch zahlreiche 12-Bettzimmer. Dabei steht in der Regel nur eine Waschgelenheit zur Verfügung, die nicht vom Patientenzimmer getrennt ist.

– Größte Probleme bereitet in den Kliniken der Patiententransport. Sechs medizinische Kliniken mit jeweils einer Bettenkapazität von über 100 haben keinen Patientenaufzug. In weiteren 12 Kliniken sind die Aufzugsanlagen älter als 50 Jahre und entsprechen nicht mehr der geforderten Funktionssicherheit.

3. Dächer:

Von den Dächern der 224 Gebäude sind über ein Drittel unbedingt überholungsbedürftig, um witterungsbedingte Gebäudeschäden zu vermeiden. 1987 konnten von den jährlich notwendigen Investitionen zur Dachsanierung (ca. 600 TM) nur 170 TM bilanziert werden.

Im Gespräch mit Dir hat Genosse Erhard König (Parteisekretär Klinikum Berlin-Buch) am 20.4.1987 auf drei Schwerpunktobjekte der Rekonstruktion bzw. Werterhaltung hingewiesen.

1. Forensisch-Psychiatrische Klinik:
Dazu gibt es bisher keine Investitionsentscheidung. Eine Rekonstruktion würde einen Gesamtinvestitionsaufwand von 26 159 TM notwendig machen, davon:

Bauhauptleistungen:	8 352 TM
Baunebenleistungen:	6 320 TM
Bau / Gesamt:	14 672 TM
Ausrüstungen:	5 308 TM
Sonstiges:	1 300 TM

Eine medizintechnische und technische Aufgabenstellung dazu liegt vor. Bei einem Neubau käme aus sicherheitstechnischen Gründen wahrscheinlich nur ein Wiederverwendungsobjekt aus dem Bereich der bewaffneten Organe in Frage (z.B. Wehrkreiskommando, o.ä.).[23]

2. Orthopädische Klinik:
Ab Mitte 1988 wird die Bettenkapazität des Hauses 401 der Orthopädischen Klinik in das neue Bettenhaus des Rehabilitätionszentrums übernommen. Damit steht ein Drittel der Orthopädischen Klinik zur Rekonstruktion zur Verfügung. Damit besteht die Möglichkeit, das Vorhaben »Rekonstruktion Orthopädische Klinik« noch 1989 zu beginnen (Gesamtbauaufwand: 5 947 TM). Eine entsprechende Einordnung gibt es bisher nicht.

3. Kinderchirurgische Klinik:
Seit fast drei Jahren wird der OP-Trakt und die Intensivtherapiestation rekonstruiert. Mit Hilfe von Behelfs-OP werden die operativen Leistungen aufrecht erhalten. Von 133 Betten sind 56 gesperrt. Nach dem derzeitigen Kapazitäteneinsatz wird diese unvertretbare Situation noch 2 bis 3 Jahre anhalten. Der Umfang der noch offenen Restleistungen beträgt insgesamt 1 187 TM.
Arno Bohnenkamp

Der Minister für Bauwesen antwortete auf Schabowskis Anfragen mit einer Aufstellung von Kleintechnik, die dem Klinikum zur Verfügung gestellt werden könnte. Der Leiter des von Schabowski eingesetzten Stabes nahm eine Dauer der geplanten Rekonstruktion von 15 bis 20 Jahren an. Bis zur Wende wurden einige Straßen asphaltiert, Rohrleitungen erneuert und Dächer geflickt.

Anklagen von Amnesty International prüfen

Amnesty International galt dem Ministerium für Staatssicherheit als »Feindobjekt«. Zu Recht, denn Amnesty nahm auch von den politischen Gefangenen in der DDR Kenntnis. Zwar unterschätzte die Menschenrechtsorganisation die Zahl der Häftlinge, nahm jedoch eindeutig Stellung, wenn ihr ein konkreter Fall bekannt wurde. Pat Bartel von der kanadischen Amnesty-Gruppe schrieb am 23. Februar 1987 an Inge Lange, Mitglied des Politbüros der SED.[24]

Sehr geehrter Herr:

Ich schreibe Ihnen als ein Mitglied von Amnesty International im Bezug auf Jörg G*. Er ist gegenwärtig ein Häftling in Cottbus, verurteilt zu 2 1/2 Jahren Gefängnis.

Amnesty International nimmt sich seiner an als ein Gewissensgefangener, denn alle Informationen weisen darauf hin, daß er in Haft gehalten wird, weil er den Wunsch äußerte, seine Heimat verlassen zu wollen. Dieses Recht ist ihm gesichert im Artikel 13 Satz 2 der universalen Deklaration aller Menschenrechte, welche besagt: »Jedermann hat das Recht, sein Land zu verlassen, eingeschlossen sein eigenes Vaterland und nach Wunsch zu demselben zurückzukehren«.

Ebenso hat er das Recht und die Freiheit, seine Meinung zu äußern, wie es im Artikel 19 in derselben Verfassung verzeichnet ist. Dies gibt ihm das Recht zu ersuchen, erhalten und weiterzugeben Informationen und Ideen jeglicher Art über alle Grenzen.

Amnesty International sieht dieses als Bedingungen von Artikel 99 von der D.D.R. Straffolge an, (unter welcher Jörg G*. verhaftet wurde) im Widerspruch zu seinem Recht. Das Recht, sein Vaterland zu verlassen, ist ebenso eingeschlossen in den Menschenrechten.

Weil Jörg G*. verhaftet wurde wegen seiner friedvollen Äußerung seiner Meinung, erwarte ich unverzüglich und ohne Bedingungen seine Freilassung.

Ich hoffe, von Ihnen in naher Zukunft über diesen Fall zu hören.

In höchster Hochachtung
Pat Bartel

Inge Lange leitete den Brief an die Abteilung für Sicherheitsfragen des ZK weiter. Abteilungsleiter Wolfgang Herger schilderte ihr am 2. März 1987 den genauen Sachverhalt.[25]

Liebe Genossin Inge Lange!

Ich habe den geschilderten Sachverhalt im Brief der »Amnesty International« prüfen lassen. Der im Brief genannte Bürger heißt Jörg G*. (nicht Grönwald), geb. am [...].
  Jörg G*. wurde am 21.3.1986 durch das Bezirksgericht Magdeburg zu 2 Jahren und 6 Monaten Haft verurteilt (§ 99, Absatz 1 und 2, Landesverräterische Tätigkeit). Am 3. Dezember 1986 ist der Bürger aus der Haftanstalt Cottbus in die BRD entlassen worden.

Mit sozialistischem Gruß
Wolfgang Herger

Mehr Weiblichkeit durchsetzten

Else Müller aus Karl-Marx-Stadt wandte sich am 19. März 1989 an Joachim Herrmann, der als Politbüromitglied für die Medien zuständig war. Sie hatte aus dem Neuen Deutschland eine Überschrift ausgeschnitten und auf eine Postkarte geklebt: »Leiter der SED-Delegation sprach mit KPI(M)-Führung – Grüße Erich Honeckers von Margarete Müller überbracht.« Margarete hatte sie unterstrichen, in den Leiter ein -in gekritzelt. Ohne den Adressaten überhaupt anzusprechen, formulierte sie knapp.[26]

Wie hält es denn das »ND« mit der Gleichberechtigung der Frau? Und daß, wo in Westberlin 8 Frauen Senator*innen* wurden. Dem ND-Redaktionskollegium sollte mal vom zuständigen ZK-Sekretär eine fortschrittliche Sprachregelung beigebracht werden!

Mit sozialistischem Gruß
Else Müller

97

Herrmann ging auf den Inhalt des Schreibens nicht ein, obwohl es sich um eine Sprachregelung handelte, die durchaus in seinen Kompetenzbereich fiel. Statt dessen schob er dem ND den Schwarzen Peter zu. Frau Müller erhielt von seinem Büro am 27. März ein nichtssagendes Schreiben. An der maskulinen Sprache der Zeitungen änderte sich jedoch nichts. [27]

Werte Frau Müller!

Ihre Bemerkungen zu einer Überschrift im »Neuen Deutschland« vom 16. März 1989 haben wir an die Chefredaktion mit der Bitte übersandt, Ihnen eine Antwort zu geben.

Mit sozialistischem Gruß
V. Stanke

Don Quichotes an die Stasi weiterreichen

Lothar B*. aus Berlin schrieb am 12. Juli 1989 an Joachim Herrmann, um seine Meinung über das Wahlergebnis vom Mai '89 kundzutun. Herrmann war deshalb Adressat des Schreibens, weil er wenige Tage vorher den Bericht des Politbüros über die Wahlen an das ZK gegeben hatte. [28]

Werter Herr Herrmann!

Die »Berliner Zeitung« hat am 23.6.89 Ihren o.g. Bericht veröffentlicht. Den Schlußfolgerungen zum Kapitel »Die Kommunalwahlen – ein klares Votum für unsere Politik« kann ich nicht zustimmen. Man muß doch dabei berücksichtigen, daß das Wahlgesetz vom 24.6.1976 einschließlich der Änderungen dieses Gesetzes vom 28.6.1979, 4.7.1985 und 3.3.1989 eine Reihe erforderlicher Festlegungen nicht enthalten, und letztendlich die Gültigkeit der abgegebenen Stimmen eine Ermessensfrage der örtlichen Wahlkommission ist.

In 2 Eingaben im Vorfeld der Wahlen an die Redaktion der »BZ« und an die Bezirkswahlkommission von Berlin vom 20.3.89 bzw. 25.4.89 machte ich auf einige Mängel im vorgenannten Wahlgesetz hinsichtlich der Gültigkeit einer abgegebenen »Ja«- bzw. »Nein«-Stimme aufmerksam. Das noch gültige Wahlgesetz der DDR vom 24.6.76 beinhaltet diesbezüglich eine Rechtsunsicherheit für den Bürger, wodurch – wie einleitend erwähnt – die Auswertung jeglicher Wahlen in der DDR eine Ermessensfrage wird. Beide Eingaben, in denen ich auf diese Rechtsunsicherheit verwies, blieben unbeantwortet.

Die logische Konsequenz meinerseits war die Aufforderung an den Vorsitzenden der Wahlkommission der DDR – Egon Krenz – die Wahlen zu annullieren und landesweite Neuwahlen, bei vorheriger Überarbeitung des Wahlgesetzes, anzuberaumen. Außerdem informierte ich Herrn Krenz darüber, daß die Arbeit der Bezirkswahlkommission von Berlin, insbesondere was die Bearbeitung von Wählereingaben anbelangt, aus meinem Blickwinkel als miserabel zu bezeichnen ist. Herr Krenz beantwortete meine, am 9.5.89 an ihn gerichtete, Eingabe ebenfalls(!) nicht.

Auf Grund dieser Tatsache sah ich mich nunmehr genötigt, am 26.6.89 an den Staatsratsvorsitzenden der DDR – Herrn Erich Honecker – zu schreiben und ihn über:
– Rechtsunsicherheiten beim noch gültigen Wahlgesetz vom 24.6.76 desweiteren
– über die unzureichende Arbeit der Wahlkommission hinsichtlich der Wählereingaben zu informieren und
– Vorschläge zu unterbreiten, wie eine demokratische und geheime Wahl durchgeführt werden könnte.

Ich hoffe, daß meine Argumentation Herrn Honecker überzeugt und daß dieser die DDR-Kommunalwahlen 1989 annullieren läßt.

Nochmals möchte ich auf o.g. Kapitel Ihres Berichtes zurückkommen. Darin heißt es: »Mit den diesjährigen Kommunalwahlen waren weitere Schritte zur Ausgestaltung unseres Wahlsystems und der sozialistischen Demokratie verbunden, die bei den Wählern lebhafte Resonanz gefunden haben.« Diese Auffassung kann ich ebenfalls nicht, aus den oben angeführten Gründen, teilen.

Abschließend seien mir folgende Hinweise gestattet:

1. Ich, Lothar B*., bin keine »westlich elektronisch mobilisierte Gegenkraft«, die versucht, die Kommunalwahlen negativ zu beeinflussen. Vielmehr sollten Sie in mir einen Bürger sehen, der sein Recht auf eine demokratische Wahl, gemäß Artikel 21 der Verfassung der DDR,

wahrnehmen möchte. Die Wahlgesetzgebung der DDR genügt meiner Meinung nach diesen Anforderungen nicht.

Auf Grund von Diskussionen im Freundes-, Bekannten- und Kollegenkreis wurde ich initiiert, mich in Form von Eingaben kritisch über das bestehende Wahlgesetz zu äußern. Denn die bestehende Rechtsunsicherheit hinsichtlich der Form einer gültigen »Nein«-Stimme ist keine persönliche, sondern eine allgemeine Angelegenheit.

2. Ich bitte Sie, dieses Schreiben als Eingabe zu bewerten.

Ihrer Antwort sehe ich mit großem Interesse entgegen.
L.B*.

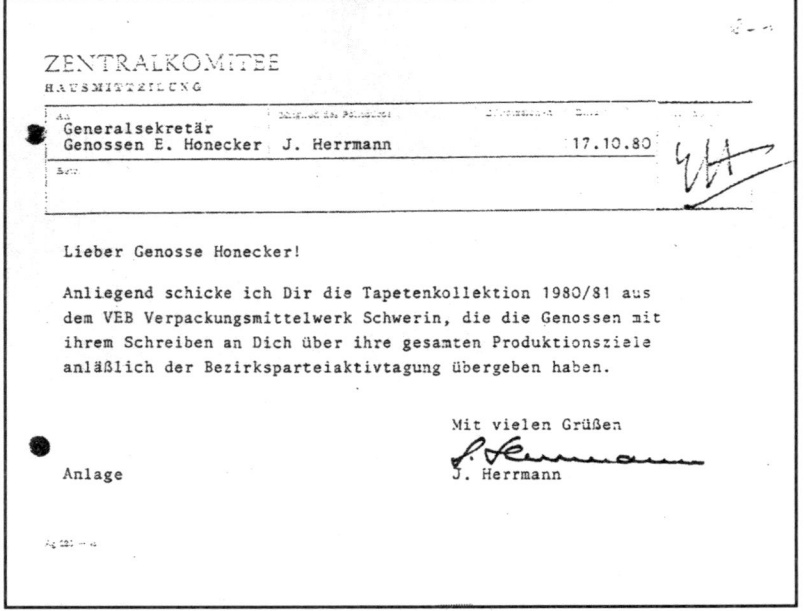

ZENTRALKOMITEE
HAUSMITTEILUNG

Generalsekretär
Genossen E. Honecker J. Herrmann   17.10.80

Lieber Genosse Honecker!

Anliegend schicke ich Dir die Tapetenkollektion 1980/81 aus
dem VEB Verpackungsmittelwerk Schwerin, die die Genossen mit
ihrem Schreiben an Dich über ihre gesamten Produktionsziele
anläßlich der Bezirksparteiaktivtagung übergeben haben.

Mit vielen Grüßen

Anlage   J. Herrmann

Lothar B. konnte nicht wissen, dass die im Gesetz nicht vorgesehene
»Nein«-Stimme schon in einer parteiinternen Hausmitteilung von 1957
genau definiert worden war. Als »Nein« hatte das Politbüro all jene Zettel
festgelegt, auf denen alle Kandidaten einzeln oder komplett mit
einem großen Kreuz gestrichen worden waren. Stimmzettel mit »staats-
feindlichen Äußerungen« galten als ungültig. Zustimmende Aufschrif-
ten wurden als »Ja« gewertet.[29] Volkmar Stanke, persönlicher Mitarbeiter Herrmanns, erkundigte sich beim Vorsitzenden der Wahlkommission der DDR, Politbüromitglied Egon Krenz, nach dem Vorgehen
im Fall B*. Stanke notierte das weitere Procedere für seinen Chef.[30]*

Eingabe B*.

Anruf Büro Krenz: Eingabe wurde an Abt. Staats- und Rechtsfragen
weitergegeben. Es handelt sich um einen Provokateur. Jetzt befaßt sich
die Staatssicherheit mit dieser Angelegenheit.
Ablage ohne Antwort.

V. St.

IV. Thema Nummer 1: Die Versorgung

A: 337/.16.8.

SOZIALISTISCHE EINHEITSPARTEI DEUTSCHLANDS
Zentralkomitee

HAUS DES ZENTRALKOMITEES AM MARX-ENGELS-PLATZ · 102 BERLIN · RUF 202-0

KANDIDAT DES POLITBÜROS
und Sekretär des ZK

Berlin, den 16. August 1989

Genossen
Günter K l e i b e r
Mitglied des Politbüros
1. Stellvertreter des
Vorsitzenden des Ministerrates

Klosterstraße 47

B e r l i n
 1 0 2 0

Betr.: Damenschlüpfer zum Selbstnähen

Lieber Günter !

Anbei möchte ich Dir genauere Angaben schicken, wer vor ungefähr einem Jahr die gloreiche Idee hatte, über den DFD das
Selbstnähen von Damenschlüpfern zu organisieren.
Es war der Betrieb Wirkwaren Emmrinat Cranzahl/Erzgeb. Er gehört
zum Kombinat Trikotagen Karl-Marx-Stadt. Mustervorgaben mit zugeschnittenen Schlüpfern und allem Zubehör sowie einer Nähanleitung erhielten nach unserer Übersicht der DFD im Bezirk Halle,
Neubrandenburg, Cottbus, Magdeburg, Dresden, Suhl und Berlin.

Nachdem uns die Dinge zu Ohren gekommen waren, wurde die Abteilung
Leichtindustrie informiert und über den Bundesvorstand des DFD
direkt die Bezirksleitung der SED Karl-Marx-Stadt, durch welche
veranlaßt wurde, daß der Absatzleiter des Betriebes sofort aufhört mit der Weiterführung dieser Kampagne.

Trotz Bemühungen seitens des DFD war kein Exemplar eines zugeschnittenen Schlüpfers mit Nähanleitung mehr aufzutreiben, sonst
hätte ich Dir schon gestern die dargelegten Angaben zukommen lassen.

In alter Frische

Inge Lange

High-tech Probleme

Die mechanische Addiermaschine war bis zum Ende der DDR nicht aus-
gestorben. Doch moderne Menschen schworen auf elektronische
Taschenrechner. Die wurden jedoch erst ab 1976 und nie in ausreichen-
der Menge produziert. Findige Betriebe suchten und fanden daher Wege,
sich die begehrten Rechner zu verschaffen. Wenn sie auch noch mit
genügend Kleingeld ausgestattet waren, wie die Zwischenbetrieblichen
Bauorganisationen in der Landwirtschaft (ZBO), durften es sogar lei-
stungsfähige Modelle aus dem Westen sein. Doch die Abeiter-und-Bau-
ern-Inspektion (ABI) war anderer Meinung, wie ein Bericht der Bezirks-
parteikontrollkommission Leipzig vom 22. Juni 1976 zeigt.[1]

Information über die unrechtmäßige Beschaffung und den Kauf von
elektronischen Taschenrechnern aus dem kapitalistischen Ausland
durch ZBO des Kreises Torgau

Wir erhielten von der KPKK Torgau die Information, daß die Leitungen der ZBO Belgern, Trossin und Torgau insgesamt 11 elektronische
Taschenrechner, vorwiegend aus der BRD, auf unrechtmäßige Weise
erworben haben und daür 30 TM zahlten. Die durchgeführte Untersuchung der ABI des Kreises Torgau und die mit den 3 ZBO-Leitern
geführten Aussprachen machten folgende Probleme sichtbar:
  Der Kauf der Rechner erfolgte über die unterschiedlichsten Quellen,
z.B. Zeitungsannoncen, Vermittlung durch Privatpersonen. Alle Rechner wurden in bar bezahlt, worüber es, bis auf die ZBO Torgau, keine
ordnungsgemäße Rechnungslegung und Beweisführung gibt. Finanz-
prinzipien wurden gröblichst verletzt und bewußt manipuliert.
  So wurde z.B. in der ZBO Belgern die Rechnung für den Kauf eines
Rechners mit Wissen der Hauptbuchhalterin bewußt gefälscht.
  Als »Gegenleistung« für den Rechner wurden Bauarbeiten, Fußbo-
denbelag, HWL-Platten und Zement eingesetzt und verrechnet.
  Mit Zustimmung der gesamten Leitung verkaufte der Leiter an seine
eigene ZBO Belgern einen Taschenrechner, den er nach seinen Aussa-
gen als Gegenleistung für Projektierungsarbeiten erhalten habe. Eine
Additionsmaschine, die er auf eigenen Wunsch von seiner Tante aus
Holland erhielt, verkaufte er ebenfalls an seine ZBO. Der Kauf erfolgte
mit einfachen Kassenbelegen.

Vom Leiter der ZBO Torgau wurden persönlich 5 Rechner auf Grund von Zeitungsannoncen oder von Kollegen des Betriebes gekauft. In den Aussprachen wurde deutlich, daß sich die ZBO-Leiter, Mitglieder der Partei, ihrer Verstöße gegen die sozialistische Gesetzlichkeit zwar bewußt waren, aber dazu keine parteimäßige Haltung einnahmen. Sie versuchten, ihre verwerfliche Handlungsweise zu bagatellisieren mit dem Argument, sie brauchten diese Taschenrechner und hätten sich deshalb über die politisch-ideologischen Auswirkungen keine Gedanken gemacht.

Die Kontrollen zeigten weiterhin eine große Unordnung im Rechnungswesen, die durch eine ungenügende Kontrolle durch die übergeordneten staatlichen Organe begünstigt wurde.

Der Bericht der ABI wurde im Kollektiv des Rates des Kreises ausgewertet. Das Ergebnis der Untersuchung durch den Staatsanwalt liegt z.Zt. noch nicht vor. Die parteimäßige Klärung wurde eingeleitet.

Nitzsche
Mitglied

Kartoffelernte: Mal so...

Am 23. März 1976 sandte die Bezirksleitung Leipzig ein Fernschreiben an den Sektor Parteiinformation im ZK.[2]

Lieber Heinz!

Während der Frühjahrsmesse 1976 konnte im Einzelhandel kein außergewöhnlicher Abkauf von Speisekartoffeln festgestellt werden. Der Abkauf von 70 bis 120t pro Woche im Bezirk wurde nicht überschritten. Auch in der Stadt Leipzig wurden durch den Einzelhandel keine zusätzlichen Lieferungen angefordert.

Bei Messegästen aus der BRD und Westberlin lösten die niedrigen Verbraucherpreise bei Speisekartoffeln Anerkennung und Verwunderung aus.

Arndt Barth, Leiter d. Abt. Parteiorgane
Kosiol, Sektor Parteiinformation

... mal so

Am 17. Juli 1980 ging in der Kreisleitung Altenburg eine Postkarte ein.
Die Bezirksleitung Leipzig wurde unverzüglich in Kenntnis gesetzt.[3]

Werter Genosse Horst Schumann!

Am 17.07.1980 erhielten wir über die Post nachfolgenden Text auf
einer Postkarte geschrieben:
»Ihr verdamten Lumpen! Wie lange wollt ihr noch verfaulte Kartof-
feln an das Volk verkaufen? Das Dachdecker-Schwein mit der ganzen
Bande fressen schon lange keine mehr. Verbrecher.«
Absender anonym. Die Karte wurde den zuständigen Organen übergeben.

Mit sozialistischem Gruß!
SED-Kreisleitung Altenburg, Sekretariat
Nebe, 1. Sekretär

Getränke-Kader lassen nichts übrig

127 Liter Bier trank laut Statistik jeder DDR-Bürger im Jahre 1977.[4] *Im*
Bezirk Leipzig hätte es noch mehr sein können. Ein Brief der SED-
Bezirksleitung vom 17.2.1977 bewertete die leitenden Kader des
Getränkekombinats und machte deutlich, wo die Probleme lagen.[5]

Betrifft: Probleme Getränkekombinat

Bereits seit längerer Zeit wurde sichtbar, daß die Leitungstätigkeit im
VEB Getränkekombinat nicht ausreicht. Mit über 2.250 Beschäftigten
ist das Getränkekombinat der größte Betrieb des Bezirkswirtschaftsrates.
    Im Zusammenhang mit der Sekretariatsvorlage vom Juli 1976 (wirt-
schaftsorganisatorische Maßnahmen) und der Bearbeitung der Eingabe Irmscher wurde der Bezirkswirtschaftsrat bereits auf die Notwendigkeit konkreter Einschätzungen hinsichtlich der Leitungskader
und Maßnahmen zur Veränderung hingewiesen.Die Lage hat sich nach

unseren Informationen nicht verbessert, sondern es muß eher von einer Verschlechterung gesprochen werden.

Das kommt u.a. darin zum Ausdruck, daß sich zunehmend Diskussionen über Verhaltensweisen verschiedener Leitungskader im Betrieb entwickeln. Sie haben im wesentlichen folgenden Inhalt:

- Genosse Wagner (Parteisekretär) und Genosse Kronfeld (amt. Kombinatsdirektor) sollen oft unter Alkoholeinfluß stehen. Gemeinsame Saufereien während der Arbeitszeit. Am 29.12.1976 hat ein Taxifahrer abgelehnt, Genossen Kronfeld mitzunehmen.
- Genosse Richter (Direktor für Absatz) steht besonders auf und nach Dienstfahrten oft unter Alkoholeinfluß.
- Genosse Lemmel (techn. Direktor) ist zwar nur 3 – 4mal im Jahre im Betrieb besoffen, aber dann so, daß er sehr ausfällig wird und durch seine unbeherrschten und beleidigenden Äußerungen gegenüber Genossen viel an Vertrauen verloren hat.

Diese Verhaltensweisen wirken sich auf die Autorität, das Ansehen und die Arbeitsergebnisse aus. Es wird immer mehr sichtbar, daß Genosse Kronfeld für die Funktion als Kombinatsdirektor nicht geeignet ist.

Er besitzt zwar größere Fähigkeiten, als er sie in seiner jetzigen Tätigkeit zeigt, die aber trotzdem für die Funktion als Kombinatsdirektor nicht ausreichen. Er wird außerdem als faul und wenig kontaktfreudig (keine Verbindung zu Arbeitern) eingeschätzt.

Genosse Lemmel ist zwar sehr fleißig, aber hat nicht die ausreichenden Fähigkeiten für einen technischen Direktor. Auch die Fähigkeiten des Genossen Naumann, Betriebsteilleiter Werk I, Sachsenbräu, reichen für diese Tätigkeit nicht aus.

Es ist unbedingt notwendig, daß durch den Einsatz einer Arbeitsgruppe durch den Vorsitzenden des Bezirkswirtschaftsrates die Führungs- und Leitungstätigkeit im Getränkekombinat untersucht und Maßnahmen zur Veränderung ausgearbeitet und durchgesetzt werden.

In die Arbeitsgruppe sollten erfahrene Leiter und Mitarbeiter aus dem Backwarenkombinat und anderen Betrieben einbezogen werden.

In diesem Zusammenhang müssen auch Leitungsprobleme in anderen Getränkebetrieben geklärt werden.

- Brauerei Colditz – seit langer Zeit kein Werkleiter. Nach Meinung der Abteilung Lebensmittel des BWR ein untragbarer Zustand, nach Äußerungen von Herrn Lampe, ehemaliger Werkleiter, wird durch den Werkleiter von der Brauerei Connewitz, der diesen Betrieb z.Zt. kommissarisch mitleitet, der Betrieb immer mehr heruntergewirtschaftet.

– Brauerei Dahlen – seit langer Zeit kein Werkleiter.

– Stadtbrauerei Leipzig – seit langer Zeit kein Werkleiter.

– Brauerei Krostitz – Genosse Schirmer ist Rentner und hat um Abberufung als Werkleiter gebeten.

Es wäre zu prüfen, ob nicht Genossin Rosemarie Merten oder Genosse Rudi Kramer (z.Zt. Bezirksparteischule) als Kombinatsdirektor eingesetzt werden können.

Durch die Stadtbezirksleitung Südost sollten die Arbeit der Parteiorganisation und die Tätigkeiten des Parteisekretärs untersucht werden.

Pergold
Abteilungsleiter

Die erste echte Versorgungskrise

1977 gab die DDR 667,2 Millionen Valuta-Mark für Kaffee aus. Schuld waren die gestiegenen Weltmarktpreise. Alexander Schalck-Golodkowski, wichtigster Außenhändler der DDR, schlug vor, die Produktion von Röstkaffee einzustellen und einen Mischkaffee mit 50% Kaffeeersatz einzuführen.[6] Das führte zu heftigen Diskussionen im Politbüro. Albert Norden machte Erich Honecker am 28. Juni 1977 noch einmal seinen Standpunkt klar.[7]

Lieber Erich!

Bei der Behandlung der Vorlage über Kaffee und Kakao habe ich mich sehr über Deinen Einwand gefreut, hier nichts zu übereilen.

Hier geht es ja nicht um irgendeine Versorgungsposition, sondern um ein Volksgenußmittel im besten Sinne des Wortes. Es ist für mich einfach unvorstellbar, daß wir den Ausschank von Bohnenkaffee in den Gaststätten völlig einstellen wollen, zukünftig nur noch etwa 20 Prozent der jetzigen Menge an Bohnenkaffee in den Geschäften verkaufen und der Rest als Mischkaffee angeboten werden soll. Noch dazu als Mischkaffee, bei dem – wie es in der Vorlage heißt – wir weder Erfahrungen über die Produktion noch über den Geschmack und die Verbrauchsentwicklung haben.

Du wirst Dich ebenso wie ich an die Zeit der Einführung der HO-Waren und -Preise erinnern. Am ehesten griffen die Bürger bei Kaffee zu, obwohl er teuer war und ist. Ich befürchte, die Durchführung der in der Vorlag enthaltenen Maßnahmen wird auf kein Verständnis stoßen, große Unzufriedenheit auslösen.

Natürlich sind wir gezwungen, aus der außenwirtschaftlichen Lage Schlußfolgerungen zu ziehen. Ohne drastische Deviseneinsparung wird es nicht gehen. Und das muß wohl auch den Versorgungssektor einschließen.

Welche Positionen gestrichen oder eingeschränkt werden, ist meines Erachtens ein Politikum ersten Ranges. Ich glaube, daß unsere Fachleute bei nochmaligem Prüfen sicher andere Rohstoffe oder Fertigerzeugnisse des Versorgungssektors finden, die wir notgedrungen und zeitweilig streichen – nur Dinge des ausgesprochenen Massenbedarfs sollten es nicht sein.

Eigentlich wollte ich diese Überlegungen im PB vortragen. Aber es ist wohl richtiger, sie erst einmal Dir zu unterbreiten.

Mit sozialistischem Gruß
Albert Norden

Da trotzdem der Mischkaffee eingeführt wurde, ergoss sich eine Flut von Eingaben über die Parteistellen. Eilig wurden neue Handelsabkommen mit Äthiopien, Angola, Brasilien, Kolumbien und anderen Ländern abgeschlossen. Dank sinkender Weltmarktpreise gab die DDR 1978 nur noch 470 Millionen Mark für Kaffee aus.[8] Ein großer Teil der Bevölkerung wurde jedoch aus Westdeutschland mit Kaffee versorgt, nahezu jedes Paket enthielt das beliebte Genussmittel.

Volvos in der Provinz? Merkwürdig!

Volvos waren selten. Eigentlich wurden sie nur für Ministerien und die Partei importiert. Aber auch einige verdiente DDR-Bürger bekamen die schwedischen Pkw. In Torgau löste die Anmeldung eines Volvo Verwun-

derung aus. Der 1. Sekretär der Kreisleitung, Dieter Itzerott, teilte am 14. Februar 1978 der Bezirksleitung Leipzig mit, welche Schritte er eingeleitet hatte.[9]

Werter Genosse Schumann!

Auf Grund von Diskussionen unter der Bevölkerung im Bereich der Gemeinde Neußen, Kreis Torgau, warum in der Versorgung mit PKW ungerechtfertigte Unterschiede zwischen den Bürgern zugelassen werden, haben wir uns das Problem angesehen und möchten Dich über folgende Fakten informieren:

Der Bürger P*., Besitzer eines PKW vom Typ »Wolga« ist jetzt zusätzlich im Besitz eines neuen PKW vom Typ »Volvo«. Am 3.2.1978 sprach er in der Kfz-Zulassungsstelle vor, um diesen PKW »Volvo« anzumelden. Er brachte zum Ausruck, daß er diesen Wagen im zuständigen Autohaus Berlin gekauft habe. Da diese Fahrzeuge aber nur an Bürger der Hauptstadt der DDR verkauft werden, wäre es Praxis, daß das Autohaus Berlin einen Berliner Bürger, der aus irgendwelchen Gründen im Moment vom Kauf dieses Fahrzeugtyps zurückgetreten sei, als Eigentümer beim Kauf einsetzt. Ansonsten sei mit ihm (P*.) vom Autohaus der Kauf abgeschlossen worden. Bei der Anmeldung für das Fahrzeug legte P*. folgende Unterlagen vor:

– einen Originalkaufvertrag zwischen dem Autohaus und der in den Zulassungspapieren eingetragenen Frau Dr. Elfriede W*., 1055 Berlin [...] – einen individuellen Kaufvertrag zwischen Frau Dr. W*. und Herrn P*.

Der Kaufvertrag W*./P*. war vom Ende Januar datiert, dagegen lautet das Zulassungsdatum 2.2.1978.

Es liegt der Verdacht nahe, daß über Mittelsmänner in Berlin mit dem importierten Fahrzeug vom Typ »Volvo« ein spekulativer Handel abgewickelt wird.

Da diese Fragen bei uns nicht bis zu Ende prüfbar sind, wurde die BdVP, Abt. K, davon informiert.

Mit sozialistischem Gruß
Itzerott
1. Sekretär

Persil wird knapp

Gerüchte besagten, dass die Intershops geschlossen würden. Rationell denkenden DDR-Bürgern schien die Vermutung absurd, denn der Staat setzte erhebliche Summen in den West-Mark-Läden um. 1978 waren es, so die erst heute zugängliche Statistik, immerhin 896,1 Millionen D-Mark.[10] Einen rationellen Kern hatte das Gerücht, das der erste Sekretär der Bezirksleitung Leipzig am 1. September 1978 mitgeteilt bekam, dennoch: 1979 wurden die Forum-Wert-Schecks eingeführt. Das bedeutete, dass DDR-Bürger das Westgeld erst eintauschen mussten, eine reine Formalie. Denn der Besitz von ausländischer Währung war seit 1974 erlaubt.[11]

Werter Genosse Horst Schumann!

Im folgenden möchte ich Dich persönlich informieren:

In den vergangenen Tagen war in den beiden Intershop-Läden der Stadt Altenburg ein starkes Ansteigen der Umsätze zu verzeichnen.

Wie uns die Genossen der HO mitteilten, waren die Bürger der Meinung, daß die Intershop-Läden am 01.09.78 geschlossen werden. So standen z.B. am 30.08.78, trotz strömenden Regens, den ganzen Tag über Bürger vor der Verkaufsstelle Schlange.

Die Käufer kauften alle im Angebot befindlichen Waren, so daß sich z. B. bei Waschpulver außerplanmäßige Nachbestellungen im Auslieferungslager Ronneburg erforderlich machten. In Gesprächen teilten Bürger mit, daß das Westfernsehen am 25.08.78 gesendet habe, daß die BRD mit der Einrichtung der Intershop-Läden nicht einverstanden sei und bei der Regierung der DDR dagegen Einspruch erhoben habe.

Alle am Gespräch beteiligten Bürger wollten wissen, daß auf Grund dieser Forderung der BRD die Intershop-Läden am 01.09.78 geschlossen werden. Vom Verkaufspersonal wurde mitgeteilt, daß mit sehr viel 100,- DM-Scheinen bezahlt wurde, so daß bei der Staatsbank wiederholt Wechselgeld eingeholt werden mußte. Auch in den heutigen Vormittagsstunden (01.09.78) setzt sich der erhöhte Abkauf fort.

Mit sozialistischem Gruß!
SED-Kreisleitung Altenburg
Sekretariat, Kießling, 2. Sekretär

Korruption durch Knappheit

Trotz des Wohnungsbauprogrammes mangelte es bis zum Ende der DDR an Wohnungen. Neben der staatlich erwünschten Privilegierung bestimmter Bevölkerungsgruppen regelte sich die Wohnungsvergabe durch »Beziehungen«. Diese konnten durch Bestechungen ergänzt werden. Besonders harte Fälle von Korruption und Amtsmissbrauch wurden Erich Honecker mitgeteilt. So erhielt er am 18. April 1979 eine Hausmitteilung der Abteilung Staats- und Rechtsfragen. [12]

Werter Genosse Honecker!

Der Genosse L*., Direktor des VEB Fischpräserven Dessau, wandte sich kürzlich mit einer Eingabe an uns, mit der er anhand von Fakten den schwerwiegenden Verdacht äußerte, daß durch korrumpierte Elemente beim Rat der Stadt Dessau, Abt. Wohnraumlenkung, Manipulationen bei der Vergabe von Wohnungen vorgenommen werden.

Wir haben die Eingabe sofort dem Generalstaatsanwalt der DDR mit der Maßgabe übergeben, den Hinweisen nachzugehen und ggf. die Einleitung eines Ermittlungsverfahrens zu veranlassen.

Im Ergebnis der unmittelbar aufgenommenen Untersuchungen mußte festgestellt werden, daß der mit der Eingabe vorgetragene Sachverhalt nicht nur zutrifft, sondern bisher insgesamt 10 Fälle aufgeklärt wurden, in denen Bestechungsgelder in Höhe von 36 100.- Mark für die Vergabe von Neubauwohnungen gefordert und gezahlt wurden, wobei in 8 Fällen die Wohnungsvergabe bereits erfolgte. Gegen folgende Personen wurden daraufhin Ermittlungsverfahren eingeleitet. [...]
Sorgenicht

Eine Sachbearbeiterin und zwei weitere Mitarbeiter der Wohnungsverwaltung wurden sofort inhaftiert. Zwei weitere Beschuldigte wurden später zu Bewährungsstrafen verurteilt. Die genaue Bestechungssumme konnte nicht ermittelt werden. Die Staatsanwaltschaft vermerkte jedoch, dass die Beschuldigte auch Westgeld erhalten habe, und ihr Mann, ein Elektriker, einen Pkw Shiguli fuhr. Die beiden hatten außerdem aus Volkseigentum für 8400.- Mark ein Eigenheim erworben und zahlten den Kredit von 5600.- Mark in jährlichen Raten zu 320.- Mark

ab. Das monatliche Durchschnittseinkommen betrug 1979 1014 Mark,
Verwaltungsangestellte lagen üblicherweise knapp darunter, Elektriker
darüber.

»Wo leben Sie denn?«

Im Vorfeld der Wahlen erstellte der Sektor Operativ der Bezirksleitung
Leipzig am 20. April 1979 ein Papier zu Erfahrungen und Problemen
der Wahlvorbereitung im Kreis Delitzsch. Neben Wohnungsmangel und
Unzufriedenheit mit der Presse spielte die Versorgung wieder einmal die
Hauptrolle. [13]

[...] Kritische Bemerkungen gab es vor allem zu Versorgungsfragen
(Bettwäsche, Wecker, Handtücher, Socken usw.) Einige Bürger ärgern
sich vor allem über unqualifizierte Antworten von Verkäuferinnen
wie:
– Wo leben Sie denn?
– Schauen Sie in die Regale, dann wissen Sie alles.
– Können Sie nicht lesen, es steht doch draußen dran, daß wir das
nicht haben. Usw.
Es gibt auch solche Gerüchte, daß in Bad Düben Wecker nur an
Schichtarbeiter und lange Unterhosen nur an Rentner verkauft wür-
den. (Namen und Verkaufsstellen konnten nicht genannt werden.) [...]

Koch

Engpass trotz Planerfüllung: Altenburger Klarer

Altenburger Klarer war billig (11,80 Mark), lecker und bekömmlich, das
ideale Getränk zum Skat. Daher diente der beliebte Schnaps auch als
Ersatzzahlungsmittel. Die Spirituosenfabrik profitierte selbst nicht
unerheblich: Minol half bei der Reparatur der Öltanks, die Wollfabrik
Kotteritz stellte Ferienplätze zur Verfügung, der VEB Kraftverkehr half
mit Stoßdämpfern und anderen Ersatzteilen, das Fleischkombinat

Eisenberg lieferte Bockwürste und bei der Kunsttöpferei Kohren-Sahlis wurden Präsente für die Frauentagsfeier eingetauscht. So war trotz permanenter Übererfüllung des Planes in den Läden kein Altenburger Klarer zu finden. Im Herbst 1980 schritt die Bezirksparteikontrollkommission ein und listete in einer »Anlage zum Handmaterial« vom Wehrkreiskommando (WKK) bis zum Volkspolizeikreisamt (VPKA) all jene auf, die den Schnaps direkt ab Fabrik bezogen. Auch die Kreisdienststelle des MfS hätte mit auf die Liste gehört, merkwürdigerweise fehlt sie.[14]

Im Ergebnis der Untersuchung wurde festgestellt, daß ca. 100 Betriebe und 40 Institutionen im 1. Halbjahr 1980 in größerem Umfang Spirituosen, vor allem der niederen Preisgruppe, bezogen.

Einige Beispiele:

Betriebe

VEB Minol Altenburg	5.841,90 M
Chemiehandel Leipzig, BT Engelsdorf	1.651,00 M
PGH Polstermöbel Altenburg	2.061,00 M
VEB Baustoff-Komb. Nobitz	1.515,30 M
VEB Hochfrequenzwerkstätten Meuselwitz	1.308,30 M
Korksteinwerke Coswig	1.760,00 M
ALWO-Kotteritz Altenburg	2.705,00 M
VEB IFA-Komb. Ludwigsfelde	1.000,00 M
Modehaus Altenburg	1.054,00 M

Institutionen

Rat des Kreises und Kreisbauamt Altenburg	1.849,70 M
VPKA Altenburg	1.044,00 M
WKK Altenburg	2.022,50 M
Feierabendheim Altenburg	1.706,51 M
DSF-Kreisvorst. Altenburg	1.211,40 M
Rat der Stadt Altenburg	2.295,70 M
Rat des Bezirkes Leipzig	961,80 M
Wirtschaftsrat des Bezirkes Leipzig	684,50 M
WWK Leipzig	742,40 M

Allein mit der Auflistung von Beziehern war es nicht getan. Denn oft genug war der Betrieb nur nomineller Geschäftspartner, mussten die Kontrolleure am 16. September 1980 in einer Aktennotiz feststellen.[15]

Am 15.9.1980 führten die Genossen Pöschel und Berger von der KPKK mit dem Parteisekretär, Gen. Konieczny und dem Hauptbuchhalter, Genossen Krause vom VEB Elektrowärme Altenburg ein Gespräch. Beide Genossen brachten zum Ausdruck, daß vom VEB Elektrowärme im 1. Halbjahr 1980 keine Käufe von Spirituosen getätigt wurden. Im August 1980 wurden für 141,50 M Souvenirs-Packungen in der Likörfabrik gekauft für eine ungarische Delegation. Es ist nicht bekannt, daß Einzelpersonen im Werte von 1.343,20 M (5 Rechnungen) Spirituosen für Elektrowärme gekauft haben, da diese Rechnungen im Betrieb nicht vorliegen und gebucht werden. Es liegt der Verdacht vor, daß außenstehende Personen auf den Namen »Elektrowärme« gekauft haben und damit den Namen des Betriebes mißbrauchten. Weiterhin ist zu vermuten, daß diese Rechnungen am Verkaufstage in bar bezahlt wurden. Die Genossen, Parteisekretär und Hauptbuchhalter, vertreten konsequent den Standpunkt, daß der Kauf von Spiritousen für betriebliche Veranstaltungen unter strenger Kontrolle steht und nur in dringenden Fällen getätigt wird.

Berger, Kandidat der KPKK

Der Star auf dem Schwarzmarkt: Mazda 323

Am 18. August 1981 verfasste Heinz Geggel, Abteilungsleiter für Agitation, eine Aktennotiz für seinen Vorgesetzten Joachim Herrmann.[16]

Zu Deiner Information teile ich Dir mit, daß wir nach einem Hinweis von Genossen Mittag Ende Juli ein generelles Verbot festgelegt haben, Kauf- oder Tauschanzeigen für den japanischen PKW »Mazda« zu veröffentlichen. Die Ursache für dieses generelle Verbot liegt darin, daß bereits ein schwunghafter Handel über die Annoncen eingesetzt hatte (siehe Anlage).
H. Geggel

Als Anlage fügte er einige Kleinanzeigen bei. Das Verbot galt nur kurze Zeit, dann wurde es durch eine allgemeingültige Anzeigenordnung ersetzt, die eine Reihe von Formulierungsverboten enthielt. Die Einschränkung des Schwarzmarkthandels gelang nicht.

Gegen Wurstknappheit offensiv diskutieren

Der Winter war hart, das Vieh ist erfroren. Statt der Bevölkerung diese Tatsache knapp zur Kenntnis zu geben, lavierten die Genossen. Eine »Information zur Stimmung der Bevölkerung über die Versorgung mit Fleisch- und Wurstwaren« der Bezirksleitung Leipzig listete am 10. Mai 1982 auf, was alles gegen die miese Stimmung in der Bevölkerung unternommen wurde.[17]

Durch die Sekretariate der Stadtleitung, der Stadtbezirks- und Kreisleitungen wird den Fragen der Versorgung große Aufmerksamkeit beigemessen. Regelmäßig wird die Erfüllung des Versorgungsplanes sowie die Stimmung der Bevölkerung zur Versorgung eingeschätzt. Offensiv und prinzipiell wird auftretenden negierenden Diskussionen entgegengetreten. Dazu erfolgte auch die Anleitung der Parteisekretäre, um in den Grundorganisationen wirksam allen negativen Diskussionen zur Versorgungslage zu begegnen.

Durch die Operativinstrukteure der Bezirksleitung wird den Sekretariaten Unterstützung bei der politischen Führung dieser Aufgaben gegeben.

Solche Stadtbezirks- und Kreisleitungen wie Nordost sowie Torgau, Leipzig-Land, Altenburg und Borna haben gesichert, daß Kontrollen von Verkaufsstellen in Schwerpunkten durch Mitarbeiter des Parteiapparates sowie Ratsmitglieder und Mitarbeiter der staatlichen Organe erfolgen, um unverzüglich auf auftretende Schwerpunkte zu reagieren sowie auf die Klärung von Problemen Einfluß zu nehmen.

Gleichzeitig erfolgten Beratungen mit verantwortlichen Genossen des Handels sowie Leitern von Verkaufsstellen, um ein offensiveres Auftreten der Verkaufskräfte sowie ein verantwortungsbewußtes Reagieren zu auftretenden Problemen in den Verkaufsstellen zu erreichen. Kritisch verweisen zugleich Verkaufskräfte darauf, daß die gegenwärtigen handelspolitischen Schulungen nicht ausreichen, um sie mit überzeugenden Informationen und Argumenten auszurüsten und ihnen zu auftretenden Fragen Antwort zu geben. Das zeigt sich in solchen Meinungen, die in der Stadt Leipzig sowie in den Kreisen Geithain und Grimma auftraten: »Wir werden zuviel allein gelassen.« Im Kreis Geithain gehören von den 26 Schulungskräften, die die handelspolitischen Schulungen durchführen, nur 6 unserer Partei an.

Trotz der eingeleiteten Maßnahmen machen die Kreisleitungen, Parteisekretäre und Stellvertreter der örtlichen Räte für Handel und Versorgung darauf aufmerksam, daß die Diskussion zur Fleischversorgung zugenommen hat. Das widerspiegelt sich auch in den Monatsberichten der Grundorganisationen, die an die Bezirksleitung gegeben werden. Parteisekretäre erklären, daß sie mit ihren Argumentationen bei den Werktätigen nicht mehr ankommen und es ihnen schwerfällt, auf eine Reihe Probleme der Versorgung mit Fleisch- und Wurstwaren eine Antwort zu geben. Die Diskussionen zur Versorgung mit Fleisch- und Wurstwaren gehen im wesentlichen in folgende Richtung:

– Es werden Parallelen zur Entwicklung in Polen gezogen und solche Meinungen vertreten wie »Bei uns ist es schlimmer als in Polen. Die haben nicht gearbeitet, wir aber sind bereit zu arbeiten, jedoch wollen wir auch Fleisch und Wurst bekommen.« »Wird es mit der Versorgung bei uns bald so wie in Polen« oder auch »Von uns wird wohl alles nach Polen geliefert?« u.ä.

– Es wird die Richtigkeit notwendiger Fleischexporte angezweifelt, wobei das vor allem in den Kreisen auftritt. Dazu gibt es solche Meinungen »Brauchen wir Fleischexporte in diesem Ausmaß? Könnten wir nicht dafür Pkw-Importe aus dem NSW verringern?« »Müßte nicht an erster Stelle die Versorgung der Bevölkerung stehen und nicht der Export?« oder auch »Wir bringen 2 Tage zusätzliche Produktion, aber Fleisch und Wurst bekommen wir nicht!« u.a.

– Es nehmen die Meinungen zu, auch von Genossen, daß in der Presse zu bestimmten Versorgungsproblemen offener gesprochen werden sollte und nicht nur ausschließlich über Erfolgsmeldungen berichtet wird. Es wird die Auffassung vertreten »Wir haben durchaus Verständnis für die komplizierte Lage und beweisen das durch die täglichen Anstrengungen zur Erfüllung der Planaufgaben, aber wir erwarten zugleich eine ehrliche Information für die Versorgungslage«.

Diese Meinungen bestimmen nicht das politische Klima in den Partei- und Arbeitskollektiven, spielen aber in den Diskussionen eine zunehmende Rolle. Deutlich wurde das auch in der Mitgliederversammlung der APO 6 des VEB PKM-Anlagenbau Leipzig, wo über die Auswertung des ZK-Seminars beraten werden sollte, jedoch zuerst Fragen zur Versorgung gestellt wurden und fast nur hierzu diskutiert wurde. Obwohl der anwesende Mitarbeiter der Bezirksleitung offensiv zu diesen Fragen auftrat, gab es solche Meinungen der Genossen: »Merkt denn keiner, daß in den Fleischläden Gift und Galle gegen die DDR gehetzt wird?«, »Wenn wir schon nicht genug haben, warum machen wir es nicht wie in den 60er Jahren auf Anmeldung, da erhält wenigstens jeder etwas«, »Ich glaube, ihr seht in der Bezirksleitung den Ernst der Lage nicht real. Wenn es wirklich so wäre, wie du sagst, daß wir in der DDR alle Kraft und Potenzen haben, da müßten wir auch Vertrauen zu unseren Menschen haben und könnten sie real informieren, warum nicht genug Fleisch da ist und wann es besser wird«.

Die in Betrieben sowie mit verantwortlichen Genossen geführten Aussprachen machen sichtbar, daß die Tendenzen zunehmen, von der Arbeit wegzulaufen, um erst die Fleischeinkäufe zu tätigen. Das betrifft vor allem Werktätige, die im Tagschichtbetrieb arbeiten und darauf hinweisen, daß sie beim Einkauf in den Abendstunden kein Angebot an Fleisch- und Wurstwaren mehr vorfinden würden. Solche Erscheinungen gibt es z.B. im Nahrungsmittelkombinat Wurzen, im Elektrogerätewerk Leipzig, im Kombinat Metallbau Leipzig, im Elektrowärme Altenburg, im Chemieanlagenbaukombinat, Betrieb Grimma, im Porzellanwerk Colditz, im EKO Oschatz u.a. aus Kreisen, wie z.B. Döbeln, Grimma, Torgau und Wurzen wird deutlich, daß der Zustrom von der Landbevölkerung in die Stadt zunimmt, um hier die Fleischeinkäufe zu tätigen.

Es zeigt sich auch eine bestimmte Unsicherheit unter der Bevölkerung, woraus resultiert, daß jeder dort Fleisch kauft, wo er es gerade bekommt und so viel, wie ihm gegeben wird. In zahlreichen Verkaufsstellen, wie z.B. in Colditz, Naunhof und Brandis u.a. wurde dazu übergegangen, Kernfleisch nur in bestimmten Mengen abzugeben, keinen Verkauf an Bürger, die nicht ortsansässig sind, vorzunehmen sowie private Fleischläden nach 16.00 Uhr nicht mehr zu öffnen. Dabei wurde vor allem Unmut unter der Bevölkerung hervorgerufen, daß bei der Portionierung unabhängig von der Kopfzahl der betreffenden Familie nur eine bestimmte Menge Fleisch abgegeben wurde. Oft wird jedoch von Bürgern die Rationierung als der beste Weg angesehen, um jeden ausreichend mit Fleisch zu versorgen.

In Oschatz und Wurzen kam es im Zusammenhang mit der Fleischversorgung zu bösartigen Anrufen an die Kreisleitung und den Rat des Kreises »Jetzt gebt ihr uns schon 11.00 Uhr nichts mehr zu fressen!« Die Kreisleitung Wurzen erhielt einen anonymen Brief mit dem Inhalt »Wir arbeiten, aber die Versorgung wird immer schlechter«.

Zum Werkessen und der Frühstücksversorgung in den Betrieben gibt es weniger negative Diskussionen, jedoch nehmen Meinungen zu, die sich kritisch zu dem einseitigen Angebot äußern. Es verstärken sich z.B. in den Baustoffwerken Lübschütz, im Institut für Energetik, Baukombinat Leipzig und anderen Betrieben solche Auffassungen »Geflügel wird auf die Dauer zu teuer«, »jeden Tag kann man nicht Geflügel und Eier essen«. Dabei wird jedoch Verständnis geäußert, daß gegenwärtig ein stärkerer Anteil von Geflügel und Eiern im Werkessen zu verabreichen ist. Im Betriebsteil Döbeln des VEB Kraftverkehr Waldheim kam es im Bereich Werkstatt zu negativen Diskussionen über das Mittagessen, da Fleischportionen (Schweinebraten) in Höhe von 25 Gramm pro Essenteilnehmer angeliefert wurden. Durch die Kreisleitung wurde sofort eine Veränderung dieser Lage veranlaßt.

Durch die Stadtleitung, die Stadtbezirks- und Kreisleitungen werden diese Stimmungen sorgfältig ausgewertet und verantwortungsbewußt die Veränderung auftretender Probleme bzw. einzelner undurchdachter Maßnahmen veranlaßt.

Schlecht verteilt: Kräutertee

Am 18. März 1983 nahm das Sekretariat der Bezirksleitung Leipzig von einem weiteren Versorgungsengpass Kenntnis.[18]

[...] In der allgemeinen Versorgung der Bevölkerung zeichnet sich gegenwärtig als Problem die Versorgung mit Kräutertee ab. In vielen Objekten des Einzelhandels wird hiermit nur zeitweilig versorgt. Die Nachfrage der Bevölkerung wächst ständig. Die Ursachen für die Angebotslücken liegen in ungenügend organisiertem Aufkommen. In Krankenhäusern des Bezirkes sind seit IV. Quartal 82 Lieferrückstände von Tee, insbesondere Pfefferminztee, vorhanden. Besonders betrifft das die Kreise Eilenburg und Torgau. Zur Zeit wird geprüft, inwieweit Umverteilungen aus anderen Kreisen möglich sind.

H. Hackenberg
2. Sekretär

FF-Dabei & Wochenpost sind zu beliebt

Am 24. März 1988 wandte sich Fritz Teucher aus Karl-Marx-Stadt an den Sekretär des ZK der SED Joachim Herrmann.[19]

Betr. Gesetzlich nicht mögliche Abonnementsbestellung der Zeitungen FF-Dabei und Wochenpost lt. Leiter Hauptpostamt 1

Werter Genosse Herrmann!

Nachdem alle Versuche o.a. Zeitungen zu abonnieren kein Ergebnis brachten, habe ich mich an den Leiter des Hauptpostamtes 1 (Hauptrat Renner) von Karl-Marx-Stadt mit einer Eingabe gewandt.

Die Eingabe wird abgelehnt mit der Standardbegründung in unserer Republik »Der Bedarf ist schneller gestiegen als das Angebot«. Die Auflagen seien ausgeschöpft und diese Presseerzeugnisse in der Postzeitungsliste mit einem Sperrzeichen versehen. Die Post lehnt deshalb Abonnementsbestellungen dafür ab. Dazu folgen Hinweise auf Anordnungen lt. Ges.-Bl. 9/86, auf fehlendes Papier und nicht ausreichende Druckkapazität. Sollten Abonnements frei werden, will man diese Zeitungskiosken zuführen. Das heißt, praktisch wird die Anstellschlange weiter verlängert.

Ich und viele andere Bürger (die so gebildete Gruppe ohne Abonnements) dürfen sich jede Woche früh bzw. genau 15.00 Uhr am Zeitungskiosk anstellen um solche Zeitungen kaufen (nicht geschenkt) zu dürfen. Das nach fast 40 Jahren DDR!! So hat man schön gesichert, daß die sich Anstellenmüssenden heftig über unsere Republik negativ diskutieren!!! Die Warteschlange an meinem Kiosk umfaßt in der Regel etwa 70 Personen.

Wieviel Jahre wird man noch brauchen, um solche Zeitungen dem Bedarf entsprechend zu produzieren?

Der unzumutbare Zustand würde sicher sehr schnell geändert werden, wenn die dafür Verantwortlichen ihre Zeitungen auch – wie die Gruppe 2 – erstehen müßten!? Auch hier gilt doch die Orientierung unseres Generalsekretärs über die Beseitigung noch bestehender Mängel!?

Mit sozialistischen Gruß
Teucher

Dieter Langguth, stellvertretender Abteilungsleiter für Agitation beantwortete das Schreiben am 25. April 1988.[20]

Werter Herr Teucher!

Genosse Herrmann hat uns als zuständige Abteilung beauftragt, Ihren Brief zu beantworten.

Die von Ihnen aufgeworfene Frage beschäftigt uns sehr. In den vergangenen Jahren konnten die Auflagen der Zeitungen beträchtlich gesteigert werden, aber leider nicht so, daß der Bedarf gedeckt wird. Allein jede Nacht werden 9,7 Millionen Tageszeitungen gedruckt. Die Wochenzeitungen haben eine ähnlich hohe Auflage. Jeder Haushalt der DDR bezieht im Durchschnitt 1,5 Tages- bzw. Wochenzeitungen. Auch international gesehen sind das Spitzenwerte.

Dafür werden sehr große Mengen Papier eingesetzt, dafür stehen auch große Druckkapazitäten zur Verfügung. Aber der Bedarf steigt schneller als unsere technischen und materiellen Möglichkeiten. Weitere spürbare Erhöhungen der Auflagen erfordern neue Papier- und Druckmaschinen, verbunden mit dem Bau neuer Maschinenhallen. Das erfordert hohe Investitionen, die von der Volkswirtschaft gegenwärtig nicht zur Verfügung gestellt werden können. Bei den von Ihnen genannten Zeitungen »Wochenpost« und »FF-Dabei« gibt es besonders starke Nachfragen und wir bedauern, daß dafür keine Abonnements zur Verfügung stehen. Allerdings ist es nicht so, wie sie lt. Gesetzblatt angeben, daß freiwerdende Abonnements in den Einzelverkauf gehen. Sie werden wieder für Abonnements zur Verfügung gestellt; aber es gibt bei diesen Zeitungen sehr wenig Abbestellungen.

Mit sozialistischem Gruß
D. Langguth, Stellv. Abteilungsleiter

121

Wir zuerst!

Des Volkes Stimme war auch in der DDR vorhersehbar. Die bloße Existenz von Ausländern setzte den »Wir-zuerst-Reflex« in Gang. Eine Postkarte des Wahlkreisaktives 7 aus Berlin Friedrichshain an Politbüromitglied Joachim Herrmann sollte jenem das Problem vor Augen führen. Herrmann ließ die Sache am 18. November 1988 mündlich »erledigen«.[21]

Werter Gen. Herrmann,

mit Sympathie haben wir die Ehrungen zu ihrem Geburtstag zur Kenntnis genommen. Wir haben Vertrauen zu Ihnen und bitten Sie in einer für unsere Bürger wichtigen Frage wirksam zu werden.

Wir begrüßen die Zollbestimmungsveränderung durch die CSSR.[22] Wir sind der Meinung, das hätte bei uns schon lange durchgeführt werden müssen. Sehen Sie sich doch mal an, was bei uns durch Ausländer so besonders an Wurst- und Fleischwaren aber auch an Kinderbekleidung rausgeschleppt wird.

Besonders durch polnische Bürger, auch die nicht bei uns arbeiten. Wir hoffen, daß Sie diese, die Bürger unserer DDR sehr verärgernden Zustände helfen zu beseitigen.

i.A. unleserlich

Folgen eines Referates

Joachim Herrmann verlas am 22. Juni 1989 den Bericht des Poltbüros an das ZK der SED. Die Partei befand sich »im Einklang mit den Lehren der Geschichte«, registrierte »hohe ökonomische Leistungen zum Wohle des Volkes« und ging »mit gewachsener Kampfkraft« dem XII. Parteitag entgegen. Der ganz und gar unkritische Bericht löste eine Reihe von Protesten aus. Auch Peter H*. aus Halle fühlte sich desinformiert und berichtete am 25. Juni 1989 Joachim Herrmann, was ihm auf den Nägeln brannte.[23]

Sehr geehrter Herr Herrmann!

Mit großem Interesse habe ich Ihren Bericht an das Politbüro gelesen. Ihren Optimismus bezüglich der ökonomischen Entwicklung der DDR kann ich nicht teilen. Sie sind mit keinem Wort auf die immer komplizierter werdenden Versorgungsprobleme eingegangen.

Als 47jähriger habe ich schon einige Propagandaaktionen miterlebt, wie z.B. »Überholen ohne Einzuholen« oder die Lösung des Wohnungsproblems bis 1985. Keines dieser Ziele wurde bisher erreicht. Statt dessen nehmen die Versorgungsprobleme ständig zu. Kaufen Sie mal ein Brett, eine Fliese oder eine Fahrradspeiche. Die Wartezeiten für PKW betragen dank der ökonomischen Strategie Ihrer Partei fünfzehn Jahre! Warum haben immer mehr Bürger den Wunsch, die DDR für immer zu verlassen? Gerade dieses Problem bedarf dringend einer offenen Diskussion. Die stattsam bekannten Formulierungen von der breiten Zustimmung der Bevölkerung zur Politik Ihrer Partei stehen im Gegensatz zur wachsenden Zahl von Ausreiseanträgen.

Die von Ihnen am Anfang Ihres Referates erwähnten weltoffenen tiefgreifenden Wandlungen sollten sich, so meine ich, zuerst auf eine schonungslose offene Bilanz des bisher Erreichten beziehen. Permanentes Eigenlob und Jubelveranstaltungen lösen keine Probleme.

Die jetzige Situation ist das Ergebnis Ihrer Politik und ich bin wenig zuversichtlich, daß mit den gleichen Programmen und Funktionären die anstehenden Probleme gelöst werden können.

Bitte betrachten Sie mein Schreiben als eine offene Meinungsäußerung eines Bürgers, der sich ehrliche Sorgen um die Zukunft unserer Republik macht.

Hochachtungsvoll
P. H*.

Herrmann gab das Schreiben am 29. Juni 1989 an den zuständigen 1. Bezirkssekretär der SED in Halle, Hans-Joachim Böhme, weiter.[24]

Lieber Genosse Hans-Joachim Böhme!

Anliegend schicke ich Dir die Ablichtung eines Briefes aus dem Bezirk Halle an mich. Wenn Du es für richtig hältst, könnte man mit dem

Absender ein Gespräch durch einen von Euch beauftragten Genossen der örtlichen Parteiorgane führen, der sich dabei auf diesen Brief bezieht. Falls Du mit diesem Verfahren einverstanden bist, würde ich nicht weiter reagieren. Vielleicht kannst Du mir auf der nächsten Sitzung Bescheid geben.

Vielen Dank für Deine Bemühungen.

Mit sozialistischem Gruß
J. Herrmann

Betr.: Damenschlüpfer zum Selbstnähen

Die Versorgungskrise nahm am Ende der DDR immer seltsamere Formen an. Konnte Stoff geliefert werden, fehlte es an Zuschneiderinnen. Waren Stoff und Zuschneiderinnen in dem einen Betrieb vorhanden, fehlte es im anderen an Näherinnen oder Verpackungsmaterial. Es war aber nicht prinzipiell ausgeschlossen, daß beim glücklichen Zusammentreffen aller Faktoren Schlüpfer in den Handel gelangen hätten können. Die Hilfe zur Selbsthilfe im Rahmen des Demokratischen Frauenbundes Deutschlands DFD war jedenfalls keine Lösung, meinte Politbüromitglied Günter Kleiber, zuständig unter anderem für die Leichtindustrie. Er beauftragte Inge Lange, den Vorfall zu prüfen. Lange teilte Kleiber das Ergebnis der Untersuchung am 16. August 1989 mit. [25]

Lieber Günter!

Anbei möchte ich Dir genauere Angaben schicken, wer vor ungefähr einem Jahr die glorreiche Idee hatte, über den DFD das Selbstnähen von Damenschlüpfern zu organisieren.

Es war der Betrieb Wirkwaren Emminat Cranzahl/Erzgeb. Er gehört zum Kombinat Trikotagen Karl-Marx-Stadt. Mustervorgaben mit zugeschnittenen Schlüpfern und allem Zubehör sowie einer Nähanleitung erhielten nach unserer Übersicht der DFD im Bezirk Halle, Neubrandenburg, Cottbus, Magdeburg, Dresden, Suhl und Berlin.

Nachdem uns die Dinge zu Ohren gekommen waren, wurde die

Abteilung Leichtindustrie informiert und über den Bundesvorstand des DFD direkt die Bezirksleitung der SED Karl-Marx-Stadt, durch welche veranlaßt wurde, daß der Absatzleiter des Betriebes sofort aufhört mit der Weiterführung dieser Kampagne.

Trotz Bemühungen seitens des DFD war kein Exemplar eines zugeschnittenen Schlüpfers mit Nähanleitung mehr aufzutreiben, sonst hätte ich Dir schon gestern die dargelegten Angaben zukommen lassen.

In alter Frische
Inge Lange

V. Das Museum der Nichtigkeiten

Lieber Joachim !

Vor einiger Zeit kam mir beim Besuch des Rostocker
Neptun-Hotels der Gedanke, ob es nicht angebracht wäre,
einmal eine Reportage in der Aktuellen Kamera oder in
einer besonderen Sendung über die Arbeit des großen Kollektivs
dieses Hotels zu bringen. Die Genossen und Kollegen würden
dies sicherlich als eine moralische Anerkennung auffassen.
Direktor des Hotels ist ein relativ junger Genosse Wenzel,
der große Initiativen entwickelt.

Natürlich könnte ebensogut auch über ein anderes Kollektiv
berichtet werden.

Mit sozialistischem Gruß

Kurt Hager

Kurt Hager befielt eine Kalenderreform

Papierknappheit veranlaßte Kurt Hager am 8. Februar 1974 zu einer Anweisung an Peter Heldt, Leiter der Abteilung Kultur im ZK.[1]

Es sollte rechtzeitig Einfluß genommen werden, um für 1975 die Zahl, den Umfang und die pompöse Aufmachung (mancher) Kalender angesichts der Papierknappheit einzuschränken.   K. Hager

Neue Banner braucht das Land

Die hohe Zahl der FDJ-Initiativen verschliss so manche Illusion, stellte aber auch die Würdigungsartikelindustrie der DDR vor hohe Anforderungen. Harry Morgenstern von der Abteilung Jugend erläuterte einem Mitarbeiter der technischen Dienste des ZK am 30.Juli 1981 einige Details für die Umsetzung eines Politbürobeschlusses.[2]

Werter Genosse Rüscher!

Entsprechend dem Beschluß des Politbüros vom 16. Juni 1981»Maßnahmen zur Auswertung des XI. Parlaments der FDJ« können für hervorragende Leistungen bei der Erfüllung der Beschlüsse des X. Parteitages der SED durch die Kreisleitungen der SED auf Antrag der FDJ-Kreisleitung anläßlich des Jahrestages der DDR, des Jahrestages der FDJ und anderer gesellschaftlicher Höhepunkte an weitere Grundorganisationen der FDJ Ehrenbanner der SED mit den Bildnissen von Ernst Thälmann und Wilhelm Pieck verliehen werden. Die Kosten von 5000 Bannern trägt die Hauptkasse des Zentralkomitees der SED.

Wir bitten Dich herzlich darum, über das Ministerium für Leichtindustrie die Produktion von weiteren 5000 roten Ehrenbannern im VEB Bandes Pulsnitz in Auftrag zu geben. Die Auslieferung erfolgt in bewährter Weise wieder durch den Fahrdienst des ZK der SED an die Bezirke. Über die terminliche Realisierung des Auftrages sollte es in Abstimmung mit der Industrie zum gegebenen Zeitpunkt eine Verständigung geben. Wir danken herzlich für Deine Unterstützung.
Mit sozialistischem Gruß, Harry Morgenstern

Neue Computer hat das Land

Im Sommer 1987 hielt die moderne Datenverarbeitung Einzug ins ZK. Das bedeutete Schulungen. Gerhard Trölitzsch, Leiter der Abteilung Bauwesen, klärte das Organisatorische am 30. März 1987 mit der Abteilung Parteiorgane.[3] *Anmerkung: Redabas war eine von IBM geklaute Programmiersprache und Spötter behaupteten, der PC 1715 sei nach seinem Konstruktionsjahr benannt worden.*

Werter Genosse Steuer!

In Vorbereitung des Einsatzes der Mikrorechentechnik in unserer Abteilung bitte ich, daß mein beauftragter Sektorenleiter Genosse Carl-Heinz Hertel und Genosse Hartmut Brecht, pol. Mitarbeiter, am Qualifizierungslehrgang (PC 1715, Redabas) in Wendenschloß in der Zeit vom 20. – 24. April teilnehmen können.
Mit sozialistischem Gruß
G. Trölitzsch

Die Würdigsten werden ausgezeichnet

Politbüromitglieder wurden zwar häufig ausgezeichnet, doch ob der Orden es wert war, von einem Politbüromitglied getragen zu werden, entschied Erich Honecker selbst. Hager unterbreitete Honecker am 24. September 1975 eine Wunschliste von Minister Ludwig Mecklinger.[4]

Lieber Erich!

Der Minister für Gesundheitswesen, Gen. Mecklinger, bittet um Dein Einverständnis, daß er
– das Mitglied des Politbüros und Minister für Nationale Verteidigung, Genossen Armeegeneral Heinz Hoffmann, anläßlich seines 65. Geburtstages,
– den Kandidaten des Politbüros und Minister für Staatssicherheit, Genossen Generaloberst Erich Mielke, aus Anlaß des 25jährigen Bestehens des Ministeriums für Staatssicherheit,
– den Kandidaten des Politbüros und Vorsitzenden der Staatlichen

Plankommission, Genossen Gerhard Schürer, anläßlich des 25jährigen Bestehens der Staatlichen Plankommission und
– das Mitglied des Zentralkomitees und Minister des Innern, Genossen Generaloberst Friedrich Dickel, anläßlich des 30jährigen Bestehens der Deutschen Volkspolizei zum diesjährigen Tag des Gesundheitswesens mit der Hufelandmedaille in Gold ehren darf.
Er möchte diesen verdienten Genossen diese spezifische Auszeichnung des Gesundheits- und Sozialwesens in Anerkennung der großen Verdienste, die sie sich innerhalb ihres Verantwortungsbereiches und weit darüber hinaus für die Entwicklung des Gesundheits- und Sozialwesens der DDR erworben haben, überreichen und für die ständige Hilfe und Unterstützung danken. Die Auszeichnung würde den Genossen individuell überreicht werden. Ich wäre einverstanden und bitte um Deine Zustimmung.

Mit sozialistischem Gruß
Kurt Hager

Honecker entschied mit der Randbemerkung »Einverstanden«. Hager teilte Mecklinger die erfreuliche Nachricht am 29.September 1975 mit.[5]

Werter Genosse Mecklinger!

Ich teile Dir mit, daß Genosse Honecker mit der Auszeichnung der von Dir genannten Genossen zum diesjährigen Tag des Gesundheitswesens einverstanden ist.
Mit sozialistischem Gruß
Kurt Hager

Verdiente Kollektive werden lobend erwähnt

Kurzurlaube verbrachten Mitglieder des Politbüros gelegentlich in der DDR. Dabei nahmen sie mitunter auch hervorragende Arbeitskollektive zur Kenntnis. Diese wurden eventuell im Fernsehen gewürdigt, wie Hagers Anregung an Joachim Herrmann vom 3.2.1981 zeigt.[6]

Lieber Joachim!

Vor einiger Zeit kam mir beim Besuch des Rostocker Neptun-Hotels der Gedanke, ob es nicht angebracht wäre, einmal eine Reportage in der Aktuellen Kamera oder in einer besonderen Sendung über die Arbeit des großen Kollektivs dieses Hotels zu bringen. Die Genossen und Kollegen würden dies sicherlich als eine moralische Anerkennung auffassen. Direktor des Hotels ist ein relativ junger Genosse Wenzel, der große Initiative entwickelt. Natürlich könnte ebensogut auch über ein anderes Kollektiv berichtet werden.

Mit sozialistischem Gruß
Kurt Hager

Kontrolle muß gewährleistet sein

Ein Ausweis, der zum jederzeitigen Betreten und Verlassen des ZK-Gebäudes berechtigte, war die höchste Stufe des Vertrauens. Doch »Vertrauen ist gut, Kontrolle ist besser!«, wusste schon Lenin. Die Mitteilung vom technischen Büro des Politbüros an alle Abteilungsleiter vom 26. März 1982[7] hatte daher vermutlich nichts mit den Spionagefällen des Jahres 1981 zu tun.[8]

Werte Genossen!

Zur Erleichterung der Arbeit der Diensthabenden und zur Vermeidung von Informationsverlusten oder -verzögerungen bitten wir um Beachtung folgenden Hinweises:
Genossen, die nach Beendigung der Arbeitszeit (nach Arbeitsschluß oder an Wochenenden ins ZK kommen, bitten wir, sich beim Diensthabenden, Hausapparat 2757, an- und abzumelden.
Dies gilt auch für Genossen, deren Ausweis zum jederzeitigen Zutritt zum Haus des ZK berechtigt.

Mit sozialistischem Gruß
i.V. Fischer

Der Funktionär muß bewaffnet sein

Am 3. Juni 1982 sandte die Abteilung Jugend des ZK eine Hausmitteilung an die Abteilung für Sicherheitsfragen.[9]

Lieber Genosse Scheibe!
Das Sekretariat hat am 7. Mai 1982 Genossen Dietmar Börnert als Stellvertretenden Leiter der Abteilung Jugend bestätigt. Ich bitte deshalb um Aushändigung einer Pistole.

Mit sozialistischem Gruß; Wolfgang Herger

Organisatorisches I: Autogrammwünsche

Am 30. März 1988 erhielt Politbüromitglied Joachim Herrmann Post aus Gilching, BRD.[10]

Sehr verehrter Herr ZK-Sekretär.

Bitte ein Autogramm, vielen Dank.

Hochachtungsvoll; Walter Parzefall
Handschriftlicher Vermerk: »Abgeschickt am 12.5.88«.

Organisatorisches II: Durchsicht

Im September 1987 sorgte die Abteilung Verwaltung der Wirtschaftsbetriebe dafür, daß Gerhard Trölitzsch einen Termin nicht vergaß.[11]

Werter Genosse Trölitzsch!

Für den Monat Okt./Nov. macht sich die Revision an Deinem privaten PKW »Peugeot« erforderlich. Ich bitte Dich, die terminliche Absprache mit dem Sektor Fahrdienst vorzunehmen.

Mit sozialistischem Gruß; G. Glende, Abteilungsleiter

Organisatorisches III: Gehaltsfeststellung

Am 3. Dezember 1981 teilte Wolfgang Herger, Leiter der Abteilung Jugend, dem Personalbüro eine Neueinstellung mit. Das Grundgehalt war fest, der Zuschlag entsprechend der Dienststellung variabel.[12]

Lieber Genosse Anske!
Mit Beschluß der Kaderkommission des Sekretariats des ZK vom 21.11.1981 wurde Genossin Ingrid B*. als politischer Mitarbeiter für Kader der Abteilung Jugend bestätigt. Ich bitte zuzustimmen, daß für Genossin B*. ein Gehalt in Höhe von 1000.- + 200.- Mark festgelegt wird. Vielen Dank!
Mit sozialistischen Gruß
Wolfgang Herger

Selbstbedienung I: Bootssteg

Gelegentlich war auch für die Genossen in der Zentrale ein Engpass nicht zu überwinden. Doch für sich selbst taten die Genossen das Menschenmögliche. Der Abteilungsleiter Bauwesen, Gerhard Trölitzsch – immerhin protokollarisch einem Minister gleichgestellt – wandte sich im Frühjahr 1987 wegen einer scheinbar nichtigen Angelegenheit an die Abteilung Finanzverwaltung und Parteibetriebe. Denn dieser unterstand die parteieigene Baugesellschaft Fundament, die über noch nicht fest verplante Baukapazitäten verfügte.[13]

Werter Genosse Wildenhain!
Der Genosse Erich Tamm bat mich um Unterstützung bei der Rekonstruktion seines Bootssteges in Stolzenhagen. (Wertumfang ca. 800 Mark). Da unsererseits in der gewerbemäßigen Abdeckung der Bauaufgaben im Territorium Probleme bestehen, bitte ich zu prüfen, ob im Kapazitätsausgleich der organisationseigene Betrieb Fundament die Arbeiten ausführen kann. Von meiner Abteilung habe ich den Genossen Cordshagen beauftragt, die weiteren Verhandlungen zu führen.

Mit sozialistischem Gruß
G. Trölitzsch

Selbstbedienung II: Datsche am See

Trölitzsch kümmerte sich auch um die Wochenendhäuschen seiner Mitarbeiter. So schrieb er am 23. April 1987 an Siegfried Sommer, den Vorsitzenden des Rates des Bezirkes Frankfurt/Oder.[14]

Lieber Genosse Sommer!

Wie telefonisch am 23.4.1987 besprochen, bitte ich um Deine Unterstützung bei der Bereitstellung eines Wochenendgrundstückes auf dem für diese Zwecke vorgesehenen Waldgrundstück (ca. 25 Parzellen je 500m^2) am Stolzenhagener See, Kreis Bernau.

Es geht um den Genossen Karl-Heinz Müller, langjähriger Sektorenleiter der Abteilung Verkehr des ZK. Sein Abteilungsleiter, Genosse J. Cebulla, befürwortet dieses Anliegen. Wir geben dem Genossen Müller Unterstützung bei der Beschaffung eines Bungalows Typ B34.1/3 (Hersteller ist der VEB Bauelementewerke Hennigsdorf). Die Auslieferung soll 2. Hälfte Juli 1987 erfolgen und ich wäre Dir dankbar, wenn bis dahin eine Klärung möglich ist, damit das Fundament vorbereitet werden kann. In meiner Abteilung ist Genosse Rudi Cordshagen mit der Einflußnahme beauftragt und es wäre m. E. zweckmäßig, daß er dazu die Verbindung mit Genossen Oppermann bei Dir aufnimmt. Die Wohnanschrift des Genossen Karl-Heinz Müller lautet: S.* Str. 8, Berlin, 1100.

Mit sozialistischem Gruß
G. Trölitzsch

Glückwunsch I: Zum 50.

Gerhard Trölitzsch war einer der wenigen ZK-Abteilungsleiter, die 1989 auf das große Wegwerfen verzichteten. Und so finden sich in seinen Akten auch Briefe und Telegramme, die anderswo wegen Nichtigkeit entsorgt wurden. Am 2. Februar 1984 sandte Trölitzsch Dieter Stall, dem Direktor für Wissenschaft und Technik im VEB Metallleichtbaukombinat Leipzig, ein Telegramm.[15]

Werter Genosse Dieter Stall!
Herzliche Grüße und Glückwünsche zu Deinem 50. Geburtstag übermitteln Dir die Genossinnen und Genossen der Abteilung Bauwesen des ZK. Wir danken Dir für die geleistete Arbeit und wünschen Dir weiterhin Gesundheit, Erfolge in der Arbeit sowie alles Gute im persönlichen Leben.
Mit sozialistischem Gruß
G. Trölitzsch

Glückwunsch II: Von Aufbauleiter Klauschke

Gerhard Trölitzsch erhielt aber auch Glückwunschtelegramme. So im Frühjahr '81, als er zum Mitglied des Zentralkomitees gewählt wurde.[16]

sehr geehrter genosse troelitzsch lieber gerhard
die mitarbeiter der aufbauleitung versorgungsbetrieb lichtenberg nordost gratulieren dir sehr herzlich zur wahl als mitglied des zentralkomitees der sozialistischen einheitspartei deutschlands +++ unseren dank an die partei aber auch für dein persönliches wirken im interesse unseres vorhabens statten wir am besten dadurch ab, dass wir uns verpflichten, die bindemitteltankstation 88 tage frueher als am 7. oktober 1983 in betrieb zu nehmen +++ damit sparen wir zusaetzlich 100 000 liter dieselkraftstoff

veb baustoffversorgungskombinat, stellvertreter des hauptdirektors aufbauleiter klauschke

Glückwunsch III: KGB an SED

Anlässe zum Gratulieren gab es genug. Ganz klar, daß auch der erste Deutsche im All Grund für viele freundliche Schreiben war. Unter anderem sandte das Leipziger Büro des KGB am 26. August 1978 eine Glückwunschadresse an Horst Schumann, den ersten Sekretär der Bezirksleitung Leipzig. Der sowjetische Generalmajor nutzte die Gelegenheit, um neben der Leistung Jähns auch die des sowjetischen Kommunisten und die Unverbrüchlichkeit der Freundschaft zu feiern.[17]

Werter Genosse Horst Schumann!

Im Namen der Mitarbeiter des Kollektivs des Komitees für Staatssicherheit beim Ministerrat der UdSSR in Leipzig spreche ich Ihnen aus Anlaß des Startes des Raumschiffes »Sojus 31« mit dem sowjetischen Kommunisten, dem zweifachen Helden der Sowjetunion und Fliegerkosmonaut der UdSSR, Oberst Waleri Fjodorowitsch Bykowski, und dem ersten deutschen Kosmonauten, dem Bürger der Deutschen Demokratischen Republik, Forschungskosmonaut Oberstleutnant Sigmund Jähn, die herzlichsten Glückwünsche aus. Die Teilnahme des deutschen Kommunisten, Genossen Oberstleutnant Jähn, an einem Interkosmosunternehmen ist ein hervorragendes Ereignis in der Geschichte der Deutschen Demokratischen Republik und zugleich ein sichtbarer Ausdruck des hohen Entwicklungsstandes der brüderlichen Beziehungen zwischen der Union der Sozialistischen Sowjetrepubliken und der Deutschen Demokratischen Republik. Dieses Raumfahrtunternehmen markiert zugleich die Lebensfähigkeit der Politik der Zentralkomitees der KPdSU und der SED, die unter Führung der hervorragenden Marxisten-Leninisten, der Generalsekretäre Genossen Leonid Iljitsch Breshnew und Erich Honecker, stehen. Das Kollektiv der sowjetischen Tschekisten versichert Ihnen, daß wir Seite an Seite mit den Tschekisten der DDR die auf den Sieg des Kommunismus gerichteten Aufträge des ZK der KPdSU und der Sowjetregierung ehrenvoll erfüllen werden.
Chefverbindungsoffizier
V. S. Terechow, Generalmajor

Glückwunsch IV: Für Erich Mielke

Die Staatssicherheit war »Schild und Schwert« der Partei. Ganz klar, dass die Leipziger Genossen ihrem Parteisoldaten Erich Mielke am 28. Dezember 1977 einen herzlich gehaltenen Geburtstagsgruß schickten. [18]

Lieber Genosse Erich Mielke!
Im Namen der Leipziger Kommunisten und im Namen der Bezirksleitung möchten wir Dir von ganzem Herzen kommende Glückwünsche zu Deinem 70. Geburtstag übermitteln. Diese Glückwünsche verbin-

den wir mit unserem Dank für die wertvolle Unterstützung, Hilfe und vielen Ratschläge, die Du uns aus dem reichen Erfahrungsschatz Deines jahrzehntelangen Wirkens in den Reihen der Partei, für die Interessen der Arbeiterklasse, für die Sache des Sozialismus gegeben hast. Was wir an Dir so schätzen, ist das offene Wort zur rechten Zeit, das kommunistische Miteinander.

Wer wie Du viele Jahrzehnte treu, selbstlos und unerschütterlich in den Reihen der Partei gekämpft hat und an einem Frontabschnitt unseres Kampfes steht, an dem es in entscheidendem Maße um die Grundfrage der sozialistischen Revolution, die Frage der Macht geht, wer wie Du an diesem Abschnitt unseres Kampfes so erfolgreich wirkt, kann von sich mit Recht sagen, daß sich im Kampf der Partei sein Leben erfüllt. Indem wir Dir in freundschaftlicher Verbundenheit fest die Hand drücken, Dich grüßen und Dir Dank sagen, möchten wir Dir noch viele, viele Jahre Gesundheit, Schaffenskraft und erfolgreiches Wirken wünschen.

Sozialistische Einheitspartei Deutschlands
Bezirksleitung Leipzig; Sekretariat

Glückwunsch V: Frieden & soziale Geborgenheit

Kerstin und Peter B*. heirateten 1984. Die Feier war im Wendenschloß, dem Heim des Zentralkomitees am Ufer der Dahme in Berlin-Köpenick. Die Abteilung Bauwesen gratulierte herzlich.[19]

Liebe Kerstin, lieber Peter!

Die herzlichsten Grüße und Glückwünsche zur Vermählung übermitteln Euch die Genossinnen und Genossen der Abteilung Bauwesen des ZK. Wir wünschen Euch eine glückliche Ehe in Frieden und sozialer Geborgenheit sowie beste Gesundheit und alles Gute im Leben.

Im Namen aller Mitarbeiter der Abteilung Bauwesen des ZK
Rolf K*., Carl-Heinz H*., Erich G*.

Segenswünsche für den Funktionär

Die Bezirksleitung Cottbus der SED erhielt am 12. Februar 1986 aus Anlass des Geburtstages ihres 1. Sekretärs ein Glückwunschtelegramm. Es löste soviel Freude aus, dass man es spontan nach Berlin weitermeldete. Die Arbeitsgruppe Kirchenfragen nahm es zu den Akten, für später.[20]

Herrn Werner Walde, 1. Sekretär der Bezirksleitung der SED

Zum 60. Geburtstag senden wir herzliche Glück- und Segenswünsche. Möge es Ihnen geschenkt sein, weiterhin eine gute Politik zum Wohle der Menschen zu fördern.

Evangelische Kirche in Berlin-Brandenburg
Reinhard Richter, Generalsuperintendent
Manfred Stolpe, Konsistorialpräsident

Die letzten (offiziellen) Worte des Armeegenerals

Armeegeneral Heinz Hoffmann wurde am 28. November 1985 75 Jahre alt. Das wurde gefeiert. Empfang, Orden, Party. Erich Honecker überbrachte Glückwünsche und Kampfesgrüße. Hoffmann bedankte sich.[21]

Lieber Genosse Erich! Liebe Genossinnen und Genossen!

Es ist sehr schwer für mich, auf diese große Ehrung zu antworten. Ich würde lieber einen Vortrag halten über Militärstrategie. Aber zuerst möchte ich mich recht, recht herzlich bedanken, für die guten Worte, die Du mir im Namen des Zentralkomitees überbracht hast, im Grußschreiben, für die außerordentlich hohe Auszeichnung. Ich bin, wie Du schon sagst, 60 Jahre in der Arbeiterbewegung und ich muß sagen, und deswegen bin ich heute besonders glücklich, es waren schöne Jahre.

Natürlich gab es nichtschöne Zeiten, besonders bis zur Niederlage des Faschismus. Und als ich im Krankenhaus drei Jahre lag, das war nicht schön. Und trotzdem war ich zufrieden. Auch damals. Immer stand neben mir, hinter mir, vor mir die Partei, Genossen der Partei, die mich in jeder Lage, auch in schwierigen und in schönen Zeiten, unterstützten, mir halfen, meine Aufgaben zu erfüllen.

Und – wenn ich heute Armeegeneral bin – früher habe ich immer über die Generale geschimpft, in meinen jungen Jahren – wenn ich heute Armeegeneral bin, dann bin ich das doch nur Dank der Fürsorge unserer Partei, die mich entwickelt hat, die mich kritisiert hat, wenn es notwendig war, und die mich gelobt hat, wenn es notwendig war.

Und dafür möchte ich besonders danken und deswegen bin ich heute, trotz nicht mehr ganz jungen Jahren, ein glücklicher Mensch. Und ich möchte keine Stunde meines Lebens als Genosse, als Kommunist vermissen. Keine Stunde.

Besonders die letzten Jahre, seit wir unsere sozialistische Republik aufbauen, es sind auch schon viele Jahre, das sind die glücklichsten Jahre meines Lebens. Weil ich das Resultat auch meines Kampfes und meiner schwierigen und guten Zeiten erlebte.

Den Aufbau eines neuen Lebens in unserer Deutschen Demokratischen Republik, für unser Volk, für die Arbeiterklasse.

Und weil natürlich ich ein kleines bißchen glaube, daß ich an diesem großen Werk, was wir geleistet haben, besonders, so Erich, gestatte mir das, unter Deiner Führung, was wir geleistet haben, daß ich da ein bißchen Anteil habe, das macht mich besonders glücklich.

Und die Jahre in der Parteiführung, das waren mit die schönsten Jahre. Weil wir einen Generalsekretär hatten – ich mach das nicht gerne, aber ich muß das so sagen, weil ich so empfinde – einen Generalsekretär haben, der immer, seit er Generalsekretär ist, für mich schon viel, viel früher, ein Vorbild eines konsequenten, hervorragenden Genossen ist. Und Deine Arbeit als Leiter, als Chef des Politbüros und als Vorsitzender des Nationalen Verteidigungsrates sind von unschätzbarem Wert, nicht nur für mich als Minister und als Mitglied des Politbüros, sondern für unsere Armee und unser Volk. Und dafür möchte ich besonders danken.

Ich bin noch, toi, toi, toi, entsprechend der Gene meiner Vorfahren, sie sind alle alt geworden, in einem relativ, nee überhaupt in einem guten Zustand, und ich verspreche, daß ich, soweit die Partei braucht, soweit ich geistig und körperlich in der Lage bin, jede Funktion, die mir die Partei überträgt, jede Aufgabe, die sie mir übergibt, so wie bisher versuchen, ehrlich, aufrichtig, konsequent, mit all meiner

Kraft zu erfüllen. Herzlichen Dank nochmals, Genossen, für alles, was Ihr mir in der Vergangenheit und heute gegeben und gesagt habt. (Beifall.)

Fünf Tage nach seinem Geburtstag starb der Armeegeneral. Seine Dankesworte erhielt Politbüromitglied Egon Krenz zur weiteren Verwendung.[22]

Lieber Egon!

Genosse Erich Honecker beauftragte mich, die mit Mikrofon aufgenommenen Dankesworte von Genossen Heinz Hoffmann bei seinem 75. Geburtstag abschreiben zu lassen, damit sie in späteren Büchern von oder über Heinz Hoffmann Berücksichtigung finden.

Er war damit einverstanden, daß ich Dir diese Abschrift zustelle, damit sie an die zuständigen Genossen in der Armee mit dem entsprechenden Auftrag für ihre Verwendung übermittelt wird.

Mit sozialistischem Gruß
J. Herrmann

Für Verdienste: Ein Orden für die Funktionärin

Verdiente DDR-Bürger erhielten Auszeichnungen. Verdiente Funktionäre erhielten hohe Orden. Den Vaterländischen Verdienstorden, immerhin Nr. 2 der staatlichen Auszeichnungen, erhielt 1983 auch die 36jährige 1. Sekretärin der FDJ-Bezirksleitung Berlin, Ellen Brombacher. Als Dank für die vielen Glückwünsche versandte sie gedruckte Kärtchen.[23]

Allen Freunden und Genossen herzlichen Dank für die Glückwünsche anläßlich meiner Auszeichnung mit dem Vaterländischen Verdienstorden in Silber.
Ellen Brombacher

Für Verdienste: Ein Kessel Buntes für den Brigadier

Eintrittskarten für Auftritte von Weltstars waren knapp. Da man sie in der Fernsehgala »Kessel Buntes« des öfteren sah, waren Karten für diese Show besonders begehrt. Logischerweise waren sie im Normalfall nur über Beziehungen zu erhalten. Brigadier Heinz Wudy verfügte über diese nicht, wollte aber durchaus einmal dabei sein. Also fragte er in einer Beratung mal den Leiter der Abteilung Bauwesen des ZK. Der wiederum wandte sich am 11. März 1987 an den für das Fernsehen zuständigen Sektorenleiter im ZK.[24]

Lieber Genosse Eberhard Fensch!

Der bekannte Baubrigadier Genosse Heinz Wudy vom Straßen- und Tiefbaukombinat Suhl bat mich vor kurzem in einem Gespräch, ob er 4 Eintrittskarten zur nächsten Veranstaltung »Kessel Buntes« im Berliner Friedrichstadtpalast am Freitag, dem 27.3.1987 oder am Sonnabend, dem 28.3.1987 erhalten kann.

Genosse Wudy ist über 10 Jahre von Anfang an beispielgebend in der »FDJ-Initiative Berlin« an Bauvorhaben der Hauptstadt tätig. Er sagte mir, daß es ihm in dieser Zeit noch nicht gelungen sei, mit seiner Frau an einer solchen Veranstaltung teilzunehmen. Zugleich möchte er seinem Parteigruppenorganisator in der Jugendbrigade und dessen Ehefrau den gemeinsamen Besuch der Veranstaltung ermöglichen.

Lieber Eberhard!

Ich wäre Dir deshalb dankbar, wenn dieser Wunsch mit Deiner Hilfe erfüllt werden könnte.

In diesem Falle ist mein Vorschlag, die Karten entweder dem Sekretariat unserer Abteilung zu übermitteln oder mitzuteilen, wo diese vom Genossen Wudy abzuholen sind. (Im ersten Fall würden wir die Bezahlung regeln.)

Mit sozialistischem Gruß
G. Trölitzsch

VI. Die Gegner: Christen, Drucker, Linksabweichler

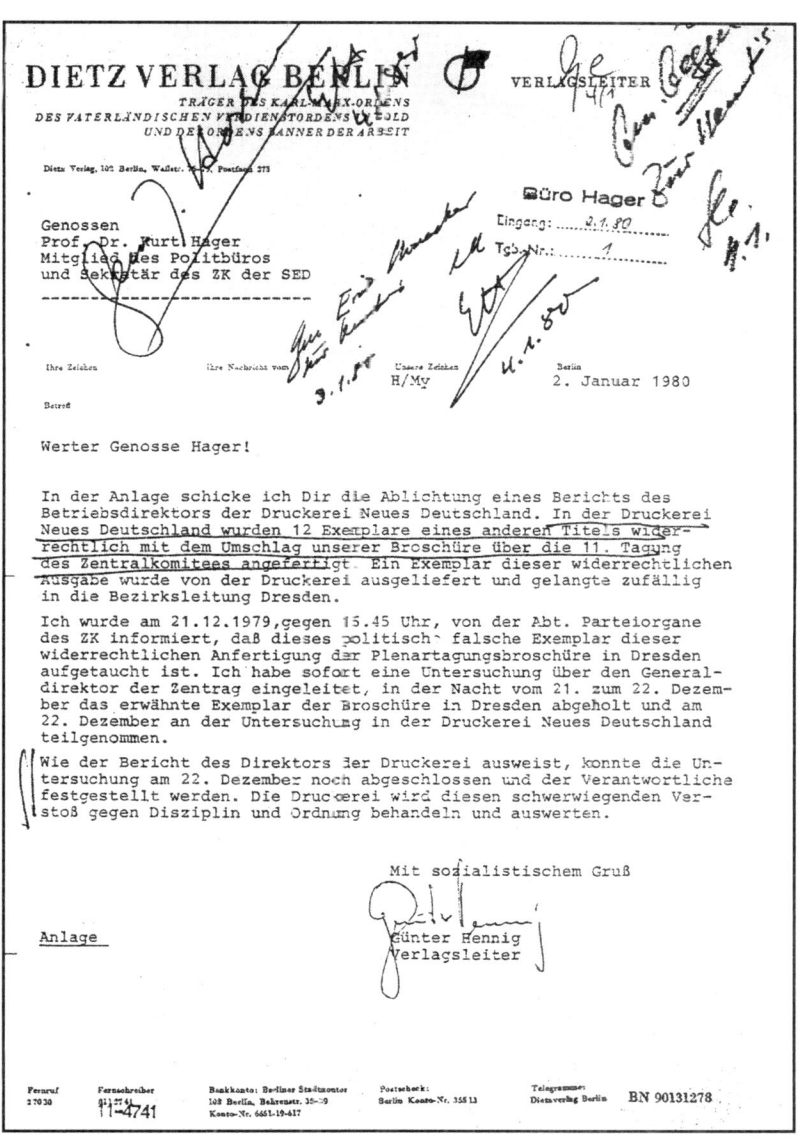

DIETZ VERLAG BERLIN

TRÄGER DES KARL-MARX-ORDENS
DES VATERLÄNDISCHEN VERDIENSTORDENS IN GOLD
UND DES ORDENS BANNER DER ARBEIT

Dietz Verlag, 102 Berlin, Wallstr. 76-79, Postfach 273

VERLAGSLEITER

Büro Hager

Eingang: 2.1.80
Tgb.-Nr.: 1

Genossen
Prof. Dr. Kurt Hager
Mitglied des Politbüros
und Sekretär des ZK der SED

Ihre Zeichen   Ihre Nachricht vom   Unsere Zeichen   Berlin
                                          H/My   2. Januar 1980

Betreff

Werter Genosse Hager!

In der Anlage schicke ich Dir die Ablichtung eines Berichts des
Betriebsdirektors der Druckerei Neues Deutschland. In der Druckerei
Neues Deutschland wurden 12 Exemplare eines anderen Titels wider-
rechtlich mit dem Umschlag unserer Broschüre über die 11. Tagung
des Zentralkomitees angefertigt. Ein Exemplar dieser widerrechtlichen
Ausgabe wurde von der Druckerei ausgeliefert und gelangte zufällig
in die Bezirksleitung Dresden.

Ich wurde am 21.12.1979, gegen 15.45 Uhr, von der Abt. Parteiorgane
des ZK informiert, daß dieses politisch falsche Exemplar dieser
widerrechtlichen Anfertigung der Plenartagungsbroschüre in Dresden
aufgetaucht ist. Ich habe sofort eine Untersuchung über den Generaldirektor der Zentrag eingeleitet, in der Nacht vom 21. zum 22. Dezember das erwähnte Exemplar der Broschüre in Dresden abgeholt und am
22. Dezember an der Untersuchung in der Druckerei Neues Deutschland
teilgenommen.

Wie der Bericht des Direktors der Druckerei ausweist, konnte die Untersuchung am 22. Dezember noch abgeschlossen und der Verantwortliche
festgestellt werden. Die Druckerei wird diesen schwerwiegenden Verstoß gegen Disziplin und Ordnung behandeln und auswerten.

Mit sozialistischem Gruß

Günter Hennig
Verlagsleiter

Anlage

Fernruf   Fernschreiber   Bankkonto: Berliner Stadtkontor   Postscheck: Telegramm:
2 70 30   11-4741   102 Berlin, Behrenstr. 35-39   Berlin Konto-Nr. 355 13   Dietzverlag Berlin   BN 90131278
                                    Konto-Nr. 6651-19-417

143

Christen verteilen modernistische Kleinschriften

Am 7. Februar 1974 erhielt Paul Roscher, 1. Sekretär der Bezirksleitung Karl-Marx-Stadt, Post von der Kreisleitung Zwickau-Stadt.[1]

Lieber Genosse Paul Roscher!

Ich erachte es für notwendig, Dir folgende Information zukommen zu lassen. In den vergangenen Monaten ist in zunehmender Zahl zu verzeichnen, daß in öffentlichen Telefonzellen, in Warteräumen von Ärzten und Polikliniken, in Schalterräumen von Sparkassen und Postämtern kirchliche Schriften ausgelegt sowie durch Zustellung durch die Deutsche Post oder durch Einwurf in die Briefkästen Bürger aus allen Bevölkerungsschichten, darunter auch Mitglieder unserer Partei mit diesem Schriftgut belästigt werden.

Der Verteiler bzw. Absender bleibt in fast allen Fällen anonym.

Aus der beigefügten Aufstellung und der kleinen Auswahl von Exemplaren ist ersichtlich, daß die überwiegende Anzahl dieser Schriften in der DDR verlegt und von volkseigenen Betrieben, ja im Falle des »Neuen Testaments« von einem Parteibetrieb, gedruckt werden. Die Lizenzen wurden vom Ministerium für Kultur erteilt.

Mit diesen Druckgenehmigungen – Anzahl und Auflage – organisieren wir uns doch selbst die negative Beeinflussung unserer Bevölkerung.

Mit sozialistischem Gruß
Lothar Weber
1. Sekretär

Roscher leitete das Bündel an das ZK der SED weiter. Recherchen förderten zu Tage, daß die parteieigenen Betriebe das »Neue Testament« gedruckt hatten, weil dieser Auftrag äußerst lukrativ war. Außerdem konnten, ein fester Ablieferungstermin existierte nicht, Produktionslücken mit diesem Auftrag gefüllt werden. Das Sekretariat des ZK der SED beauftragte Klaus Höpcke, zuständig für Verlage und Buchhandel, diesen Zustand abzustellen. Rudi Bellmann, Mitglied der Arbeitsgruppe für Kirchenfragen im ZK, fertigte am 15. November 1974 einen Aktenvermerk zum Thema an.[2]

Betr. Kleinschriften in Kirchenverlagen

Bei der HV Verlage und Buchhandel fand am 18. Oktober 1974 die Themenplan-Beratung für die Kirchenverlage in der DDR statt. In Anwesenheit des Stellvertreters des Ministers für Kultur, Genossen Klaus Höpcke, wurde den Hinweisen der BL der SED Karl-Marx-Stadt und der Kreisleitung der SED Zwickau besondere Beachtung geschenkt und Schlußfolgerungen folgendermaßen gezogen:

Die Kleinschriften in Kirchenverlagen wurden gegenüber dem Plan 1974 im zu bestätigenden Plan für das Jahr 1975 um insgesamt 800.000 Exemplare gesenkt. Die Kürzung erfolgte allein für die Evangelische Verlagsanstalt GmbH Berlin um 400.000 Exemplare.

Darüber hinaus ist festgelegt, im Zuge der Begutachtung im Plan gebliebener Schriften besonders bei den modernistischen attraktiven Kleinschriften die faktisch erscheinenden Kleinschriften weiter zu senken.

Be.

Oskar Schulze schreibt Briefe

Von Oskar Schulze wissen wir nichts, außer dass er leicht erregbar gewesen sein muß. Eine Stellungnahme von Richard Ramisch, Mitarbeiter im Druckhaus Maxim Gorki, Altenburg, in einer Zeitung regte ihn so auf, dass er dem Autor einen bösen Brief sandte. Ramisch hatte geschrieben: »Als alter Genosse bin ich stolz darauf, die letzten 30 Jahre bewußt miterlebt und bei der Gestaltung der entwickelten sozialistischen Gesellschaft in unserer DDR an der Seite der Sowjetunion mit all meinen Kräften beigetragen zu haben.« Schulze schrieb ihm Ende Februar 1976.[3]

Leider ist nicht alles Gold, was glänzt! Was sind da der unfehlbare, unverbrüchliche, der Weise, der allumfassende Wissarionowitsch Dschugaschwilli genannt »Josef Stalin«, die Genossen Molotow, Chruschtschow, W. Ulbricht u. sein Dackel »Lotte«, Grotewohl u.s.f. für Popanze gewesen?

Auch in Altenburg Ende der 40er Jahre gab es einmal einen ersten Sekretär der SED u. dessen Frau, damals Kulturexpertin im Erdölwerk

Rositz, ein Aufseher von Schückelgrubes K.Z. Um diese Zeit war auch eine ideologische Matratze »Anastasia«, ein gewisser Herr Beines, eine versoffene Generalintentante im Volkstheater, auch gab es in Dobitz-schen eine geruhsame herrliche Schnapsinsel u.s.w. Wer da etwas sagte, kam als Saboteur hinter die Stäbe.

Nach dem ersten Weltkrieg entstand eine Klasse, die »Neureichen u. Raffkens«. Heute im klassenlosen Staat Wohlstandsmuffel mit Fern-heizungswohnungen, Bad, Innen-WC, Warmwasserspeicher, Mosk-witsch, schöne Reisen nach dem Ausland, dazu feudale [Datschen?] mit allem Komfort, Kindergärten u. Pionierpaläste, Manöver 1976 u. ein Schießeisen.

Kennen die neuen Hausherren und Nutznießer der heilen sozialisti-schen Welt Streiks, Arbeitslosigkeit, wegen 1. Maifeiern 3 Tage Aus-sperrung, 3 Tage im Jahr Urlaub u. den Kampf um die bescheidene u. notwendige Existenz?

Wo hausen heute die alten Proletarier u. Altersrentner trotz ihrer Opfer für ihre Idee?

Wenn sie Glück haben, gibt es mal einen Platz in einem ausgeflick-ten vorsintflutlichen Feierabendheim, oder glauben Sie, daß mit großer Mühe u. hohen Geldkosten ausgebesserte Unterkunftsheime u. Krankenhäuser keine Bruchbuden mehr sind?

Die Zeitung u. Vernebler können sehr schön frisieren. Dabei helfen die Augenauswischer u. roten Katholiken. Wessen Brot ich eß, dessen Lied ich singe. Auch die Kirche mit ihren 10 Geboten hat es nicht geschafft. Es gibt u. wird auch immer so bleiben, viel Staub vor der Türe. Ihre Emotionen können vor der realen Situation auch nicht standhalten. Idealismus kann man ruhig abschreiben.

Nichts für ungut.
Bauchkriechen ist auch ein Talent
Oskar Schulze

Auch ein Artikel vom Volkskorrespondent A. Dreessen empörte Schulze:
»Dann kam die Gulaschkanone. Lucka. Genossen aus der Kampfgruppe
aus dem Tagebau Schleenhain unterstützten die Pioniere der Peter-
Göring-Oberschule beim Manöver ›Freundschaft‹. Mit Eifer erfüllten
die Gruppen ihre Kampfaufträge. Freude herrschte, als der Kampfgrup-
penkoch Erich Josten aus der Gulaschkanone ein Erbsenessen verab-

reichte. Das Manöver war ein würdiger Beitrag zur militärpolitischen Erziehung unserer Jugend.« Schulze sandte den Ausschnitt im Februar 1976 mit Randbemerkungen versehen an die SED-Kreisleitung in Altenburg.[4]

Dazu kein Kommentar.
Wenn es auch schwerfällt, ein kräftiges
Heil Hitler!
Wer Hitler wählt, wählt Krieg.

Oskar Schulze
Kein Wohlstandsmuffel, aber immer noch ein echter Proletarier

Das Sprengkommando droht

Nach einigen Auseinandersetzungen mit »Trampern«, »Gammlern« und anderen Jugendlichen erhielt die SED-Kreisleitung in Altenburg am 4. März 1976 diesen Brief. Über die Folgen des Schreibens ist nichts bekannt.[5]

Am Sonntag, dem 8.3.1976, werden wir Ihre Hochburg in die Luft fliegen lassen. Bitte lassen sie keine Personen in diesem Haus. Auch angrenzende Häuser räumen. Die Sprengkörper sind bereits gelegt.
Das Sprengkommando

Familie F. will weg

Familie F. aus Großsteinbach teilte es allen mit, die es hören und lesen wollten, oder auch nicht: Weg hier. Sie vervielfältigte Briefe mit der Schreibmaschine und sandte sie an möglichst viele Personen in der DDR. Auch Genossen erhielten Briefe von Familie F*. Ganz klar, dass die SED-Stadtbezirksleitung Leipzig-Südwest von »provokatorischen Postwurfsendungen« sprach und die »entsprechenden Dienststellen« informierte. Es ist anzunehmen, daß Familie F*. beim nächsen Ausreiseschub dabei war.[6]*

Werter Bürger der DDR.

Heute, zum 28. Jahrestag der Menschenrechte, bitten wir um Solidarität. Wir haben, wie so viele Menschen, für uns und unsere 2 Kinder den Antrag auf Entlassung aus der DDR gestellt und wollen in die BRD. Wir werden aber entgegen allen Menschenrechten in dieser DDR festgehalten. Den Behörden und ihren Schikanen sind wir restlos ausgeliefert. Wir brauchen Ihre Solidarität. Schreiben Sie an uns oder an den ›Rat des Kreises Döbeln, PLZ 73, Innere Angelegenheiten‹ und unterstützen Sie uns, um der Menschlichkeit willen. Helfen Sie uns, diesen Staat zu verlassen. Uns bleibt sonst der Weg durch den Stacheldraht, durch den Minengürtel, die Scharfschützen und Tötungsapparate.

Jürgen F*.

Oskar Brüsewitz verbrennt sich

Die SED verbreitete, Pfarrer Oskar Brüsewitz hätte sich umgebracht, weil er ein Kinderschänder gewesen sei. Dem war ganz und gar nicht so. Als einziges Indiz für diese ungeheuerliche Behauptung musste ein Fußballspiel mit der Jungen Gemeinde herhalten. Brüsewitz war zufällig am Bolzplatz vorbeigekommen und gebeten worden, mitzuspielen. Er entledigte sich seiner guten »Sonntagshose« und spielte in langen Unterhosen. Die Kirchenleitung der Provinz Sachsen brachte den Gläubigen den Abschiedsbrief des Pfarrers vom 18. August 1976 zur Kenntnis und steuerte so der infamen Parteipropaganda entgegen. Die Auslassungspunkte (...) kennzeichnen einen persönlichen Gruß Brüsewitz', der nicht bekannt gegeben wurde.[7]

An die Schwestern und Brüder des Kirchenkreises Zeitz

Liebe Brüder und Schwestern,
es ist mir sehr schmerzlich, Euch allen die Schande zuzumuten. Ich habe mich zu dieser Tat langsam durchgerungen. Nach meinem Leben habe ich es nicht verdient, zu den Auserwählten zu gehören. Meine Vergangenheit ist des Ruhmes nicht wert. Um so mehr freue ich mich,

daß mein Herr und König und General mich zu den geliebten Zeugen berufen hat. Obwohl der scheinbare tiefe Friede zukunftsversprechend ist, der auch in die Christenheit eingedrungen ist, tobt zwischen Licht und Finsternis ein mächtiger Krieg. Wahrheit und Lüge stehen nebeneinander.

Ich grüße Euch alle sehr. Ich liebte Euch... Euer Oskar

In wenigen Stunden will ich erfahren, soll ich erfahren, daß mein Erlöser lebt.

Horst von Trümpling ist gegen den Schah

Horst von Trümpling, Mitarbeiter des Eulenspiegel, hatte Zweifel. Er artikulierte sie mehrfach, doch richtig ernst nahm man den Quertreiber nicht, bis er am 8. Juni 1978 einen längeren Brief an Politbüro-Mitglied Joachim Herrmann schrieb. Anlass war der geplante Besuch des Schahs von Persien in der DDR, den die Presse mit Lobeshymnen auf die kluge, nichtpaktgebundene Politik des iranischen Diktators vorbereitete.[8]

Sehr geehrter Herr Herrmann,

gestatten Sie bitte, daß ich mich mit einem Problem an Sie wende, von dem mir scheint, daß es einer eindeutigen und grundsätzlichen politischen Entscheidung bedarf.

Die DDR erwartet in wenigen Wochen den offiziellen Staatsbesuch des Schah des Iran, eines Staates, mit dem wir – basierend auf den Grundsätzen der Koexistenz – diplomatische Beziehungen haben und für beide Staaten bedeutsame ökonomische Beziehungen entwickeln. Mir ist also klar, daß insbesondere im Vorfeld dieses Staatsbesuchs die publizistische Behandlung des Iran in unserer Presse eine äußerst delikate und besonders verantwortungsbewußt vorzunehmende Angelegenheit ist.

Leider ist jedoch zu bemerken, daß mindestens seit Februar dieses Jahres eine irgendwie konzipierte Nachrichtengebung oder Berichterstattung über den Iran in unserer Presse überhaupt nicht mehr stattfindet. Dabei findet gerade in dieser Zeit im Iran eine Entwicklung statt, die aus verschiedenen Gründen sehr wohl die besondere Aufmerksamkeit unserer politischen Publizistik verdiente.

Denn ich bin der Überzeugung, daß wir als Journalisten und Publizisten ganz selbstverständlich dazu verpflichtet sind, unsere Öffentlichkeit, die eines sozialistischen Landes, darüber zu informieren, daß sich spätestens seit den Unruhen in Täbris, im Februar dieses Jahres, im Iran eine immer breiter werdende Bewegung abzuzeichnen beginnt, die schon jetzt klar erkennbar in eine nationale und demokratische Befreiungsbewegung gegen das Terrorregime des Schah münden wird.

Diese Bewegung wird zwar aus den verschiedensten ideologischen und einander in ihren sekundären Zielen widersprechenden Quellen gespeist. Neben gewissen schiitischen konservativen und reaktionären Gruppierungen, die unter der Führung der Mullahs stehen, kämpfen in dieser Bewegung nationaldemokratische Kräfte in der Tradition der Mossadegh-Anhänger, der Tudeh-Partei, bürgerlich-technokratisch orientierte Studenten, Sozialisten, Anarchisten und seit kurzem auch Teile der illegalen kommunistischen Partei. In der gegenwärtigen Phase sind sich jedoch alle diese Kräfte darin einig, das terroristische Regime des Schah, das innenpolitisch von den barbarischen Folter- und Liquidationspraktiken des »SAWAK« realisiert und repräsentiert wird, zu beseitigen. Zugleich wird die »weiße Revolution« des Schah-Regimes, die einseitige und allein den Profitinteressen nationaler und internationaler Öl-Konzerne verpflichtete Industrialisierung des Landes als Betrug an den Massen erkannt und bekämpft. Ein Kampf, der insbesondere dadurch zusätzlich motiviert wird, daß das Schah-Regime in den vergangenen Wochen und Monaten vorwiegend in den USA derartig gigantische Rüstungskäufe tätigte, daß hierfür sogar einzelne US-Senatoren Präsident Carter ausdrücklich mit dem Argument rügten, daß ein solches unverhältnismäßig hohes Rüstungsvolumen dem Iran nur dazu dienen kann, neben der bewaffneten Repression nach innen auch eine zunehmend aggressive Politik nach außen gegenüber den sog. Ölscheichtümern am Persischen Golf, aber auch gegenüber revolutionären »Anrainern« wie etwa Afghanistan oder der Volksdemokratischen Republik Jemen zu entwickeln. Es gibt also durchaus Anzeichen dafür, daß sich der Iran – auch wenn er sich natürlich niemals direkt mit der Sowjetunion militärisch anlegen wird – zunehmend zu einem neuralgischen und zu einem weiteren Spannungsherd entwickeln könnte. Unsere Öffentlichkeit hat das Recht, über Tatsachen und absehbare Tendenzen in diesem politischen Raum durch unsere Presse angemessen informiert zu werden.

Dazu gehört als ein besonderer, mit dem Zuvorgesagten eng verknüpfter Aspekt, der barbarische Charakter und die zutiefst menschenwidrigen Praktiken des SAWAK, der politischen Polizei des Iran.

Diese Organisation, geschaffen vom CIA und als militanter verlängerter Arm des CIA seit vielen Jahren skrupellos mit Mord, Entführung, Folter und allen Spielarten politischer Intrige gegen alle fortschrittlichen Bewegungen im nahen und mittleren Osten tätig, ist zugleich ein Unterdrückungsapparat im eigenen Land, im Iran, der auf dieser Erde an Brutalität und Sadismus selbst in Chile seinesgleichen sucht. Es gibt in Teheran und in Kum jeweils ein Institut, in dem das Foltern lebendiger Menschen unter der Ägide des CIA »wissenschaftlich« erprobt und studiert wird, insbesondere das »Foltern ohne medizinisch nachweisbare Spuren«. Es sind Praktiken dokumentiert, die besonders als »Sexualfolter« gegen Männer und Frauen angewandt wird; als besonders bestialisch die sexuelle Befriedigung von dressierten Hunden und Bären an Frauen. Die in diesen Instituten gewonnenen Erkenntnisse werden von Spezialisten der SAWAK weltweit solchen Regimen vermittelt, die wie Uruguay, Chile, Paraguay, Argentinien, Israel, Indonesien, Thailand und andere, ebenfalls die Folter als Herrschaftsinstrument gebrauchen, desgleichen hat die US-Army im Vietnamkrieg iranische Folterpraktiken selbst verwendet und in der südvietnamesischen Tieu-Administration anwenden lassen. Das »Foltern ohne Spuren«, darunter auch der Einsatz von Drogen, hat den Zweck, etwaige Untersuchungskommissionen zu täuschen oder vor öffentlichen Untersuchungstribunalen aussagende Folter-Opfer, die überlebt haben und entkommen konnten, unglaubwürdig erscheinen zu lassen.

Der SAWAK ist eng mit Israel verbündet, da dieser Staat und der Iran wenn auch aus unterschiedlichen Motiven die fortschrittlichen Bewegungen in den arabischen Ländern, insbesondere in Syrien und im Irak, bekämpfen.

Der SAWAK ist aber auch weit außerhalb jener geographischen Region tätig. Mit psychologischem uns physischem Terror verfolgen seine Agenten die iranische Emigration, insbesondere die studentische Opposition in Westeuropa. So war der – politisch natürlich nutzlose und verfehlte – Übergriff iranischer Studenten aus Westberlin auf die

Iranische Botschaft in Karlshorst im Februar vor allem ein spektakulärer Akt verzweifelter Demonstration insbesondere gegen den SAWAK, der – auch wenn er auf dem Territorium unseres Staates nicht tätig zu werden wagt – dennoch unter dem Schutz des diplomatischen Status seiner Agenten die Karlhorster Botschaft als Stützpunkt für seine terroristische Tätigkeit gegen die in Westberlin tätige politisch vielfarbige Opposition iranischer Studenten und Emigranten benutzt.

Wenn auch das Eingreifen unserer Polizei bei jenem Krawall aus unseren völkerrechtlichen Verpflichtungen gegenüber dem Iran heraus geboten war, so hätte dieser Vorgang doch Anlaß sei müssen, in unserer Presse unsere Öffentlichkeit sachlich und ohne jede Polemik über die eigentliche Natur dieses Vorkommnisses, seine Ursachen und Motivationen zu informieren.

Ich glaube, daß wir schon allein durch die elementaren Prinzipien unseres sozialistischen Humanismus und unserer solidarischen Grundhaltung verpflichtet sind, auch die iranischen Praktiken und Formen der Menschenpeinigung, Entwürdigung, Unterdrückung und physischen willkürlichen Vernichtung klar und deutlich und für jedermann erkennbar beim Namen zu nennen. Unterlassen wir das, sind wir weiterhin aus Gründen außenpolitischer Opportunität und mit Rücksicht auf unsere ökonomischen Interessen auf diesem Auge blind, so machen wir in der Öffentlichkeit unseres Staates auf die Dauer auch unsere humanitären und solidarischen Bekundungen für die Gefolterten, Gequälten, Verfolgten und Unterdrückten in Chile, Südafrika, Palästina oder Lateinamerika insgesamt unglaubwürdig, da sich mit der Zeit die Frage aufdrängt, wie wir uns wohl diesen Völkern gegenüber verhalten würden, wenn z.B. infolge der Vorgänge in Shaba, das chilenische Kupfer für uns ökonomisch interessant und wichtig wird. Wird dann etwa der Tag kommen, an dem wir möglicherweise den General Pinochet als Staatsgast bei uns empfangen und im Zusammenhang damit unsere Stimme aus dem Chor weltweiten Protestes und der Solidarität mit der Unidad Popular ausscheidet?

Ich habe in den letzten Tagen ernsthaft versucht, diese Problematik als Journalist, der sich seit dreizehn Jahren als außenpolitischer Mitarbeiter des »Eulenspiegel« fast ausschließlich in der antiimperialistischen und antifaschistischen Agitation mit den Mitteln der Satire und Polemik befaßt, innerhalb unseres Journalistenverbandes zu diskutieren. Ich erhielt die Auskunft, daß eine publizistische – auch nur sachlich berichtende – Behandlung des Themas Iran weder möglich noch auch nur diskutierbar sei. Dies geschehe allenfalls im Rahmen mündlicher Argumentation innerhalb der Parteigruppen mit dem Ziel, die hierbei gegebenen Informationen auf dem Wege mündlicher Weitergabe ins Bewußtsein unserer Öffentlichkeit dringen zu lassen. Es gebe eine diesbezügliche Orientierung der Presseabteilung unseres Außenministeriums, das eine öffentliche Nachrichtengebung über irgendwelche Fakten aus dem Iran bis auf weiteres untersagt. Ich bin nicht in der Lage, das nachzuprüfen, aber ich glaube das nicht. Denn es dürfte nach aller Lebenserfahrung einleuchtend sein, daß mündliche Angebote allein, die nicht auch von gedruckter, nachlesbarer und also auch überdenkbarer Sachinformation flankiert wird, nur auf denkbar schwache Weise wirksam und bewußtseinsbildend in der Öffentlichkeit wird.

Aber ich gebe noch einen weiteren Aspekt zu bedenken. Wenn wir wie bisher in unserer Presse weiter über die aktuellen Vorgänge und die soziale wie politische Lage im Iran schweigen, dann entsteht eine Informations- und Argumentationslücke, in die spätestens eine Woche vor dem Schah-Besuch der Gegner massiv propagandistisch eingreifen wird. Über seinen Rundfunk und sein Fernsehen wird er die Öffentlichkeit mit »Informationen« überschütten, die stören und verwirren sollen. Ganze und halbe Wahrheiten, nach bekannter Manier aus dem Zusammenhang gelöst, werden dann über unsere Öffentlichkeit niederprasseln, nicht, um das Regime des Schah, den SAWAK, als menschenfeindlich zu entlarven, sondern um die DDR in den Augen ihrer eigenen Öffentlichkeit als einen Staat zu denunzieren, der mit einem solchen Regime scheinbar paktiert, Geschäfte macht usw. usw.

Und unsere Publizistik wird wiederum, wie schon so oft in vergleichbaren Situationen (Umsturz in Ghana, Albanien 1968, die Hinrichtung des stellvertretenden Generalsekretärs des WGB im Sudan) im agitatorischen Nachtrab mühsam versuchen, die propagandistischen und psychologischen Scherben beiseite zu kehren, weil wir es versäumt haben, das empfindliche Porzellan beizeiten zur Seite zu stellen, bevor es der Gegner aus den Regalen reißen kann, um damit nach uns zu werfen.

Es sind bis zum Staatsbesuch des Schah bei uns noch einige Wochen Zeit. Zeit genug, um durch eine methodisch durchdachte, psychologisch geschickt zu plazierende sachliche Nachrichtengebung und Information in unserer Presse unsere Öffentlichkeit mit der ganzen und auch mit der bitteren Wahrheit sowohl der Tatsachen und Entwicklungen im Iran selbst als auch unseres eigenen komplizierten politischen und ökonomischen Verhältnisses zu diesem Staat und diesem Regime bekannt zu machen. Ich kann mir nicht vorstellen, daß durch ein solches eigentlich normales Vorgehen unser Verhältnis zum Iran auf eine solche Weise belastet und gar gestört werden kann, daß hierdurch unsere eigenen Interessen als souveräner sozialistischter Staat oder als eine Abteilung des sozialistischen Weltsystems beschädigt werden.

Wenn aber diese Gefahr besteht, dann signalisiert eine solche Position einen Konstruktionsfehler in der Struktur unserer politischen und ökonomischen Beziehungen zum Iran. Denn dann sind wir in eine Lage geraten, in der uns allein die Interessen des Iran, die Belange seiner propagandistischen Reputation, die Gesetze unseres politisch-moralischen Handelns diktiert. Dann muß ein solcher Konstruktionsfehler gesucht, gefunden und beseitigt werden, auch auf die Gefahr hin, daß wir ökonomisch dafür bezahlen müssen. Es wäre nicht das erste Mal, und wir werden auch eine solche Schlappe ertragen, die wenigstens nicht unser moralisches Antlitz als sozialistischer Staat versehrt, auf den letztlich auch die Geschundenen, Verfolgten und Unterdrückten unter dem Schatten des »Pfauenthron« und in den schrecklichen Verliesen des SAWAK voll Hoffnung sehen.

Ich habe Ihnen als dem bei uns in hoher politischer Verantwortung für die Arbeit unserer Journalistik und Publizistik stehenden Funktionär unserer führenden Partei meine Bedenken, Erwägungen und Vorschläge in aller Rückhaltlosigkeit und Offenheit dargelegt. Ich bitte Sie, diesen Brief zu bedenken und in Ihrem Leitungs- und Führungskollektiv zur Diskussion zu stellen und gegebenenfalls eine praktische Entscheidung herbeizuführen.

Mit sozialistischem Gruß
Horst v. Trümpling

P.S. Sobald ich annehmen kann, daß Sie dieser Brief erreicht hat, werde ich dem Vorstand unseres Journalistenverbandes von seinem Inhalt Kenntnis geben.

Herrmanns Mitarbeiter Achim Becker, später Chef des DDR-Rund-
funks, schlug vor, wie mit von Trümpling zu verfahren sei. Eine schrift-
liche Antwort sei nicht zweckmäßig, meinte er, und schlug eine Aus-
sprache im Journalistenverband vor. Außerdem solle ihm die Redaktion
mehrere Aufträge mit einer »gänzlich anders gelagerten Thematik«
geben, »damit er in den nächsten Wochen beschäftigt ist und von der
Iran-Thematik abgelenkt wird.«⁹ Trümpling ließ sich jedoch nicht ablen-
ken und schrieb weitere Beschwerdebriefe. Einen davon richtete er an
das Politbüro, um sich über Herrmann zu beschweren. Herrmann nahm
davon Kenntnis und notierte: »einzelgängerischer Querulant«. Als von
Trümpling schließlich im September 1978 ein politisches Manifest ver-
fasste, gab Herrmann den Vorgang an Rudi Mittig, Stellvertreter des
Ministers für Staatssicherheit, ab.¹⁰ Der Besuch des Schah in der DDR
fand nicht statt. Muhammad Reza Pahlawi floh am 16. Januar 1979 vor
den aufständischen Muslimen.

Rudolf Bahro verursacht internationales Aufsehen

1976 hatte Rudolf Bahro sein Manuskript »Die Alternative« fertig-
gestellt, in dem er das sozialistische System als »asiatische Entwick-
lungsdiktatur« anprangerte. Nach der Veröffentlichung von Auszügen
im Spiegel wurde er im August 1977 verhaftet. Die internationalen Pro-
teste erreichten ihren Höhepunkt nach der Verurteilung zu acht Jahren
Haft im Juni 1978. Am 6. Juli 1978 gab Albert Norden Auszüge aus
dem sozialdemokratischen Pressedienst an Erich Honecker weiter.¹¹

Lieber Erich!

Im Zusammenhang mit dem Fall Bahro hat in der BRD die Hetze
gegen die DDR neue Dimensionen erreicht.

Dazu drei Auszüge aus dem offiziellen »Sozialdemokratischen Pressedienst« vom 3. Juli:

– Unser Staat und unsere Regierung werden dort bezeichnet als »die
Machthaber jenes sozialistischen Gebildes, das sich merkwürdigerweise sowohl deutsch als auch demokratisch« nennt.

– Die Verbrechen Bahros werden gefeiert als »Pflicht eines kritischen linken Schriftstellers«, der »einer moralisch und politisch korrupten Bürokratenkaste die Loyalität aufgekündigt« hat.

– Als Aufgabe der demokratischen und sozialistischen Linken in der BRD wird formuliert: »Kampf um eine aktivere Unterstützung der demokratischen und sozialistischen Opposition im Ostblock«, erforderlich sei dabei vor allem »eine fühlbare materielle Unterstützung für regelmäßige Kontakte«, also Finanzierung der Agentenarbeit.

Das Ganze schreibt wie gesagt nicht irgendeine Gazette, sondern der offizielle SPD-Pressedienst. So stellt die SPD sich die Verständigung vor. Wir sollten gelegentlich daran erinnern.

Mit sozialistischem Gruß
Albert Norden

Die SED entließ den politischen Häftling 1979 in die Bundesrepublik.

Ein selbsternannter Kandidat

Auf die Einheitsliste zu den Wahlen gelangte nicht jeder. Und dass diese Einheitsliste im Wahllokal ohne Benutzung der Kabine zu falten und unkommentiert in eine Urne zu werfen war, entsprach auch nicht dem Demokratieverständnis aller. Konsequenterweise versuchten immer wieder Bürger, sich wählen zu lassen – typische Fälle für die »Sicherheitsorgane«. Immerhin teilte der Leiter der Abteilung Staats- und Rechtsfragen derartige Vorkommnisse dem für Wahlen zuständigen Politbüromitglied Joachim Herrmann wenigstens mit. [12]

Werter Genosse Herrmann!
Am 28.3.1979 wurde beim Rat der Stadt Coswig ein an den Bürgermeister gerichteter Brief mit folgendem sinngemäßen Inhalt vorgefunden: »Ich lehne die Politik dieses Staates und der Nationalen Front ab und stelle mich als Gegenkandidat für die Wahl des Kreistages und der Stadtverordnetenversammlung auf. Ich werde mich für eine Veränderung der Politik einsetzen, keine Stimme den Kandidaten der Nationalen Front.«
Der Adressat dieses Schreibens ist der Bürger Rolf R*., geb. am [...] 1959, wohnhaft in [...] Coswig, [...], ledig, wegen Wehrdienstverwei-

gerung zu einer Freiheitsstrafe von 1 Jahr und 8 Monaten verurteilt, 1978 nach Verbüßung seiner Strafe entlassen, mehrmaliger Antragsteller auf Ausreise, Angehöriger der Glaubensrichtung »Zeugen Jehovas«. R*. ist als Schlosser im VEB GUFOWA Coswig, einem Kleinstbetrieb. R*. hat eine völlig negative Haltung zu unserem sozialistischen Staat. Bereits 1976 versuchte er in ähnlicher Form bei den Gewerkschaftswahlen und bei den Wahlen zur Volkskammer und zu den Bezirkstagen als »Gegenkandidat« aufzutreten.

Die Ermittlungen der Sicherheitsorgane ergaben, daß R*. als Einzelperson wirkt. Es ist nicht feststellbar, welche Verbindungen er zu anderen Personen hat und ob er öffentlich in anderer Form als der praktizierten Form seine feindlichen Auffassungen verbreitet. Beispiele sind bisher nicht bekannt geworden. In Aussprachen im Zusammenhang mit seiner Wehrdienstverweigerung brachte R*. u.a. folgende Probleme zum Ausdruck:

Wenn er keine Wohnung erhält, die seinen Vorstellungen entspricht, dann würde er nicht mehr arbeiten gehen, er ließe sich nicht »ausbeuten«. Er sei gegen eine Wohnraumlenkung, für »freie Mietgestaltung«.

Wie mitgeteilt wird, hat der 1. Sekretär der Kreisleitung veranlaßt, daß mit R*. im Betrieb eine Aussprache durchgeführt wird, über deren Ergebnis eine weitere Information erfolgt.

Sorgenicht

Auch Werktätige sind reiselustig

Am 19. April 1979 erhielt der Minister für Elektrotechnik, Otfried Steger, einen anonymen Brief. Einen Durchschlag des Schreibens sandten die Verfasser, Mitarbeiter eines Berliner Verlages, an das ZK der SED. Der für die Medien verantwortliche Joachim Herrmann legte es unter »Eingaben« ab.[13]

Sehr geehrter Herr Minister!

Aus dem »Neuen Deutschland« erfahren wir, Mitarbeiter eines Berliner Verlages, daß Sie Ihre Reise zur Hannovermesse nicht antreten werden. Wir möchten Ihnen zu dieser Entscheidung gratulieren. Allerdings nicht in dem von Ihnen sicher erwarteten Sinn.

Wir sehen nämlich nicht ein, weshalb Sie, der Sie nicht im Rentenalter stehen, überhaupt in den Westen reisen können, während tausenden Normalbürgern der DDR entgegen dem bekannten Grundsatz der UN-Charta dieses Privileg vorenthalten wird. Erst kürzlich wurde einem unserer Kollegen vom zuständigen Staatsorgan sein Reisegesuch nach Westberlin ohne jede Begründung abgelehnt. Sie und hunderte Spitzenpolitiker aber fahren frech in der Welt herum, als sei dies für DDR-Bürger das Selbstverständlichste der Welt.

Wir wünschen uns, daß Sie, Herr Minister, sich auch künftig in Reiseabstinenz üben würden. Das ist auch anderen Funktionären zu raten. Nicht unwesentlich dürfte neben dem moralischen Nutzen auch der materielle sein. Wir meinen die Einsparung harter Währung, die von Ihnen und den anderen Privilegierten, vom Politbüro angefangen, auf solchen meist fürs Volk undurchsichtigen Reisen verpulvert werden. Valuta die keiner der Partei- und Staatsprominenz, wohl aber die Arbeiterschaft erwirtschaftet hat. Das Geld könnte nützlichen Zwecken zugedacht werden, etwa zum Import dringend benötigter Verbrauchsgüter, um die im 30. Jahr der DDR besonders kritische Versorgungslage entschieden zu verbessern.

Durchschläge des Briefes schicken wir an
– ZK der SED
– Büros ausländischer Medien

Besorgt: Robert Havemann

Die Sorge um die Entwicklung der Demokratie in der DDR veranlasste Robert Havemann, seine diesbezüglichen Gedanken in zehn »Thesen zum 30. Jahrestag der DDR« zusammenzufassen.
Am 28. September 1979 sandte der sie mit der Bitte um Veröffentlichung an des Zentralorgan der SED »Neues Deutschland«.[14]

Werte Genossen,

Beiligend sende ich Ihnen zehn Thesen zum 30. Jahrestag der DDR mit der Bitte um Veröffentlichung.

Falls Sie die »Thesen« nicht veröffentlichen wollen, bitte ich Sie höflich, mir ein anderes Presse-Organ der DDR zu nennen, welches nach

Ihrer Meinung für eine Veröffentlichung in Frage kommt. Ich währe Ihnen auch sehr dankbar, falls Sie die Veröffentlichung ablehnen, mir Ihre Gründe zu nennen.

Mit sozialistischem Gruß
Robert Havemann

10 Thesen zum 30. Jahrestag der DDR

1. In den seit ihrer Gründung vergangenen 30 Jahren hat die DDR viele materielle und politische Folgen des 2. Weltkrieges überwunden. Durch den Aufbau einer leistungsfähigen modernen Industrie und durch erhebliche Verbesserungen auf dem Gebiet der Landwirtschaft wurden die materiellen Grundlagen geschaffen, die die Voraussetzung für die schrittweise Entwicklung einer freien sozialistischen Gesellschaftsordnung sind. Im Gegensatz zur BRD hat es in der DDR keine Restauration der alten Klassenherrschaft gegeben. Diese Herrschaft ist hier nach dem Sieg der Alliierten über die Hitlerdiktatur im Jahre 1945 endgültig beseitigt worden und zwar damals mit Zustimmung der überwältigenden Mehrheit des Volkes. Durch die Aufhebung des Privateigentums an den Produktionsmitteln wurde dem Kapitalismus die materielle Basis entzogen und die entscheidende Grundlage für die Entwicklung der Produktionsverhältnisse des Sozialismus geschaffen.

2. Der Wiederaufbau des vom Krieg verwüsteten Landes hat von den Arbeitern und Bauern schwere Opfer gefordert. Er wurde von den westdeutschen und multinationalen Konzernen, die immer noch darauf hoffen, die DDR in ihrem Sinne zu befreien, mit allen möglichen wirtschaftlichen und politischen Mitteln erschwert und behindert. Aber das Streben der Völker nach Sicherheit und friedlicher Zusammenarbeit hat sich als stärker erwiesen. Eine wichtige Etappe auf diesem Weg war die internationale Anerkennung der DDR und die Aufnahme der beiden deutschen Staaten in die UNO und die Konferenz für Sicherheit und Zusammenarbeit in Europa (KSZE) in Helsinki, deren Schlußakte das Programm eines allgemeinen Friedens und der Wahrung der Menschenrechte ist.

3. Aber die wirtschaftliche und politische Entwicklung der DDR wurde nicht nur von außen und nicht nur von den westdeutschen und internationalen Gegnern des Sozialismus behindert. Der Stalinismus – ein gebräuchliches aber irreführendes Wort für die Diktatur des Parteiapparats – war in der Sowjet-Union und demzufolge auch in den von ihren Truppen besetzten Ländern noch bis zum Jahre 1956 in voller Blüte. Zwar wurde auf dem XX. Parteitag der KPdSU mit den schlimmsten Verbrechen dieser tragischen Periode abgerechnet. Aber die Diktatur des zentralen Parteiapparats, der keiner demokratischen Kontrolle unterliegt, dauert in den Ländern des realen Sozialimus an bis auf den heutigen Tag.

4. Noch im Jahre 1968 – also 19 Jahre nach Gründung der DDR – wurden wichtige Grundrechte, die in ihrer ersten Verfassung garantiert waren, in einer neuen Verfassung aufgehoben, so das Streikrecht und das Recht auf ein unabhängiges Gericht, vor dem der Bürger Klage gegen Maßnahmen der Organe des Staates führen kann. In der neuen Verfassung erscheint auch zum ersten Mal ein Passus, in dem die Partei als die führende Kraft und Grundlage des Staates bezeichnet wird. Es heißt in Artikel 1 »Die Deutsche Demokratische Republik ist ein sozialistischer Staat der Arbeiter und Bauern. Sie ist die politische Organisation der Werktätigen in Stadt und Land unter Führung der Arbeiterklasse und ihrer marxistisch-leninistischen Partei.«

Damit ist die Stellung der Partei im Staat als entscheidende politische Instanz nun auch durch die Verfassung garantiert. Die SED ist damit die Staatspartei. In die neue Verfassung wurde zwar der Artikel 27 der alten über die Freiheit der Meinungsäußerung in seinem vollen Wortlaut übernommen. Er lautet:

»1 Jeder Bürger der DDR hat das Recht, den Grundsätzen dieser Verfassung gemäß seine Meinung frei und öffentlich zu äußern. Dieses Recht wird durch kein Dienst- oder Arbeitsverhältnis beschränkt. Niemand darf benachteiligt werden, wenn er von diesem Recht Gebrauch macht.

2 Die Freiheit der Presse, des Rundfunks und des Fernsehens ist gewährleistet.«

Aber in dem im Juni dieses Jahres noch verschärften § 106 des Strafgesetzbuches über die »staatsfeindliche Hetze« wird der Artikel 27 praktisch außer Kraft gesetzt. Jede »Diskriminierung« der gesellschaftlichen Verhältnisse wird mit Freiheitsstrafen bis zu 10 Jahren bedroht. Aus der Praxis der Gerichte geht hervor, daß unter »Diskriminierung« nahezu jede Kritik an der Politik der Partei und der Regierung verstanden wird, also gerade das, was in aller Welt unter der Freiheit der Meinungsäußerung verstanden wird. »Freiheit ist die Freiheit der Andersdenkenden«, hat es Rosa Luxemburg ausgedrückt. Das 3. Strafrechtsänderungsgesetz vom Juni dieses Jahres enthält darüber hinaus noch eine Unzahl von Bestimmungen, durch die fast alle bisher noch bestehenden Möglichkeiten des öffentlichen Andersdenkens mit harten Strafen bedroht werden.

5. Es ist sehr schwer abzuschätzen, wie groß in der DDR heute die Zahl derer ist, die sich auch bei uns wieder nach der Restauration der alten Klassenherrschaft sehnen und das kapitalistische System der BRD dem realen Sozialismus vorziehen. Die Unterdrückung jeder von den Organen der Partei und des Staates unabhängigen Kritik, die Maßregelung kritischer Schriftsteller, die Nichtzulassung einer Opposition in der Volkskammer, das Nichtbestehen auch nur eines einzigen kritischen und unabhängigen Presseorgans, die Bedingungen, unter denen die Kandidaten für die Volksvertretungen nominiert und gewählt werden, das praktisch (außer für Rentner und eine beschränkte Zahl von Privilegierten und Funktionären) bestehende »Westreise«-Verbot, – all dies und mehr rufen den Eindruck hervor, daß die Partei- und Staatsführung der DDR die Zahl ihrer Gegner für groß und bedrohlich hält. Nach wie vor hält man die »Mauer« geschlossen. Das Mißtrauen, es könnte sonst wieder zu einer Massenflucht kommen wie 1961, ist groß.

6. Es ist ganz offensichtlich, daß alle diese Repressionen und Freiheitsbeschränkungen das Gegenteil dessen bewirken, was mit ihnen erreicht werden soll. Sie sollen der Sicherheit des Staates dienen, sind aber tatsächlich die Hauptursachen der zunehmenden Staatsunsicherheit. Unter solchen Bedingungen muß schließlich auch der letzte Rest des Vertrauens zwischen Bürgern und Staat dahinschwinden, und zwar von beiden Seiten. »Schenkst Du kein Vertrauen, so findest Du kein Vertrauen«, heißt es bei dem chinesischen Weisen Lao Tse, der vor zweieinhalb Jahrtausenden lebte. Vertrauen der Bürger in ihren Staat ist aber wertvollstes politisches Gut. Auf ihm beruht nicht nur seine

innere, sondern auch seine äußere Sicherheit, ohne die kein Staat auf die Dauer leben kann. Denn vom Vertrauen seiner Bürger hängt auch das Vertrauen ab, das befreundete und verbündete Staaten ihm entgegenbringen.

7. Das politische System, das in der DDR wie auch in einigen osteuropäischen Staaten besteht, bezeichnet sich selbst als »realen Sozialismus«. Damit will man sagen, daß es einen »idealen Sozialismus« nur in den Träumen sektiererischer Utopisten gibt, nicht aber in der Wirklichkeit. Wer sich diesen Träumen hingibt und auf diese Weise seine Unzufriedenheit mit dem real existierenden Sozialismus zum Ausdruck bringt, heißt es, hilft nur den Gegnern des Sozialismus.

Aber in der Geringschätzung und Verdächtigung der Träume von einem idealen Sozialismus sind sich gerade die Gegner und Feinde des Sozialismus mit den Ideologen des realen Sozialismus völlig einig. Sie lachen über die Einfältigen, die glauben, Sozialismus sei möglich ohne Unterdrückung der Andersdenkenden, ohne Polizeisystem und Mauer. Entweder Freiheit oder Sozialismus, sagen sie, aber niemals beides zugleich. Und ihr Beweis für diese Behauptung ist der reale Sozialismus.

8. Die kommunistischen Parteien in Westeuropa, die eine neue politische Linie entwickelt haben, die man den Eurokommunismus nennt, befinden sich angesichts der sich verschärfenden Spannungen in den Ländern des realen Sozialismus, besonders nach der gewaltsamen Beendigung des »Prager Frühlings« im Jahre 1968, in einer schwierigen Lage. Einerseits müssen sie glaubhaft machen, daß der Sozialismus, den sie erstreben, alle bisher errungenen Freiheiten aufrecht erhält, ja sogar erst endgültig sichert: die Freiheit der Meinungsäußerung, die Pressefreiheit, die Nichtparteinahme des Staates in Fragen der Weltanschauung und des Glaubens, die Versammlungs- und Koalitionsfreiheit, das Recht auf Freizügigkeit und freie Wahl des Arbeitsplatzes einschließlich des Rechts auf Auswanderung, das Streikrecht, die Gleichheit aller Bürger vor dem Gesetz und die Aufhebung jeglicher Art von Privilegien. Aber indem sie dieses Bild eines freiheitlichen Sozialismus entwerfen, nehmen sie genau die Position ein, die von den Ideologen des realen Sozialismus als linkssektiererische, kleinbürgerliche, utopische und illusionäre Träumereien verhöhnt und darüber

hinaus verdächtigt werden, bewußt oder unbewußt den Interessen des Klassenfeindes zu dienen. Tagtäglich bekommen sie diese Vorwürfe und Verdächtigungen außerdem in der reaktionären bürgerlichen Presse und den Massenmedien zu hören, die behaupten, daß ihr schöner freier Sozialismus nur erfunden wurde, um von den politischen Verhältnissen des realen Sozialismus zu distanzieren. Aber andererseits müssen sie sich auch mit ihren Genossen im realen Sozialismus identifizieren und solidarisieren, indem sie anerkennen, daß mit der Aufhebung des Privateigentums an den Produktionsmitteln ein erster entscheidender Schritt getan ist, der zum Sozialimus führt. Sie müssen auch auf andere wichtige Errungenschaften hinweisen, die Sicherheit des Arbeitsplatzes, die große Stabilität der Preise, die großen Leistungen für die Hebung des Bildungsstandes und des kulturellen Niveaus, die vorbildliche Organisation des Gesundheitswesens u.v.m., die alle nur möglich waren, weil die Interessen privater Eigentümer in der Volkswirtschaft endgültig ausgeschaltet wurden.

9. Die Deutsche Demokratische Republik ist auf dem Weg in die Zukunft, die Sozialismus heißt, der westdeutschen Bundesrepublik und den anderen westeuropäischen Industriestaaten weit voraus. Wenn wir hier endlich damit beginnen, den Sozialismus aufzubauen, von dem unsere eurokommunistischen Genossen träumen, so daß sie nicht mehr gezwungen sein werden, sich von unserm Sozialismus zu distanzieren, dann könnte die DDR gemeinsam mit den anderen sozialistischen Ländern zur Schrittmacherin der großen sozialistischen Wende in Europa werden. Wir müssen nur den längst fälligen zweiten Schritt tun, den Schritt in die Demokratie durch Aufhebung der unkontrollierten Herrschaft des Parteiapparats. Wir werden zwar den Partei- wie auch den Staatsapparat noch eine ganze Weile brauchen und mit allen seinen unvermeidlichen Mängeln und Widersprüchen ertragen müssen. Denn das Absterben des Staates ist ein langwieriger Prozeß. Aber er kann sich nur vollziehen, wenn jede Form willkürlicher Herrschaft durch breite demokratische Kontrolle gezügelt und im Keim erstickt wird. Unter den gegenwärtigen Bedingungen stirbt der Staat nicht ab. Im Gegenteil, er wächst und nimmt von allem Besitz, ist überall, wachsam hört er alles, sieht alles und registriert es in geheimen elektronischen Datenbanken. Er beschwört in unseren Ängsten die-

gespenstische Welt herauf, die Orwell in seinem Buch »1984« beschrieben hat.

10. Der Kapitalismus ist in seine Endphase eingetreten. Bald wird es für ihn keine friedliche Lösung seiner Probleme mehr geben. Inflation, Währungswirrwarr, Massenarbeitslosigkeit, Energie- und Rohstoffkrise, Umweltverschmutzung, verschwenderische Wegwerf-Gesellschaft auf der einen Seite, auf der anderen Hunger und Elend von Hunderten von Millionen in den armen Ländern – das alles in einer Welt, die sich täglich mehr als unfähig erweist, ihre Probleme zu meistern, dafür aber auf eine einzige Sache in größter Perfektion vorbereitet ist: die Selbstvernichtung in einem nuklearen Krieg. Es ist beängstigend, wie wir die kurze Zeit, die uns noch bleibt, das große Unheil von uns abzuwenden, fast ungenutzt verstreichen lassen. In dieser Situation ist der Sozialismus unsere einzige und letzte Hoffnung. Das heißt aber: Wir dürfen nicht länger warten. wir müssen jetzt und hier beginnen, den großen Traum des Sozialismus zu verwirklichen, getreu dem Bebel-Wort: Ohne Demokratie kein Sozialismus, ohne Sozialismus keine Demokratie.

Zum 30. Jahrestag der DDR einige Vorschläge für erste Schritte auf diesem Weg:

1. Aufhebung aller Beschränkungen der Freiheit der Meinungsäußerung durch entsprechende Änderungen des Strafgesetzbuches, insbesondere durch Außerkraftsetzung der verfassungswidrigen §§ 106 (staatsfeindliche Hetze) , 219 (ungesetzliche Verbindungsaufnahme) und 220 (öffentliche Herabwürdigung)
2. Haftentlassung und Rehabilitierung aller Personen, die nach diesen Paragraphen verurteilt wurden.
3. Abschaffung jeglicher Zensur und Auflösung des Büros für Urheberrechte.
4. Gründung eines unabhängigen Presseorgans
5. Herabsetzung der Altersgrenze für Westreisen.
6. Veröffentlichung dieser Thesen im »Neuen Deutschland«.

Berlin, den 1. September 1979
Robert Havemann

Wie nicht anders zu erwarten war, hielten die Genossen Redakteure des
Zentralorgans die Thesen für eine Veröffentlichung ungeeignet. Und lei-
teten sie an ZK-Sekretär Herrmann weiter. Der gab sie an Honecker.[15]

Lieber Genosse Honecker!

Anliegend schicke ich Dir zur Kenntnis ein Schreiben Havemanns an
das »Neue Deutschland«, das die Genossen mir soeben zugesandt
haben.

Mit vielen Grüßen
J. Herrmann

Mutige Buchbinder

Es gehörte schon allerhand dazu, eine Broschüre des ZK der SED zu
sabotieren. In der Druckerei des Neuen Deutschland hatten Buchbinder
im Dezember 1979 damit allerdings sehr wenig Erfolg.[16]

Information der Bezirksleitung Dresden über entstellte Ausgaben des
Dietz Verlages zur 11. Tagung des ZK der SED

Die Bezirksleitung Dresden teilt mit, daß vereinzelt Exemplare des
Dietz Verlages über die 11. Tagung des ZK der SED »Aus dem Bericht
des Politbüros an des Zentralkomitee der SED – Berichterstatter:
Genosse Erich Honecker – Aus den Diskussionsreden« mit falschen
provokatorischen Druckeinlagen herausgegeben wurden.

Einige Broschüren beginnen mit folgenden Überschriften und dazu
gehörigem Text:

»Der Weg in die Verbannung«
»Die Söhne der großen Bärin«
»Der Berg schweigt«
Die Bezirksleitung Dresden hat veranlaßt, daß diese Exemplare
sofort eingezogen werden.

Günter Hennig, Leiter des Dietz-Verlages, informierte das Politbüro am 2. Januar 1980 über den genauen Sachverhalt. Er stützte sich auf einen Brief der Druckerei des Neuen Deutschland.[17]

Auslieferung eines fehlerhaften Exemplars der Broschüre 11. Tagung des ZK

Am 21.12.1979 wurden wir vom Dietz Verlag unterrichtet, daß bei der Bezirksleitung Dresden 1 Exemplar der Broschüre festgestellt wurde, deren Inhalt aus Bogen des Taschenbuches »Der Weg in die Verbannung« besteht.

Bei den sofort eingeleiteten Überprüfungen – ohne Vorlage des fraglichen Exemplares – mußte eingeschätzt werden, daß es sich um eine bewußte Handlung mit provokatorischer Absicht handelt, da eine Verwechslung im Fertigungsprozeß mit ziemlicher Sicherheit ausgeschlossen werden konnte.

Deshalb wurden die Genossen des MfS informiert.

Am 22.12.79, 10.00 Uhr, wurde durch Gen. Dr. Hennig das aufgefundene Exemplar übergeben. Es handelte sich um den Gesamtumfang des Taschenbuches »Der Weg in die Verbannung« und am Schluß eines Bogens der Broschüre 11. Tagung, beides im Umschlag 11. Tagung.

Unsere daraufhin entstehende Vermutung, daß von Kollegen der Buchbinderei unbefugt im Prozeß der Herstellung der Broschüre 11. Tagung Broschürenblocks des genannten Taschenbuches gefertigt wurden, bestätigte sich in der Befragung durch die Mitarbeiter des MfS.

Auf der Grundlage der Aussage des verantwortlichen Klebebinder-Maschinenführers, Koll. Steinhaus, wurden so 12 Exemplare gefertigt. Bis zum 27.12., 14.00 Uhr, wurden 11 Exemplare sichergestellt. Ein Exemplar wurde nach glaubhafter Aussage einer Kollegin vernichtet.

Da es sich um einen groben Verstoß gegen die technologische Disziplin, gegen Ordnung und Sicherheit sowie die Arbeitsordnung mit schwerwiegenden Auswirkungen handelt, an dem mehrere Kollegen beteiligt waren, werden wir eine Verhandlung vor der Konfliktkommission beantragen. Der Schwerpunkt liegt dabei auf der erzieherischen Wirkung für das Gesamtkollektiv der Weiterverarbeitung mit dem Ziel, daß sich derartige Verhaltensweisen nicht wiederholen können.

Die Exemplare befinden sich zur Zeit:
1 Expl. Verl.Dir., Dietz Verlag

1 Expl. Gen. Fuchs, Zentrag
1 Expl. BD, ND
8 Expl. MfS
1 Expl. wurde vernichtet.

Mit sozialistischen Gruß
Druckerei Neues Deutschland
Anschütz, Betriebsdirektor

Die Kirche informiert sich

Lange vor dem Gau von Tschernobyl machte man sich auch in der DDR
Gedanken über Sinn und Unsinn von Kernenergie. Welche Haltungen
und Vorstellungen in diesem Zusammenhang in der DDR anzutreffen
waren, erhellt der Brief eines sächsischen Kirchenmannes aus dem Jahre
1980 an einen Atomphysiker. Wie misstrauisch derartige Recherchen
beäugt wurden, zeigt aber auch, dass sich eine Abschrift des Briefes in
den Akten des Zentralkomitees fand.[18]

Sehr geehrter Herr Dr. Roßbander!

Durch Studentenpfarrer Hans-Jochen Vogel, Karl-Marx-Stadt, erfuhr ich von Ihnen und bekam Ihre Anschrift, als ich mit ihm über unsere Pastoralkollegs 1981 sprach. Vom 16. – 20. November 1981 habe ich einen Kursus für Pfarrer geplant unter der Thematik: Notwendigkeit, Chancen und Probleme der friedlichen Nutzung von Kernenergie. Mit einem solchen Kurs möchte ich erreichen:
– daß Pfarrer (und damit die Gemeinden) insbesondere über Chancen
  und Probleme der Kernenergie in unserem Land informiert werden.
– daß Pfarrer (und damit Gemeinden) lernen, mitzudenken und Verantwortung für die Zukunft zu übernehmen. Denn »was alle angeht,
  kann nur von allen gelöst werden«. (Einstein?)
– daß die Probleme der Kernenergie aus dem emotionalen Untergrund
  ans nüchterne Tageslicht geholt werden.
– daß die Pfarrer (und damit Gemeinden) die Frage nach einem neuen
  Lebensstil konkret im Zusammenhang mit den Energieproblemen
  sehen lernen...

Sicher gibt es noch eine Menge guter Gründe für ein solches Kolleg in unserem Land (und für unsere Pfarrer!)

Dabei ist mir sehr deutlich, wie schwierig es ist, darüber konkret zu sprechen, wenigstens (!) zu informieren. Ich habe in diesen Fragen mindestens ebensoviel naive Blauäugigkeit erlebt (»Probleme gibt's da bloß im Kapitalismus«) wie unkritische Gerüchtekocherei gehört (»der Greifswalder Bodden ist verseucht«...)

Wie die 4 1/2 Tage konkret gefüllt werden, weiß ich noch nicht. Ich wünschte mir sehr, daß ein DDR-Energiewirtschaftler einmal die Lage schildert und welche Rolle der Kernenergie (notwendigerweise) in Zukunft zugedacht ist. Dies würde gewiß zur Ernüchterung beitragen. Weiter wäre es nötig, die Risiken und Probleme der Kernenergie einmal zu erfahren, möglichst auch wieder konkret; denn hier gibt es – durch westliche Publikationen (R. Jungk »Der Atomstaat«), aber auch durch die engagierten Stellungnahmen bundesdeutscher Pfarrer und Kirchenleitungen verursacht – viele Anfragen und Bedenken...

Schließlich müßte man sicher etwas über »sanfte Techniken« u.ä. hören, um nicht vorschnell mangels Alternativen aufzugeben.

Auch im Bereich des Oekumenischen Rates der Kirchen gibt es Stellungnahmen und Ergebnisse, die man zur Kenntnis nehmen sollte...

Also: mir geht es nicht um einen Kurs mit abschließender »Kampfabstimmung« »für« oder »gegen« Kernenergie, sondern um sachliche und möglichst allseitige Information über das Thema.

Meine Bitte und Anfrage an Sie wäre: Könnten Sie an dem Kurs mitarbeiten? Hätten Sie dazu Möglichkeit und Lust? Wenn ja – bei welcher Thematik könnten Sie uns weiterhelfen? Wie könnte Ihre Beteiligung aussehen (ganztags oder länger? halbtags, nur einen Abend; evtl. anonym...?)

Wo müßte Ihrer Erfahrung nach das Programm modifiziert werden? (Ich bin an Ihrer Meinung auch interessiert, wenn Sie nicht am Kurs mitarbeiten könnten! Evtl. würde ich gern auch einmal zu einem Gespräch über verschiedene Fragen zu Ihnen kommen!)

Falls Sie absagen – könnten Sie mir andere Personen nennen, die ich als Experten anfragen könnte?

Ich wäre froh, wenn Sie zusagen würden und erwarte Ihre Nachricht mit Spannung!

Mit freundlichen Grüßen
Ihr Peter Vogel, Rektor

Drucker drucken »Fehler«

Der Zugang zum Beruf des Druckers war streng limitiert. In den Druckereien wimmelte es von IM des MfS. Trotzdem funktionierten die Medien nicht reibungslos, bestimmte »Druckfehler« wurden Legende. So erschien die Freie Presse Karl-Marx-Stadt einmal als »Freie Fresse«, ein anderes Mal war das Wörtchen »frei« in Anführungszeichen gesetzt. Am 27. Februar 1981 erhielt Politbüromitglied Joachim Herrmann von einem Vorfall Kenntnis, der sich in Halle zugetragen hatte.[19]

Werter Genosse Herrmann!
Heute nacht wurde die Freitagausgabe der Zeitung »Neuer Weg«, Organ der CDU für Sachsen-Anhalt, Druckort Halle, eingestampft und neu gedruckt. Die Unterzeile unter der Schlagzeile zum XXVI. Parteitag der KPdSU hatte gelautet: Weitere 8 Rentner sprachen in der Diskussion. Auflagenhöhe 37 000. Die zuständigen bezirklichen Behörden untersuchen die Angelegenheit.
Klaus Raddatz

Sogar Parteihochschüler protestieren

Der Dogmatismus der Rektorin der Parteihochschule, Hanna Wolf, war legendär. Und so tauchten 1982 selbst an dieser Einrichtung gelegentlich »feindliche« Äußerungen auf.[20]

Lieber Erich!
An der Parteihochschule sind einige Flugblätter aufgetaucht, die sich gegen die Genossin Hanna Wolf richten.
Über die Urheber gibt es bisher keine Kenntnis.
Das Ministerium für Staatssicherheit hat mit der Untersuchung begonnen und wir sollten meines Erachtens das Ergebnis abwarten. Falls jedoch – wie Genossin Wolf meint – der Kreis der Studenten und Mitarbeiter, die von den Flugblättern Kenntnis haben, immer größer wird, wird es sicher zweckmäßig sein, in der Parteiorganisation der Hochschule dagegen Stellung zu nehmen.

Mit sozialistischem Gruß, Kurt Hager

VII. Kulturpolitik   Ein weites Feld

BERTOLT-BRECHT-ERBEN

104 BERLIN, **d.24.April** 1980
CHAUSSEESTRASSE 125
TELEFON 2823962

An den
Vorsitzenden des Ministerrates der DDR
Genossen Willi S t o p h
102   B e r l i n
Klosterstrasse 47

> Vorsitzender des Minist...
> .: 2 9. APR. 1980
> carbuch Nr. ...

Sehr geehrter Genosse Stoph!

Verzeihen Sie die Dreistigkeit, mit der ich Sie anschreibe, aber
es handelt sich hier um meine Mutter Helene Weigel und da wäre
ich noch zu viel dreisterem fähig.

Ganz kurz die Vorgeschichte: Am 12.Mai 1980 wird der 60.Geburts-
tag von Helene Weigel gefeiert. Ich hatte angefragt, ob es möglich ist, daß man ihr posthum einen Orden, und zwar "Held der
Arbeit" gibt. Nach anfänglicher Zusage hat das dann leider nicht
geklappt. Man schlug mir statt dessen seitens des Zentralkomitees
der SED vor, daß man einen "Helene-Weigel-Orden" stiftet, der
jährlich zum Welttag des Theaters vergeben wird. Nun wäre da ja
sicher wirklich ein Spaß und hätte der Helli auch immens gefallen,
aber im Moment wäre dabei wichtig, daß dieses Vorhaben verkündet
werden könnte zumindest zum 12.Mai 1980. Die Details könnten ja
hinterher ausgearbeitet werden, schliesslich würde er zum ersten
Mal 1981 verliehen werden.

Nun hat Genosse Hafranke von der Abt. Kultur des Zentralkomitees
mir heute gesagt, daß man im Präsidium des Verbandes der Theaterschaffenden der DDR zwar darüber diskutiert hätte, aber noch zu
keinem endgültigen Beschluss gekommen wäre, obwohl man dafür ist.
Die nächste Sitzung ist gleich Anfang Mai und Genosse Hafranke
meinte, dann käme man zu einem Beschluss, der dann Ihnen als
Vorsitzendem des Ministerrates der DDR vorgelegt wird und dann,
meint Genosse Hafranke, würde es vermutlich Monate dauern, bis
die Sache endgültig durch wäre.

Und darum schreibe ich Ihnen heute: Wäre es nicht möglich, sehr
geehrter Genosse Stoph, daß diese Monate sehr verkürzt werden -

- 2 -

171

F. K. Kaul leidet an den »Leiden des jungen W.«

1968 hatte Ulrich Plenzdorf ein Filmszenarium mit dem Titel »Die neuen Leiden des jungen W.« fertiggestellt. 1972 wurde das daraus entstandene Theaterstück uraufgeführt. »Sinn und Form« druckte eine Prosafassung. Bei alten Genossen stieß der Text auf herben Widerspruch. Anwalt und Buchautor Friedrich Karl Kaul artikulierte ihn am 12. Juni 1972 in einem Brief an Wilhelm Girnus, den Chefredakteur der Zeitschrift.[1]

Lieber Genosse Wilhelm Girnus!

Zu gleicher Zeit, als ich in dem 2. Heft des Jahrganges 1972 von »Sinn und Form« den Abdruck der Prosa-Fassung der »Neuen Leiden des jungen W.« von Ulrich Plenzdorf fand, las ich in einer Zeitschrift der Bundesrepublik einen Artikel, der die Überschrift trug: »Wetzlar denkt an Goethe«. In diesem Artikel wurde darüber berichtet, wie in der Bundesrepublik, in Wetzlar durch Werklesung, Diskussion und Ausstellung Antwort auf die Frage gesucht wird, inwieweit »Aufenthalt des Dichters und Ereignisse (in Wetzlar), die in den berühmten Roman eingeflossen sind, heute noch Gegenwartsbezogenheit haben.«

Diese Koincidenz vervielfachte um ein Beträchtliches den Zorn, den die Lektüre der Arbeit Plenzdorfs in »Sinn und Form« in mir ausgelöst hatte.

Nun schreibe ich nicht an Dich, um mich in sorgsamer Literaturkritik über Plenzdorfs Arbeit auszulassen. Dafür fehlt mir die Fachkenntnis, die nur auf sorgfältiger Ausbildung beruhen kann. Aber als einer von denen, für die Plenzdorf geschrieben hat, als Sozialist und Bürger unserer Republik, habe ich ein Recht – wenn nicht sogar die Pflicht – diese Arbeit zu beurteilen.

Um das Urteil knapp zu fassen: mich ekelt geradezu – um keinen anderen Ausdruck zu benutzen – die von einem unserer professionellen Theaterkritiker sogar noch »mehr als ein hübscher Einfall« laudierte Inbezugsetzung eines verwahrlosten – der Fachmann würde sagen »verhaltensgestörten« – Jugendlichen mit der Goetheschen Romanfigur an; von dem Fäkalien-Vokabular, in dem des langen und breiten über die innige Funktionsverbindung von Niere und Darm der Plenzdorfschen Figur abgehandelt wird, ganz zu schweigen.

Man komme nicht mit der Binsenwahrheit, daß es derart verhaltensgestörte Jugendliche bei uns gibt, worüber gerade ich durch Beruf und spezielle Fachliteratur besonders gut unterrichtet sein dürfte. Natürlich gibt es sie und natürlich bin ich darüber unterrichtet! Aber Dank der energischen Maßnahmen unseres Staates sind sie alles andere als repräsentativ für unsere Jugend!

Herr Plenzdorf hätte nur in die Werkhallen unserer Betriebe, in die Hörsäle unserer Universitäten und Akademien, in Ateliers und Laboratorien, schlechthin an jeden Ort gehen können, wo gearbeitet wird, um das festzustellen!

Wie gesagt, dieser Brief wird nicht geschrieben, um mich mit Herrn Plenzdorf darüber auseinanderzusetzen, warum er auf dem Plumpsklosett geblieben ist, auf die von ihm geschaffene Figur den Roman Goethes fand, warum er seinen »mehr als hübschen Einfall« der Inbeziehungsetzung des verhaltensgestörten Jugendlichen mit der Romanfigur Goethes nicht wenigstens mit dem sozialpolitischen Gegengewicht versehen hat, das der Wirklichkeit unseres sozialistischen Seins und sozialistischen Wollens – ja, insbesondere diesem! – entspricht.

Aber Dich frage ich – und das ist der Grund dieses Schreibens – warum »Sinn und Form«, die repräsentative Literaturzeitschrift unserer Republik, deren Leiter Du bist, diese Arbeit Plenzdorfs veröffentlicht, ohne wenigstens mit einem Wort des Kommentars auf diese gewichtsmäßige Verfälschung unseres sozialistischen Seins und Werdens durch diese Arbeit hinzuweisen.

In der Bundesrepublik weiß man trotz der Menschenfeindlichkeit ihrer eigenen Gesellschaftsordnung nur zu gut – das zeigen unter anderem auch die erwähnten Veranstaltungen in Wetzlar – wodurch staatliche Verbundenheit – ich meine Verbundenheit zum Staat – geschaffen wird. Die kommentarlose Veröffentlichung der Plenzdorfschen Prosa läßt vermuten, daß die Leitung von »Sinn und Form«, das – es scheint in diesem Zusammenhang erforderlich, daran zu erinnern – ursprünglich nach dem Wunsche seines Gründers Johannes R. Becher den Namen »Maß und Wert« tragen sollte, hierüber nicht im klaren ist.

In alter Verbundenheit
Friedrich Karl Kaul

173

Solidarität findet ohne Wolf Biermann statt

Am 2. Juli 1974 teilte Kurt Hager Kulturminister Hans-Joachim Hoff-mann mit, daß man die Parteilinie im Mitteldeutschen Verlag nicht kor-rekt umgesetzt habe.[2]

Werter Genosse Hoffmann,

Ich bitte dem Leiter des Mitteldeutschen Verlages, Genossen Dr. Günther mitzuteilen, daß der Aufnahme eines Gedichtes des Herrn Biermann in die Chile-Anthologie nicht zugestimmt wird. Biermanns feindliches Verhalten zur Entwicklung der DDR und zur Politik von Partei und Regierung läßt eine derartige Auszeichnung nicht zu. Davon soll auch das Herausgebergremium informiert werden.

Mit sozialistischem Gruß
Kurt Hager

Christa Wolf und Kurt Stern zogen sich unter Protest aus dem Heraus-geberkollektiv zurück.

Erik Neutsch erwartet klare Weisungen

Mit Hans-Joachim Hoffmann war 1973 endlich ein akzeptabler, durch-setzungsfähiger Kulturminister gefunden. Doch er entsprach nicht jedermanns Geschmack. Bestsellerautor Erik Neutsch, nach Schwierig-keiten mit »Spur der Steine« und »Auf der Suche nach Gatt«, auf dem Höhepunkt seines Ruhmes, artikulierte am 24. Mai 1976 sein Unbeha-gen über eine, wie er meinte, viel zu blasse Rede des neuen Funktionärs. Er schrieb an Achim Böhme, den 2. Sekretär der Bezirksleitung Halle »mit der Bitte um Weiterleitung an das Zentralkomitee der SED«.[3]

Verehrte Genossen,

als Delegierter zum IX. Parteitag der SED tief beeindruckt von der kämpferischen und schöpferischen Atmosphäre während der Tage unserer Beratungen, von den Dokumenten und Beschlüssen des Parteitages, besonders von der Rede des Generalsekretärs unserer Partei, des Genossen Erich Honecker, auch von den Diskussionsbeiträgen, halte ich es für meine Pflicht, Euch mitzuteilen, daß ich mit den Ausführungen des Genossen Hans-Joachim Hoffmann, Minister für Kultur der DDR, den persönlich sehr schätze, voll inhaltlich nicht übereinstimmen kann.

Nach meiner Meinung wurden in seiner Rede zu wenig jene Probleme beim Namen genannt, die uns, trotz aller Erfolge seit dem VIII. Parteitag auch auf kunst- und literaturpolitischem Gebiet, noch hemmen, entschiedener den Weg des sozialistischen Realismus zu gehen, eine Kunst und Literatur zu fordern und zu fördern, die in allen Belangen der marxistisch-leninistischen Weltanschauung unserer Partei, dem Geiste und der Moral der Arbeiterklasse und deren Gestaltung gemäß wäre.

Ich verweise in diesem Zusammenhang auf die Diskussionsbeiträge der Genossin Margot Honecker und des Genossen Willi Sitte. Beide, obgleich die Ministerin für Volksbildung nur vom pädagogischen Prinzip auf Kunst und Literatur eingehen konnte, waren für mich von weit stärkerer Aussagekraft. Genossin Margot Honecker verwies auf die erzieherische, persönlichkeitsbildende Funktion von Kunst und Literatur in beeindruckender Weise. Genosse Willi Sitte erklärte als die nach wie vor wichtigste Aufgabe von Kunst und Literatur die Gestaltung der Arbeiterklasse, der in unserem Lande herrschenden Klasse. Er befand sich auch in Übereinstimmung mit dem neuen Programm unserer Partei, als er unter stark anhaltendem Beifall der Delegierten sagte: »Wir streben unbeirrt nach einer Kunst, die den Schöpfern aller Werte, den Werktätigen, zutiefst verbunden ist, die von ihnen verstanden und gebraucht wird.«

Liebe Genossen, solche Gedanken hätte ich mir auch in der Rede unseres Ministers für Kultur gewünscht. Und ich kann nicht verstehen, warum von ihm darauf kein Wert gelegt wurde.

Ich würde von meiner Meinung keine Mitteilung machen, wenn ich nicht ähnlich Unzufriedenes auch von einer Reihe anderer Delegierter gehört hätte, von Künstlern und Schriftstellern, aber vor allem auch von Genossen, die anderswo verantwortungsvoll arbeiten.

Mit sozialistischem Gruß
Erik Neutsch, Mitglied der Bezirksleitung Halle der SED

Pro-Biermann-Proteste werden registriert

Am 13. November 1976 gab Wolf Biermann ein Konzert in Köln, am 16. November wurde ihm per Politbürobeschluß die Staatsbürgerschaft der DDR aberkannt. Nicht nur Künstler protestierten gegen diese Maßnahme. Die SED-Bezirksleitung Leipzig nahm am 26. November 1976 Informationen »über Vorkommnisse zum Fall Biermann« zur Kenntnis.[4]

In den letzten Tagen gibt es im Bezirk, besonders in der Stadt Leipzig eine Reihe feindlicher Handlungen, Schmierereien und selbstgefertigte Hetzzettel mit Texten zu Biermann. So wurden nach bisheriger Übersicht in der Stadt Leipzig an 33 verschiedenn Orten Schmiererein angebracht bzw. Hetzzettel gefunden. Sie beinhalten u.a. folgende Texte: »Laßt den Genossen Biermann wieder rein und Fuchs raus. Sie sind Opfer der Diktatur der Bürokratie, Intoleranz, Inhumanität, für den wahren Sozialismus.«

»Wir wollen Sozialismus – Wolf Biermann – die Wahrheit.«

»Sammelt Unterschriften gegen die Ausbürgerung Wolf Biermanns.«

»NDP wir kommen wieder, nieder Bolschewismus, Deutschland, Deutschland über alles.«

Von der Transportpolizei-K wurde der Bürger Wolfgang H*., geb. [...], wohnhaft in 701 Leipzig, [...], beschäftigt als Elektriker im VEB Montagewerk Leipzig in der Mitropa des Hauptbahnhofes festgenommen. H*. hat gestern im Astoria-Hotel und heute auf dem Hauptbahnhof in der Mitropa Hetze gegen die DDR betrieben und Bürger aufgefordert, sich für Biermann einzusetzen.

An der 29. POS (Südost) gab es in einer 9. Klasse Auseinandersetzungen zwischen den Schülern. Ursache: Der Schüler W*., Thomas, wollte Unterschriften für Biermann sammeln. Daraufhin haben ihn andere Schüler verprügelt. Dabei fielen aus seiner Schultasche selbstgefertigte Hetzzettel.

Die Familie Achim und Karin S*., 7033 Leipzig [...] verfaßte einen Brief an Frau Biermann, worin sie sich mit der Handlungsweise ihres Mannes identifizieren. [...]

Arndt Barth, Leiter der Abteilung Parteiorgane
Rößler, Sektor Parteiinformation

Als Anlage wurde eine Abschrift des Briefes von Familie S*. beigefügt.[5]

Werte Frau Biermann!

In diesem Brief spricht jemand zu Innen, den Sie wahrscheinlich ohne das skandalöse Vorgehen Ihrem Mann gegenüber nie kennengelernt hätten.
Wir lasen am 17. November 1976 in der »LVZ« die Entscheidung der zuständigen Behörden der DDR über die Aberkennung der Staatsbürgerschaft von W. Biermann. Um uns ein allseitiges Bild zu verschaffen, sahen wir uns auch den Auftritt Ihres Mannes in der Kölner Sporthalle an.
Der Eindruck von seinem Auftritt steht in vollkommenem Widerspruch zu der Tatsache, den Inhalt seiner Lieder und Gedichte als letzten Anstoß zu der Entscheidung der DDR-Führung zu benutzen. Wir sind auf das äußerste empört [über] den Beschluß der DDR-Führung und möchten unsere solidarische Haltung Ihnen und Ihrem Mann bekunden. Sie können sicher sein, daß mehr als nur wir, die den Brief schrieben, zu Ihnen stehen. Wir möchten Ihnen weiter mitteilen, daß von uns eine Stellungnahme verfaßt und an die zuständigen Stellen weitergeleitet wurde. Wir wünschen Ihnen für Ihren weiteren Kampf um die Aufhebung des Urteils über Ihren Mann viel Erfolg.

Familie Karin und Achim S*.

Contra-Biermann-Resolutionen werden organisiert

Der Leiter des Leipziger Gewandthausorchesters, Kurt Masur, wurde wie viele andere genötigt, zur Ausbürgerung des Sängers Wolf Biermann eine Stellungnahme abzugeben. Das tat er wohl nicht freiwillig, denn die Propaganda konnte mit den Reizvokabeln »Meinungsstreit« und »Vertrauensbasis« nichts anfangen. Als Loyalitätsbeweis reichte das kryptische Schreiben vom 23. November 1976 aus, veröffentlicht wurde es nicht.[6]

Biermann ist nicht mehr Bürger der DDR. Eine klare Entscheidung unserer Regierung, die sicherlich gründlich durchdacht worden ist.

Schade, daß ein Mann mit diesem Talent und seinem wachen, kritischen Verstand es nicht vermocht hat, in einer Gesellschaft Fuß zu fassen, die sich täglich um eine breitere Vertrauensbasis und ein engeres Miteinander bemüht. Als ich vor vielen Jahren zum ersten Mal von ihm verfaßte Lieder hörte (ihn selbst habe ich nie erlebt), hoffte ich, daß er uns allen weiterhelfen wird auf dem Wege eines ehrlichen und aufrichtigen Gespräches und Meinungsstreites über unsere Probleme.

Wir werden sie ohne ihn gemeinsam bewältigen auf der Basis unseres inzwischen gewonnenen Selbstvertrauens und ehrlicher gegenseitiger Kritik. Ich finde sein Einzelschicksal bedauernswert, weil er wohl überall Außenseiter bleiben wird.

Prof. Kurt Masur
Gewandhauskapellmeister

Die Amerikaner laden sich Gäste ein

Ein Mitarbeiter Albert Nordens informierte Ursula Ragwitz, Leiterin der ZK-Abteilung Kultur, am 4. März 1977 über Dinge, die ihren Verantwortungsbereich betrafen.[7]

Liebe Ursel!

Dieser Tage wurde das neue Gebäude der USA-Botschaft in Berlin eingeweiht. Daran nahm – nach Absprache – auch ein Bekannter von mir, Genosse Prof. Dr. F. Loeser, teil.

Jetzt informierte er mich, daß die Amis dazu auch Stefan Heym, Manfred Krug, Jurek Becker und andere eingeladen hatten, die mit Wiessner (BRD-Fernsehen) und dem BRD-Vertreter Gauß diskutierten.

Ich teile es Dir mit, vielleicht ist es für Dich wissenswert.

Mit sozialistischem Gruß
H. Stadler

Die Verluste gehen an die Substanz

Am 11. August 1977 teilte Franz Fühmann dem 1. Sekretär des Schrift-
stellerverbandes Gerhard Henniger mit, daß er nicht mehr für eine
Funktion innerhalb des Verbandes zur Verfügung stünde. Henniger gab
das Schreiben an den 1. Sekretär der SED-Bezirksleitung Berlin, Konrad
Naumann. Naumann leitete es an Honecker weiter und Honecker wie-
derum an Hager. Kulturfunktionäre fielen in dessen Ressort.[8]

Sehr geehrter Herr Henniger,

die bedeutendste zeitgenössische Dichterin deutscher Sprache wird die
Deutsche Demokratische Republik verlassen: Diese Nachricht hat
mich bestürzt und erschüttert, und mit mir viele Bürger dieses Landes.
Täglich erreichen mich Briefe voll Trauer, Sorge, Ratlosigkeit, Fragen
– doch wozu teile ich Ihnen das mit?

In mehreren Briefen an Sie habe ich seit jenem Novemberärgernis
immer wieder meine Botschaft bekundet, die eigene Arbeit hintanzu-
stellen, um ernsthaft über unaufschiebbar gewordene quälende Probleme unseres Literaturlebens beraten zu helfen – ich bin nicht einmal
einer Eingangsbestätigung gewürdigt worden. Mein letzter Versuch
vor einigen Tagen, aus dem aktuellen Anlaß ins Gespräch zu kommen,
hat mich endgültig davon überzeugt, daß im Sekretariat des Schriftstellerverbandes entweder keine Neigung besteht, ernsthaft über diese
Probleme zu sprechen, oder wenn schon, dann nicht mir mir. – Gut,
ich werde mich nicht mehr aufdrängen. – Ich war noch einmal so naiv
gewesen zu hoffen, daß, wenn schon nicht meine Trauer, so doch
meine Bestürzung geteilt werden würde, aber ich habe, um es sehr
zurückhaltend zu formulieren, nur eine mit Phrasen drapierte Genugtuung über eine Entscheidung gefunden, deren Vollzug ich als einen
unersetzbaren Verlust empfinde, dieweil er anderswo offenbar als eine
Art Flurbereinigung betrachtet wird.

Sarah Kirsch wird uns also verlassen, Bernd Jentzsch ist nicht mehr
zurückgekommen, Jurek Becker ist aus dem Verband ausgetreten, und
ich begehre nicht schuld zu sein. Ich will nicht im Vorstand eines Verbandes arbeiten, dem solche Verluste nebensächlich erscheinen, denn
anders kann ich die gänzliche Unbereitschaft, über die Gründe nachzudenken, nicht mehr verstehen.

Andererseits will ich keinen Eklat, und gerade jetzt nicht, zu dieser Zeit hämischer Freude des Feinds, der ganz genau weiß, wie sehr uns dieser Verlust schwächt, und mehr noch die Gleichgültigkeit über ihn. Wenn ich die letzte Vorstandssitzung richtig verstanden habe, ist nächstes Frühjahr Schriftstellerkongreß, und mit der Wahl des neuen Vorstandes werden sich alle personellen Veränderungen auf sachliche Weise erledigen. Ich teile Ihnen deshalb in aller Form mit, daß ich für den neuen Vorstand nicht mehr kandidiere; ich nehme an, daß dies auch den Intentionen entspricht. Bis dahin werde ich an der Arbeit des Vorstandes nicht mehr teilnehmen; ich will es Ihnen überlassen, ob Sie das mitteilen oder nicht. In diesem Zusammenhang ist denn auch Ihr Schreiben betreffs der Veranstaltung zum 60. Jahrestag der Großen Sozialistischen Oktoberrevolution beantwortet: Da dies eine Veranstaltung von Vorstandsmitliedern ist, kann ich – was mir leid tut und ich bedaure – mich nicht beteiligen. Ich möchte ganz nachdrücklich hinzufügen, daß dies mit dem Anlaß der Veranstaltung natürlich nicht das Geringste zu tun hat und warne ebenso nachdrücklich, anders lautende Versionen in Umlauf zu setzen.

Auf dieses Schreiben erwarte ich keine Antwort, nachdem alle anderen ohne Antwort geblieben sind, ist dies ein durchaus passender Abschluß einer zwanzigjährigen Tätigkeit.

Ich wünsche Ihnen persönlich weiterhin ein unbeschwertes Gewissen, und bin

mit ergebener Hochachtung[9]

Schreibt keinen Abschiedsbrief: Anna Seghers

Für den seltenen Fall, daß ein Genosse eine übernommene Funktion nicht bis zu seinem Tod ausfüllen, sondern um seinen Abschied bitten wollte, gab es keine festgelegten Handlungsabläufe. Daher entschuldigte sich Anna Seghers, Präsidentin des Schriftstellerverbandes seit 1952, am 28. Februar 1978 gebührend für ihren Rücktrittswunsch und sorgte dafür, daß ihr Abtritt nicht politisch ausgedeutet werden konnte.[10]

Liebe Freunde,

ich bitte Sie, mich von meiner Funktion als Vorsitzende des Schriftstellerverbandes zu entbinden. Diese Funktion habe ich, das hoffe ich
wenigstens, lange Zeit mit Ernst und Geduld ausgeübt. Jetzt bin ich
durch meine Krankheit nicht mehr imstande, so zu arbeiten, wie ich es
für gut und richtig finde.

Wen Ihr auch als Nachfolger wählt, ich möchte diesem Nachfolger
noch vor seiner Ernennung einprägen, daß er für seine Arbeit das
höchstmögliche Maß von Geduld und Gerechtigkeit braucht, abgesehen von den Eigenschaften, die man von einem Vorsitzenden unseres
Verbandes verlangt: Politische und künstlerische Kenntnisse, Menschlichkeit und Bescheidenheit, tiefes Nachdenken, bevor er einen Entschluß faßt. Ich werde selbstverständlich auch weiterhin für alle meine
Kollegen tun, was mir möglich ist und dem Verband nützt.

Ich glaube, daß die Folgen von 8 Monaten schwerer Krankheit ein
Grund sind, den jeder einsehen muß.

Euch allen danke ich für die guten Stunden unseres Beisammenseins
voll Diskussionen, die ernsten und schwierigen Fragen entsprangen.
Sie haben auch heute nicht aufgehört, da wir gewissenhafte, gründli-
che Schriftsteller sein wollen.

Dieser Brief ist durchaus kein Abschiedsbrief. Ich will und werde
Euch alle bald wiedersehen und freundschaftlich mit Euch diskutieren.

Eure Anna Seghers

Zwei Meinungen: Otto Gotsche & Stephan Hermlin

*Otto Gotsche, linientreuer Trivialschriftsteller und langjähriger persön-
licher Sekretär Walter Ulbrichts, war einer der wenigen erfolgreichen
kommunistischen Widerstandskämpfer. Seine »Antifaschistische Arbeitergruppe Mitteldeutschland« sabotierte die Rüstungswirtschaft und
ging mit einem klaren kommunistischen Machteroberungskonzept in
die Zeit nach dem Kriegsende 1945.[11] Stephan Hermlin war als Jude
und Kommunist ins Exil gezwungen worden. Schon früh zweifelte der
sensible Lyriker am richtigen Kurs der Parteiführung. 1976 initiierte er*

die Petition gegen die Ausbürgerung Wolf Biermanns. Zwischen den beiden Kommunisten Gotsche und Hermlin kam es zu ständigen Reibereien. Kurt Hager schilderte Erich Honecker am 26. Januar 1979 einen typischen Vorfall.[12]

Lieber Erich!

Hermann Kant informierte mich gestern über einen heftigen Streit zwischen Stefan Hermlin und Otto Gotsche in der Sektion Dichtkunst der Akademie der Künste der DDR.

Bei der Beratung eines Projektes über die Auseinandersetzung der Künstler mit dem Faschismus machte Otto Gotsche gegenüber Stefan Hermlin die Bemerkung, man dürfe den Faschismus nicht auf die Ausrottung der Juden reduzieren. Als Hermlin antwortete, daß das richtig sei, aber die Judenverfolgung durch den Faschismus besonders große Ausmaße angenommen habe, soll O. Gotsche gesagt haben, daß man überhaupt zu viel über Juden rede, wenn die Partei gezwungen sei, 10 Leute unter Kontrolle zu halten, dann seien immer mindestens 6 Juden dabei usw. Die Diskussion, so sagte Hermann Kant, sei sehr erregt gewesen. Alexander Abusch und die anderen Mitglieder hätten heftig gegen O. Gotsche Stellung genommen. Hermlin sei in einem lebensgefährdenden Zustand gewesen.

Ich teile Dir dies mit, damit du unterrichtet bist, falls sich Stefan Hermlin an Dich wendet und weil ich das Auftreten von Gotsche, der immerhin Mitglied des ZK ist, empörend finde.

Hermann Kant informierte mich dann weiter, daß ihm ein Beschluß der Bezirksleitung Berlin mitgeteilt worden sei, ihn nicht wieder in die Bezirksleitung zu wählen und zwar weil er inzwischen Präsident des Schriftstellerverbandes der DDR geworden sei. Er finde diese Erklärung völlig an den Haaren herbeigezogen und vermute andere Gründe, müsse aber die Festlegung des Sekretariats der Bezirksleitung akzeptieren.

Mit sozialistischem Gruß
Kurt Hager

Erich Honecker ließ den Vorfall im Politbüro diskutieren. Gotsche blieb ZK-Mitglied.

Stefan Heym ist ein kaputter Typ, oder?

Am 7. Juni 1979 wurden Stefan Heym, Joachim Seyppel, Kurt Bartsch, Adolf Endler, Karl-Heinz Jakobs, Klaus Poche, Dieter Schubert, Klaus Schlesinger und Rolf Schneider aus dem Schriftstellerverband ausgeschlossen. Begründung: »grobe Verstöße gegen das Statut.« Sie hatten bei Honecker gegen die Zensur protestiert. Dieter Noll, 1960 mit »Die Abenteuer des Werner Holt« erst- und letztmalig erfolgreich, bezog sofort gegen die Protestierer Stellung. Er beschimpfte die Ausgeschlossenen in einem offenen Brief als »sogenannte Literaten« und nannte Stefan Heym einen »kaputten Typ«. Das erzürnte auch einige Leser der Berliner Zeitung. Chefredakteur Dieter Kerschek leitete einige Leserbriefe an das ZK weiter.[13]

Werter Herr Noll!

Ich muß sagen, Ihr Brief an E. Honecker, veröffentlicht in der Berliner Zeitung vom 23.5., hat auf mich abstoßend gewirkt. Dabei geht es mir weniger um das Anliegen als um die Art, in der Sie schreiben. So bekannte Schriftsteller wie St. Heym als »kaputte Typen« zu bezeichnen, finde ich unmöglich. Das macht Sie mir höchst unsympathisch, und ich glaube nicht, daß ich von Ihnen wieder ein Buch in die Hand nehmen werde. (Vom »Holt« war ich damals sehr beeindruckt.)

Eine Leserin

Werte Herren!

Ich muß mit Befremden feststellen, daß in ihrem Blatt abfällige Bemerkungen über hohe staatliche Auszeichnungen zu Papier gebracht werden. Am Mittwoch, dem 23. Mai 1979 wurde ein Brief von Dieter Noll veröffentlicht, in dem Stefan Heym als »kaputter Typ« bezeichnet wird. Stefan Heym ist Nationalpreisträger. Wird in unserem Land der Nationalpreis an »kaputte Typen« verliehen? Ich erbitte von ihnen nähere Aufklärung zu diesem Problem.

H. Peter Wippo
1055 Berlin [...]

Ein Orden wird gestiftet

Am 24. April 1980 schrieb Barbara Schall-Brecht an Willi Stoph, den Vorsitzenden des Ministerrates.[14]

Sehr geehrter Genosse Stoph!

Verzeihen Sie die Dreistigkeit, mit der ich Sie anschreibe, aber es handelt sich hier um meine Mutter Helene Weigel und da wäre ich noch zu viel dreisterem fähig.

Ganz kurz die Vorgeschichte: Am 12. Mai 1980 wird der 80. Geburtstag von Helene Weigel gefeiert. Ich hatte angefragt, ob es möglich ist, daß man ihr posthum einen Orden, und zwar »Held der Arbeit« gibt. Nach anfänglicher Zusage hat das dann leider nicht geklappt. Man schlug mir vor, daß man einen »Helene-Weigel-Orden« stiftet, der jährlich zum Welttag des Theaters vergeben wird. Nun wäre da ja sicher wirklich ein Spaß und hätte der Helli auch immens gefallen, aber im Moment wäre dabei wichtig, daß dieses Vorhaben verkündet werden könnte zumindest zum 12. Mai 1980. Die Details könnten ja hinterher ausgearbeitet werden, schließlich würde er zum ersten Mal 1981 verliehen werden.

Nun hat Genosse Hafranke von der Abt. Kultur des Zentralkomitees mir heut gesagt, daß man im Präsidium des Verbandes der Theaterschaffenden der DDR zwar darüber diskutiert hätte, aber noch zu keinem endgültigen Beschluß gekommen wäre, obwohl man dafür ist. Die nächst Sitzung ist gleich Anfang Mai und Genosse Hafranke meinte, dann käme man zu einem Beschluß, der dann Ihnen als Vorsitzendem des Ministerrates der DDR vorgelegt wird und dann, meint Genosse Hafranke, würde es vermutlich Monate dauern, bis die Sache endgültig durch wäre. Und darum schreibe ich Ihnen heute: Wäre es nicht möglich, sehr geehrter Genosse Stoph, daß diese Monate verkürzt werden – der 80. Geburtstag ist am 12. Mai 1980 – und die Stiftung dieser Auszeichnung auf der Geburtstagsfeier für Helene Weigel im Theater am 12. Mai verkündet werden könnte.

Ich schrieb Ihnen schon am Anfang, daß ich mir voll bewußt bin, daß es sich keineswegs gehört, daß ich mich direkt an Sie wende. Andererseits, der Spaß an einer solchen Sache liegt ja auch im Zeitpunkt und darum habe ich es doch getan.

Ich verbleibe mit allerbesten Grüßen
und verharrend in Hoffnung
Ihre Barbara Schall-Brecht

Willi Stoph leitete das Schreiben an Kurt Hager weiter. Am 7. Mai 1980
teilte er Stoph das Ergebnis der Diskussion des ZK-Sekretariats mit.[15]

Lieber Willi!

Das Sekretariat des ZK hat heute der Stiftung einer Helene-Weigel-Medaille für hervorragende Leistungen sozialistisch-realistischer Darstellungskunst zugestimmt.

Der Minister für Kultur wurde beauftragt, ein Statut auszuarbeiten und dem Präsidium des Ministerrates zur Bestätigung vorzulegen.

Die Verleihung der Medaille durch den Minister für Kultur soll erstmalig zum Welttheatertag am 27. März 1981 erfolgen. Frau Schall-Brecht könnte also die Tatsache der Stiftung der Medaille bei den Veranstaltungen zum 80. Geburtstag von Helene Weigel bekanntgeben.

Da sie an Dich geschrieben hat, würde ich vorschlagen, daß Du ihr über Dein Büro diese erfreuliche Mitteilung zukommen läßt.

Mit sozialistischem Gruß
Kurt Hager

Ein Nobelpreis für die DDR?

Am 26. November 1980 telefonierte Heinz Kamnitzer, Präsident des
PEN-Zentrums der DDR mit dem Büro Hager im ZK.[16]

Anruf Gen. Kamnitzer (PEN)

Er bittet bis Ende des Jahres um eine Entscheidung, ob er einen Vorschlag für die Nobel-Preis-Verleihung für 1981 einbringen soll. In Frage käme nur Anna Seghers. Zeitweilig hätten wir keinen Vorschlag eingebracht, sonst Anna Seghers.

Kurt Hager war dafür. Aber da nicht ausgeschlossen war, daß Seghers ihn erhalten würde und dann in einer Reihe mit Boris Pasternak stünde, unterbreitete er das Problem am 5. Dezember vorsichtshalber Erich Honecker.[17]

Lieber Erich!

Bis Ende des Jahres müssen Vorschläge für den Nobelpreis 1981 eingereicht werden. Ich bin dafür, daß der PEN der DDR durch seinen Generalsekretär, Genossen Kamnitzer, dem Nobelpreiskomitee Anna Seghers zur Verleihung des Nobelpreises für Literatur vorschlägt.

Mit sozialistischem Gruß
Kurt Hager

Jugendtanzkapellen werden zur Ordnung gerufen

Im Bezirk Leipzig kam es mit schöner Regelmäßigkeit zu Raufereien und politischen »Vorfällen« bei Jugendtanzveranstaltungen. Horst Schumann, erster Sekretär der Bezirksleitung, wies daher am 30. April 1982 die Kreisleitungen an, die Kontrollen zu verstärken.[18]

Werte Genossen!

In den Konzeptionen der SED-Stadt- und Kreisleitungen zur Entwicklung von Kultur und Kunst bis 1985 nehmen Festlegungen zur Förderung von Qualität und Quantität der Jugendtanzveranstaltungen in den Territorien einen breiten Raum ein.

Uns liegen Informationen vor, daß Veranstalter, Ordnungskräfte und Kapellen bzw. Schallplattenunterhalter nicht immer mit der genügenden Konsequenz und durch ihr Auftreten für ein ordnungsgemäßes politisches und geistig-kulturelles Klima in Kulturhäusern, Jugendklubs und Gaststätten sorgen und daß in einigen Fällen Schallplattenunterhalter für politische Vorkommnisse Verantwortung tragen, die zum Abbruch von Veranstaltungen und zum Entzug der Auftrittsgenehmigung führten.

Untersuchungen unsererseits zeigen, daß durch einige Räte der

Kreise bei der Erteilung von Auftrittsgenehmigungen nicht verantwortungsbewußt genug gearbeitet wurde und Personen diese Auftrittsgenehmigung erhielten, die von vornherein keine Gewähr dafür boten, unsere sozialistische Kulturpolitik durchsetzen zu helfen.

Nicht überall wird eine gezielte und kontinuierliche politische Einflußnahme, Qualifizierung und Zusammenarbeit zwischen den politischen und staatlichen Verantwortungsträgern und den Leitern von Diskotheken und Jugendtanzkapellen gesichert.

Ich bitte, daß im Sekretariat in den nächsten Wochen eine Einschätzung vorgenommen wird, wie die staatlichen Organe, die FDJ und der FDGB gewährleisten, daß bei der Durchführung von Jugendtanzveranstaltungen und Diskotheken eine ordentliche, niveauvolle und politisch saubere Atmosphäre herrscht und wie durch die genannten Organisationen die Einflußnahme und die Anleitung der Schallplattenunterhalter und Kapellenleiter zu verstärken und zu qualifizieren ist.

Ausgehend von Eurer Einschätzung, sollten notwendige Festlegungen im Sekretariat dazu getroffen werden.

Mit sozialistischem Gruß
1. Sekretär Horst Schumann

Mehr Frau!

Die Berliner Delegation zum Schriftstellerkongreß wandte sich am 31. Mai 1983 an das Präsidium des Schriftstellerverbandes der DDR, betreffs »Zusammensetzung des künftigen Präsidiums«. [19]

Mit Interesse haben wir die namentlichen Vorschläge für das künftige Präsidium zur Kenntnis genommen, müssen aber betroffen feststellen, daß die von Frauen verfaßte Literatur zwar in der Gesellschaft der DDR eine gleichrangige Rolle spielt, nicht aber auch in dieser so wichtigen Kaderfrage.

Wir akzeptieren alle vorgeschlagenen Kollegen, möchten aber das Gremium durch ebenso angesehene Schriftstellerinnen ergänzt sehen, und zwar durch mindestens drei.

Folgende Kolleginnen, mit denen bisher unseres Wissens nach noch nicht geredet worden ist, scheinen uns neben anderen als geeignet:

Brigitte Birnbaum
Dr. Renate Drenkow
Gisela Karau
Wera Küchenmeister
Waltraut Lewin
Rosemarie Schuder
Gisela Steineckert
Wir meinen, daß in einer politisch so wichtigen Frage eine kurzfristige Änderung des Beschlusses möglich sein muß.

Lilo Hardel (Mitglied d. Berliner Vorstandes
zentr. Aktiv Kinderliteratur)
Lia Pirskawetz (Mitglied der Berliner Parteileitung)
Christiane Barckhausen
Charlotte Wasser
Gisela Steineckert (Zentr. Vorstand)
Hanna-Heide Kraze
Brigitte Birnbaum (Zentr. Vorstand)
Gerhard Reutzsch (BV Berlin)
Renate Feyl
Elfriede Brüning
Unleserlich
Claus Küchenmeister
Paul H. Freyer

Das Anliegen ist berechtigt, soviel ich weiß, hat sich bisher unter den angeführten jedoch keine Frau gefunden. Im übrigen stimme ich zu.
Eva Lippold

Ich halte die Präsenz von Frauen im höchsten Gremium unseres Verbandes für unerläßlich.
Jo Schulz

Bewertung: Aufgefordert zu unterschreiben, meine ich, ob drei, ob nicht auch andere, kann ich nicht beurteilen.
Aber ohne eine Frau scheint mir, ist das Präsidium nicht auf der Höhe des Verbandes und seiner Bestimmung.
Günther Rücker

Mit Gisela Steineckert ist nicht gesprochen worden, verwunderlich bis befremdend!
Monika Ehrhardt

Die Qualität der Literatur, die bei uns Frauen schreiben, macht ihre Präsenz im Präsidium unerläßlich.
Walter Kaufmann

Namen sind im Augenblick nicht so wesentlich, das Problem jedoch ist es.
Anneliese Löffler

Ursula Ragwitz, Abteilungsleiterin für Kultur kommentierte den Sachverhalt für Kurt Hager.[20]

Lieber Kurt,

Nach der gestrigen Parteigruppe gab es gestern abend im Berliner Vorstand größere Diskussionen darüber, daß nach dem Ausscheiden von Irmtraud Morgner keine Frau mehr im Präsidium sein soll.

Heute ging anliegender Brief dem Präsidium zu. M. E. ist beim Wahlakt eine größere Debatte zu dieser Frage zu erwarten. Gen. Kant, Henniger und ich haben die ganze Sache noch einmal besprochen, und es besteht Absicht, Rosemarie Schuder anzusprechen.

Wenn wir die Frage jetzt klären, und das am Donnerstag früh in den Bezirksdelegierten-Parteigruppen mitteilen, würde die Wahl noch durch weitere mögliche Kadervorschläge belastet werden.

Ich bitte um Deine Meinung, ob wir so verfahren können.
Ursel Ragwitz

Rosemarie Schuder wurde als einzige Frau in das Präsidium gewählt.

Wilhelm Girnus findet einiges zum Kotzen

Die Goethe-Gesellschaft hielt alle zwei Jahre eine Hauptversammlung in Weimar ab. Nach dem Bau der Mauer war sie die einzige deutsch-deutsche Kulturgesellschaft und das Politbüro meinte, sie sei nützlich, um die internationale Isolation zu durchbrechen und die DDR als wahren Hort deutscher Kultur darzustellen. Während Walter Ulbricht noch meinte, das Volk der DDR schreibe an Faust – Teil III, sank der Stellenwert des Goetheschen Erbes in den achtziger Jahren. Die ungebildeten Funktionäre der Honecker-Ära konnten mit der Gelehrtenrunde nichts mehr anfangen und behandelten die Goethe-Gesellschaft entsprechend. Das erzürnte Wilhelm Girnus, den Parteiorganisator der Gesellschaft und Schlüsselfigur der Kulturpolitik der Ulbricht-Zeit. Am 3. Juni 1983 machte er seinem Ärger deutlich Luft. Das Schreiben richtete der einstige Widerstandskämpfer und Staatssekretär an Ursula Ragwitz, Leiterin der Abteilung Kultur im ZK.[21]

Liebe Genossin Ursel,

nachdem die Jahreshauptversammlung der Goethegesellschaft ganz und uneingeschränkt im Sinne des einschlägigen Beschlusses des Politbüros durchgeführt ist, fühle ich mich doch verpflichtet, auf einige Merkwürdigkeiten hinzuweisen, die bereits in der Vergangenheit in Erscheinung traten, diesmal aber, wie mir scheint, besonders kraß. Obwohl es eindeutige Beschlüsse des Politbüros gibt und sie stets als Richtlinie sowohl in der praktischen Durchführung wie in der ideologischen Auseinandersetzung dienten, kann ich nicht verhehlen, daß es offenbar *bei uns* hintergründige Kräfte gibt, die immer wieder den Versuch machen, der Durchführung des betreffenden Beschlusses des Politbüros Knüppel zwischen die Beine zu werfen, ihr Mißfallen an der Existenz und Tätigkeit der Goethe-Gesellschaft nur schlecht verhehlen, sich große Mühe geben sie zu boykottieren, ihr Schwierigkeiten in den Weg zu legen, oder ihre Tätigkeit in der Öffentlichkeit falsch darzustellen oder sie tot[zu]schweigen versuchen.

Das war diesmal besonders fühlbar, und ich will hier einige Beispiele anführen. Ich frage mich, was soll das? Geht das von dunklen Kanälen aus, die sich nicht offen hervorwagen mit ihrer Abneigung gegen Goethe (das hätte ja in Deutschland eine lange Tradition! Von Börne und Menzel bis Brecht u.s.f.), oder handelt es sich um Elemente, die es als ihr größtes Unglück empfinden, daß es diesen Goethe in Weimar gegeben hat, weil er ihnen zusätzliche Arbeit macht (Handel, Versorgung, Hotels u.s.f.), oder sind das Menschen, die den Namen Goethe nicht einmal richtig schreiben können, kurz kulturelle Analphabeten oder gar Provokateure (diese letzte Möglichkeit schließe ich nicht aus)?

Hier einige Beispiele:

1) Vierzehn Tage vor Stattfinden der Tagung wird der Tagungsleitung urplötzlich und völlig unerwartet mitgeteilt, über die für das Schweriner Faust-Ensemble im Buchenwald-Touristenhotel reservierten Zimmer sei anders disponiert worden. – Als vom Politbüro bestätigter Parteiorganisator des Vorstandes der Goethegesellschaft verlange ich eine strenge Untersuchung über diese Boykott-Drohung und die Bestrafung der Schuldigen, auch wenn die Angelegenheit nachträglich durch das Eingreifen unserer Weimarer Genossen geregelt worden ist.

2) Eine Reihe von Ehrengästen der Goethetagung wurden im Hotel »Elephant« in schäbiger, ihrer offiziellen Stellung und ihrem Alter unangemesenen Weise untergebracht:
- Gen. Dr. Karl-Heinz Schulmeister – Vorsitzender der Kulturkommission der Volkskammer
- Prof. Dr. Martin Lehnert u. Gattin – Präsident der Shakespeare-Gesellschaft
- Prof. Wadepuhl (USA – Initiator der Heine-Ausgabe – 88 Jahre alt) – Mir gegenüber hat er die Präsidenten der USA vor Zeugen als »Verbrecher« bezeichnet.

Auch läßt die Höflichkeit des Hotelpersonals, besonders des jungen Nachwuchses, sehr zu wünschen übrig im Verhältnis zu früheren Zeiten (wir sind ja »nur« DDR-Bürger). Die Zimmerpreise sind enorm gestiegen, Leistungen und Höflichkeit erheblich abgesunken. Auch hier verlange ich eine Untersuchung darüber, wer über die Verteilung der Zimmer im »Elephant« zu entscheiden hat, die Schuldigen ernsthaft zu belehren und anzuordnen, daß in Zukunft der Leitung der Tagung bei der Verteilung ein maßgebendes Mitspracherecht zugesprochen wird.

3) Es muß als ein unerhörter Skandal bezeichnet werden, daß zur gleichen Zeit (das Datum der Tagung steht bereits Jahre vorher fest),

da man den Gästen der Goethe-Gesellschaft nicht genügend Versorgungsmöglichkeiten zur Verfügung stellen konnte (Cafés usw. – oder jedenfalls so tat als ob), zwei Busse mit westdeutschen Touristen Weimar bevölkerten und auf diese Weise das bundesrepublikanische Potential erheblich verstärkten. Auch diese merkwürdige Koinzidenz bedarf dringend der Aufklärung durch unsere Sicherheitsorgane. Da bei den Veranstaltungen, besonders der Arbeitsgruppen z.T. die Einlaßkontrolle ziemlich oberflächlich gehandhabt wurde, startete der Gegner in meiner Arbeitsgruppe eine gezielte Provokation gegen mich unter Berufung auf die Jenenser konterrevolutionäre Gruppe, deren »Ausweisung« und die sogenannte »unabhängige« Friedensbewegung. Ja, einer der Provokateure wagte es, sich zum Verteidiger des Hersfelder Mördertreffens aufzuspielen und diese Mörderbande als »Vaterlands«-Verteidiger hinzustellen.[22] Meine Antwort brauche ich wohl nicht darzustellen.

4) Die Darstellung der Goethe-Tage in unseren Medien wäre zum Kotzen, wäre sie nicht eine einzige Lachsalve wert, besonders die der elektronischen Medien (vor allem des Fernsehens) und der Berliner Zeitung. Man überließ dem RIAS die diffamierende Berichterstattung (z.B. Angriffe auf meine Festansprache und die Schweriner Faust-Aufführung – RIAS-Kultur-Report vom 2. Juni zwischen 19.00 und 20.00 Uhr). Es blieb dem RIAS vorbehalten, meine Festansprache – natürlich in herabsetzendem Sinn – als »materialistische Dialektik« abzutun. Unsere Medien zogen vor, sie totzuschweigen oder zu entschärfen. Daß unser Fernsehen für Goethe keinen Raum und keine Zeit hat, finde ich ganz logisch. Wenn man so viel Zeit dafür hergibt, mit dem erbärmlichsten bürgerlichen Kitsch unsere Bevölkerung zu bespritzen, dann kann man natürlich für den größten deutschen Dichter und dessen Denken und Dichten über das Problem der Produktivität des Menschen keinen Platz haben. (Ich kenne die französische Kultur, ich schätze sie, was aber als französische Kultur im Fernsehen – Spielfilme – feilgeboten wird, wird von gebildeten und klassenbewußten Franzosen selbst verabscheut.) Der Berliner Zeitung ist gar nicht aufgefallen, daß in diesem Jahr ein alter Genosse und Widerstandskämpfer in Weimar die Festansprache gehalten hat, der Berichterstatter des ND (u. ADN) scheint ebenfalls nicht aus eigener Anschauung »berichtet« zu haben, denn die gebrachten Zitate sind falsch.

Diese gezielte Unter- ja Nichtinformation der sozialistischen Öffentlichkeit in der DDR, ja das Totschweigen meiner Person in der BZ und anderen Medien, kann ich nicht anders als eine schlecht verhehlte Animosität werten. Von wem? Wir haben stets die Beschlüsse des Politbüros unserer Partei durchgeführt, nichts anderes. Wenn man mit unserer Arbeit – und speziell meiner als Parteiorganisator des Vorstandes – unzufrieden ist oder gar die Goethe-Gesellschaft für überflüssig hält, dann soll man mir das offen sagen, ich bin jederzeit bereit, mich auf unauffällige Weise (etwa wegen Krankheit) zurückzuziehen. Allerdings bleibt für mich Goethe tausendfach höher als Luther. Luther ist und bleibt ein bloß deutsches Phänomen (und nicht das allerbeste), niemandem im Ausland (außer Schweden) hat er etwas zu sagen, die Protestanten der übrigen Welt sind sogenannte Reformierte (Calvin, Zwingli etc.), da ihnen Luther (besonders in der Abendmahlslehre) zu katholisch geblieben ist. Goethe dagegen ist und bleibt ein anerkanntes Weltphänomen von Tokio bis Südamerika, von Europa bis Australien. Wir sollten uns durch die öffentliche Bezeigung von Mißachtung nicht lächerlich machen.

Für die taktischen Notwendigkeiten der Luther-Ehrung habe ich sehr wohl Verständnis, aber die Wertrelation muß hier einmal ausgesprochen sein. Wie gesagt, volkstümlich ausgedrückt, ich habe die Schnauze voll und nicht nur ich. Genossen Kurt Hager werde ich den Text meiner Festansprache übermitteln, damit er sich ein Urteil darüber bilden kann, ob ich eine antimarxistische Rede gehalten habe wie so manche Schriftsteller im Ausland (z. B. Rolf Schneider oder auch Christa Wolf), oder ob ich mich bemüht habe, unserer Partei und unserem Staat zur Ehre zu gereichen.

Ich schreibe diesen Brief nicht wegen meiner Person – ich sch... auf das Totschweigen unserer Bemühungen im Fernsehen usf. Ich möchte mit diesem Brief dazu beitragen, daß für uns Klarheit geschaffen wird, ob wir in Zukunft unsere Kräfte überhaupt noch in dem Unternehmen Goethe-Gesellschaft investieren sollen, das ist die Frage, die alle beteiligten Genossen klar beantwortet wissen wollen, insbesondere auch der Präsident der Goethe-Gesellschaft Gen. Prof. Dr. Karl-Heinz Hahn und die zuständigen Leitungsmitglieder des Kulturbundes.

Mit bestem Gruß und guten Wünschen
Wilhelm Girnus

Eklat durch Beckmann

Im Leipziger Verband der Bildenden Künste gärte es seit langem. Doch 1984 eskalierte der Streit. Lutz Dammbeck geißelte die gängige Praxis, Privat- und Studienreisen als Privileg für angepaßtes Verhalten zu »verhökern«, als »pervers«. Dieses »Erziehungsmittel« sei für erwachsene Menschen »erniedrigend« meinte er, die Verantwortlichen sollten sich schämen. Hans-Peter Hund drückte dem Bezirksvorsitzenden des Verbands ganz kühl Westgeld in die Hand, als jener erklärte, die »Devisenknappheit« sei schuld. Der Anlaß: eine Ausstellung von Max Beckmann. Die DDR hatte den Leipziger Maler mit einem Kongreß geehrt, die Bilder aber befanden sich in Westberlin. 16 Leipziger Künstler hatten Reiseanträge gestellt, 8 Anträge befürwortete der Bezirksverband. Der Zentralvorstand machte deutlich, daß maximal vier Reisen bewilligt werden könnten. Die Künstler antworteten am 30. Juni 1984 mit einer Resolution.[23]

An den Bezirksvorstand des VBK Leipzig

Mit der 4. Gesprächsrunde (»Fliegende Blätter« der SL Malerei/Gr.) im Künstlerclub »Kaffeebaum« am 30.6.84 hat sich folgendes Problem verdeutlicht:

Die Mehrzahl der Kollegen ist nicht mehr bereit, die bislang geübten Praktiken der Reiseantragsbearbeitung hinzunehmen. Aktuelle Belege sind die letzten Entscheidungen über die Anträge zum Besuch der Beckmann-Ausstellung in Westberlin.

Wir fordern, daß auf schriftliche Anträge verbindliche schriftliche Antworten erteilt werden.

Und wir fordern, daß klare Kriterien der Antragsgewährungen fixiert und im Mitteilungsblatt des Zentralvorstandes bekanntgegeben werden.

J. Haase, D. Burger, H. H. Grimmling, J. Schäfer, J. Braun, W. Ebersbach, Ch. Ebersbach, G. Petersdorf, G. Kohl, G. Thiele, W. Böttcher, B. Böttcher, A. Gehse, G. Firit, L. Dammbeck, V. Wendt, E. Löbel, A. Deckhardt, A. Hüthel, M. Geilsdorf, St. Wagner, M. Küster, O. Wegewitz, S. Gerhard, G. Huniat, O. Lieverz, W. Siegenbruck, I. Wunderlich, A. Novaky, J. Mesik, G. A. Schulz, G. Brendler, W. Henne, P. Pfeffer-

194

korn, W. Libuda, W. Biedermann, G. Pontius, M. Janus-Sommer, I. Kiele, K. G. Hirsch, R. Schade, W. Mattheuer, U. Mattheuer-Neustädt, B. Böhme, J. Giese, A. Weisgerber[24]

Acht Künstler lehnten die Unterzeichnung der Resolution ab, unter ihnen Sieghardt Gille, Arno Rink und Johannes Heisig. Das hatte jedoch weniger mit dem Grund der Resolution als mit ihrer Form zu tun. Johannes Heisig nahm am 1. Juli 1984 Stellung.[25]

Der Vorlage einiger Kollegen des Leipziger Bezirksverbandes zur Frage der Studienreisemöglichkeiten schließe ich mich in der Sache in folgenden Punkten an:

1. Es ist unter den gegebenen politischen Prämissen einsehbar, daß Studienreisen bestimmten Kontingentierungen unterliegen müssen. Nicht einsehbar ist jedoch ein Nicht-Reagieren auf Anträge bzw. eine kommentarlose Ablehnung. Meiner Meinung nach muß in erheblich stärkerem Maße die vertrauensvolle Aussprache stattfinden, wie sie etwa Willi Sitte anläßlich der Ausstellung »Junge Künstler der DDR 1984« mit den Preisträgern in Berlin über dieses Thema führte.

2. Es gibt nach wie vor Unklarheiten über das Procedere von Antragstellung und – bearbeitung. Das betrifft z.B. die Finanzierungsmöglichkeiten solcher Reisen oder aber auch die Dauer der notwendigen Bearbeitungsfrist. Besonders spürbar wird dieses Informationsmanko bei jungen Verbandskollegen, die, wenn überhaupt, oft zu spät oder in falscher Form Anträge auf Studienreisen stellen.

Ich glaube es ist nötig, anstelle der meist geübten Praxis, diese Fragen als »die Tagesordnung sprengend« von vornherein auszuklammern, Mittel und Wege zu suchen, Möglichkeiten bzw. Unmöglichkeiten in der Gewährung von Studien- oder Dienstreisen für die Kollegen transparenter zu machen.

Joh. Heisig

Verbandpräsident Willi Sitte sammelte die Erklärungen, holte eine Stellungnahme vom Bezirksverband des VBK ein und übergab das Material der Abteilung Kultur im ZK. Dort reagierte man mit der üblichen Nicht-

politik. Transparenz zog nicht ein. Für wenige wurden Reisen großzüger gewährt, andere erhielten wie bisher keine Reisegehmigung. Einige verließen die DDR.

Preisverleihung auf dem Land

Auch die Vereinigung der gegenseitigen Bauernhilfe stiftete ihren Kunstpreis. Verliehen wurde er jedoch nur pro forma von der VdgB, das letzte Wort behielt sich Politbüromitglied Werner Felfe, zuständig für Landwirtschaft, vor. Er stimmte die Vorschläge seinerseits am 16. April 1986 mit Kulturchef Kurt Hager ab.[26]

Lieber Genosse Kurt Hager!

Wie wir abgestimmt hatten, wird anläßlich des 40. Jahrestages der Gründung der Vereinigung der gegenseitigen Bauernhilfe erstmalig, und zwar am 16. Mai 1986 in Neubrandenburg, der Kunstpreis der VdgB verliehen. Es gibt dazu folgende Vorschläge, die mit den Künstlerverbänden und dem Ministerium für Kultur abgestimmt wurden:

1. Genosse Walter Womacka – Vizepräsident des Verbandes Bildender Künstler für sein Gemälde über Fritz Dallmann, Vorsitzender der VdgB
2. Genosse Jurij Brézan – für seine Werke über das Leben im Dorf, insbesondere für sein Buch »Das Bildnis des Vaters«
3. Ein Kollektiv der Gemeinde Oppurg, Bezirk Gera für die vorbildliche Arbeit bei der Verwirklichung einer Ortsgestaltungskonzeption
4. Genosse Wolfram Schubert – Bezirksvorsitzender des Verbandes Bildender Künstler Neubrandenburg für seine Werke über die sozialistische Landwirtschaft

Falls es Deinerseits keine Einwände gäbe, würde der Zentralvorstand der Vereinigung der gegenseitigen Bauernhilfe diesen Persönlichkeiten bzw. Kollektiven den Kunstpreis verleihen.

Mit sozialistischem Gruß
W. Felfe

Hager antwortete am 16.April 1986.[27]

Lieber Werner!

Die Vorschläge halte ich für gut. Ich möchte jedoch anregen, auch Erwin Strittmatter für die Auszeichnung vorzusehen. Er ist ein Genosse und Schriftsteller, der nicht nur auf dem Dorf lebt, sondern auch viele wunderschöne Geschichten geschrieben hat, die eine große Leserschaft finden. Wir sollten ihn nicht wegen einiger umstrittener Arbeiten in die Ecke stellen. Er hat längst eine Auszeichnung verdient.

Mit sozialistischem Gruß
Kurt Hager

Alle Vorgeschlagenen erhielten den Preis. Im Bereich Literatur wurde er zweimal vergeben: an Brezan und Strittmatter. Das Bauernecho berichtete ausführlich, druckte jedoch von Strittmatter kein Bild – organisatorische Schwäche oder stiller Protest?

Genug gewandert!

Immer mehr Prominente gingen in den Westen, behielten aber die Staatsbürgerschaft der DDR. Doch die Möglichkeit zur Wiedereinreise stellte die SED vor noch größere Probleme, als eine Ausreise auf Dauer. Daher drängte das Politbüro seit 1987 auf eindeutige Entscheidungen. Am 27. Mai 1988 erhielt Kurt Hager eine maschinenschriftliche Notiz, betreffs Monika Maron. Ihr fiel die Wahl – Ost oder West – offenbar besonders schwer.[28]

Lt. Mitteilung Ministerium für Kultur hat sie wieder in der HV Verlage vorgesprochen. Da die Angelegenheit ihres Visums immer noch nicht geklärt sei, habe sie eine Veranstaltung für den 30. Mai abgesagt. Am 5.6. habe sie eine weitere Veranstaltung. Wenn sie diese wieder absagen müsse gäbe es einen Skandal.

Hager notierte auf dem Zettel, den er an Erich Mielke – zuständig für Visafragen – weiterleitete, wie mit Maron zu verfahren sei.

Am 26.5. wurde Gen. Höpcke beauftragt, M. M. zu erklären:
1) es bleibt bei der Festlegung, daß sie ein 3-Jahresvisum für die BRD etc. erhält mit einmaliger Ein- und Ausreise
2) in dringenden Familienangelegenheiten kann sie entsprechend dem Wunsch ihrer Mutter dann und wann wieder einreisen
3) ihre Drohung mit Skandal wird als Provokation zurückgewiesen

Da bisher kein einziges ihrer Bücher in der DDR erschien war, akzeptierte die Stieftochter des einstigen Innenministers. Maron entschied sich für die Ausreise nach Hamburg.

Betr. Nationalpreis

Der Nationalpreis der DDR war recht hoch dotiert. 100.000 Mark gab es in der höchsten Klasse. Doch neben dem finanziellen Aspekt war die Signalwirkung des Preises, gerade für von der Zensur gebeutelte Autoren, entscheidend. Am 24. August 1988 schrieb Hermann Kant an Erich Honecker, um für Volker Braun zu bitten.[29]

Lieber Genosse Honecker!

Soeben (am Abend des 23. August) erfahre ich von einem Sekretariatsbeschluß, demzufolge unser Vorschlag, Volker Braun mit dem Nationalpreis I. Klasse auszuzeichnen, entgegen ursprünglichen Annahmen nicht mehr berücksichtigt werden soll. Wenn meine Informationen stimmen, hat es geheißen, Volker Braun solle sich noch weiter künstlerisch entwickeln.

Zwar weiß ich von der Bedeutung eines Sekretariatsbeschlusses, aber ich halte es dennoch für meine Pflicht, Dir meine Meinung in dieser Sache vorzutragen.

Volker Braun gehört für mich zu der ganz kleinen Gruppe von DDR-Künstlern, die man als genial bezeichnen kann. Unter den Dichtern der mittleren Generation ist er in seiner Verkörperung von politischem Denken und poetischem Talent die bedeutendste Erscheinung.

Daß sein Werk nicht jedermanns Sache ist, versteht sich – bei Majakowski war es auch nicht anders. Ich jedenfalls nehme die Schwierigkeiten, die er gelegentlich macht, gern in Kauf, denn sein Schaffen und die Unterstützung, die ich durch ihn in der Verbandsarbeit erfahren habe, wiegen derlei leicht auf.

Eine Abweisung unseres Vorschlages bedeutete einen irreparablen Rückfall. Ich wüßte nicht, wie ich damit im Verband zurechtkommen sollte. Ich weiß auch nicht, wie unter solchen Umständen meine schriftstellerische Arbeit gehen soll. Volker Braun ist mir seit 20 Jahren ein treuer Weggefährte, und es ist überhaupt kein Zufall, daß er im Westen nur halb soviel gilt wie ein Dutzend anderer schreibender Leute hier im Lande. Er taugt eben nicht für sie, aber mit allem, was uns manchmal an ihm ärgert, taugt er ganz und gar für uns. Eine weitere Zurücksetzung für ihn müßte ihn schwer verletzen und würde uns großen Schaden zufügen. Ich bitte herzlich, die Sache noch einmal zu überdenken.

Lieber Genosse Erich Honecker, auch wenn dies nun eine merkwürdige Mischung ergibt, will ich diese bittere Gelegenheit doch nutzen, Dir zu Deinem morgigen Geburtstag die besten Wünsche zu sagen.
Sehr herzlich
Dein Hermann Kant

Braun erhielt den Nationalpreis noch 1988. 1989 konnte der Mitteldeutsche Verlag Halle mit einer Werkausgabe beginnen.

Wolfgang Mattheuer kündigt die Gemeinschaft auf

Ausgerechnet am Republikgeburtstag, am 7.Oktober 1988, sandte der Leipziger Maler Wolfgang Mattheuer seine Austrittserklärung an die SED-Grundorganisation Bildende Kunst.[30]

Austrittserklärung
Als ich 1958 mich um Mitgliedschaft in der Sozialistischen Einheitspartei Deutschlands bewarb, tat ich das nicht, um alle persönliche Verantwortung im Sinne jener fatalen Verse »Die Partei, die Partei hat immer recht« an diese Partei abzutreten. Gehorsame, bedingungslose Teilhabe oder gar Nutznießung an diesem Absolutum war nie mein Bestreben. Im Gegenteil: Ich glaubte immer, mitwirken zu können, auch bei der Überwindung dieses Wahns.
Ich sehe heute: Sie, die Partei, braucht das sich selbstbestimmen wol-

lende Individuum nicht. Sie hat gar keine geeigneten Mechanismen entwickelt, individuelles Wissen und Erleben von unten positiv zu integrieren. Sie ist nach wie vor allwissend und allmächtig und spricht nur ungern mit nicht jubelnden Genossen. Ein »Ja, aber...« ist ihr schon lästig. Was tun? Ich fühle mich mitverantwortlich, im Engen wie im Weiten, und denke nicht daran, meine Verantwortung zu leugnen oder nach »Oben« zu delegieren und mich zum Mitläufer selbst zu entwerten. Ich kann nicht jubeln und kann auch nicht Ja sagen, wo Trauer und Resignation, Mangel und Verfall, Korruption und Zynismus, wo bedenkenloser, ausbeuterischer Industrialismus so hochprozentig das Leben prägen und niederdrücken und wo programmatisch jede Änderung heute und für die Zukunft ausgeschlossen wird. Mit aller Vernunft und selbstkritischem Zweifel eines geborenen Proletariers: Ich kann das gewordene nicht anders sehen und bezeichnen.

Meine Verantwortungswilligkeit und Verantwortungsfähigkeit haben ihre Grenzen erreicht. Ich muß meine Konsequenzen ziehen. Ich werde weiterhin in dem Land und der Stadt, in denen ich tief verwurzelt bin, mit aller Kraft und allen meinen Fähigkeiten arbeiten, aber ich kündige meine Mitgliedschaft in der Sozialistischen Einheitspartei Deutschlands.

W. Mattheuer

Der prominente Name war Anlaß für die Genossen in Leipzig, das Schreiben ins Zentralkomitee zu geben. Kurt Hager, zuständig für Kultur, leitete das Schreiben als Hausmitteilung am 18. Oktober an Erich Honecker weiter.[31]

Lieber Erich!
Der Leipziger Maler Mattheuer hat seinen Parteiaustritt erklärt (siehe Anlage). Die Bezirksleitung Leipzig hat mit ihm sehr viele Gespräche geführt und mit Geduld und Einfühlungsvermögen immer wieder auf seine verschrobenen Ansichten reagiert. Der Sekretär der Bezirksleitung, Gen. Meyer, wird noch einmal mit ihm sprechen, aber sollte Mattheuer bei seinem Standpunkt bleiben, den Austritt akzeptieren.

Mit sozialistischen Gruß
Kurt Hager

Honecker schrieb quer über Hagers Schreiben: »Korruption müßte er nachweisen, sonst ist es eine Unterstellung!«. Doch er entschied ohne Umschweife: »Einverstanden. EH 18.10.88«.

STUDIO FÜR SPIELFILME
- Generaldirektor -
1502 POTSDAM · BABELSBERG · August-Bebel-Str. 26-53

Genossen Hermann Axen
Mitglied des Politbüros und
Sekretär des ZK
B e r l i n
Haus des ZK

FERNSCHREIBER: 015 203
FERNRUF: Potsdam, Sammel-Nr. 3721
DRAHTWORT: Filmstudios Babelsberg
BAHNSTATION: Potsdam
BANKKONTO: Staatsbank Potsdam,
Konto-Nr.2131-18-40
Bank-Konn-Nr. 2131
POSTSCHECKKONTO: Berlin 7199-54-158 96

Persönlich

| Ihre Zeichen | Ihre Nachricht vom | Unser Zeichen | Hausruf | Tag | 5.6.78 |

Betrifft:

Lieber Genosse Axen !

Wie angekündigt: Übersende ich Dir in der Anlage das Szenarium
zu einem Spielfilm unter dem Titel "Tell Zaatar", das uns
Dean Reed vor einiger Zeit übergeben hat.
Ausgehend von seinem Besuch bei der PLO am Ende des vergangenen Jahres und offenbar tief beeindruckt von der Tapferkeit
und Leidensbereitschaft des palästinensischen Volkes, hat
Dean Reed die Geschichte der Lequidierung des Flüchtlingslagers Tell Zaatar darzustellen versucht.
Bei aller Aktualität des Brennpunktes Naher Osten sind wir
um mögliche Wirkungen besorgt, wenn wir ein solches Projekt
realisieren; denn

1. ist die Geschichte - wie es der Gegenstand nahelegt - im
   wesentlichen als eine heroische L e i d e n s g e -
   s c h i c h t e notiert und dies leider mit mancherlei
   naturalistischen Beifügungen; Blut; Sterben; detailliert
   vorgeführte medizinische Operationen u.ä.;

2. ist gerade der Prozeß; zu dem Bürger unseres Landes viele
   Fragen haben: das komplizierte Ringen um Einheit auf
   prinzipieller Grundlage; gänzlich ausgespart. Die patrio -
   tische Einheit wird "einfach gesetzt";

Die Bürkholz-Formation wird aufgelöst

Der Stern der Leipziger Bürkholz-Formation war 1971 aufgegangen. Rundfunkaufnahmen, vordere Plätze in den DDR-Hitparaden, eine Tournee durch Ungarn war fest gebucht. Doch der Beat, den Bürkholz vorlegte, war zu heiß: Es kam regelmäßig zu kleineren Zwischenfällen. Die Staatsmacht handelte am 20. Juli 1973. Werner Wolf, Abteilungsleiter für Kultur im Rat des Bezirkes Leipzig, führte ein Ordnungsstrafverfahren gegen die Band durch. Wolf war erfahren, er hatte 1965 auf Anweisung der SED-Bezirksleitung die »Butlers«, die erste Band von Klaus Renft, verboten. Am 1. August 1973 erstattete er der Bezirksleitung der SED Bericht.[1]

Information über die im Zusammenhang mit dem Auftreten der Bürkholz-Formation eingeleiteten Maßnahmen, damit in Verbindung stehende Probleme und Schlußfolgerungen für die Entwicklung der Tanzmusik im Bezirk Leipzig

1. Am 22.6.1973 wirkte die Bürkholz-Formation in einem Konzert anläßlich der Betriebsfestspiele des Kombinats Robotron in Radeberg mit. Bei diesem Auftritt ist es zu einer ernsthaften Gefährdung der Ordnung und Sicherheit, zu tätlichen Angriffen gegen Angehörige der Volkspolizei und der FDJ-Ordnungsgruppe gekommen. An den Ausschreitungen, die zu schweren Sachbeschädigungen führten, waren über 200 Jugendliche beteiligt.

Auf der Grundlage des Informationsmaterials des Staatsanwaltes des Bezirkes Dresden über das Auftreten der Bürkholz-Formation wurde entsprechend den Anordnungen Nr. 1 und 2 über die Ausübung von Tanz- und Unterhaltungsmusik sowie des Gesetzes über die Bekämpfung von Ordnungswidrigkeiten am 20.7.1973 das Ordnungsstrafverfahren gegen die Mitglieder der Bürkholz-Formation durchgeführt.

Durch das Mitglied des Rates, Abteilungsleiter Kultur, Genossen Wolf, wurden folgende Entscheidungen getroffen:
– Jedes Mitglied der Bürkholz-Formation wurde mit einer Ordnungsstrafe von 300,- Mark beauflagt
– Die Bürkholz-Formation wurde aufgelöst.
– Gegen Thomas Bürkholz wurde ein unbefristetes Spielverbot ausgesprochen.

Gegen die Mitglieder der Bürkholz-Formation Wolfgang Zahn, Heinz Geisler, Frank-Peter Czerny wurde ein Spielverbot von einem Jahr ausgesprochen.

– Die Berufsmusiker Michael Heubach und Hans-Jürgen Beyer erhielten die Möglichkeit, in einer andern Kapelle weiter Musik auszuüben.

– Die vom Rat des Bezirkes für Bürkholz, Zahn, Geisler und Czerny ausgestellten Auftrittsgenehmigungen wurden eingezogen.

Von den Entscheidungen wurden die Räte der Bezirke sowie der Rat der Stadt und die Räte der Kreise des Bezirkes Leipzig unterrichtet.

Die Künstleragentur der DDR hat die vorgesehene Tournee der Bürkholz-Formation nach der Volksrepublik Ungarn abgesagt.

Die Leitung des Staatlichen Komitees für Rundfunk der DDR sperrte alle Titel der Bürkholz-Formation.

Bei den eingeleiteten Maßnahmen wurde davon ausgegangen, daß in den letzten Wochen durch Mitarbeiter der Abteilung Kultur des Rates des Bezirkes mit der Bürkholz-Formation bereits mehrere Aussprachen über Gesetzesverletzungen durchgeführt wurden. Es handelte sich dabei um überhöhte Honorarforderungen und Vernachlässigung der persönlichen Qualifizierung von Mitgliedern der Bürkholz-Formation. Thomas Bürkholz vernachlässigte das im Frühjahr 1972 begonne Abendstudium an der Hochschule für Musik. Studienbummelei und außergewöhnlich schlechte Leistungen führten im Juni 1973 zum Abbruch des Studiums.

Die Musiker Zahn, Geisler und Czerny unternahmen nur ungenügende Anstrengungen, um die Ausbildung an der Musikschule Leipzig-Stadt mit guten Ergebnissen abzuschließen.

Gegen die Entscheidung des Mitgliedes des Rates, Abteilungsleiter Kultur, Genossen Wolf, die Spielverbote betreffend, erhoben die Mitglieder der Bürkholz-Formation am 26.7.1973 Einspruch. Entsprechend der gesetzlichen Regelungen wird der Rat des Bezirkes am 10.8.1973 darüber endültig befinden.

2. Gegenwärtig gibt es im Bezirk Leipzig 350 Amateurtanzkapellen und 57 Berufstanzkapellen.

Auf der Grundlage der Tanzmusikkonferenz 1972 des Ministeriums für Kultur wurde mit den Tanzmusikschaffenden über die Rolle der Tanzmusik bei der Entwicklung von Persönlichkeiten, die einen unverrückbaren sozialistischen Standpunkt einnehmen, die Diskussion geführt. Es kann eingeschätzt werden, daß die Mehrzahl der Berufs- und Amateurtanzmusiker der Grundlinie unserer sozialistischen Kulturpolitik zustimmt und viele Kapellen dazu auch einen eigenen schöpferischen Beitrag leisten. Andererseits zeigen sich Einflüsse der imperialistischen Ideologie, der Nachahmung westlicher Vorbilder, der Übernahme von Titeln, die von Rundfunk- und Fernsehstationen der BRD ausgestrahlt werden. Viele Kapellen werden nach wie vor ihrer Verantwortung im Hinblick auf die Programmgestaltung entsprechend der Anordnung Nr. 1 zur Ausübung von Tanz- und Unterhaltungsmusik nur sehr ungenügend gerecht.

In der politischen Führung der Amateurtanzkapellen wird in der Stadt und im Kreis Leipzig-Land seit längerer Zeit eine verantwortungsbewußte Arbeit geleistet, die in Zukunft weiter verstärkt und zum Maßstab für alle Kreise des Bezirkes werden muß. Stärkere Aufmerksamkeit muß den jungen Berufskapellen gewidmet werden. Dies gilt in erster Linie für die Klaus-Renft-Combo.

Auch bei dieser Gruppe gibt es ernsthafte Probleme im Hinblick auf die Programmgestaltung, ihr Auftreten und ihre Qualifizierung. Mit den Mitgliedern der Klaus-Renft-Combo, einschließlich ihres Sängers Gerulf Pannach, wird nach der Rückkehr aus dem Urlaub eine prinzipielle Auseinandersetzung über ihre künftige Arbeit geführt. [...]

Eingaben einiger Bandmitglieder veranlaßten das ZK der SED zur Prüfung des Sachverhaltes. Obwohl die »Feststellungen der Justizorgane« nicht prinzipiell in Frage gestellt wurden, durften die Musiker von »Bürkholz« im Frühjahr 1974 wieder in verschiedenen Bands spielen. Zum endgültigen Zerwürfnis mit Renft kam es im September 1975. [2]

Nina Hagen erhält ein künstlerisches Profil

»Du hast den Farbfilm vergessen« war 1974 Nina Hagens erster Hit. Die Karriere der 20-jährigen setzte sich ohne Bruch fort: Filmrollen, Singles, Fernsehauftritte. Etwas zu schnell für den Geschmack einiger Funktionäre, denn Stiefvater Wolf Biermann schien ideolgischen Einfluß geltend zu machen. 1. Juni 1976 erhielt die Abteilung Kultur beim ZK eine Aktennotiz zum geplanten Entwicklungsweg der Künstlerin. [3]

Durch das Komitee für Unterhaltungskunst wurde hinsichtlich der Problematik Nina Hagen folgendes festgelegt:

1. Die Betreuung von Nina Hagen wird durch die Mitarbeiter der Generaldirektion, Genossin Eva Günther, wahrgenommen. Eva Günther war die Lehrerin von Nina Hagen während ihrer Studienzeit am Zentralinstitut für Unterhaltungskunst. Nina Hagen bringt der Genossin Günther Aufgeschlossenheit und Achtung entgegen.

2. Mit Nina Hagen wird ein Betreuungsvertrag abgeschlossen, der im wesentlichen beinhaltet:

– Erarbeitung neuen Repertoires mit dem Ziel der Formierung eines akzeptablen künstlerischen Profils von Nina Hagen. Während dieser Zeit, die voll der schöpferischen Arbeit dienen soll, wird die Anzahl der öffentlichen Auftritte von Nina Hagen in Grenzen gehalten. (Der steuernde Einfluß des Komitees für Unterhaltungskunst auf die Mitwirkung von Nina Hagen in Fernsehspielen und fernsehpublizistischen Sendungen ist nicht gewährleistet.)

– Mitwirkung von Nina Hagen als Solistin in einem neuen Programm, das von der Generaldirektion erarbeitet wird. Dabei wird die Bildung eines guten, zuverlässigen Kollektivs angestrebt, um den erforderlichen politisch-ideologischen und künstlerisch-ästhetischen Einfluß auf Nina Hagen zu sichern. Dieses Kollektiv wird von der Generaldirektion beim Komitee für Unterhaltungskunst eingesetzt. In einem Gespräch, das der Generaldirektor, Genosse Peter Czerny, mit Nina Hagen führte, wurde hierzu Übereinstimmung erzielt.

Nina Hagen erklärte unaufgefordert, daß in ihrer künstlerischen Tätigkeit die Kulturpolitik der DDR für sie verbindlich ist, von ihr voll anerkannt wird und daß sie keine ideologischen Bindungen zu Wolf Biermann hat.

Sofort nach der Ausbürgerung Wolf Biermanns stellte Nina Hagen einen »Antrag auf Aberkennung der DDR Staatsbürgerschaft«. »Ich glaube fest an den Sozialismus« formulierte sie, machte aber deutlich, daß sie nicht werde »schweigen können über die Ungerechtigkeit«. Und somit werde sie »nichts zu tun bekommen, was meinen Fähigkeiten entspricht«.[4] 1978 veröffentlichte sie ihre erste LP im Westen. Sie verkaufte sich glänzend und erhielt eine goldene Schallplatte.

Dean Reed ist politisch naiv

Schon 1961 hatte der 1938 geborene Dean Reed Erfolge in Hollywood. In den sechziger Jahren war er ein Fernsehstar in Südamerika. Doch da er sich für die Unterdrückten einsetzte und durch die Sowjetunion tourte, war seine Karriere im Westen bald beendet. 1972 siedelte er in die DDR über. Neben seiner Schauspielkarriere engagierte er sich im »Weltfriedensrat«. So lernte er Yasser Arafat kennen und schätzen. Der Kampf der PLO begeisterte ihn so sehr, daß er einen Film darüber drehen wollte. Bei der DEFA hielt sich die Begeisterung jedoch in Grenzen. Generaldirektor Mäde teilte Politbüromitglied Hermann Axen am 5. Juni 1978 seine Bedenken mit.[5]

Lieber Genosse Axen!

Wie angekündigt übersende ich Dir in der Anlage das Szenarium zu einem Spielfilm unter dem Titel »Tell Zaatar«, das uns Dean Reed vor einiger Zeit übergeben hat.

Ausgehend von seinem Besuch bei der PLO am Ende des vergangenen Jahres und offenbar tief beeindruckt von der Tapferkeit und Leidensbereitschaft des palästinensischen Volkes, hat Dean Reed die Geschichte der Liquidierung des Flüchtlingslagers Tell Zaatar darzustellen versucht. Bei aller Aktualität des Brennpunktes Naher Osten sind wir um mögliche Wirkungen besorgt, wenn wir ein solches Projekt realisieren, denn

1. ist die Geschichte – wie es der Gegenstand nahelegt – im wesentlichen als eine heroische Leidensgeschichte notiert und dies leider mit mancherlei naturalistischen Beifügungen, Blut, Sterben, detailliert vorgeführte medizinische Operationen u.ä.,

2. ist gerade der Prozeß, zu dem Bürger unseres Landes viele Fragen haben, das komplizierte Ringen um Einheit auf prinzipieller Grundlage, gänzlich ausgespart. Die patriotische Einheit wird »einfach gesetzt«;

3. ist es für uns überhaupt schwer einschätzbar, ob die direkte Darstellung des politischen und militärischen Geschehens im Libanon eine solche Art des unverschlüsselten »Eingreifens« der gegenwärtigen Situation angemessen ist. (Dean Reed schwebt vor, mit zum Teil internationaler Besetzung den Film unter direkter Mitverantwortung und

Mitfinanzierung durch die PLO etwa in Libyen zu produzieren. Er hat gleichzeitig mit der Übergabe an uns auch ein Exemplar des Szenariums an Yasser Arafat persönlich übersandt.)
Ich habe gleichlautend auch Genossen Hager um seinen Rat gebeten. Nach wie vor freuen sich die Genossen hier auf Deinen bevorstehenden Besuch, aber alle haben volles Verständnis für die Arbeitslast, die Du zu tragen hast. Deiner Anregung folgend, möchten wir erste Terminvorschläge machen. Für uns wäre sowohl die Woche vom 21. bis 25. 8. als auch die vom 28. 8. bis 1. 9. günstig. Was den Tag angeht, möchten wir uns voll nach Dir richten und selbstverständlich würde ich Dir auch noch ein paar Fragekomplexe, die aus der Sicht des Studios von besonderem Interesse sind, rechtzeitig vorher übermitteln. Einstweilen vielen Dank für Deine Bemühungen.

Mit sozialistischem Gruß
Hans Dieter Mäde

Axen gab Hager am 26. Juli die Stellungnahme der Abteilung »Internationale Verbindungen« zur Kenntnis. Ein Kommentar erübrigte sich.[6]

Das vorliegende Szenarium hat die Vernichtung des palästinensischen Flüchtlingslagers »Tell Zaatar« im Libanon zum Inhalt. Bei der Darstellung des politischen Hintergrundes, vor dem die Handlung entwickelt wird, werden im Szenarium folgende Aspekte ungenügend berücksichtigt:
1. Im Szenarium wird die Vernichtung des Lagers ausschließlich den faschistischen christlichen Milizen zugeschrieben. Das entspricht nur bedingt der historischen Wahrheit. Zum Zeitpunkt der Vernichtung des Lagers war der Libanon und auch der Teil der Stadt Beirut, in dem das Lager liegt, von syrischen Truppen besetzt. Die christlichen Milizen konnten nur deshalb ungestört operieren, weil ihre Aktionen von den syrischen Truppen nicht nur geduldet, sondern mehr oder weniger offen unterstützt wurden. So ist das Lager »Tell Zaatar« selbst während der Belagerung von syrischer Artillerie beschossen worden. Die christlichen Milizen befanden sich zu diesem Zeitpunkt nicht im Besitz so zahlreicher Geschütze. Die Frage der Schuld für die Vernichtung des Lagers ist also gleichzeitig bei Syrien zu suchen. Es versteht sich von

selbst, daß die DDR im gegenwärtigen Augenblick keinerlei Interesse daran hat, diese Probleme aufzugreifen und Syrien anzuprangern.[7]

Das Szenarium übergeht völlig die Uneinheitlichkeit der palästinensischen Bewegung und unterschlägt somit einen entscheidenden Aspekt für eine richtige Einschätzung der dargestellten Ereignisse. Zum einen war die palästinensische Bewegung im Lager selbst nicht einheitlich, sondern es gab gegensätzliche Gruppierungen. Der Widerstand des Lagers wurde nicht unerheblich durch Streitigkeiten, Kompetenzprobleme usw. beeinflußt. Tatsache ist auch, daß die palästinensische Bewegung in ihrer Gesamtheit militärisch durchaus in der Lage gewesen wäre, das Lager zu entsetzen und die Bewohner freizukämpfen. Dem stand jedoch entgegen, daß die PLO nicht imstande war, militärisch einheitlich zu handeln. Außerdem vertrat die PLO zu diesem Zeitpunkt einen offen antisyrischen Kurs und vermochte sich nicht mit Syrien über das weitere Schicksal des Lagers zu einigen. Insofern war auch die PLO indirekt an der Vernichtung des Lagers mitschuldig. Das hinderte die PLO jedoch nicht, das Märtyrium der Menschen des Lagers nach dessen Vernichtung für ihre Politik auszunutzen. Das vorliegende Szenarium, daß diese politischen Zusammenhänge unterschlägt, liegt seiner Tendenz nach genau auf dieser von einem übertriebenen Nationalismus getragenen Propagandalinie.

3. Als Hauptschuldige treten im Szenarium die Führer der rechten, faschistischen Gruppierungen, Gemayel und Pierre Chamoun, auf und werden als einzige Verantwortliche an dem Massaker hingestellt. Diese politischen Repräsentanten der rechten libanesischen Kräfte werden auch künftig in der libanesischen Politik eine wichtige Rolle spielen. Im Hinblick auf die Beziehungen der DDR zur Republik Libanon wäre es politisch falsch, wenn wir als DDR diese Personen namentlich anklagen und ihre Rolle in der libanesischen Politik entlarven wollten.

Unter Berücksichtigung dieser politischen Aspekte muß empfohlen werden, von der Produktion eines Spielfilms auf der Grundlage des vorliegenden Szenariums Abstand zu nehmen.

Zudem zeugt der Text von einer ungenügenden Kenntnis arabischer Sitten und Gebräuche und der arabischen Mentalität. So werden sich palästinensische Kämpfer niemals mit dem jüdischen Gruß »Shalom« begrüßen, und eine Partisanin wird kaum, auch nicht als Decknamen, den Namen Abu Ali (= Vater des Ali) annehmen.

Die künstlerische Qualität und die Schwächen des Szenariums

(grober Naturalismus, ungenügende Motivierung der Wandlung der Charaktere, Simplifizierung von Handlung und Personen) wurden bei der vorliegenden Einschätzung nicht mit einbezogen.
Bator

Hager beauftragte seinen Mitarbeiter Kurt Rätz, die Stellungnahme des ZK an die DEFA zu geben.[8]

Ich schlage vor, daß Du (oder Erika, wenn sie zurück ist) die beiliegende Einschätzung Genossen Mäde *mündlich* zur Kenntnis gibst. Wir sollten sie nicht zirkulieren lassen, aber Genosse Mäde muß Bescheid wissen, um mit Dean Reed in angemessener Weise zu sprechen. *K.H.*

Der Film wurde nicht gedreht.

Der brave Schüler Ottokar bekommt einen Tadel

Die Geschichten vom Schüler Ottokar erfreuten ganze Pioniergenerationen. Wenn es weihnachtete, lasen Lehrer gern aus »seinen« Büchern vor, denn trockener Humor verband sich auf das Glücklichste mit Linientreue. Otto Funke, Vorsitzender des Komitees der Antifaschistischen Widerstandskämpfer, sah das allerdings ganz anders. Am 23. Oktober 1978 erzürnte ihn die Lektüre des »Eulenspiegel« derart, daß er einen Protestbrief an den Chefredakteur schrieb. Der brave Schüler Ottokar hatte erzählt, wie die Suche seiner Klasse nach einem »revolutionären Opa« schiefgegangen war. Die Pioniere hatten sich schließlich als »Paten« ihrer Klasse einen noch sehr jungen Aktivisten ausgesucht.[9]

Werter Genosse Nagel!

In Nr. 42/78 erschien ein Beitrag von »Ottokar Domma« unter der schon eigenartigen Überschrift »Wie wir einen revolutionären Opa suchten«. Obwohl wir für Humor und Witz durchaus empfänglich sind und auch für Satire nicht nur Verständnis haben, sondern sie auch in unserer Gesellschaft für notwendig zur Bekämpfung von Unzulänglichkeiten und Mißständen halten – in der revolutionären Arbeiterbewegung war und ist Satire außerdem seit jeher eine scharfe Waffe gegen den Klassenfeind – können wir nicht umhin, festzustellen, daß obengenannter Beitrag in Kreisen der Arbeiterveteranen und der antifaschistischen Widerstandskämpfer gelinde gesagt, großes Befremden hervorgerufen hat. Zahlreiche Genossen, die uns auf diesen Beitrag hinwiesen, machten aus ihrer Empörung keinen Hehl.

Auch sind wir der Auffassung, daß er nicht widerspruchslos hingenommen werden kann und für uns unakzeptabel ist. Selbst wenn der Autor die Absicht gehabt haben sollte, Mängel in der Pflege revolutionärer Traditionen mit dem Mittel der Satire darzustellen, ist ihm das gründlich mißlungen. Indem er die »revolutionären Opas« als ungeeignet hinstellt, hat er der Traditionspflege einen schlechten Dienst erwiesen und die Arbeiterveteranen generell ins Lächerliche gezogen und beleidigt. Wenn »Domma« das nicht empfand, die verantwortlichen Redakteure der Zeitschrift hätten dies bemerken müssen, denn es ist ja kaum anzunehmen, daß ein solcher Beitrag ohne Zustimmung des Redaktionskollegiums erscheinen kann.

Zur Begründung unserer Auffassung verweisen wir auf folgende Gesichtspunkte:

– Der IX. Parteitag stellte die Aufgabe, zur kommunistischen Erziehung der Jugend die Pflege revolutionärer Erfahrungen und Traditionen verstärkt zu nutzen, hierbei durch Parteiveteranen und antifaschistische Widerstandskämpfer die Geschichte lebendig zu vermitteln, um über Geschichtskenntnis Geschichtsbewußtsein herauszubilden. Die Notwendigkeit und die hierbei erzielten Erfolge wurden auf dem soeben beendeten VIII. Pädagogischen Kongreß – zu welchem der »Domma«-Artikel offensichtlich der Beitrag des »Eulenspiegel« sein sollte – erneut betont unterstrichen. Dabei wurde ausdrücklich gefordert, die Zusammenarbeit zwischen den Volksbildungsorganen und den Komitees der Antifaschistischen Widerstandskämpfer der DDR zu fördern, weil daraus wertvolle Resultate zu verzeichnen sind. Zieht man aus »Dommas« Artikel jedoch das gewollte und ungewollte Resümee, so ist dies ohne Sinn und sogar schädlich, weil die »revolutionären Opas«, so wie »Domma« es darstellt, wie die Nadel im Heuhaufen zu suchen sind oder aber in ihrer Senilität alles durcheinander bringen und dummes Zeug reden. Für ihn sind erst Revolutionäre aus der Zeit nach 1945 brauchbar und sinnvoll, wobei wir unterstreichen, daß die Geschichte der DDR Bestandteil des Kampfes und der revolutionären Traditionen der Arbeiterklasse ist. Diese Satire aber orientiert darauf, die von der Parteiführung als wertvoll erkannte, geforderte und geförderte Unterstützung durch die Arbeiterveteranen und antifaschistischen Widerstandskämpfer nicht zu nutzen, obwohl es noch tausende Beispiele gibt, wie das Auftreten »revolutionärer Opas« die kommunistische Erziehung positiv beeinflußt hat und beeinflußt.

– Wer sich mit diesen Fragen beschäftigt, sollte sich gut orientieren. Dann würde er wissen, daß in der DDR etwa 36 000 Kollektive in Schulen, der Produktion, in den bewaffneten Organen und anderen Einrichtungen die Ehrennamen revolutionärer Vorbilder tragen, daß der überwiegende Teil von ihnen hohe politische und ökonomische Leistungen sowie wertvolle Forschungsarbeiten vollbringt und den bewaffneten Schutz des Sozialismus gewährleistet. Hat niemand daran gedacht, daß sie alle in Mißkredit gebracht werden? Denn nach »Dommas« Darstellung werden die »Opas« von den Kollektiven – wie hier von der Klasse 8 – lediglich benutzt, um »Wind zu machen und zu glänzen«, zu versprechen, nichts zu tun, sich vor jeder Arbeit zu drücken.

Selbstverständlich treten in der Praxis Mängel auf, sowohl hinsichtlich der Haltung solcher Kollektive als auch im Auftreten einzelner Arbeiterveteranen und antifaschistischer Widerstandskämpfer. Das sind aber Ausnahmen. Im Artikel werden sie als Regel hingestellt. Das ist völlig undiskutabel und nicht zu akzeptieren.

– Die empörten Anrufe in jahrzehntelangen Klassenkämpfen bewehrter Genossen sind uns durchaus verständlich und wir teilen ihre Meinung, daß die ganze Art des Artikels der Arbeiterveteranen und Kämpfer gegen den Faschismus, die ungeachtet ihres Alters und ihrer Gesundheit – dem Auftrag der Partei folgend – revolutionäre Erfahrungen vermitteln helfen, lächerlich macht. Sicherlich war das nicht die Absicht des Autors und der Redaktion – entscheidend ist nur das Ergebnis. Kein einziger positiver Gedanke ist hier für das erfolgreiche Wirken unserer alten erfahrenen Genossen und Kameraden zu finden. Das ist beschämend für Autor und Verantwortliche.

Wir sind daher aus genannten Gründen, bei denen wir es bewenden lassen wollen, der Auffassung, daß sich das Redaktionskollektiv mit dieser ausgesprochenen Fehlleistung von »Domma« und seiner eigenen Haltung kritisch auseinandersetzen sollte und erwarten Ihre Stellungnahme.

Mit sozialistischem Gruß
Otto Funke, Vorsitzender

Joachim Herrmann, ZK-Sekretär für Agitation, rief sofort nach dem Eintreffen des Briefes im ZK Otto Häuser, den Verfasser der anstößigen Geschichte, an. Nach einer schlaflosen Nacht schrieb Häuser an Funke und sandte Hermann einen Durchschlag des Schreibens. Er bedauerte, daß seine Geschichte komplett mißverstanden worden war.[10]

Werter Genosse Otto Funke!

Mir wurde mitgeteilt, daß die Kurzgeschichte »Wie wir einen revolutionären Opa suchten« im Eulenspiegel bei einer Anzahl älterer Genossen großes Mißfallen, ja Empörung ausgelöst hat und als Beleidigung ihrer Verdienste empfunden wird. Ich war, als ich das hörte, erschrokken und betroffen und wollte einfach nicht glauben, daß diese Satire – und um eine solche handelt es sich ja – solche Empfindungen und Meinungen ausgelöst hat. Nie in meinem ganzen journalistischen und literarischen Arbeiten hat auch nur einmal unterschwellig der Gedanke mitgespielt, unseren alten Genossen und Arbeiterveteranen eins auswischen zu wollen. Aus welchem Motiv denn? Ich komme ja selbst aus einer Arbeiterfamilie und könnte mir im Gedenken an meinen Vater eine solche Absicht nie verzeihen.

Nein, Genosse Funke, das wollte ich nicht, und ich bedaure aufrichtig, wenn dieser Eindruck entstand. Meine Absicht war es, einmal darauf aufmerksam zu machen, daß man unsere Pioniere bei einer solchen Initiative nicht allein lassen soll; denn es läßt mich nicht gleichgültig, wer ihr Vorbild ist, von wem sie lernen sollen. Das Alter ist doch nicht in jedem Falle eine Qualifikation für Befähigung, im Sinne unserer revolutionären Traditionen zu erziehen, und das geht, glaubte ich, auch aus den Antworten und der Haltung des Schülers Ottokar hervor. Für ihn sind Revolutionäre jene, die für die Ideale der Arbeiterklasse und den gesellschaftlichen Fortschritt kämpften und kämpfen, nicht die Außenstehenden, die Außenseiter, die Kleinbürger, die Spießer, die »Unpolitischen«, die Klassenindifferenten und erst recht nicht diejenigen, die aus der Geschichte bis heute noch nichts gelernt haben. Der Schüler Ottokar als literarische Figur hat nie Partei genommen für die Lauen, sondern immer für die Aktiven und Vorwärtsdrängenden, deshalb wies er in dieser bewußten Geschichte darauf hin, daß ständig neue Revolutionäre heranwachsen, sich bewähren und fortsetzen, was ihre Väter begonnen haben. Eine wesentliche Absicht der Geschichte war es, deutlich zu machen, daß zu den Revolutionären unserer Zeit auch die Aktivisten der ersten Stunde zählen, die Begründer unseres Staates, und damit auch all jene einbezogen sind, die heute, unabhängig ihres Alters, diesen unseren Staat stärken.

Zu denen gehört auch der in der Geschichte erwähnte Genosse Karausche und Tausende andere. Ottokar sieht aber als aufgeweckter kritischer Pionier mit Abstand auf jene, die noch von der »guten alten Zeit« und irgendwelchen Herrschaften schwärmen, die mit ihren scheinbar unpolitischen Geschichtchen und Erlebnissen demonstrieren, daß sie die Schlaueren sind, weil sie sich von der Politik und den Klassenkämpfen ihrer Zeit ferngehalten haben und die mit ihrer politischen Unwissenheit ein falsches Geschichtsbild in junge Menschen hineintragen. Wenn Ottokar in seinem solidarischen Denken und in der ihm anerzogenen Achtung vor dem Alter dennoch gutmütig schlußfolgert, man muß den Opa Kraft auf die Timurliste setzen oder dem Opa Möllenthin ein neues Geschichtsbuch schenken, oder wenn er sich über die lustig macht, die weniger über die revolutionären Vorbilder wissen als unsere Schüler und an denen die Geschichte erkenntnislos vorrüberging, dann kann man doch die kritische Sicht des Schülers Ottokar nicht als Beleidigung der wahren revolutionären Kämpfer auslegen. Ich möchte nicht wissen, wieviele unserer Widerstandskämpfer in die Kerker gehen mußten, weil sie verraten wurden, vielleicht von ihren »unpolitischen« Zeitgenossen. Ich argumentiere deshalb so ausführlich, weil ich Dir, lieber Genosse Funke, einfach noch einmal die Absicht dieser Ottokar-Geschichte erklären wollte, weil ich es einfach nicht ertragen könnte, zu glauben, ich wollte mich über unsere alten verdienten Arbeiterveteranen oder sogar über unsere Widerstandskämpfer lustig machen.

Nach einer völlig schlaflosen Nacht, in der ich noch einmal gründlich über alles nachdachte, wie es kommen konnte, daß bei einer Anzahl von Genossen dennoch dieser Eindruck entstand, kam ich zu folgendem Schluß: Es lag wahrscheinlich an der satirischen Überspitzung, die dadurch verstärkt wird, daß in der Geschichte nur solche »Opas« vorkommen, die zu ihrer Zeit keine rümliche Rolle spielten und daß andererseits diejenigen nicht genannt werden, die eine enge Verbindung zu Pioniergruppen haben, mit großer Liebe sich den Kindern widmen und sie im Geiste unserer revolutionären Traditionen erziehen. Die Einseitigkeit könnte also zu dem Schluß führen, unsere alten Opas sind alle so, wie die von Ottokar geschilderten. Deshalb wäre es falsch, den Einwand von Seiten verschiedener Genossen als Mißverständnis abzutun. Mißverstanden kann nur werden, was nicht eindeutig genug ist, das gilt für die Literatur ebenso wie für andere Publizistik oder Aussagen. Muß man erst erklären, was die Absicht der Erzählung ist, dann fehlt eben die Eindeutigkeit.

Zweitens: Satire muß bei der Wahl ihrer Akteure differenzieren. Mit der Satire, der schärfsten Form der Literatur, wollen wir den Feind treffen und schlagen. Folglich wäre zu überlegen gewesen, ob Satire beim Anliegen dieser Ottokar-Geschichte die richtige Form war. Selbst wenn wir es noch mit manchen Zurückgebliebenen jedweden Alters zu tun haben, es sind immerhin Menschen unseres Landes, unserer sozialistischen, der zutiefst humanistischen Gesellschaftsordnung, in der keiner vor den Kopf gestoßen werden darf, es sei denn, er ist ein unbelehrbarer Feind. Aber nun ist es in unserem gesellschaftlichen Leben doch so, daß manche Zeitgenossen ab und zu eine Spritze brauchen, und was manche ernste Kritik nicht bewirkt, das erreicht man nicht selten mit Spott und Humor, und mit Humor betrachtet der Schüler Ottokar auch seine Umwelt, so ist er nun einmal konzipiert, und wenn er nicht so sein dürfte, dann gäbe es einen Schüler Ottokar auch nicht mehr. Aber auch hier kann man feststellen: Was für den einen humorig ist, ist für den anderen verletzend, und so kann es passieren, daß der Schüler Ottokar wohl immer ungewollt irgend jemand kränkt.

So möchte ich denn abschließend noch einmal ganz einfach erklären: Ich habe mit der obengenannten Geschichte niemand beleidigen wollen. Wenn sie aber so verstanden wird, muß ich sie als eine Fehlleistung akzeptieren. Darum bitte ich alle Genossen, die sich getroffen fühlen und die ich nicht treffen wollte, um Entschuldigung. Ihre Kritik ist mir als Kommunist nicht gleichgültig, und da ich Kritik gegenüber nicht dickfällig, also nicht unempfindlich bin, hab ich wohl eine Weile mit mir selbst zu tun, um wieder zu meinem Humor zurückzufinden. Die nächste Ottokar-Geschichte wird nachweisen müssen, daß gesunder Humor ebenso notwendig wie berechtigt ist, denn nirgendwo steht geschrieben, daß im Sozialismus keiner lachen darf.

Lieber Genosse Funke, ich bitte Dich, die Wellen der Empörung ein wenig glätten zu helfen. Vielleicht genügt schon manchmal das Wort Friedrich Engels, der zu seiner Zeit einmal schrieb: »Ich wundere mich, daß die Leute in Deutschland einander so entsetzlich feierlich

nehmen. Witz und Humor scheinen mehr als je verboten und Lange-
weile Bürgerpflicht zu sein.« Das Wort trifft natürlich bei uns nicht
mehr zu. Immerhin gibt es nur bei uns und in keinem anderen Land
der Welt einen Verlag eigens für Humor und Satire, und den soll uns
erst einer nachmachen.

Mit sozialistischem Gruß
Dein Genosse[11]

Veronika Fischer reist zeitweilig aus

Erst 1982 blieb Veronika Fischer für immer im Westen. Zwei Jahre vor-
her, am 21. Oktober 1980 fand Hager eine andere Lösung für die Pro-
bleme der Sängerin.[12]

In Abstimmung mit Genossen Mielke schlage ich vor:
1. Ein längerfristiges Visum (zunächst 2 Jahre Dauer) damit sie ausreisen kann nach Westberlin wann sie will und evtl. auch dort wohnen
kann.
2. Aufträge durch unsere Künstleragentur zu DDR-Gastspielen und
internationalen Gastspielen
Sie bleibt also DDR-Bürgerin mit Wohnsitz in DDR und evtl. in
Westberlin. (Parallele: Jurek Becker).

Kurt Hager

Die Noch-nicht-Stars werden in Schutz genommen

Nachdem sich die besten Schlagersänger der DDR in Richtung Westen
abgesetzt hatten, bemerkte sogar das Neue Deutschland den Qualitäts-
verlust. Eberhard Fensch, im ZK zuständig für elektronische Medien,
nahm die Künstler der zweiten Reihe in einer Hausmitteilung an Abtei-
lungsleiter Heinz Geggel am 30. November 1981 nachdrücklich in
Schutz. Schließlich zählte auch die Verbundenheit mit der Partei.[13]

Lieber Heinz!

Wie ich Dir bereits mündlich mitgeteilt habe, habe ich Einwände zu der im heutigen ND auf Seite 4 abgedruckten Rezension zur Schlagerbilanz dieses Jahres unter der Verrißüberschrift »Lieder- wohl mehr zum Schlafen als zum Träumen«.

Wenngleich manche der kritischen Hinweise des Autors Günter Görtz durchaus zutreffend sind, stimmt m. E. die ganze Diktion des Beitrages nicht. Vor allem erscheint mit die Einschätzung falsch, daß wir insgesamt keine Qualitätsverbesserung im Schlagerschaffen der DDR zu verzeichnen haben. Unseres Erachtens ist in zwei wesentlichen Punkten das Gegenteil der Fall. Einmal sind nicht wenige Schlagertexte wesentlich gehaltvoller geworden, als sie es in früheren Jahren waren. Dies ist nicht zuletzt darauf zurückzuführen, daß sich eine ganze Reihe namhafter Schriftsteller wie z.b. Gisela Steineckert sehr für bessere Texte engagiert haben. Zum anderen sind auch eine ganze Anzahl vor allem jüngerer Schlagerinterpreten in ihrer Individualität, gesanglichen Leistung und Ausstrahlungskraft gewachsen. Dies alles wird in dem Beitrag ignoriert oder sogar in Abrede gestellt.

So, wie die Rezension geschrieben ist, muß sie nach meiner Erfahrung unter den übrigens fast ausnahmslos fest mit der DDR verbundenen Schöpfern dieses Metiers nachteilige Wirkungen haben. Dies um so mehr, als der Beitrag im Zentralorgan steht und, ob wir das wollen oder nicht, als Meinung der Partei aufgefaßt wird.

Natürlich gibt es auch auf dem Gebiet des Schlagers noch viel Mittelmaß, das durchaus kritikwürdig ist. Aber man darf die positiven Tendenzen nicht unterschlagen.

Ich hielte es für nützlich, wenn in diesem Sinne mit den Genossen des ND gesprochen würde und bin, wenn dies für zweckmäßig gehalten wird, auch gern bereit, persönlich mit dem Autor des Artikels darüber zu reden.

E. Fensch

Die Aussprache mit Görtz fand am 7. Dezember 1981 statt. Eine Gesprächsnotiz ist nicht überliefert. Im ND wurde fortan keine Schlagerbilanz mehr gezogen. Es beschränkte sich künftig auf die Würdigung positiver Einzelphänomene, so es diese fand.

Gisela Karau bekommt Ärger im Rate- Team

Auch treue Genossen litten gelegentlich, zumal wenn sie locker und unverkrampft über heikle Dinge geplaudert hatten. Bücher zum Beispiel. Da Gisela Karau wusste, daß über ihren Ausrutscher im Fernsehen ein Vermerk angefertigt werden würde, ging sie in die Offensive und schrieb am 30. Januar 1988 einen Brief an Kurt Hager.[14]

Verehrter Genosse Hager,
ich bin kein Anhänger von Klagebriefen, aber es erscheint mir doch geboten – und nach einem Gespräch mit unserem Verbandspräsidenten Hermann Kant erst recht – Dich von einer Verfahrensweise des Fernsehkomitees in Kenntnis zu setzen, die meinen – unseren – Berufsstolz verletzt. In der Sendung »Glück muß man haben«, in der ich als »prominenter Gast« fungierte, wurde ich vom Moderator Bernd Martin nach meinem nächsten Buch gefragt. Ich sagte in dem Plauderton, der dort üblich ist, etwa diesen Satz: »Das ist ein Roman, der heißt Familienkrach, er soll dieses Jahr erscheinen, aber genau weiß das nur der Verlag Neues Leben, und vielleicht nicht mal der.«[15] Punkt. Dieser Satz mußte rausgeschnitten werden in mehrstündiger Nachtarbeit, und mir wird künftig der Ruf beim Fernsehen anhaften, ich hätte damit auf Zensur oder irgendwelche anderen Hindernisse angespielt, dabei ist lediglich die manchmal unüberschaubare Produktionszeit unserer Bücher gemeint. Geht diese Pingeligkeit nicht wirklich zu weit? Ich habe schon oft beim Fernsehen mitgewirkt und eigentlich immer frisch von der Leber weg geplaudert, ohne Sorge vor der Verletzung einer Parteilichkeit, an die ich seit über 30 Jahren aufs tiefste und ehrlichste gewöhnt bin. Es gibt unter unseren Schriftstellern wirklich andere Phänomene, wenn ich nur an die für mich schwer begreifliche Geduld mit Frau Gabriele Eckhart denke[16], aber dieser im Grunde lächerliche Vorgang um einen Satz von mir, den ich keineswegs für auslegbar gehalten habe, macht mir doch deutlich, mit welchem Mißtrauen und mit welcher Kleinlichkeit manche Genossen von uns Schriftstellern denken. So etwas beeinträchtigt die Arbeitslust und die schöne Selbstsicherheit, mit der ich bisher ans Werk gegangen bin. Das wollte ich Dich wissen lassen.

Mit Hochachtung und freundlichen Grüßen, Gisela Karau

Kurt Masur setzt Neuregelungen durch

Westdeutsche und Westberliner galten für die SED nicht als Ausländer, da die Regierung der Bundesrepublik die DDR nicht als eigenständiges Völkerrechtssubjekt anerkannt hatte. Für DDR-Künstler hatte das zur Folge, dass sie zwar mit Ausländern, nicht aber gemeinsam mit westdeutschen Ensembles auftreten durften. So die Festlegung des Politbüros. In den Augen der Künstler der DDR war diese Regelung ohnehin widersinnig, aber auch westdeutsche Orchesterleiter brachten zunehmend weniger Verständnis für die ideologischen Nöte des SED-Regimes auf. Kurt Masur und Herbert von Karajan setzten die DDR gemeinsam unter Druck, wie ein Schreiben von Kulturminister Hans-Joachim Hoffmann an Kurt Hager vom 11. März 1988 belegt.[17]

Lieber Genosse Kurt Hager!

Der Gewandhauskapellmeister, Prof. Kurt Masur, hat die Künstler-Agentur der DDR darüber informiert, daß er ein Angebot von Herbert von Karajan angenommen hat, am 27. März und 2. April 1988 mit vorherigen Proben in Westberlin die Berliner Philharmoniker Berlin (West) zu den Salzburger Osterfestspielen zu dirigieren.

Mit dieser Zusage von Prof. Masur ohne Abstimmung mit dem Ministerium für Kultur ist eine prinzipielle Frage aufgeworfen. Bisher haben wir den Standpunkt vertreten, daß Angeboten dieser Art grundsätzlich nicht näher getreten wird, da sie im Sinne der gesamtdeutschen Politik der Bonner Regierung sind. Nur im Fall der Internationalität eines Ensembles wurden Zustimmungen erteilt, z.B. für Eckehard Wlaschitza und Rainer Goldberg mit anderen internationalen Solisten mit dem Bayerischen Festspielensemble nach Japan, Klaus König mit der Staatsoper München nach Mailand und Peter Schreier zu mehreren Gastspielen mit der Münchner Staatsoper, nächstens nach Japan. Außer Prof. Masur wurden solche Angebote auch anderen Künstlern unterbreitet. Zum Beispiel hatte Generalmusikdirektor Flor das Angebot erhalten, mit den Bamberger Sinfonikern in Wien, Österreich und Poznan, Polen zu gastieren. Generalmusikdirektor Fricke hatte das Angebot, das Orchester des Bayerischen Rundfunks in den Niederlanden und das Orchester des Norddeutschen Rundfunks in Spanien zu dirigieren. Diese Angebote wurden bisher abschlägig beschieden. Nunmehr liegt der Künstler-Agentur der DDR das Angebot vor, daß der Bariton an der Staatsoper Dresden, Olaf Bär, zu Konzerten mit den Berliner Philharmonikern anläßlich der Salzburger Osterfestspiele in der Zeit vom 6. – 14.4.1990 und anläßlich der Salzburger Sommerfestspiele vom 22. – 29.8.1990 eingeladen ist. Auch diese Einladung ist durch Herbert von Karajan initiiert, der die Konzerte leiten wird.

Auf Grund der gegebenen Situation gebe ich zu bedenken, ob nicht doch die grundsätzliche Festlegung getroffen werden sollte, daß solche Gastspiele wie mit jedem anderen ausländischen Ensemble grundsätzlich möglich sind. Prof. Masur ficht den o.g. Standpunkt des Ministeriums für Kultur schon seit langem an, offenbar will er seinen Standpunkt jetzt mit Unterstützung von Herbert von Karajan durchsetzen, für den eine negative Entscheidung noch schwieriger erklärbar ist. Wir sollten für Prof. Masur aber auch nicht eine Ausnahmeregelung treffen und anderen Künstlern diese Gastspiele verwehren. Besonders aus diesen Gründen halte ich für überlegenswert, sich jetzt zu einer grundsätzlichen Zustimmung zu entschließen, ohne durch den Druck unserer Künstler und ausländischer Veranstalter zu einem späteren Zeitpunkt vielleicht doch anders verfahren zu müssen.

Mit sozialistischem Gruß
Hoffmann

Hager kreuzte die Passage »grundsätzliche Situation« an und fügte die Randbemerkung hinzu: »M. E. sollten wir so verfahren wie Du vorschlägst.«

Die Puhdys suchen nach Kraftfahrzeugen

Die Puhdys waren viel unterwegs. Entsprechend hoch war der Verschleiß an Kraftfahrzeugen. Bei regulären Lieferzeiten von 14 und mehr Jahren ließ sich das Problem nur durch Intervention beim Politbüro lösen. Peter Meyer, bei den Puhdys für den Kontakt zu Parteistellen zuständig, wandte sich am 6. April an Kurt Hager. Vielleicht war ja mehr drin als ein Ostprodukt...[18]

Lieber Genosse Hager!

»Gerüchte« besagen, daß es bei uns Möglichkeiten zum Kauf von PKWs BMW für Mark der DDR gibt. Sollte das zutreffen, bitte ich Sie zu überprüfen, ob das auch für uns möglich wäre. Falls sich meine Information als eine »Ente« entpuppen sollte, möchte ich hiermit den Antrag auf den PKW Citroen BX (auch gebraucht) stellen. Bitte entschuldigen Sie, daß ich mich auf Gerüchte beziehe – aber bei 80-100000 km im Jahr muß man jede Möglichkeit nutzen. In der Hoffnung auf positive Nachricht verbleibe ich mit freundlichen Grüßen
Ihr Peter Meyer

Hagers Mitarbeiter Kurt Rätz antwortete am 16. Juni 1988.[19]

Werter Herr Peter Meyer!
Aufgrund Ihrer Bitte an Genossen Hager haben wir mit dem zuständigen Minister für Allgemeinen Maschinen-, Landmaschinen- und Fahrzeugbau seit längerer Zeit Kontakt. Ihr Wunsch konnte aber noch nicht erfüllt werden, da gegenwärtig keine Importwagen zur Verfügung stehen. Wir wissen auch nicht, ob in naher Zukunft eine Möglichkeit dafür vorhanden sein wird. Wir können für Sie nur eine Unterstützung vermitteln für Wagen, die der DDR aus eigener Produktion und Importen aus sozialistischen Ländern gegenwärtig zur Verfügung stehen.

Mit sozialistischem Gruß
Rätz

Meyer entschied sich am 27. Juni.[20]

Werter Herr Rätz!

Vielen Dank für Ihr Schreiben vom 16.6.88 und Ihre Bemühungen betreff PKW. Eigentlich hatte ich auf den Citroen BX reflektiert, da der Citroen bei unserer vielen Fahrerei das richtige Fahrzeug für meine Wirbelsäule ist. (Ich warte geduldig.)
Manchmal werden auch etwa 3 Jahre alte »rent a car«-Wagen (z.B. Volvo) von Interhotels abgestoßen. Vielleicht gibt es da eine Chance

222

für mich. Ansonsten wäre ich Ihnen natürlich auch sehr dankbar für die Vermittlung eines Lada 2107 oder besser Samara (da Vorderantrieb sicherer). Hierfür gibt es in ganz Europa Werkstätten.

Übrigens möchte ich nochmals verschlagen: Einfuhrgenehmigungen für Gebraucht-PKW aus der BRD (in Abständen), würden unsere PKW-Probleme lösen. Wir würden dann unserem Staat nicht mehr auf der »Valuta-Tasche« liegen. Ich danke Ihnen für Ihre Bemühungen und verbleibe mit freundlichen Grüßen

Ihr Peter Meyer

Rätz gab das Anliegen am 13. Juli an den Minister für Allgemeinen Maschinen-, Landmaschinen- und Fahrzeugbau weiter.[21]

Lieber Genosse Gerhard Tautenhahn!

Im Auftrag des Genossen Hager bitte ich Dich um Unterstützung bei der Belieferung des Mitgliedes der Gruppe »Puhdys«, Peter Meyer, wohnhaft: [...], mit einem Samara, Ende des Jahres 1988.

Mit sozialistischem Gruß
Rätz

Rätz heftete am 16. November einen Erledigungsvermerk an dieses Schreiben: »Ministerium für Allgemeinen Maschinenbau teilt am 14.11.88 mit, daß Peter Meyer die Freigabeanweisung erhalten hat.«[22]

Helga Hahnemann möchte im RIAS auftreten

Am 19. September 1988 schrieb Helga Hahnemann an Kurt Hager und bat ihn um ein Visum für Westberlin.[23]

Sehr geehrter Herr Professor Kurt Hager!

Könnte ich mein Anliegen singend oder spielend vortragen, fiele es mir gewiß leichter, denn schließlich bin ich dadurch für unsere Menschen, die Berlin und die vielen Zaungucker jenseits unseres Landes zum Begriff geworden – in aller Bescheidenheit.

Als Ur-Berlinerin möchte ich auch künftig eine Botschafterin unserer Unterhaltungskunst sein und bleiben. Wie viele Künstler, Sportler und hervorragende Wissenschaftler, vertrete ich in meiner Disziplin die DDR – und noch dazu als Devisenbringer.

Heute geht es mit um ihre spezielle Genehmigung für eine internationale Schlagergala in Berlin (West) am 4. und 15. November 1988 in der Deutschlandhalle.

Mein Vorsitzender beim Komitee für das Fernsehen der DDR, Heinz Adameck, der großes Verständnis meiner Situation als Künstlerin und Mensch (nicht immer kann man das von einander trennen) entgegenbringt, forderte mich auf, mich schriftlich an Sie zu wenden.

Ich gestehe, daß ich es ein wenig Leid bin, vor jedem meiner Auftritte außerhalb unserer Grenzen so viele Hürden überspringen zu müssen – um im Olympischen Sprachgebrauch zu bleiben.

Dem Fernsehen, dem Ministerium für Kultur, verdanke ich sicher viel – aber am meisten doch wohl mir selber und das gibt mir, glaube ich, das Recht, Sie verehrter Professor Hager, um die Zusage für dieses Konzert zu bitten.

Mit den besten Grüßen
Ihre »größte Quasselstrippe von Berlin«
Helga Hahnemann

Hahnemann hatte die politische Kompliziertheit ihres Wunsches nicht bedacht: Die Show wurde von einem Moderator des amerikanischen Senders RIAS moderiert. Ein Auftritt von DDR-Künstlern bei der »Speerspitze des Kalten Krieges« – eigentlich undenkbar. Trotzdem befürwortete Hager den Antrag, legte ihn aber sicherheitshalber Erich Honecker vor. Der stimmte zu: »Einverstanden. E.H.«.

Pankow wacht auf

Die Gruppe »Pankow« hatte 1988 mit der Liedzeile »zu lange die alten Männer verehrt« eine treffende Diagnose gestellt, doch Konsequenzen zogen die Musiker nicht. Ein Gespräch im ZK brachte sie wieder auf Linie. Erst am 20. September 1989 mußte die SED wieder Notiz von der Band nehmen. Die Kreisleitung Döbeln informierte die Bezirkslei-

tung Leipzig über ein »Vorkommnis bei der Veranstaltung zum 5.
Rocksommer der FDJ-Kreisleitung«.[24]

Am 19.9.1989, 19.45 Uhr, begann auf der Freilichtbühne im Bürgergarten in Döbeln diese Veranstaltung. Das Programm war durch die Konzert- und Gastspieldirektion vermittelt. Es waren ca. 1300 Jugendliche, vor allem aus dem Raum Döbeln, anwesend.

Die Veranstaltung begann 45 Minuten später, da der Moderator Karney sich verspätet hatte. Durch den verspäteten Veranstaltungsbeginn war Unruhe unter den Jugendlichen. Es kam jedoch zu keinen Verfehlungen. Die Veranstaltung wurde durch den Moderator Karney eröffnet, der zum Schluß seiner Ansage den Sänger Herzberg der Gruppe »Pankow« ankündigte mit der Bemerkung, daß dieser den Anwesenden etwas sagen möchte.

Herzberg erklärte, daß die Gruppe »Pankow« mit anderen Gruppen und Einzelpersonen am 18.9.89 eine Resolution verfaßt hat. Er möchte Auszüge bekanntgeben. Seine Ausführungen hatten zum Inhalt, daß die Verfasser der Resolution das Verlassen der DDR vorrangig durch Jugendliche ausdrücklich bedauert. Sie verstehen nicht die dazu bestehende inkonsequente Haltung der Partei- und Staatsführung der DDR. Sie vertreten die Auffassung, daß man in der DDR den Sozialismus nicht abschaffen sollte, vielmehr wären Reformen erforderlich. Sie schließen sich damit dem Programm an, was von der neugegründeten Organisation »Neues Forum« vertreten wird.

Er erklärte, daß er mit seinen Darlegungen dazu beitragen will, daß auch hier unter den Jugendlichen eine breite Diskussion zu dieser Thematik entfacht wird. Unterzeichner dieser Resolution wären Persönlichkeiten, wie Gerhard Schöne, Kurt Demmler, Frank Schöbel, Arnd Bause sowie weitere Gruppen, wie »City« und »Silly«.

Er äußerte sich weiterhin, daß sie beabsichtigen, die Basis- bzw. Splittergruppen zu unterstützen. Von einzelnen Jugendlichen gab es Applaus. Insgesamt war die Zustimmung gering.

Da die Gruppe »Pankow« erst zum Schluß der Veranstaltung auftreten sollte, wurde die Zwischenzeit genutzt, um Betreffende zu disziplinieren. Die Gruppe wurde veranlaßt, nur Musik zu spielen und Kommentare zu unterlassen. Obwohl durch die Gruppenmitglieder Unverständnis geäußert wurde, haben sie sich dementsprechend verhalten, so daß es zu keinen weiteren Vorkommnissen kam.

Vor Auftritt der Gruppe haben mindestens 50% der Jugendlichen die Veranstaltung verlassen. Außer einem Personenkreis von ca. 25 – 30 Jugendlichen, kam es zum Schluß zu keinen besonderen Beifallsbekundungen. Einzelne Jugendliche wurde personifiziert. Es handelte sich um Studenten der Ingenieurschule Roßwein.

SED-Kreisleitung Döbeln
Sekretariat
Bischoff
1. Sekretär

IX. Die Jugend und ihre Erzieher

Fernschreiben — Verschlüsseltes Fernschreiben

Aufgeber: SED-Bezirksleitung Leipzig, 1.Sekretär Verfasser: Gen.Horst Schumann App. 211

Empfänger: An die 1. Sekretäre der Stadt-Stadtbezirks- und Kreisleitungen der SED

Übergabe an FS-Stelle: Tag 4. 4. 1980 Uhrzeit _____ Name _____

Ausgang: Tag _____ Uhrzeit _____ FS-Nr. _____ Bearbeiter _____

Empfang bestätigt: Tag _____ Uhrzeit _____ Name _____

Liebe Genossen!

Die FDJ-Bezirksorganisation kämpft seit Beginn des Jahres um die zusätzliche Gewinnung von Ehren- und hauptamtlichen Funktionären als Berufsoffiziere (Studienbeginn am 1. September 1980).

Für jede Stadtbezirks- und Kreisorganisation wurde das Ziel gestellt, ein bis zwei Funktionäre zu gewinnen.

Ich bitte, daß in der nächsten Sekretariatssitzung oder in geeigneter Weise der 1. Sekretär der FDJ-Kreisleitung dem Sekretariat berichtet, wie diese Aufgabe erfüllt ist oder wie gesichert ist, daß/bis zum 18. April 1980 erfüllt wird.

Ich bitte, den Genossen der FDJ - wenn notwendig - über das Wehrkreiskommando bzw. mit Leitungen der Grundorganisationen der Partei Unterstützung bei der Realisierung dieser Aufgabe zu geben.

Mit sozialistischem Gruß

(Unterschrift)

1. Sekretär

Zeichnungsberechtigter

Tramper werden zum Problem

Am 6. Dezember 1975 schrieb der erste Sekretär der Kreisleitung Altenburg an Horst Schumann, den 1. Sekretär der SED-Bezirksleitung Leipzig.[1]

Werter Genosse Horst Schumann!

Im folgenden möchte ich persönlich informieren: [...] Feststellungen über sogenannte »Partywohnungen«. Durch die zuständigen Organe im Kreis Altenburg, insbesondere des VPKA wurde festgestellt, daß in 74 Altenburg, Georg-Schumann-Straße [...] sich regelmäßig Personen zusammenfinden, (vor allen Dingen Jugendliche bis zu 25 Jahre) um sogenannte »Partys« zu feiern.

In der genannten Einraum-Wohnung fanden sich 15 Jugendliche, zum Teil vorbestrafte Personen und sogenannte »Tramper« zusammen. Zwischenzeitlich konnte der Sachverhalt aufgeklärt werden und der Besitzer dieser Wohnung namens H*., beschäftigt bei der SDAG – Wismut aus dieser Wohnung gelenkt werden. Eine positive Rolle spielte dabei das Arbeitskollektiv aus der SDAG-Wismut, wo H*. gearbeitet hat. Diese Tatsache war für uns Veranlassung, insgesamt zu prüfen, ob sich in unserem Kreis noch anderweitig solche »Partywohnungen« herausgebildet haben.

Im Ergebnis wurde weitere 9 solcher »Partywohnungen« ermittelt. Es handelt sich vorwiegend um Einraum-Wohnungen, die an Beschäftigte der SDAG-Wismut vergeben wurden. Die genauen Namen und Anschriften liegen uns vor. Die meisten der uns bekannten Tramper neigen mehr oder weniger zur Asozialität.

Seit einiger Zeit haben sich feste Anlaufpunkte »Partywohnungen« entwickelt. Diese Wohnungen werden regelmäßig oft zu unterschiedlichen Tages- und Nachtzeiten von solchen Trampern aufgesucht. Sie verfügen über ein umfangreiches Adressenmaterial. Daraus können sie Angaben für Übernachtungen und periodische Partys entnehmen.

Unter den Trampern sind immer mehr kriminelle Elemente bzw. kriminell gefährdete Personen zu finden.

Ihre Reisen unternehmen sie mittels Auto-Stopp, besonders bevorzugen sie Kfz aus der BRD und Westberlin.

Die Einstellung dieser Personen ist ungefähr folgende:

- Eine negative Einstellung zur DDR;
- Völlig falsche Vorstellungen zum Begriff »Freiheit«;
- Lehnen FDJ als Jugendorganisation ab;
- Westlich orientiert (Rundfunksendungen nur aus der BRD);
- Unmoralisches Verhalten, sexuelle Ausschreitungen;
- Hinter vorgetäuschter Naivität werden alle sich bietenden sozialen Möglichkeiten voll ausgenutzt.

Als Schlußfolgerung wurde unsererseits festgelegt, daß die zuständigen Organe des Kreises mit den entsprechenden Organen der SDAG-Wismut Verbindung aufnehmen und sie über eine solche Lage informieren. Weiterhin werden die staatlichen Organe mit den staatlichen Leitungen der 5 Betriebe der SDAG-Wismut Beratungen durchführen, um entsprechende Erziehungsmaßnahmen oder Auseinandersetzungen in den Arbeitskollektiven zu erwirken.

Andererseits bei der Vergabe von Wohnungen dies mit zu berücksichtigen. (Fast alle Tramper und Veranstalter von »Partys« erhielten Neubauwohnungen).

Mit sozialistischem Gruß!
SED-Kreisleitung Altenburg, Sekretariat
Nebe, 1. Sekretär

»Wenn es Lenin wäre...«

Cyrill Pech neigte wirklich nicht zum Opponieren. Immerhin wirkte der Pfarrer als CDU-Mitglied von 1981 bis 1984 im Bezirkstag Dresden. 1989 löste er, als langjähriger ehrenamtlicher Funktionär mit der Materie vertraut, die Gesellschaft für Deutsch-Sowjetische Freundschaft auf. Doch in seiner Zeit als Pfarrer und Jugendwart im Kreis Borna lief ihm gelegentlich die Galle über, wie ein Brief an den Rat der Gemeinde Neukieritzsch vom 6. Oktober 1976 zeigt.[2]

Betr.: Luther-Denkmal-Schändung
Schon vor einiger Zeit habe ich den ABV von Neukieritzsch angerufen, weil mir Mitglieder der Kirchgemeinde berichtet hatten, daß das o.g. Denkmal wiederholt von Kindern aus Neukieritzsch mit Dreck beworfen worden ist. Er versprach, Acht zu geben.

Nun berichtet mir heute ein Gemeindeglied, daß [er] an zwei aufeinanderfolgenden Tagen Kinder, die in Richtung Neukieritzsch flüchteten, als er sie ausschimpfte, beim Besudeln des Denkmals angetroffen habe. Ich referiere die Meinung meiner Gemeindeglieder dazu:
1. »Wenn das mit einem Lenin-Denkmal geschähe, da würde die Polizei alles aufbieten! Aber so ist es ja nur Luther...!«
2. »So kirchenfeindlich werden unsere Kinder erzogen! Der Pfarrer Brüsewitz hatte ja doch recht...«
3. »Die werden mit ihren Kindern nicht mehr fertig. Das sind ja lauter Räuber!«
– Ihnen dürfte bekannt sein, daß Luther nicht bloß der Reformator war, sondern eine der bedeutendsten Erscheinungen der deutschen und europäischen Geistesgeschichte. Ein Besudeln seines Denkmals ist also nicht nur ein Akt gegen die Kirche, sondern ausgesprochene Kulturbarbarei.

Ich verlange von Ihnen: 1. Daß in allen Schulen von Neukieritzsch über die Bedeutung von Luther in allen Klassen eine Stunde gehalten wird. 2. Daß das Denkmal besser beaufsichtig wird.

Es kommen immer wieder Lutherforscher, die die Plastiken in der Kieritzscher Kirche und das Denkmal sehen wollen. Sicher dürfte es auch der internationalen Luther-Gesellschaft nicht egal sein, was mit seinen Denkmälern in der DDR geschieht!

Wenn Ihre Gemeinde hierdurch nicht in ein Licht geraten will, das weder ihr, noch unserer Gesellschaft und unserem Staate lieb sein dürfte, dann bitte ich Sie, o.g. Schritte und gegebenenfalls noch mehr zu unternehmen!

Mit freundlichem Gruß
Cyrill Pech

Junge Pädagogen sind angewidert

Kommunistische Erziehung hieß das Zauberwort zur Erschaffung einer neuen Menschengemeinschaft. Doch nicht jeder Pädagoge wollte daran mitwirken. Eine Mitteilung der Stadtleitung Halle über besondere Vorkommnisse an den POS »Albrecht Dürer« und »Boleslaw Bierut« belegt mangelnde politische Überzeugung in der Lehrerschaft.[3]

Am 16.11.1976 wurde die Stadtleitung durch den Stadtbezirksschulrat Halle-Ost schriftlich über die Haltung des Koll. Günter Z*., Fachlehrer für Deutsch/Französisch im dritten Dienstjahr an der POS »A. Dürer« informiert.

In einer Aussprache mit dem Direktor der Schule, Genossin Neujahr, hatte er am 26.10. geäußert, daß er beabsichtigt zu kündigen, weil er sich mit bestimmten politischen Fragen nicht einverstanden erklären kann, deshalb nicht zur Wahl war, nicht – wie vom MfS angetragen – seine Freunde bespitzeln wolle, seine Wahlfunktion als Vertrauensmann der Gewerkschaft zurückgebe.

Er habe eine andere Meinung über Demokratie, wir seien ein Polizeistaat, unsere Darstellungen zu Grenzprovokationen wären unrichtig. Er könne es mit seinem Gewissen nicht mehr vereinbaren, Kinder zu beeinflussen entgegen seiner politischen Meinung.

Für den Direktor waren diese Äußerungen überrraschend, auch die Feststellungen des Koll. Z*., daß ähnliche Meinungen von anderen Kollegen der Schule vertreten werden.

In der darauf geführten Aussprache durch den Stadtschulrat und den Stadtbezirksschulrat mit dem Koll. Z*. bestätigte diese u.a. durch die Feststellung, daß er von einem Wahllokal Befragungen von Bürgern über ihre Entscheidungen vorgenommen habe, womit er gegen das Wahlgesetz der DDR verstoßen hat.

Koll Z*. wollte aber nicht als Klassenfeind angesehen werden und äußerte wiederholt, daß er sich gegenüber dem Staat loyal verhalte.

In dieser Aussprache machte Koll. Z*. auch die Mitteilung, daß während seines Studiums an der MLU durch einen Lektor des Faches ML eine Exmatrikulation beantragt war und daß er Ende 1974, Anfang 1975 mit ca. 30 – 40 Studenten durch Beschluß der FDJ-Leitung der Universität wegen staatsfeindlicher Äußerungen und Handlungen aus dem Studentenkeller Moritzburg ausgeschlossen wurde.

Im Ergebnis dieser Aussprache wurde Koll. Z*. vom Dienst beurlaubt. In außerordentlicher Sitzung beschloß der Rat des Stadtbezirkes Ost am 10.11. die fristlose Entlassung des Lehrers Günter Z*. Am 11.11. wurde das Disziplinarverfahren an der Schule eröffnet und abgeschlossen. Einspruch wurde bisher nicht erhoben. Es gibt Informationen, daß Günter Z*. am 6.11. volltrunken am Steuer eines Trabant mit weiteren alkoholisierten Insassen durch die VP gestellt wurde. Dabei gefährdete er die Genossen der Verkehrspolizei.

Desweiteren wurde die Stadtleitung durch den Stadtbezirksschulrat Halle-Ost darüber informiert, daß der Koll. Bernhard L*., Absolvent im zweiten Dienstjahr an der Bierut-Schule, sich gegenüber Kollegen äußerte, wie »Ich bin richtig froh, wenn ich die DDR verlassen kann und nach Polen und in die CSSR fahre, da atme ich frei auf. Lange kann ich das mit meinem Gewissen sowieso nicht mehr vereinbaren, Lehrer zu sein.«

Durch den Direktor der Schule wird eingeschätzt, daß es desöfteren zu Auseinandersetzungen innerhalb der Klassenstufe und zu überheblichen Tendenzen seitens des Koll. L*. kam. Bei Koll. L*. handelt es sich um den Enkel des von den Faschisten ermordeten antifaschistischen Widerstandskämpfers Willy L*. Eine Aussprache von seiten des Stadtbezirksschulrates konnte mit Koll. L*. noch nicht geführt werden, da dieser gegenwärtig krank ist.

Beide Vorkommnisse werden in den Kollegien der beiden Schulen ausgewertet, nachdem vorher die Parteorganisationen dazu Stellung genommen haben.

unleserlich
Abt. Parteiorgane

Raus aus der FDJ

Im November 1976 stellte Familie G. einen Ausreiseantrag. Dem Schuldirektor wurde eine Erklärung übergeben.*[4]

Mit sofortiger Wirkung erkläre ich den Austritt meiner Tochter Michaela G*. aus der FDJ-Grundorganisation.

Begründung: Aus ideologischen Gründen haben wir den Antrag auf Übersiedlung in die BRD gestellt und es ist unvereinbar, das Kind weiterhin in dieser Organisation zu belassen.

Diese Erklärung wurde im vollsten Einvernehmen meiner Tochter geschrieben.

Das Fernbleiben von jeder politischen Veranstaltung, einschließlich zur Vorbereitung der Jugendweihe, ist somit zu entschuldigen.

Gerd G.*

Die Gewerkschaft stimmt der Entlassung zu

Am 20. Dezember 1976 formulierte die Bezirksparteikontrollkommission Leipzig ihren abschließenden Bericht zum Fall des Lehrers Dümont. Seine Entfernung aus der Volksbildung hatte nicht einmal eine Woche gedauert.[5]

An der 62. POS Leizig äußerte der Physiklehrer, Kollege Dümont, in einer 9. Klasse, nachdem er Kenntnis erhielt, daß ein Schüler seine Bereitschaft erklärt hatte, den Beruf eines Unteroffiziers zu ergreifen, wozu er von der Schule delegiert worden ist: »Wenn das wahr ist, daß du Unteroffizier werden sollst, werde ich alle Kraft einsetzen, daß Du das nicht wirst. Sollte mir das nicht gelingen, werde ich meine Ausreise in die BRD beantragen, um auf der Seite der Sieger zu stehen, wenn es zu einem militärischen Konflikt kommen sollte.«

In den mit dem Lehrer geführten Aussprachen wurde die Position durch den Zusatz: »Das wiederhole ich an jeder Stelle« erhärtet. Die Reaktion einiger Schüler der Klasse im Gegensatz zu der Leitung der FDJ war, daß sie sich nach dem Aussspruch zuflüsterten: »Der Mann hat Mut!« bzw. »Zur Armee werden ja auch alle genommen.«

Im Ergebnis der Auseinandersetzung wurde durch den Stadtbezirksschulrat das Disziplinarverfahren gegen den Kollegen Dümont eröffnet und er sofort beurlaubt. Inzwischen würde dem Entscheid, den Mann fristlos zu entlassen, durch das Sekretariat der Gewerkschaft Unterricht und Erziehung, Nordost, zugestimmt.

In einer außerordentlichen Mitgliederversammlung distanzierten sich die Genossen der Schule vom Verhalten des Kollegen D. und unterstützen voll und ganz die durchgeführten Maßnahmen. Der Vorfall wird zum Anlaß genommen, die ideologische Erziehungsarbeit weiter zu verstärken und den marxistisch-leninistischen Standpunkt jedes Genossen weiter zu festigen. [...]

Dr. Dau
stellvertr. Vorsitzender

Den ersten Deutschen im All feiern

Sigmund Jähn war vom 26. August bis zum 3. September 1978 Gast im sowjetischen Raumschiff Salut VI. Das »Neue Deutschland« feierte den »Ersten Deutschen im All«. In den Schulen wurde nicht nur gefeiert, sondern auch die Vorbildrolle des Berufssoldaten herausgearbeitet. Eine »Einschätzung der Parteileitungssitzung und Parteiversammlung der Karl-Marx-Oberschule Meuselwitz« vom 30. August macht deutlich, dass dazu gehöriger organisatorischer Aufwand nötig war.[6]

In der Parteileitung wurde die nachfolgende Parteiversammlung kurz vorbereitet. Auf der Tagesordnung standen:

1. Der erste Deutsche im All
2. Vorbereitung der Wahlen und Durchführung der persönlichen Gespräche (Einteilung der Genossen der Parteileitung, wer spricht mit wem)
3. Ablauf der Parteiversammlung

Schwerpunkt der Diskussion war das jüngste Ereignis im Kosmos. Alle Parteimitglieder brachten ihre große Freude über diesen Erfolg zum Ausdruck und werteten das als ein Beispiel der deutsch-sowjetischen Freundschaft.

Festlegungen:
– Jeder Klassenleiter reagiert am 1. Schultag auf dieses Ereignis.
– Jeder Lehrer geht fachspezifisch im Unterricht darauf ein.
– Bis zum 1. Schultag wird eine Wandzeitung erarbeitet.
– An das ZK unserer Partei wird ein Glückwunschtelegramm geschickt.
Probleme: Genossin Gast berührt die Formulierung – erster Deutscher im All – eigenartig, warum nicht erster DDR-Bürger?

Mitgliederversammlung: In der Mitgliederversammlung wurde der Genosse Hanemann als Direktor wieder begrüßt und Genosse Zobelt für seine Arbeit gedankt.

Schwerpunkte der Mitgliederversammlung:
1. Ein Bürger der DDR im Weltall
2. Auswertung der Aktivtagung
3. Diskussion

Zum ersten Problemkreis gab es unter allen Genossen große Aufgeschlossenheit. Ausschnitte der Diskusson: – Überlegungen anstellen – wie kann das erzieherisch genutzt werden – Enge Zusammenarbeit mit der SU herausarbeiten – emotionale Seite beachten. – Verbindung zum Weltfriedenstag herstellen. – Wir beteiligen uns am Kinderzeichenwettbewerb der LVZ (Genossin Baum, Hort)[...]

Conrad
Parteibeauftragter

Junge Pioniere aus der BRD lieben die DDR

Einen propagandistischen Erfolg vermelden konnte im Jahre 1979 die SED-Bezirksleitung Halle, die in diesem Jahr für die zentrale Leitung der Ferienbetreuung von Kindern aus der BRD verantwortlich war. Offensichtlich war es ihr gelungen, den dankbaren Kindern und ihren Betreuern aus dem Westen das Leben in der DDR schmackhaft zu machen. Andererseits riefen solche Ferienlageraktionen für Kinder aus westlichen Ländern mitunter den Unwillen der einheimischen Kinder und Betreuer hervor, wenn die knappen Ressourcen den Gästen aus dem Westen bevorzugt zugeteilt wurden.[7]

Information über die Durchführung der Kinderferienaktion mit Kindern aus der BRD in der Zeit vom 8. Juli bis 24. Juli 1979

An der diesjährigen Kinderferienaktion mit Kindern aus der BRD, die auf der Grundlage des Beschlusses des Sekretariats des Zentralkomitees unserer Partei vom 8. Januar 1979 durchgeführt wurde, nahmen insgesamt 621 Kinder aus der BRD teil. Davon weilten 509 Kinder erstmalig in unserer Republik, 117 Kinder waren Mitglieder der »Jungen Pioniere«.

Die Kinder wurden von insgesamt 117 Betreuerkadern aus der BRD begleitet. Sie waren im Zentralen Pionierlager Parchim, Bezirk Schwerin, sowie in Bad Schmiedeberg und Stolberg sowie im Betriebsferienlager Meisdorf, Bezirk Halle, untergebracht.

In den ersten Tagen ihres Aufenthaltes spielten bei vielen Kindern eine Reihe von antikommunistischen Vorbehalten eine große Rolle.

Das kam in den Meinungen zum Ausruck wie: »Hier in der DDR wird es wohl täglich politische Schulungen geben, wir fahren in ein armes Land, wo es den Menschen schlechter geht als bei uns«; oder: »In der DDR werden alle Menschen von den Russen gesteuert«.

Im Verlauf des Ferienaufenthaltes konnten sich die Kinder aus eigener Anschauung ein richtiges Bild über die DDR machen. Wir haben bei allen durchgeführten Veranstaltungen mit den Kindern aus der BRD die Vorbereitung des 30. Jahrestages der Gründung der Deutschen Demokratischen Republik und unsere erfolgreiche Bilanz in den Mittelpunkt unserer Arbeit gestellt. Wir schätzen auch ein, daß es offensiver als in den vergangenen Jahren gelang, über die Vergleiche von Preisen, Mieten und Kosten hinaus durch eine kindergemäße und anschauliche Darstellung die Rolle der Arbeiterklasse in unserer Republik, die Politik unserer Partei und ihre Sorge um die Kinder und ihre Freizeit, Ferien und Bildungsmöglichkeiten bewußt zu machen.

Nachhaltige Erlebnisse, die auch emotional tiefe Eindrücke hinterließen, waren auch in diesem Jahr solche Formen der Arbeit wie der Besuch aller Kinder bei DDR-Familien. Obwohl es zunächst solche Vorbehalte gab, ob man »in den DDR-Familien auch nicht geschlagen würde oder den ganzen Tag arbeiten müsse«, waren nach dem Besuch solche Meinungen vorherrschend, wie: »Die Eltern haben sich um mich gekümmert, wie ich es noch nicht erlebt habe«.

Besonders tiefe Eindrücke hinterließ bei den Kindern der BRD der Besuch der Nationalen Mahn- und Gedenkstätte Buchenwald, der durch Gespräche und den Film »Nackt unter Wölfen« vorbereitet wurde. Nach der Besichtigung der Mahn- und Gedenkstätte brachten vor allem die größeren Kinder zum Ausdruck, daß man in der BRD nicht einmal die Hälfte der Wahrheit über die Konzentrationslager erfahre, daß man diese Wahrheit niemals vergessen dürfe und deshalb noch mehr getan werden müsse, um die Neonazis in der BRD zu bekämpfen.

Auch Exkursionen in Betrieben der Industrie und Landwirtschaft und vor allem die Möglichkeit, mit den Arbeitern am Arbeitsplatz sprechen zu können, beeindruckte die Kinder und Jugendlichen besonders. Typisch dafür waren solche Meinungen vor allem der Jugendlichen und Betreuer, daß sich die Arbeiter Zeit für die BRD-Kinder genommen haben und sogar ihre Meinung sagen, selbst wenn der Direktor danebensteht.

Das durchgeführte Programm machte insgesamt die Kinderfreundlichkeit der DDR und des Sozialismus deutlich. Das zeigte sich auch in den von der Mehrzahl der Kinder zum Abschluß geäußerten Meinungen. Dabei kam immer wieder zum Ausdruck, daß in der DDR viel mehr für die Kinder getan würde als in der BRD, daß man nur in der DDR solche Ferien machen kann und daß vieles, was über die DDR in der BRD erzählt würde, falsch sei. Daraus zogen viele die Schlußfolgerung, das zu Hause zu erzählen. Mit Hochrufen auf die DDR verließ der Sonderzug am 24. Juli den Bahnhof Aschersleben.

Einen wesentlichen Anteil an der erfolgreichen Verwirklichung und Durchführung der Ferienaktion hatte die enge Zusammenarbeit der BRD-Delegationen mit den Pionierfreundschaften unserer Thälmannpioniere. In gemeinsamen Gruppenveranstaltungen und bei Höhepunkten im Ferienlager überzeugte im Gespräch von Kind zu Kind das Leben im Sozialismus.

Die BRD-Betreuerdelegationen haben in ihrer Arbeit ein hohes Maß an Selbständigkeit und Eigenverantwortlichkeit erreicht.

Stärker war das Bemühen zu spüren, für die Kinder und mit ihnen gemeinsame Erlebnisse zu schaffen. Erstmalig wurde durch die BRD-Delegationen der Wettbewerb zu Fragen der Ordnung, Sauberkeit und Disziplin selbst organisiert und öffentlich geführt.

Unserer Meinung nach gelang es gut, die Arbeit der sozialistischen Kinderorganisation »Junge Pioniere« in der BRD darzustellen und in den Gruppen zu praktizieren. Die Mehrheit der nichtorganisierten Kinder sprach den Wunsch aus, Mitglied der Pionierorganisation zu werden. Von den 117 Betreuerkadern erklärten 12 ihre Bereitschaft, als Gruppenpionierleiter zu arbeiten.

Die Deutsche Kommunistische Partei nutzte die Gelegenheit, um in Vorbereitung der Kommunalwahlen in Nordrhein-Westfalen ihre Spitzenkandidaten vor den Betreuern, Jugendlichen und Kindern vorzustellen. Diese Vorstellung wurde zu einem großen Erfolg, zumal sowohl Betreuer als auch Kinder immer wieder äußerten: »Die Kommunisten sind prima Kumpel, sie haben sich um jeden von uns gekümmert, mit ihnen haben wir schöne Ferien gemacht, und davon werden wir zu Hause erzählen.«

Bisher stellten 6 Betreuer den Antrag um Aufnahme in die Deutsche Kommunistische Partei.

Vom Blauhemd in den Waffenrock

Horst Schumann mußte sich am 7. April 1980 per Fernschreiben in einer dringlichen Angelegenheit an die 1. Kreissekretäre der Stadtbezirksleitungen und der Kreisleitungen des Bezirkes Leipzig wenden. Er suchte händeringend nach Berufssoldaten.[8]

Liebe Genossen!

Die FDJ-Bezirksorganisation kämpft seit Beginn des Jahres um die zusätzliche Gewinnung von Ehren- und hauptamtlichen Funktionären als Berufsoffiziere (Studienbeginn am 1. September 1980).

Für jede Stadtbezirks- und Kreisorganisation wurde das Ziel gestellt, ein bis zwei Funktionäre zu gewinnen.

Ich bitte, daß in der nächsten Sekretariatssitzung oder in geeigneter Weise der 1. Sekretär der FDJ-Kreisleitung dem Sekretariat berichtet, wie diese Aufgabe erfüllt ist oder wie gesichert ist, daß sie bis zum 18. April erfüllt wird.

Ich bitte, den Genossen der FDJ – wenn notwendig – über das Wehrkreiskommando bzw. mit Leitungen der Grundorganisationen der Partei Unterstützung bei der Realisierung dieser Aufgabe zu geben.

Mit sozialistischem Gruß
Horst Schumann
1.Sekretär

Die westliche Friedensbewegung unterstützen...

Die westeuropäische Friedensbewegung hatte einen festen Platz im Kalkül der SED. Als Protestbewegung gegen die Regierungen imperialistischer Staaten war sie der Unterstützung würdig. Außerdem hoffte die SED, pazifistische Regungen der eigenen Bevölkerung, besonders der Jugend, kanalisieren zu können. Obwohl die FDJ für die Organisation verantwortlich war, lag das letzte Wort bei der Abteilung Auslandsinformation. Sie informierte Erich Honecker am 20. Oktober 1981 über getroffene Vorbereitungen. Honecker gab das Schreiben an Joachim Herrmann weiter, der dann die Medien der DDR instruierte.[9]

Werter Genosse Honecker!

Wir möchten Dich über die am Sonntag, 25. Oktober, 10.00 Uhr, in Potsdam stattfindende Friedenskundgebung informieren, die entsprechend dem Beschluß des Politbüros vom 7. Juli (Maßnahmen zur Unterstützung der Friedensbewegung) durchgeführt wird. Die Kundgebung wird auf der Grundlage eines Sekretariatsbeschlusses der Bezirksleitung Potsdam von einem Parteistab organisiert. Sie steht unter der Losung »Für sicheren Frieden, gegen die NATO-Hochrüstung«.

Wie im Politbüro-Beschluß vorgesehen, findet die Kundgebung zeitgleich mit den am Wochenende in Paris, Brüssel, London und Rom stattfindenden Massendemonstrationen statt. Es ist vorgesehen, an die Veranstalter dieser Kundgebungen ein kurzes Grußtelegramm zu richten, in dem das Bekenntnis unserer Bevölkerung zu Frieden und Sicherheit auf unserem Kontinent, der Protest gegen die Konfrontationspolitik der USA und die Forderung nach konstruktiven und ergebnisreichen Verhandlungen zum Ausdruck gebracht werden.

Als Hauptredner der Kundgebung ist Genosse Werner Rümpel, Generalsekretär des Friedensrates der DDR, vorgesehen (Dauer der Rede etwa 10 – 15 Minuten). Außerdem wird ein aktiver FDJler ein von ihm verfaßtes »Bekenntnis zum sozialistischen Vaterland« verlesen. Das Grußtelegramm an die ausländischen Friedensbewegungen wird von einem Wissenschaftler vorgetragen. Insgesamt soll die Kundgebung nicht länger als 50 Minuten dauern. Die Genossen der Bezirksleitung Potsdam erwarten über 10.000 Teilnehmer.

Die gesamte Demonstration wird einen lebendigen und kämpferischen Charakter tragen. Sie wird eingeleitet durch einen großen Fahrradkorso (etwa 1.000 Jugendliche, die von 6 Ausgangspunkten her zum Kundgebungsplatz fahren.) Sowohl die Teilnehmer des Korsos als auch die anderen Teilnehmer führen Symbole und Losungen mit, die unserer Friedenspolitik Ausdruck verleihen. Die Kundgebung selbst wird durch FDJ-Singegruppen eingeleitet und beendet.

Am Kundgebungsplatz (Alter Markt, vor dem Kulturhaus »Hans Marchwitza« findet außerdem ein Schriftsteller- und Soli-Basar statt. Wir haben die Absicht, im Korso auch einzelne Losungen mitzuführen, die wir auslandspropaganditisch nutzen und mit denen wir im besonderen bestimmte Partner und Verbündete in den NATO-Ländern ansprechen wollen (z.B. »Mr. Haig! Es gibt nichts wichtigeres als den Frieden!« »Frieden ist das erste Menschenrecht!« »Im Namen des Lebens, Schluß mit dem Wettrüsten!« »Nicht im Krieg, sondern im Frieden liegt das Glück der Völker!«). Diese Losungen werden jedoch nicht das Gesamtbild der Demonstration prägen, das eindeutig auf Annullierung des Brüsseler Raketenbeschlusses, den Protest gegen die NATO-Hochrüstung, die Forderung nach konstruktiven Verhandlungen und die Stärkung des Sozialismus als Hauptkraft des Friedens ausgerichtet ist. Auf dieser Linie liegen auch die Aussagen in der Rede des Genossen Werner Rümpel.

Da für mich im Moment nicht die Möglichkeit besteht, mich mit Genossen Axen bzw. Genossen Feist zu konsultieren, die beide im Ausland sind, bitte ich um Deine Zustimmung zu unserem Vorgehen.

Im Falle Deines Einverständnisses würden wir uns mit Genossen Geggel wegen einer entsprechenden Berichterstattung durch die Medien der DDR in Verbindung setzen und auch im Auslandsrundfunk, in den Auslandszeitschriften, über die Presseagentur Panorama sowie über die Kontakte des Friedensrates eine weitgehende propagandistische Auswertung im Ausland veranlassen.

Mit sozialistischem Gruß
i.V. Uhlig

... und die östliche behindern

Die Kirchen stellten der parteioffiziellen Sicherheitsdoktrin ein pazifistisches »Frieden schaffen, ohne Waffen« gegenüber. Das ZK der SED nahm dies argwöhnisch zur Kenntnis. Am 11. Mai 1982 verfaßte die Arbeitsgruppe Kirchenfragen eine Aktennotiz, deren Durchschlag an den Abteilungsleiter für Volksbildung, Lothar Oppermann, ging. Da es sich bei den zu erwartenden Demonstranten meist um Schüler handelte, informierte man ihn vorab.[10]

Nach einer Beratung mit Genossen einiger Bezirksleitungen wurde uns bekannt, daß das Landesjugendpfarramt der evangelischen Kirche Berlin-Brandenburg den Versuch unternimmt, kirchlich gebundene Jugendliche zur Teilnahme und Aktion auf den Jugenddemonstrationen der FDJ zu Pfingsten zu bewegen.

Aus Informationen der BL Cottbus geht hervor, daß diese Frage auf einem im April in Brandenburg durchgeführten Kreisjugendpfarrkonvent unter Leitung des Landesjugendpfarrers Domrös eine große Rolle gespielt hat. Domrös, der der Hauptinitiator eines politisch negativen Synodenpapiers »Zur Weiterarbeit an der Friedensproblematik« ist (beschlossen auf der Landessynode am 20.4.1982), ließ auf dieser Beratung folgende Empfehlungen diskutieren und beschließen:

– christliche Jugendgruppen sollten sich an den FDJ-Demonstrationen beteiligen,
– die Jugendlichen sollten dabei auf das Tragen der Symbole »Schwerter zu Pflugscharen« verzichten (die Beschlüsse wurden jedoch nur mit einer hauchdünnen Mehrheit von 2 Stimmen gefaßt),
– die Gruppen sollten sich durch Transparente unter dem Motto »Christen sind für Abrüstung« kenntlich machen.

Es gibt Hinweise darauf, daß kirchliche Jugendgruppen darauf orientiert werden sollen, nicht in ihren Heimatkreisen, sondern zum Teil in anderen Bezirken an den Demonstrationen teilzunehmen.

Wir teilen den Standpunkt der Genossen der BL Cottbus, die einerseits eine hohe Wachsamkeit durchsetzen, andererseits aber über das Verbot bestimmter Losungen sehr flexibel entscheiden wollen.

Auch die drei Landesjugendsonntage im Juni 1982 in Templin, Burg und Potsdam-Hermannswerder können dazu genutzt werden, die in der oben genannten Synodenkonzeption enthaltenen Vorstellungen eines »nichtmilitärischen Sicherheitskonzeptes« zu artikulieren. Erste Informationen deuten darauf hin, daß die Christenverfolgung im alten Babylon und die Friedensbestrebungen der KSZE-Staaten szenisch und bildlich dargestellt werden sollen. Durch die Bezirksleitungen, die Staats- und Sicherheitsorgane der Bezirke werden diesbezüglich geeignete Maßnahmen eingeleitet.

Heraus zum 1. Mai!

Losungen sollen mobilisieren und müssen alle ansprechen. Ein schwieriges Problem, doch mit Routine lösbar. So glaubten die Funktionäre des ZK. Die Losungen des Jahres, die Lothar Oppermann, Abteilungsleiter Volksbildung, am 26. Februar 1982 an die Abteilung Agitation gab, unterschieden sich daher kaum von denen der vorhergegangenen und der Folgejahre.[11]

Werter Genosse Geggel!

Unsere Vorschläge für Losungen zum 1. Mai lauten:
– Lehrer und Erzieher! Erzieht unsere Schuljugend zu standhaften Kämpfern für den Sozialismus!
– Pädagogen, Eltern und Werktätige! Die kommunistische Erziehung der Jugend – unser gemeinsames Anliegen!
– Lehrer und Erzieher! Für eine hohe Qualität des Unterrichts und der gesamten pädagogischen Arbeit!
– Jung- und Thälmannpioniere! Mit guten Ergebnissen in der »Pionierexpedition – Immer bereit« – Vorwärts zum VII. Pioniertreffen.

Mit sozialistischem Gruß
Oppermann

Probe für den Ernstfall

Obwohl der Kampf für den Sozialismus im Wesentlichen am Schreibtisch stattfand, wurde auch anderes geprobt. Am 30. September 1982 wurde Lothar Oppermann, Leiter der Abteilung Volksbildung, von der Abteilung Sicherheitsfragen auf das nächste Übungsschießen aufmerksam gemacht.[12]

Werter Genosse Oppermann!

Das nächste Übungsschießen der ständigen Waffenträger, entsprechend dem Beschluß des Sekretariats des ZK der SED vom 02.02. 1972, erfolgt in der Zeit vom 19. Oktober bis 12. November 1982 täglich in der Zeit von 8.00 bis 16.00 Uhr in der Raumschießanlage im Objekt Fahrdienst des ZK der SED in 1058 Berlin, Straßburger Straße.

Es wird gebeten, daß alle Waffenträger – wie im Beschluß des Sekretariats des ZK festgelegt – unbedingt am Übungsschießen teilnehmen. Um eine gute Organisation des Übungsschießens zu gewährleisten und Wartezeiten auszuschließen, sollten bereits die ersten Wochen der zur Verfügung stehenden Zeit voll genutzt werden.

Die Vereinbarung eines Termins für das Übungsschießen ist ab 19. Oktober über den Hausanschluß des ZK der SED, Apparat 9685, mit dem Genossen Major der VP Schmidt möglich.

Mit sozialistischem Gruß
Renckwitz

Friedensbewegte Lehrlinge

Stellungnahmen und Resolutionen zu verfassen, gehörte auch für Schüler und Lehrlinge zum Alltag. Die Lehrlinge des VEB Interdruck Leipzig, die diese Resolution Ende November 1983 entwarfen, hatten offenbar besonders gründlich nachgedacht und waren daher zu einer ganz eigenen Sicht der Dinge gelangt.[13]

Resolution

Wir, die Lernaktive »Heinrich Mann« und »Salvador Allende« treten geschlossen gegen die Stationierung der Raketenkomplexe der USA im Territorium der BRD sowie der Raketenkomplexe der Sowjetunion im Gebiet der DDR ein.

Wir sind der Meinung, daß durch die Mitstationierung sowjetischer Raketen im Gebiet der DDR die Rüstungsspirale durch das kapitalistische Weltsystem in unermeßliche Höhen geschraubt würde und die unwiderruflich zu einem Kriege führen wird. Durch Nichtstationierung der Raketenkomplexe in der DDR bekunden wir unsere echte Bemühung umd unseren starken Willen zur Abrüstung und zum Frieden. Wir können hiermit die Argumente westlicher Politiker widerlegen, in denen es heißt, daß man sich vor der Sowjetunion und den sozialistischen Ländern schützen muß. Dadurch stärkt man die internationale Friedensbewegung und trägt mit dazu bei, daß die Rüstungsspirale in eine Abrüstungsspirale verwandelt wird. Wir möchten außerdem an das Ziel Erich Honeckers anknüpfen, in dem es darum geht, die DDR zu einer atomwaffenfreien Zone zu erklären.

Im Gegensatz zu den Lehrlingen fehlte es den politischen Leitern offenbar an Bereitschaft, über Tagespolitik nachzudenken und die öffentli-

chen Verlautbarungen zur Kenntnis zu nehmen. So entging ihnen zunächst, dass die eifrigen Lehrlinge mit ihrer Stellungnahme von der Parteilinie abwichen. Wie das Schreiben der Bezirksparteikontrollkommission vom 9. Dezember 1983 jedoch zeigt, hatte die SED die Ereignisse bald wieder im Griff.[14]

Information

2 Lehrlingskollektive aus dem VEB Interdruck Leipzig, Stadtbezirksleitung Mitte, verfaßten eine Resolution gegen die Stationierung von Raketenkomplexen der USA in der BRD und der Sowjetunion in der DDR (Anlage).

Über diese Auffassungen informierte bereits vorher Genossin Steffi Hermann, Lehrmeister, den Lehrobermeister und Parteigruppenorganisator, Genossen Manfred Klotzsch, und bat um Unterstützung. Dieser reagierte jedoch nicht. Daraufhin legte sie Genossen Klotzsch die Resolution vor. Dieser ließ sie mehrmals auf orthographische Fehler korrigieren, ohne zu den politischen Inhalten Stellung zu nehmen und gab die Resolution an den hauptamtlichen Parteisekretär, Genossen Rotzsch, weiter. Der nahm keine Kenntnis vom Inhalt und übergab sie dem Betriebszeitungsredakteur zur Auswertung und Veröffentlichung.

Dieser erkannte den feindlichen Inhalt und informierte erneut den Parteisekretär. Dieser unterließ jedoch alle parteilichen Maßnahmen und informierte auch nicht die zuständige Stadtbezirksleitung, so daß erst nach 2 Wochen die Problematik bekannt wurde.

Im Auftrag des Sekretariats der SED-Stadtleitung führt die SPKK in der GO eine Untrsuchung durch.

Mangelnde Treue zur Sowjetunion

Am 20. November 1984 verfaßte die Bezirksparteikontrollkommission Leipzig eine »Information über partei- und staatsfeindliches bzw. antisowjetisches Verhalten«.[15]

Die SB-PKK Leipzig-Nordost informierte über partei- und staatsfeindliches Verhalten der Parteimitglieder Eberhard S*., geb. am [...] 1938 Mitglied der Partei seit 1967 bisher tätig als Direktor der POS »Bern-

hard Bästlein« Nach einer Feier anläßlich des 35. Jahrestages der DDR äußerte er im angetrunkenen Zustand vor Kollegen seiner Schule:
– Wenn ich ein Gewehr hätte, würde ich die ganze Abteilung niedermachen (gemeint sein soll die Abt. Volksbildung beim Rat des Stadtbezirkes).
– Würde Honecker vor der Tür stehen, würde ich ihn nicht hereinlassen. Wenn Honecker kommt, den knall ich ab, die knalle ich ab.
– Wenn es nach ihm ginge, würden die Kirchentage, wie Reformationsfest, wieder eingeführt, um mehr zu feiern.

In der mit ihm geführten parteimäßigen Auseinandersetzung wollte er sich an nichts mehr erinnern können. E. S*. wurde aus der Partei ausgeschlossen, als Direktor abgelöst und aus der Volksbildung entlassen. [...]

Klaus, Vorsitzender

Für eine erfolgreiche Erziehungsarbeit

Am 10. Oktober 1985 verfaßte ein Mitarbeiter des Sektors Volksbildung der Bezirksleitung Halle eine »Information aus Beratungen der operativen Arbeitsgruppe Elternvertreterwahlen beim Bezirksschulrat am 26. September 1985«.[16]

Genosse Scholz, Stadtbezirksschulrat Halle-Süd und Mitglied der operativen Arbeitsgruppe, informierte über Diskussionen von Elternvertretern und Eltern in Vorbereitung und Durchführung der Elternvertreterwahlen. In einer vorbereitenden Beratung des Genossen Scholz mit den Elternbeiratsvorsitzenden seines Zuständigkeitsbereiches und auch in den ersten durchgeführten Klassenelternaktivwahlen gab es harte Kritiken, Unzufriedenheit und Unverständnis über unzureichende materielle und in Kindergärten auch personelle Bedingungen für erfolgreiche Bildungs- und Erziehungsarbeit.
Das betriff vor allem:
– materielle Sicherung bei notwendigen Reparaturen und Werterhaltungen (Dachreparaturen), die nicht geplant, bilanziert und somit auch nicht realisiert werden (VB-Objekte sind nicht im Dachinstandsetzungsprogramm enthalten!)

– unzureichende oder nicht vorhandene Außenanlagen für Oberschulen und Kindergärten (Silberhöhe)

Meinung der Elternbeiratsvorsitzenden und vieler Eltern: Hohe und erforderliche Bildungs- und Erziehungsaufgaben sind hier durch nicht ausrechende materielle und personelle Sicherstellung gefährdet. Hinzu kommt, daß Eltern Zweifel äußerten über Glaubwürdigkeit von Terminen für Realisierung der anstehenden Aufgaben, weil sie zu oft nicht gehalten, verschoben wurden.

H. Schulz

Auf dem Blatt findet sich ein handschriftlicher Vermerk: »*Und was hat der Genosse Scholz nun eingeleitet?*« *Aber was hätte Genosse Scholz tun können?*

Pioniere grüßen den Parteitag

Wie immer begrüßten Pioniere die Delegierten des SED-Parteitages. Beim XI. Parteitag, am 17. April 1986, hatten die ausgewählten Pioniere nicht nur Blumen, sondern auch kleine Kärtchen dabei, auf die sie ihren persönlichen Rapport zur »*Pionierexpedition Rote Fahne*« *geschrieben hatten. Der Vordruck lieferte die Überschrift:* »*Was ich den Delegierten des XI. Parteitages sagen möchte.*« *Marco B*. aus Sonneberg formulierte:*[17]

An meiner Schule bin ich Freundschaftsratsvorsitzender. Besonders stolz bin ich auf mein gutes Zeugnis. Mit meinen Leistungen in der Schule will ich mich auf meinen künftigen Beruf als Schlosser vorbereiten. In meiner Gruppe organisierte ich einen Nachmittag zum Thema »Kann der Roboter den Mensch ersetzen?« Hier half mir meine AG Instandhaltung. Außerdem bin ich in den AGs Fußball und Modellbau.

Der fleißige Pionier erhielt am 16. Mai 1986 ein Geschenk und Post vom Parteitagsdelegierten und Politbüromitglied Joachim Herrmann.[18]

Lieber Marco!

Für Deine an die Delegierten des XI. Parteitages der SED gerichteten Zeilen, die ich mit großem Interesse gelesen habe, danke ich Dir sehr herzlich. Du kannst stolz darauf sein, daß Du zu jenen Thälmann-Pionieren gehörtest, die unserer ganzen Partei im Palast der Republik in Berlin einen so optimistischen, herzerfrischenden Gruß überbracht haben. Euer Versprechen, an der Seite der Genossen für Sozialismus und Frieden immer bereit zu sein, werdet Ihr, dessen sind wir gewiß, in Ehren erfüllen. So werden wir gemeinsam alles tun, damit die Beschlüsse des XI. Parteitages Wirklichkeit werden und unsere Deutsche Demokratische Republik, unsere schöne sozialistische Heimat, in Frieden weiter aufblüht.

Ich wünsche Dir, lieber Marco, viel Erfolg und Freude beim Lernen, in Deiner verantwortungsvollen Funktion als Freundschaftsratsvorsitzender und viel Spaß beim Knobeln, Basteln und Fußballspielen.

Mit vielen Grüßen für Dich
Joachim Herrmann

Kiew ist keine Reise wert

Helmut Hackenberg, 2. Sekretär der SED-Bezirksleitung Leipzig erhielt am 14. Mai 1986 eine Information, betreffs »Rücktritte von Jugendtourist-Reisen nach Kiew«. [19]

In Ergänzung der bisherigen Information gibt es 7 weitere Rücktritte von Schülern, die sich auf Verbote der Eltern berufen:
1 Schülerin Karl-Liebknecht-Oberschule Leipzig
4 Schülerinnen Max-Burghard Oberschule Leipzig
2 Schülerinnen Karl-Marx-EOS Leipzig
Damit sind derzeit 23 Plätze für Kiew-Reisen offen. Bei einer zusätzlichen, durch den Sender Leipzig angekündigten Vergabe von Jugendtourist-Reisen am 13.4.86 waren zwar 200 Jugendliche erschienen, aber keiner wollte eine solche Reise antreten.

Die Genossen der Bezirksstelle »Jugendtourist« sind durch gezielte Vergabe dieser Reisen an Mitglieder von Jugendbrigaden und andere Jugendkollektive bemüht, alle Plätze auszulasten. Über die o.g. Rücktritte wurde Genosse Heinz Palisch informiert.

R. Hahn

X. Die DDR und die Welt   Die Welt und die DDR

ONE HUNDRED FIRST CONGRESS
DAN ROSTENKOWSKI, ILLINOIS, CHAIRMAN

SAM M. GIBBONS, FLORIDA
J.J. PICKLE, TEXAS
CHARLES B. RANGEL, NEW YORK
FORTNEY PETE STARK, CALIFORNIA
ANDY JACOBS, JR., INDIANA
HAROLD FORD, TENNESSEE
ED JENKINS, GEORGIA
RICHARD A. GEPHARDT, MISSOURI
THOMAS J. DOWNEY, NEW YORK
FRANK J. GUARINI, NEW JERSEY
MARTY RUSSO, ILLINOIS
DON J. PEASE, OHIO
ROBERT T MATSUI, CALIFORNIA
BERYL ANTHONY, JR., ARKANSAS
RONNIE G. FLIPPO, ALABAMA
BYRON L. DORGAN, NORTH DAKOTA
BARBARA B. KENNELLY, CONNECTICUT
BRIAN J. DONNELLY, MASSACHUSETTS
WILLIAM J. COYNE, PENNSYLVANIA
MICHAEL A. ANDREWS, TEXAS
SANDER M. LEVIN, MICHIGAN
JIM MOODY, WISCONSIN

BILL ARCHER, TEXAS
GUY VANDER JAGT, MICHIGAN
PHILIP M. CRANE, ILLINOIS
BILL FRENZEL, MINNESOTA
DICK SCHULZE, PENNSYLVANIA
BILL GRADISON, OHIO
WILLIAM M. THOMAS, CALIFORNIA
RAYMOND J. McGRATH, NEW YORK
HANK BROWN, COLORADO
ROD CHANDLER, WASHINGTON
E. CLAY SHAW, JR., FLORIDA
DON SUNDQUIST, TENNESSEE
NANCY L. JOHNSON, CONNECTICUT

ROBERT J. LEONARD, CHIEF COUNSEL AND STAFF DIRECTOR

PHILLIP D. MOSELEY, MINORITY CHIEF OF STAFF

336

COMMITTEE ON WAYS AND MEANS

U.S. HOUSE OF REPRESENTATIVES
WASHINGTON, DC 20515

April 12, 1989

His Excellency Egon Krenz
Deputy Chairman
Council of State
German Democratic Republic

Dear Mr. Krenz:

On behalf of my entire Congressional delegation, I wish to thank you for giving us the opportunity to exchange views on a wide range of issues during our recent visit to Berlin.

Although no issues were resolved during our visit, I strongly believe that discussions such as these provide for a better under-standing of each other's problems and greatly improve prospects for resolving our bilateral difficulties.

I would very much like to see an expansion of our bilateral trade relationship. However, I hope you understand that your government's continued maintenance of "The Wall" and your failure to settle the rightful claims of American citizens and Jewish groups create serious impediments to realizing this goal.

My colleagues and I returned to Washington with a keener appreciation of the importance of trade between nations in creating a peaceful world. I hope we can meet again in the future to continue our discussions and to work together toward the attainment of this goal.

Sincerely yours,

Dan Rostenkowski
Chairman

DR/gwc

249

Bulgarische Eitelkeiten befriedigen

Die Hauptabteilung Presse im Außenministerium kümmerte sich auch um die Auftritte ausländischer Diplomaten in den DDR-Medien. Und das hieß vor allem eines: Abwimmeln! Schon ohne die Pflege persönlicher Eitelkeiten waren Höhepunkte im Leben befreundeter Nationen Pflichtprogramm.[1]

Werter Genosse Geggel!

Der bulgarische Presseattaché deutete uns an, daß er von seinem Botschafter den Auftrag habe, noch einmal gegenüber der Leitung des Fernsehfunks den Wunsch auszusprechen, daß dieser anläßlich des bulgarischen Nationalfeiertages am 9.9.1977 in unserem Fernsehen auftritt. Bekanntlich gibt es hier ja eine eindeutige Grundsatzregelung (nur SU-Botschafter), doch sollte – nach Meinung unserer Leitung – angesichts des bevorstehenden offiziellen Freundschaftsbesuches nach einer Kompromißlösung gesucht werden, die ein Auftreten des bulgarischen Botschafters in unserem Fernsehen ermöglicht. Vielleicht könnte erwogen werden, für die Hauptausgabe der Aktuellen Kamera am Vorabend des 9. September ein Interview mit dem bulgarischen Botschafter zu machen, in dem durch die Fragestellung der Nationalfeiertag der VRB und der Freundschaftsbesuch verbunden werden. Günstiger wäre eine Objektiv-Sendung, aber sie ist erst für die darauffolgende Woche vorgesehen.

Wir bitten um Meinungsäußerung.

Mit sozialistischem Gruß
W. Meyer

Nach Rücksprache mit Agitationssekretär Werner Lamberz entschied Abteilungsleiter Heinz Geggel am 5. September, den Antrag abzulehnen.[2]

Ich bin der Meinung, wir sollten dem bulgarischen Botschafter anläßlich des bevorstehenden Freundschaftsbesuches ein Interview im Rundfunk der DDR anbieten.

Ein Interview im Fernsehen sollte man vermeiden; wir werden in der nächsten Zeit im Zusammenhang mit dem Freundschaftsbesuch sowieso eine breite Berichterstattung aus Bulgarien haben.

Geggel

Angolanische Verwundete versorgen

Die Befreiungsbewegung Angolas MPLA konkurrierte mit zwei weiteren Parteien. 1975 hatte sie die Nase vorn, von den abziehenden protugiesischen Kolonialtruppen erhielt sie die Macht in Luanda. Das bedeutete Bürgerkrieg, denn die Gegner der linken MPLA dachten nicht ans Aufgeben. Sie finanzieren ihren Widerstand bis heute aus den reichen Diamantvorkommen im Nordosten des Landes. Die MPLA hingegen wurde von der Sowjetunion mit Geld und von Cuba mit Soldaten unterstützt. Die DDR versorgte einen Teil der Verwundeten. Information für den 1. Sekretär der Bezirksleitung Leipzig vom 2. Februar 1978.[3]

Werter Genosse Schumann!

Wie Dir bereits durch unsere Informationen vom 4. 2. und 29. 3. 1977 bekannt ist, fanden im Waldkrankenhaus Bad Düben schwerverwundete angolanische Kämpfer der MPLA stationäre Aufnahme, Behandlung und Betreuung.

Der Genosse Bezirksarzt, OMR Dr. Michel, teilte uns mit, daß am 9. 2. 1978 weitere 20 verwundete MPLA-Kämpfer im Waldkrankenhaus Bad Düben eintreffen. Alle notwendigen Maßnahmen sind eingeleitet. Gen. Werner Lausche, 1. Sekretär der SED-Kreisleitung Eilenburg, wurde von uns verständigt.

Mit sozialistischem Gruß
Dr. Kurt Meyer
Abteilungsleiter

Sao Tomé e Principe Geschenke bringen

Sao Tomé e Principe wurde 1975 unabhängig. Die 30000 Einwohner des Inselreiches entschieden sich nahezu unbemerkt für einen sozialistischen Entwicklungsweg. Die DDR wurde auf den Zwergstaat aufmerksam, als die Vergabe von Fischereilizenzen anstand. Kurt Hager, auch zuständig für das Gesundheitswesen, erhielt von den sich entwickelnden zwischenstaatlichen Beziehungen am 10. April 1978 Kenntnis.[4]

Sehr geehrter Genosse Hager!

Zur Realisierung des Regierungsgeschenkes an Sao Tomé e Principe – Einrichtung einer Entbindungsstation – gebe ich Dir folgende Information:

1. Der Wunsch nach Einrichtung einer Entbindungsstation wurde durch die Genossen von Sao Tomé e Principe bereits im 1. Halbjahr 1977 an die DDR herangetragen. Eine 1. Lieferung, vor allem Medikamente und medizinische Verbrauchsgüter (Gewicht 3,1 t), wurde per Luftfracht am 19.6.1977 auf den Weg gebracht. Eine 2. Lieferung per Luftfracht (1 t) folgte am 19.10.1977. Sie bestand u.a. aus kleineren Geräten und Instrumenten sowie Wäsche. Eine 3. Luftfrachtsendung wurde am 16.11.1977 (Gewicht 1 t) abgefertigt. Zur Zeit liegt keine Rückinformation vor, ob sie tatsächlich schon eingetroffen ist, da sie, wie inzwischen bekannt wurde, über Paris/Lissabon fehlgeleitet wurde.

2. Im Zusammenhang mit dem Besuch des Mitgliedes des Politbüros des ZK der SED und Präsidenten der Volkskammer, Genossen H. Sindermann, in Sao Tomé e Principe Anfang Dezember 1977 wurde eine weitere Sendung u.a. mit medizintechnischen Erzeugnissen, Sanitärmaterialien, Nahtmaterial und Ausstattungsgegenständen übergeben.

3. Am 25.1.1978 wurden über Seeversand Hamburg größere Geräte, Sterilisatoren u.a. sperrige Güter (Gewicht 7,8 t), die durch Luftfracht nicht transportiert werden können, auf den Weg gebracht. Eine Rückinformation über Eintreffen in Sao Tomé e Principe liegt noch nicht vor.

4. Seit 25.3.1978 sind weitere 7,2 t sperriges Gut, bestehend u.a. aus Operationstisch, 30 Krankenhausbetten, 5 Kinderbetten, Nachtschränken, Krankentragen, Narkosebeatmungsgerät, für den Seever-

sand bereitgestellt. Die Realisierung dieses Auftrages ist durch das Solidaritätskomitee, mit dem es zur Realisierung des Regierungsgeschenkes ein enges Zusammenwirken gibt, Deutrans übertragen.

Da die Seereederei der DDR sich nicht in der Lage sieht, eine entsprechende Transportkapazität per Schiff zur Verfügung zu stellen, laufen zur Zeit Bemühungen, über eine westdeutsche Agentur (Firma Ihle, Hamburg) den Schiffstransport zu realisieren.

Zwischen Deutrans und dieser Hamburger Firma bestehen zur Durchführung derartiger Transporte vertragliche Regelungen.

Ich habe folgendes veranlaßt:

– Der Minister für Verkehrswesen wird von mir persönlich gebeten, für die Beschleunigung des Seetransportes dieser versandbereiten Sendung Sorge zu tragen.

– Am 19.4.1978 wird ein Beauftragter des Ministeriums in Begleitung eines Monteurs nach Sao Tomé e Principe reisen, um an Ort und Stelle den Stand der Realisierung des Regierungsgeschenks zu klären, mögliche Montage der Geräte durchzuführen und Festlegungen zu treffen, welche Maßnahmen kurzfristig zur vollen Inbetriebnahme der Entbindungsstation erforderlich sind.

Mit sozialistischem Gruß
L. Mecklinger

»Ausländische« Korrespondenten zurechtweisen

Am 1. Mai 1978 kam es in Wittenberge zu Diskussionen von verärgerten Bürgern mit Funktionären. Etwa 300 Menschen sollen an den heftigen Aussprachen beteiligt gewesen sein, bis die Polizei den »Platz der Freiheit« abräumte. 20 Personen wurden festgenommen. Am 8. Mai 1978 gelangte die Nachricht zu dem Korrespondenten der westdeutschen Nachrichtenagentur DPA, Dietmar Schulz. Schulz fragte im Außenministerium, zuständig für die westdeutsche Presse, an, ob die Information zutreffend sei. Das Außenministerium bestätigte die Meldung nicht, Schulz berichtete trotzdem. Am 9. Mai informierte Siegfried Hoeldtke von der Hauptabteilung Presse des Ministeriums für Auswärtige Angelegenheiten Heinz Geggel, den Abteilungsleiter für Agitation im ZK.[5]

Der Korrespondent der »L'Humanité«, Umbrecht, fragte an ob die DPA-Meldung über Wittenberge den Tatsachen entspreche.

Die Korrespondenten der UZ und der »Wahrheit« Henri Meyer und Martin Lukowski, fragten an, ob es über die DPA-Meldung eine offizielle Äußerung von DDR-Seite gebe.

Den Korrespondenten wurde mitgeteilt, daß es sich bei der genannten Meldung um eine Falschmeldung handele.

S. Hoeldtke

Schulz wurde gemeinsam mit Hans-Jürgen Wiessner vom ZDF, der die DPA-Meldung ebenfalls verbreitet hatte, ins Außenministerium bestellt und verwarnt. In solchen Fällen erwies sich der westliche Pressepulk als verschworene Journalistengemeinschaft. Die ARD sprang in die Bresche und informierte das MfAA am 10. Mai per Telex über einen bevorstehenden Bericht. Eigentlich hätte Fritz Pleitgen eine formelle Drehgenehmigung einholen müssen.[6]

Lieber Herr Nickelsen,

wir möchten über den Besuch des sowjetischen Außenministers Andrej Gromyko in der DDR berichten. Wir wären ihnen dankbar, wenn sie uns die Möglichkeit verschaffen könnten, Ankunft, Abflug und evtl. die Verhandlung zu filmen.

Ferner möchte ich Sie informieren, daß ich heute (10. 5. 78) zu Dreharbeiten noch in den Bezirk Schwerin fahre.

Mit freundlichen Grüßen
ARD-Studio DDR
Fritz Pleitgen

Pleitgen berichtete noch am selben Abend um 22.30 Uhr im ARD-Fernsehen vom Platz der Einheit in Wittenberge. Er bestätigte die DPA-Meldung und zitierte Augenzeugen der Ausschreitungen. Die Größenordnung des Aufruhrs konnte er jedoch nicht bestätigen. Konsequenterweise wurde er ebenfalls ins Ministerium bestellt. Hauptabteilungsleter Hoeldtke fertigte für das ZK der SED einen Vermerk von diesem Gespräch an.[7]

Der akkreditierte Korrespondent des ARD-Fernsehens, Fritz Pleitgen, wurde am 11.5.1978, 13.30 Uhr, durch den amtierenden Leiter der HA Presse, Genossen Siegfried Hoeldtke, wegen »bewußter Fortsetzung der Verbreitung einer Falschmeldung über Wittenberge, die noch dazu im Wissen um die Verwarnung mehrer BRD-Korrespondenten erfolgte, sehr nachdrücklich verwarnt«. Damit hat Pleitgen »wissentlich gegen die Verordnung über die Tätigkeit von Publikationsorganen anderer Staaten und deren Korrespondenten in der Deutschen Demokratischen Republik vom 21.2.1973 verstoßen, die die ausländischen Korrespondenten verpflichtet, wahrheitsgetreu, sachbezogen und korrekt zu berichten sowie keine böswillige Verfälschung von Tatsachen zuzulassen.«

Pleitgen wurde nachdrücklich darauf hingewiesen, daß er »bei weiterer Verbreitung verleumderischer Berichte über die DDR die Folgen im Sinne dieser Verordnung selbst zu tragen« habe. Er wurde aufmerksam gemacht, daß diese Art Berichterstattung »nur dazu angetan ist, den Prozeß der Normalisierung der Beziehungen zwischen den Staaten zu stören.« Pleitgen erwiderte: »Ich bin sicher, daß sie wissen, daß ich nicht gegen die Verordnung verstoßen habe. Ihre Verwarnung ist für mich nicht existent, ich weise sie nicht zurück. Diese Begründung ist eine Nicht-Begründung. Ihnen ist bekannt, daß ich heute durch den Besuch des Außenministers der UdSSR, Gromyko, stark beschäftigt bin und heute abend eine wichtige Sendung habe; deshalb betrachte ich dieses Hierherzitieren als Behinderung meiner Tätigkeit. Ich wünsche, daß die DDR bei der Behandlung der ausländischen Korrespondenten eine souveräne Haltung an den Tag legt.«

Genosse Hoeldtke wies die Entgegnung zurück und ermahnte Pleitgen, sich auf den Boden der Tatsachen zu stellen und im Sinne der Verordnung eine korrekte, sachbezogene und wahrheitsgemäße Berichterstattung durchzuführen und beendete damit das Gespräch.

Beim Hinausgehen bemerkte Pleitgen, »das, was sie hier tun, behindert den Normalisierungsprozeß.« Seitens des MfAA nahm an dem Gespräch Genosse Olaf Nickelsen teil.

S. Hoeldtke

Antichinesischen Protest zelebrieren

Bei wichtigen außenpolitischen Ereignissen überließ die SED die Mei-nungsbildung der DDR-Bürger nicht dem Zufall. Das Telegramm, das der Sekretär der Bezirksleitung Leipzig am 19.2.1979 an die Sekretäre der Stadt-, Stadtbezirks- und Kreisleitungen schicken ließ, belegt aber auch, daß das Verfahren bekannt war und sich weitere Erläuterungen erübrigten.[8]

Werte Genossen!

Zur Verurteilung des ungheheuerlichen militärischen Überfalls Chinas auf die Sozialistische Republik Vietnam sind überall in den Betrieben, Einrichtungen und Institutionen heute vielfältige Veranstaltungen durchzuführen, auf denen entschieden die Aggression Chinas verur-teilt und brüderliche Solidarität mit dem Heldenvolk Vietnams geübt wird. In den Protestkundgebungen sind Resolutionen anzunehmen und an die zentralen Leitungen weiterzuleiten.

D. Keller, Sekretär

Die Merseburger Völkerschlacht untersuchen

Nach außen präsentierte sich die DDR gern als Teil einer großen Gemeinschaft von Bruderstaaten. Differenzen zwischen DDR-Bürgern und Angehörigen solcher Bruderstaaten gab es offiziell nicht. Es gab sie trotzdem, wie der SED-Bezirksleitung Halle mitgeteilt wurde.[9]

Am 11. August 1979 gegen 23.30 Uhr kam es in der Nähe der Kon-sumgaststätte »Saaletal« in Merseburg nach einer Disco-Veranstaltung zu tätlichen Auseinandersetzungen. Daran sollen 4 Bürger der Ungari-schen Volksrepublik, 4 Bürger der Republik Kuba und 10 bis 12 DDR-Bürger beteiligt gewesen sein. Bei diesem Vorkommnis wurden zwei kubanische Staatsbürger im Gesicht verletzt.

Die Ursachen sollen im aufdringlichen Verhalten der kubanischen Bürger gegenüber weiblichen Personen in der Gaststätte »Saaletal« begründet liegen. Durch die Genossen der Volkspolizei wurden die

kubanischen Bürger am 12. August gegen 14.00 Uhr zu dem Vorkommnis vernommen. Am 12. August fand in der Gaststätte »Saaletal«
erneut eine Disco-Veranstaltung statt, an der etwa 230 Gäste teilnah-
men. Gegen 19.20 Uhr wurden vor der Gaststätte durch etwa 15 kubanische Staatsbürger 2 DDR-Bürger umringt, belästigt und unter
Androhung von Gewalt einer Leibesvisitation unterzogen, bei der die
Kubaner zu verstehen gaben, daß es sich um eine »Racheaktion«
handle.

Weitere 45 kubanische Staatsbürger befanden sich vor dem Objekt
der Gaststätte, etwa 6 bis 10 von ihnen betraten diese und schlugen
dort mit mitgeführten Schlaggegenständen auf die anwesenden Gäste
ein. Auf Grund der Gegenwehr der DDR-Bürger wurden die kubanischen Bürger aus den Räumlichkeiten der Gaststätte gedrängt. Neben
Sachbeschädigungen in der Gaststätte kam es zur Verletzung eines
DDR-Bürgers. Im Bereich der Gaststätte wurden 8 Steine in Faust-
größe gefunden, wobei auch seitens der DDR-Bürger mit Weinflaschen
geworfen wurde. Die Tätlichkeiten wurden außerhalb der Gaststätte
fortgesetzt, wobei der größte Teil der kubanischen Staatsbürger flucht-
artig die Umgebung verließ. 7 Kubaner liefen zu dem in unmittelbarer
Nähe befindlichen Saaleufer und sprangen ins Wasser. Sie wurden von
ca. 30 bis 40 DDR-Bürgern verfolgt, wobei die im Wasser befindlichen
Kubaner von einer Brücke aus mit Gegenständen beworfen wurden.
Zwei kubanische Staatsbürger, Andres G. und Delfin G., werden seit
diesem Zeitpunkt vermißt. Die erforderlichen Suchmaßnahmen, die
unverzüglich eigeleitet wurden, führten zum Fund einer Leiche, bei
der es sich eindeutig um einen kubanischen Bürger handelt.

Die Untersuchungen wurden dadurch erschwert, daß bis auf 1 kubanischen Bürger die anderen namentlich bekannten kubanischen Beteiligten keine Aussagebereitschaft zeigten. Der kubanische Bürger sagte
aus, daß es bei dem Vorkommnis am 12. August vor und in der Gaststätte »Saaletal« bereits im Wohnheim eine Absprache seitens der kubanischen Staatsbürger gegeben habe, einheitlich auf Grund des Vorkommnisses vom 11. August aufzutreten.

Die kubanischen Staatsbürger befinden sich auf der Grundlage eines
Regierungsabkommens zur Ausbildung als Facharbeiter im VEB
Leuna-Werke. Es handelt sich insgesamt um 150 Personen im Alter
zwischen 20 und 24 Jahren, die seit dem 24. Juni bzw. seit dem 8. Juli
1979 in der DDR sind.

Vertreter der kubanischen Botschaft sind im Bezirk Halle eingetroffen, um das Vorkommnis zu untersuchen. Seitens der Sicherheitsorgane wurden alle erforderlichen Maßnahmen eingeleitet.

Die polnische Konterrevolution aussperren...

Der Slogan »Ex oriente lux« galt für den unmittelbaren Nachbarn Polen nur bedingt. Und mit dem Auftreten der unabhängigen Gewerkschaft Solidarnosc gar nicht mehr. Am 5. September 1980 teilte der für die Medien zuständige Joachim Herrmann Erich Honecker mit, dass die gesamte für die DDR bestimmte Auflage einer polnischen Zeitung beschlagnahmt werden wird.[10]

Lieber Genosse Honecker!
Unser Botschafter in Warschau, Genosse Siebert, hat uns gestern mitgeteilt, daß die deutsche Ausgabe der polnischen Zeitung »Zycie Warszawy« Nr. 36 vom 6. September 1980 (1.720 Exemplare) die konterrevolutionären Programme aus Gdansk und Szczecin im Wortlaut enthält. Ein Teil dieser mit dem visafreien Verkehr begründeten Ausgabe der polnischen Zeitung wird im Austausch mit der polnischen Ausgabe der »Berliner Zeitung« in die DDR importiert. Nach dem Anruf wurde sofort Genosse Erich Mielke und der amtierende Leiter der Abteilung Transport- und Nachrichtenwesen, Genosse Aull, informiert, damit die notwendigen Maßnahmen getroffen werden, um den Vertrieb dieser Zeitung in der DDR absolut zu verhindern. Inzwischen hat Genosse Mielke informiert, daß alles erforderliche eingeleitet ist.
Mit vielen Grüßen
J. Herrmann

... aber sie ist schon da

Der aufmüpfige Geist verbreitete sich trotz der schärferen Kontrollen rasch. So wurden die polnischen Studenten schon im Februar 1981 für eine rigide Heimleitung in Leipzig zum Problem. Der Adressat des Berichtes über besondere Vorkommnisse an der Handelshochschule war Horst Schumann, 1. Sekretär der Bezirksleitung der SED.[11]

Lieber Horst!

Durch die Parteileitung der Handelshochschule wurde ich soeben informiert, daß es am 5. und 6.2.1981 im Internat der Handelshochschule zu einem Vorkommnis mit polnischen Studenten kam.

Anläßlich eines Kontrollganges hatte der Heimleiter im Vorraum zur Ausländeretage am Anschlagbrett einen Illustriertenausschnitt festgestellt. Das Zeitschriftenbild zeigte das Porträt des in den USA lebenden und zum Nobelpreisträger gemachten polnischen Dichters Czeslaw Milosz sowie die aus einem seiner Gedichte stammende Zeile »nur das ist unsere Heimat« (in polnischer Sprache).

Der Anschlag wurde vom Wohnheimleiter in Anwesenheit hinzukommender polnischer Studenten entfernt, die sich teilweise darüber entrüsteten. Auf die Frage, was der Text aussage, wurde von einer Studentin zunächst versucht, falsch zu übersetzen, was jedoch von 2 anderen polnischen Studenten verhindert wurde.

Aus dem dabei in polnischer Sprache geführten Wortwechsel ging hervor, daß die Studenten Maj (Mitglied des Heimkomitees) und Walczak mit dem Verhalten der Studentin nicht einverstanden waren.

Am Freitag, dem 6.2., wurde am gleichen Anschlagbrett bei einem erneuten Kontrollrundgang an der ansonsten leeren Wandzeitung ein aufgehangener toter Vogel entdeckt, dessen Krallen von einem roten Faden gefesselt waren.

Der Urheber der Provokation ist unbekannt.

Die Hochschulparteileitung hat gemeinsam mit der staatlichen Leitung festgelegt, daß die Verstärkung der Kontrolltätigkeit im Internat gewährleistet ist und am heutigen Nachmittag im Internat mit der Vorsitzenden der polnischen Hochschulgruppe, Studentin Miesiaczek, sowie mit den im Heimkomitee mitarbeitenden polnischen Studentinnen durch beauftragte Genossen eine Aussprache stattfindet, über die mir noch berichtet wird.

Am heutigen Vormittag war an der Zimmertür zweier polnischer Studenten ein Schild befestigt, auf dem dem Wohnheimleiter und seinem Kollektiv »bei Durchsuchung unseres Zimmers« viel Erfolg gewünscht wird.

Dietmar Keller

Über Pelzmäntel nachdenken

Mit jedem neuen Land, das zum sozialistischen Weltsystem hinzustieß, ergaben sich neue Chancen auf eine Verbesserung der wirtschaftlichen Lage. Der Chefredakteur der Zeitschrift »Horizont« interessierte sich demzufolge in erster Linie für die wirtschaftlichen Potentiale des Landes, von denen er Joachim Herrmann am 16. Juli 1980 vorschwärmte.[12]

Lieber Achim,

als Anlage übersende ich Dir ein kleines Souvenir aus Kabul. Mein Gespräch mit Babrak Karmal verlief in einer sehr herzlichen Atmosphäre. Ich habe bereits Genossen Axen mitgeteilt, daß es mir nach so wenigen Tagen Aufenthalt natürlich unmöglich ist, etwas Fundiertes über die Situation zu sagen, aber zumindest in Kabul ist es völlig ruhig, und man muß allgemein den Eindruck haben, daß – etwas salopp gesprochen –»die Sache gelaufen ist«.

Offensichtlich setzen die Genossen in Kabul große Erwartungen in die künftige Zusammenarbeit mit uns. Es gibt aber auch für uns – mal ganz abgesehen von den Rohstoffen – manches, womit wir schnell Kaufkraft bei uns abschöpfen könnten: Pelze, Felle, Ledermäntel, überhaupt Lederwaren aller Art, die man bei größeren Partien sicher zu sehr niedrigen Preisen aufkaufen kann. Auf jeden Fall würde es sich wohl lohnen, entsprechende Experten von uns auf diese Spur zu setzen. Ich wünsche Dir einen recht erholsamen Urlaub

Mit sozialistischem Gruß
Ernst-Otto Schwabe
Chefredakteur

Polen abwimmeln

Arthur Nebe, 1. Kreissekrtär in Altenburg sandte am 2. Januar 1981 eine persönliche Information an Horst Schumann, 1. Sekretär der Bezirksleitung Leipzig.[13]

Werter Genosse Schumann!

Im Dezember 1980 erhielten wir einen Brief aus der VR-Polen mit dem Adressat auf dem Briefumschlag
»Parteisekretär der Sozialdemokratischen Partei Deutschland in Stadt Altenburg/Thür., DDR« Von mir wurde veranlaßt, den in polnisch geschriebenen Brief zu übersetzen, welcher in der Anlage beigeführt wird. Nach Abstimmung mit den zuständigen Organen vertrete ich den Standpunkt, darauf nicht zu reagieren, weil nicht exakt die Adresse des Empfängers formuliert ist und entsprechend dem Inhalt des Briefes die Einzelheiten unserer Meinung nach von uns nicht mehr geprüft werden können.

Mit sozialistischem Gruß!
SED-Kreisleitung Altenburg
Nebe, 1. Sekretär

Jerzy Wojciechowski aus Plock hatte geschrieben:

Werter Genosse Sekretär,

ich wende mich an Sie mit der Bitte, mir zu einer Bescheinigung über den Aufenthalt im Gefängnis und im Konzentrationslager zu verhelfen.
   In den Jahren 1941 – 1942 wurde ich während der Razzien in Lublin als minderjähriger Junge zu Zwangsarbeiten in das damalige »3. Reich« verschleppt. Man hat mich nach Magdeburg gebracht und dort zur Arbeit in einem Rüstungswerk im Stadtteil Buckau an der Elbe eingeteilt. Nach einigen Monaten versuchte ich zu fliehen, um nach Polen zurückzukehren. Unterwegs wurde ich irgendwo im Bezirk Leipzig festgenommen und zur Kriminalpolizei in Gera gebracht. Nach mehrwöchigen Verhören, auch Folterungen, wurde ich nach Altenburg überführt und von dort zur Arbeit [zum] Bauern N. in Zschernitzsch eingewiesen. Während der Arbeit beim genannten Bauern nahm ich Kontakte zu deutschen Antifaschisten auf. Wir organisierten Lebensmittelspenden für Fremdarbeiter des Werkes HASAG. An die einzelnen Namen kann ich mich nicht mehr erinnern. Ich unterhielt Verbindungen zu Frau Melanie Menge, damals wohnhaft gewesen in der Borgasse, sowie mit dem Vater von ELFRIEDE, einem Antifaschisten, der

ebenfalls in der Borgasse rechts am Teich wohnte. Einmal, es war spät abends, mußte ich durch das Fenster fliehen, weil man in das Haus von Elfriedes Vater, wo ich mich gerade befand, Polizei geschickt hatte. Für die Nichtausführung von Anweisungen des Hans Nitzsche, dafür, daß ich mich nicht erniedrigen und schlagen ließ und weil ich einmal der Ruth Himel einen Schlag versetzte – sie hatte mich beleidigt und mir während des Essens einen Lappen in die Suppe geworfen – wurde ich vom Altenburger Gericht zu Gefängnisstrafe und Konzentrationslager verurteilt.

Ich arbeitete in einem Steinbruch, der dem Zentralen Konzentrationslager Buchenwald als Kommando Steinbruch unterstellt war. Man nannte mich den »kleinen KASEK«.

Genosse Sekretär, mir geht es nicht um eine Entschädigung, sondern nur um eine Bescheinigung darüber, daß ich eingekerkert war. Dies Bescheinigung benötige ich, um fünf Jahre vor der Zeit in Rente gehen zu können. Ich bin jetzt 55 Jahre alt und Invalide 2. Grades. Ich bitte Sie, meine Angelegenheit eingehend zu prüfen und meiner Bitte zu genügen.

Hochachtungsvoll
Jerzy Wojciechowski

Marx nach Afrika exportieren

Obwohl sich die DDR durchaus nicht als Motor der Weltrevolution verstand, unterstützte sie Staaten, die sich für »marxistisch« hielten. So erhielt Äthiopien massive Wirtschaftshilfe, den Beistand des Ministeriums für Staatssicherheit[14] und ideologische Unterstützung durch die SED. Die gute Zusammenarbeit bedurfte aber auch eines Symbols. Die DDR stiftete das erste Marx-Denkmal auf dem afrikanischen Kontinent. Kurt Hager kümmerte sich um die Entwürfe und teilte Erich Honecker am 3. Dezember 1982 den Stand der Dinge mit.[15]

Lieber Erich!

Bei Deinem Besuch in Äthiopien hattest Du den Grundstein zu einem Karl-Marx-Denkmal gelegt. Es war daraufhin der Entwurf einer Denkmalanlage gemacht worden, der aber solche Dimensionen hatte und solche Kosten, vor allen Dingen Valuta, verursachte (insgesamt waren bauseitig etwa 2 Millionen und für Honorare 1,1 Millionen Mark – ohne Transportkosten – vorgesehen), daß wir diesen Entwurf nicht für realisierbar hielten. Jetzt liegt eine neue Variante vor, die aus drei plastischen Gestaltungselementen besteht:

1. Eine überlebensgroße Karl-Marx-Büste aus rotem Granit auf weißem Sockel mit einer Gesamthöhe von 4m;

2. Einer der afrikanischen Tradition entlehnten Säule (aus Spannbeton) in 5-teiliger Gliederung, mit dem in mehreren Sprachen eingemeißelten Satz: Proletarier aller Länder, vereinigt Euch! Diese Säulenkomposition mit einer Höhe von 7,60m soll die aufstrebende Menschheit der fünf Erdteile demonstrieren.

3. Ein Rundrelief in Bronze- oder Eisenguß, das Menschen, Bauten und Tiere Afrikas symbolisiert und ein Schriftband mit den Namen der Stämme Äthiopiens trägt.

Von allen vorliegenden Varianten halten wir diese für die beste. Ihre Gesamtkosten betragen 500.000 Mark und sie bietet den Vorteil, daß alle Teile bei uns und mit geringstem Aufwand am Standort her- und aufgestellt werden können. An Ort und Stelle sind bei dieser Variante die Schaffung der Fundamente für die Bestandteile des Denkmales und Arbeiten für eine Kies- oder Splittdecke nötig.

Ich lege Dir das Entwurfsmodell sowie ein Foto der landschaftlichen Einordnung bei. Ich habe veranlaßt, daß vom Minister für Kultur und Minister für Bauwesen eine Vorlage eingereicht wird, die die Realisierung bis 1984, dem 10. Jahrestag der Äthiopischen Revolution vorsieht.

Mit sozialistischem Gruß
Kurt Hager

Entschädigungsansprüche zurückweisen

Wo viele Male ähnliche Probleme auftauchen, kann ein abgestimmtes Vorgehen staatlicher Stellen von Nutzen sein. So entschied das Ministerium für Auswärtige Angelegenheiten der DDR 1982, dass alle Anfragen jüdischer Bürger bezüglich einer Wiedergutmachung von seiten der DDR an eine Adresse weiterzuleiten seien. Die so Erfassten erhielten dann einen Standardbrief, der in politisch sprachlich korrekter Weise Wissenswertes über die antifaschistische Entwicklung der DDR vermittelte, ohne jedoch auf Geldfragen einzugehen. Derartige Forderungen seien generell unbegründet, da die die DDR durch ihre vorbildliche Haltung bereits alle Ansprüche »abgegolten« habe.[16]

Sehr geehrter Herr/geehrte Frau ...

In Beantwortung Ihres Schreibens vom ...., für das ich danke, erlaube ich mir, Ihnen folgendes mitzuteilen:

Die DDR ist ein antifaschistischer deutscher Staat, in dem Rassismus, Antisemitismus und Faschismus mit ihren Wurzeln ausgerottet worden sind. Frieden und Völkerfreundschaft sind Verfassungsgrundsatz. Kriegshetze, Rassenhaß und Bekundungen faschistischen Gedankengutes sind verboten und werden strafrechtlich streng geahndet. Regierung und Volk der DDR werden den Opfern der Nazibarbarei – darunter den über sechs Millionen ermordeten jüdischen Bürgern – stets eine ehrendes Gedenken bewahren. Die Jugend unseres Staates wird konsequent in antifaschistischem Geist erzogen, und es wird alles getan, damit auch die jüngere Generation die Schrecken des Hitlerfaschismus und die unermeßlichen Leiden gerade der jüdischen Mitbürger sowie die heroischen Taten der antifaschistischen Widerstandskämpfer niemals vergißt. Auch aus diesem Grunde wurde am 4. Juli 1980 in der DDR die Stiftung »Neue Synagoge Berlin – Centrum Judaicum« ins Leben gerufen, die sich zum Ziel gesetzt hat, das Gotteshaus in der Oranienburger Straße wieder aufzubauen. Die acht jüdischen Gemeinden in der DDR erhalten großzügige Unterstützung durch Staat und gesellschaftliche Kräfte, nicht zuletzt zur Erhaltung und Pflege ihrer Synagogen, Gebetshäuser und Friedhöfe. So beteiligten sich zahlreiche, vor allem junge Bürger unseres Landes, aktiv an der Erhaltung und Pflege der größten jüdischen Friedhofes in Europa in Berlin-Weißensee.

Die DDR begeht in diesem Jahr mit zahlreichen Ehrungen und Gedenkveranstaltungen den 50. Jahrestag der faschistischen Pogromnacht im Geiste anitfaschistischer Traditionen.

In völliger Übereinstimmung mit ihrer antifaschistischen Grundhaltung hat die DDR die im Ergebnis des II. Weltkrieges im Potsdamer

Abkommen getroffenen Festlegungen, in größtmöglichem Ausmaß für die Verluste und Leiden, die den Völkern durch den Hitlerfaschismus zugefügt wurden, Ausgleich zu schaffen, vollständig verwirklicht. Somit hat sie ihre völkerrechtlichen, juristischen und moralischen Pflichten zur Wiedergutmachung in vollem Umfange erfüllt und alle damit zusammenhängenden Ansprüche abgegolten.

Ausgehend von der engen Verbundenheit ihres Volkes mit den jüdischen Opfern des Faschismus erklärt sie sich auf Ersuchen jüdischer Organisationen bereit, in soziale Nöte geratenen jüdischen Verfolgten des Naziregimes aus humanitären Erwägungen Hilfe zu gewähren. Darüber werden gegenwärtig Gespräche geführt, die noch nicht abgeschlossen sind.

Mit vorzüglicher Hochachtung

Heino stört in Bagdad

In Bagdad waren DDR-Monteure vielfältigen Versuchungen ausgesetzt. Und so drückten die Parteisekretäre auch mal ein Auge zu, wenn nicht alles so geregelt lief wie zu Hause. Doch die Vorkommnisse zur Jahreswende 1982/83 konnten nicht toleriert werden. Am 22. April fertigte die Leipziger Parteikontrollkommission einen Bericht an über das »Ergebnis der Befragung von Beteiligten an den Vorkommnissen im MLK-Kollektiv im Irak.«[17]

Im Kollektiv des Zentrallagers des VEB Metall-Leichtbaukombinates Leipzig (MLK) bei Bagdad/Irak kam es am 31.12.82 und 13.1.83 zu Vorkommnissen (Abspielen und Mitsingen des »Deutschlandliedes«, »Heil«-Grüße). Darüber hinaus wurde der Besitz und die Weitergabe von pornografischen Video-Kassetten bekannt. Im Ergebnis dieser Vorkommnisse wurden sieben Kollegen des Kollektivs Zentrallager des MLK am 17.3.83 in die DDR zur Klärung des Sachverhaltes zurückgeführt und Befragungen unterzogen, die zu folgenden Aussagen führten:

1. Während Zusammenkünften in der Freizeit wurden mehrfach Kassetten mit Liedern des BRD-Sängers Heino, darunter zur Melodie des Deutschlandliedes abgespielt und von den Beteiligten mitgesungen. (Die Kassette ist als »Heino II« in Bagdad käuflich zu erwerben.)

In einem Falle begab sich der DDR-Bürger Th*. in stark angetrunkenem Zustand auf den Tisch, erhob die rechte Hand zum faschistischen Gruß und rief »Heil«. Diese Verhaltenweise wurde von den anderen Anwesenden toleriert. Darüber hinaus wurde bekannt, daß der DDR-Bürger H*., Friedhelm, während des Abspielens des sogenannten Deutschlandliedes durch entsprechende Gesten die äußere Erscheinung Adolf Hitlers parodierte (wegen gleichartiger Handlungen wurden mit H*. in der Vergangenheit bereits disziplinarische Auseinandersetzungen geführt).

2. Neben der vorgenannten Kassette befanden sich im Besitz von Mitarbeitern des Zentrallagers BRD-Zeitschriften wie ›Das neue Blatt‹, ›Mein Erlebnis‹, ›Neue Post‹, ›Quick‹, ›Stern‹ sowie mit pornografischem Inhalt. Diese Zeitschriften wurden z.T. von österreichischen und jugoslawischen Kraftfahrern erworben, die diese vorwiegend dazu verwenden, um bei Zollkontrollen bzw. Be- und Entladearbeiten bevorzugt abgefertigt zu werden.

Weiterhin erfolgte ein regelmäßiges Abspielen von Videokassetten mit pornografischen Aufnahmen, die ausschließlich von ägyptischen Arbeitskräften zur Verfügung gestellt wurden.

3. Als Ursache für diese Verhaltensweisen wird neben der ungenügend ausgeprägten ideologischen Festigkeit der beteiligten DDR-Bürger eine unzureichende politisch-ideologische Arbeit sowie kulturelle Betreuung durch die staatliche Leitung angegeben. So wurde dem Kollektiv des Zentrallagers im Jahre 1982 durch die Leitung vom MLK als Auszeichnung ein Videokassettengerät zur Verfügung gestellt, jedoch ohne Kassetten. Mehrere Anregungen zur Übersendung von bespielten Videokassetten blieben bisher erfolglos. In diesem Zusammenhang wird auch das Fehlen von aktuellen Zeitungen/Zeitschriften aus der DDR verwiesen.

4. Durch die an den Vorkommnissen beteiligten DDR-Bürger wurde darauf verwiesen, daß keine Möglichkeiten einer sinnvollen Freizeitgestaltung gegeben sind. Entsprechende Hinweise sind bisher von der zentralen Leitung des VEB MLK nicht aufgegriffen worden, so daß eine zur Resignation neigende Situation unter den Werktätigen des Zentrallagers entstanden ist, die u.a. auch in einem ständigen überhöhten Alkoholgenuß Ausdruck findet (keine regelmäßige Versorgung mit alkoholfreien Getränken, daher auch Genuß von Alkohol während der Arbeitszeit).

Westgeld eintauschen

Die Bezirksparteikontrollkommission meldete im Herbst 1984 an die Zentrale Parteikontrollkommission einen Vorfall von dem sie durch die Stadtbezirksparteikontrollkommission (SB-PKK) erfahren hatte.[18]

[...] Durch die Genossen der SB-PKK Leipzig-West erhielten wir Kenntnis, daß die Genossen Willi S*. geb. am [...], Mitglied der Partei seit 1968, tätig als Bauleiter, und Peter Sch*., geb. [...], Mitglied der Partei seit 1968, tätig als Transportarbeiter, aus der GO VEB Farben- und Lackfabrik Leipzig, sich bei einem BRD-Bürger, Fahrer eines Tankzuges der BRD-Fa. Hoyer, der dienstlich in diesem Betrieb zu tun hatte, anbiederten. Politisch prinzipienlos, aus Gier nach Westgeld, kauften beide 50 Dollar für je 450,- M. Sie ermöglichten damit, Falschgeld in der DDR zu verbreiten. Gegen beide wurde ein Parteiverfahren eingeleitet.

Klaus
Vorsitzender

Den USA-Imperialismus in die Schranken weisen

Soli-Marken kleben, Altstoffe sammeln, Petitionen unterschreiben – das konnte nicht alles sein, dachten fünf künftige Offiziere aus Berlin. Sie wollten mehr tun, und teilten es Erich Honecker am 20. November 1984 mit.[19]

Sehr verehrter Genosse Erich Honecker!

Wir, Offiziersbewerber und Längerdienende[20] an der EOS »F. Engels« des Stadtbezirkes Berlin-Friedrichshain, sind wie die Bevölkerung unserer Republik und die gesamte fortschrittliche Weltöffentlichkeit zutiefst empört über die verbrecherischen, feigen und heimtückischen US-amerikanischen Vorbereitungen eines Krieges gegen Nikaragua! Zynismus, Brutalität, Heuchelei, Menschenverachtung des Imperialismus – all das dominieren die Haltungen und Handlungen der USA in den letzten Tagen, zeigen es in einer Weise und in einem Ausmaß, daß die Möglichkeit zu fehlen scheint, unserem Zorn, unserer Empörung und unserer Wut Ausdruck zu verleihen.

Aber wir sind sicher: Nikaragua ist nicht Grenada! Nikaragua lassen wir nicht zu einem 2. Vietnam machen! Trotz schwerster Belastungen und der komplizierten Situation wird es nicht gelingen, Nikaragua zu besiegen, zurückzustoßen in Abhängigkeit und amerikanische Unterdrückung. Die Ami's werden nicht durchkommen – No pasaran!

Gegenwärtig bereiten wir uns in der schulischen und außerschulischen Arbeit, bei der Vorbereitung des Abiturs und in der vormilitärischen Ausbildung verstärkt darauf vor, im kommenden Jahr in unseren Streitkräften als Berufsoffiziere, Offiziere auf Zeit oder Unteroffiziere zu dienen und damit einen konkreten Beitrag zur sozialistischen Landesverteidigung zu leisten. Denn nach wie vor gilt: »Eine Revolution ist nur dann etwas wert, wenn sie sich zu verteidigen weiß.« Und auch Nikaragua zeigt: Nur wenn wir dem Gegner schlagkräftige und kampfbereite Streitkräfte entgegenstellen, wird er von Aggressionen und Konterrevolutionen abzuschrecken sein. Daher ringen wir um höchste Ausbildungsergebnisse und die Erfüllung aller Normen und Übungen der vormilitärischen Ausbildung mit bestmöglichen Noten, bereiten uns darauf vor, in jeder Situation und unter allen Bedingungen den Feind zu schlagen und ihm jegliche Möglichkeit zu nehmen, unsere Errungenschaften, die Ergebnisse gründlichen Aufbaus zunichte zu machen.

Sollte es erforderlich sein, das Volk Nikaraguas nicht nur ideell und materiell zu unterstützen, sondern direkt an seine Seite zu treten, und so wie kubanische Jugendliche und Genossen in Angola und Moçambique, gemeinsam mit den nikaraguanischen Genossen das Erreichte zu verteidigen, so erklären wir hiermit unsere unbedingte Bereitschaft, in »Interbrigaden« zu kämpfen und den USA-Imperialismus in seine Schranken zu weisen!

Nikaragua ist nicht allein – wir stehen fest an seiner Seite!

Olaf B*.
Mirko Sch*.
Tino H*.
Toralf Sch*.
Niels-Olaf L*.

Egon Krenz, im Politbüro sowohl für Jugend-, als auch für Sicherheitsfragen, zuständig, antwortete den Nachwuchsoffizieren am 5. Dezember 1984.[21]

Liebe Freunde!

Für Euren Brief an Genossen Erich Honecker möchte ich Euch sehr herzlich danken.

Wir freuen uns über Eure verantwortungsbewußte Entscheidung, als Berufsoffiziere, Offiziere auf Zeit oder Unteroffiziere persönliche Taten zum Schutz des sozialistischen Vaterlandes zu vollbringen.

Wir möchten Euch in der Erkenntnis bestärken, daß ein starker Sozialismus die beste Gewähr für die Sicherung des Friedens gibt. So können wir auch dem Volk Nikaraguas am wirksamsten helfen, die Aggression des USA-Imperialismus abzuwehren.

Genosse Erich Honecker stellte in diesem Zusammenhang im Bericht des Politbüros an die 9. Tagung des ZK der SED fest, daß die auf außenpolitischem und militärischem Gebiet ergriffenen Maßnahmen sowie das eindeutige, lebhafte internationale Echo gegenwärtig zu einer gewissen Entspannung der Krisensituation in Mittelamerika geführt habe. Wachsamkeit und Solidarität bleiben jedoch weiterhin geboten.

Liebe Freunde!

Mit vorbildlichen Lernergebnissen, überzeugenden Leistungen bei den bevorstehenden Prüfungen sowie interessanten und anspruchsvollen Initiativen in Euren FDJ-Gruppen und im FDJ-Bewerberkollektiv tragt Ihr zur erfolgreichen Durchführung des »Ernst-Thälmann-Aufgebots der FDJ« in Vorbereitung des XI. Parteitages der SED bei.

Dafür und für Euren künftigen verantwortungsvollen Dienst in den Streitkräften unserer sozialistischen Heimat wünschen wir Euch viel Erfolg und Elan.

Mit sozialistischem Gruß
Egon Krenz

Polnische Pfadfinder betreuen

Im Sommer 1985 nahm die DDR eine große Zahl von polnischen Kindern in Ferienlagern auf. Eine polnische Pfadfindergruppe bedankte sich im August des Jahres bei Erich Honecker.[22]

Lieber Genosse Erich Honecker!

Es schreiben an Sie, lieber Genosse, Pfadfinder aus Siedlce. Wir sind zur Zeit in Oelsnitz (Vogtl.) zu einem 14-tägigen Ferienaufenthalt zusammen mit einer Pioniergruppe aus der Ernst-Thälmann-Oberschule in Triebel (Vogtl.). Mit diesem Brief möchten wir für die Gastfreundschaft, für alle Herzlichkeit, Fürsorge und Sympathie danken, die uns vom ersten Tage unseres Aufenthaltes an entgegengebracht wurden. Das Programm unseres Lagers war reich gestaltet. Wir hatten die Gelegenheit, die Sehenswürdigkeiten des Vogtlandes zu besuchen, verschiedene Einrichtungen zu besichtigen. Überall wurden wir mit großer Herzlichkeit aufgenommen. Wir haben mit deutschen Pionieren viele Freundschaften geschlossen, die wir fortsetzen werden.

Während der 14 Tage hat es uns an nichts gefehlt. Wir waren satt nicht nur vom Essen, sondern auch von den unvergessenen Eindrücken. Wir danken den Freunden, die uns die ganze Zeit begleitet haben, Herrn Wolfgang Gebhardt, Herrn Gerald Zöphel, Herrn Günther Bahmann und Frau Maria Kiwitt. Wir danken allen herzlich. Es lebe die polnisch-deutsche Freundschaft!
Im Namen der polnischen Pfadfindergruppe
Barbara Lichaczewska

Bummi hilft in Nikaragua

Die Bevölkerung gab gern, wenn sie gefragt wurde. Ganz besonders gern gaben die Eltern, wenn ihre Kinder darum baten. Die Kinder baten um Spenden, wenn sie gefragt wurden. Zum Beispiel von der Kinderzeitschrift Bummi. 1985 rief »Bummi« zur Unterstützung Nikaraguas auf. Am 17. Oktober musste sich Heidi Schmidt, stellvertretende Chefredakteurin, an den 1. Sekretär der SED-Bezirksleitung Leipzig wenden, denn die Unterstützung durch die Partei war dürftig.[23]

Lieber Genosse Schumann!

Seit vier Wochen (bis zum 15. Nov. 1985) läuft eine große Solidaritätsaktion, zu der unsere Kinderzeitschrift aufgerufen hat und die im Bunde mit dem Solidaritätskomitee der DDR und der Handwerkskammer Leipzig durchgeführt wird. Das Echo des BUMMI-Aufrufes ist überwältigend – nicht nur die Familien mit BUMMI-Lesekindern, sondern auch Kindergärten, Schulen, Hausgemeinschaften, Brigaden und DFD-Gruppen aus der gesamten Republik schicken Pakete mit Kinderbekleidung und Spielzeug für die nikaraguanischen Kinder. 34 000 Pakete sind bis zum heutigen Tag eingetroffen. (Eine 1983 für die namibischen Flüchtlingskinder angeregte Solidaritätsaktion brachte über mehrer Monate »nur« insgesamt 21 000 Pakete.) In vielen Briefen schreiben uns die Menschen von ihrer großen Freude, an solch einer Aktion teilnehmen zu können, helfen zu können. Wir legen Dir diesem Brief Auszüge aus solchen Leserbriefen bei, damit Du Dich, wie wir, darüber freuen kannst.

Die Pakete werden im Hauptpostamt Leipzig empfangen und von dort an die Handwerkskammer Leipzig weitergeleitet, wo die Kinderkleidung und das Spielzeug ausgepackt, sortiert und für den Schiffstransport versandfertig verpackt werden müssen. Bisher haben 8 Kollegen unter Leitung des Kollegen Joachim mit großer Einsatzbereitschaft den ungeheuren Ansturm fast allein bewältigt, doch jetzt reichen ihre Kräfte nicht mehr aus. Dringende Hilfe ist erforderlich.

Leider ist bis heute das Versprechen des Genossen Hahn von der Bezirksleitung der Partei Leipzig, Abt. Jugendfragen, Körperkultur und Sport, sich um zusätzliche Hilfskräfte einzusetzen, nicht eingehalten worden. Darum setzen wir uns heute mit dem Direktor für Studienangelegenheiten der KMU Leipzig in Verbindung, um Helfer zu organisieren. Außerdem bemüht sich das Solidaritätskomitee um zusätzliches Verpackungsmaterial und die Handwerkskammer um Lagermöglichkeiten für die Pakete. Auch die Bezirksdirektion der Deutschen Post Leipzig braucht mehr Lagerkapazität, wie uns gerade mitgeteilt wurde.

Wir schreiben Dir von unseren Sorgen, von den Sorgen der Leipziger Partner in der großen Hoffnung, daß Du helfend eingreifen kannst, denn bis zum Weihnachtsfest sollen unsere nikaraguanischen Freunde die Geschenke unserer Kinder in ihren Händen halten.

Herzliche Grüße von allen Mitarbeitern der Redaktion BUMMI
H. Schmidt / stellv. Chefredakteur

Horst Schumann ließ die Sache prüfen und stellte fest, dass die Flut der eingehenden Spenden alles bisher Dagewesene übertraf. Die täglich eingehenden drei- bis viertausend Pakete wurden von 400 Helfern aus- und umgepackt. Insgesamt spendeten die Familien der »Bummi«-Leser 130000 Pakete im Wert von insgesamt 30 Millionen Mark. Der Versand dauerte noch bis zum Februar 1986.

Über die USA informieren

Die Argumentationshinweise des Sektors Agitation der Bezirksleitung Leipzig sollten den Journalisten und Agitatoren des Bezirkes Hinweise zum Umgang mit Tagesereignissen geben. Zu einem Manovöver der US-Navy fielen die Hinweise am 3. April 1986 jedoch sehr knapp und wenig nützlich aus.[24]

Was haben die USA im Mittelmeer zu suchen? Nichts.

Scheinparlamente unterstützen

Der Irak sah in der DDR stets ein Beispiel für die Verwirklichung einer Diktatur in pseudodemokratischem Gewand. So wurden nicht nur Glückwünsche ausgetauscht und umfangreiche Wirtschaftsbeziehungen unterhalten, auch die beiden Scheinparlamente arbeiteten zusammen. Außenminister Fischer teilte Egon Krenz am 17. März 1989 den neuesten Vorschlag des Irak mit.[25]

Werter Genosse Krenz!

Aus außenpolitischer Sicht sollte die an die Volkskammer der DDR gerichtete Einladung zur Entsendung eines Abgeordneten als Beobachter der Wahlen zur Nationalversammlung in der Republik Irak wahrgenommen werden.
   Die Realisierung der Einladung ordnet sich in die Gesamtkonzeption

zur Weiterentwicklung der Beziehungen der DDR zur Republik Irak ein. Sie entspricht dem Beschluß des Politbüros des ZK der SED vom 14.2.1989, der im Ergebnis des Besuches des Stellvertreters des Vorsitzenden des Staatsrates und Stellvertreters des Präsidenten der Volkskammer, Gerald Götting, in der Republik Irak gefaßt wurde.[26]

Mit sozialistischem Gruß
Oskar Fischer

Den USA-Imperialismus einladen

Die CIA hatte eine Studie über die Zustände in Osteuropa und das baldige Ende des Kommunismus angefertigt. Daraufhin nahmen auch Abgeordnete des Repräsentantenhauses von der DDR Notiz und luden sich zur Besichtigung des untergehenden Staates ein. Am 12. April 1989 dankte Dan Rostenkowsky, Vorsitzender des Finanzausschusses im Repräsentantenhaus, »Seiner Excellenz Egon Krenz, Stellvertreter des Vorsitzenden des Staatsrates der Deutschen Demokratischen Republik«, für den angenehmen Aufenthalt.[27]

Sehr geehrter Herr Krenz!

Im Namen meiner ganzen Delegation von Kongreßmitgliedern möchte ich Ihnen dafür danken, daß Sie uns während unseres jüngsten Besuches in Berlin die Gelegenheit zu einem Gedankenaustausch über eine Vielfalt von Problemen gegeben haben.

Wenn auch während unseres Besuches keine Fragen gelöst wurden, so bin ich doch der festen Überzeugung, daß derartige Diskussionen zum besseren Verständnis der Probleme der jeweils anderen Seite beitragen und die Aussichten auf eine Lösung unserer bilateralen Schwierigkeiten in großem Maße verbessern.

Ich würde eine Erweiterung unserer bilateralen Handelsbeziehungen sehr begrüßen. Ich hoffe jedoch, daß Sie verstehen, daß die weitere Aufrechterhaltung der »Mauer« durch Ihre Regierung und das Versäumnis Ihrer Seite, den berechtigten Ansprüchen amerikanischer Bürger und jüdischer Gruppen nachzukommen, ernsthafte Hindernisse für die Verwirklichung dieses Zieles darstellen.

Meine Kollegen und ich sind mit tiefergehenden Erkenntnissen über die Bedeutung des Handels zwischen den Staaten für die Schaffung einer friedlichen Welt nach Washington zurückgekehrt. Ich hoffe, daß wir uns künftig wieder treffen können, um unsere Diskussionen fortzusetzen und gemeinsam für die Erreichung dieses Zieles zu wirken.

Mit vorzüglicher Hochachtung
 Dan Rostenkowski
Vorsitzender

XI. Die SED zerfällt

SED
HAUSMITTEILUNG

An Genossen Kurt Hager	von Abteilung Kultur	Diktatzeichen Rau/Ihl /42	Datum 28.7.89	Erledigungsvermerk
Betr.			Telefon Nr.	

Lieber Genosse Hager!

Am 26. 7. informierte mich Genosse Heinz Schnabel mündlich davon, daß Genossin Christa Wolf beim Sekretär der Parteiorganisation der Akademie der Künste, Genossen Rolf Harder, vorgesprochen habe und ihm mitteilte, daß sie nicht bereit sei, die Mitgliedschaft in unserer Partei aufrecht zu erhalten.
Daraufhin hat in der vorigen Woche ein längeres Gespräch mit ihr stattgefunden, das Genosse Rolf Harder und Genossin Christel Berger führten. Genossin Wolf brachte während des Gespräches folgendes zum Ausdruck: Sie habe lange über diesen Schritt nachgedacht, besonders während ihrer Krankheit in den vergangenen Monaten. Sie könne ihre Parteimitgliedschaft mit ihrem Gewissen nicht mehr vereinbaren, da sie sich ungenügend als Mitglied der Partei mit ihr verbunden fühlt und nun möchte sie mit sich ins Reine kommen. Am Parteileben nimmt sie ja schon lange Zeit nicht mehr teil. Eigentlich, sagte sie, hätte sie diesen Schritt schon 1976 tun müssen, als ihr Mann aus der Partei ausgeschlossen wurde. Sie betrachte die nun bevorstehenden Parteigespräche mit jedem Mitglied und den Umtausch der Parteidokumente im gewissen Sinne als "neuen Eintritt" in die Partei, so wäre es am besten sich vor den Gesprächen streichen zu lassen. Sie möchte das in aller Stille tun und sie sei selbst daran interessiert, daß daraus keine große Aktion gemacht wird. Sie selbst wird mit niemandem darüber sprechen.
Genosse Rolf Harder hat Genossen Wekwerth und Genossen Baierl darüber informiert.
Ich würde empfehlen, lieber Genosse Kurt Hager, weitere Schritte zu unterlassen, bis Du und Genossin Ursel Ragwitz aus dem Urlaub zurück sind, um sich dann darüber verständigen zu können.
Solltest Du anderer Auffassung sein, so laß es bitte wissen.

Mit sozialististischem Gruß
i.V. Ragwitz
Ursula Ragwitz
Abteilungsleiter

275

Ruth P*. ist enttäuscht

Am 1. September 1973 schrieb Ruth P. an die Bezirksleitung der SED Leipzig. Ihre Hoffnungen auf die deutsch-deutsche Annäherung hatten sich nicht erfüllt.*[1]

Betrifft: Austrittserklärung aus der Sozialistischen Einheitspartei Deutschlands

Seit mehreren Jahren bemühe ich mich bei unseren staatlichen Organen um eine Genehmigung, meine Eltern und Geschwister in Hamburg besuchen zu dürfen, die mir mir jedoch versagt wird; obwohl ich der Meinung bin, daß meine Gründe ausreichend sind. Ich möchte versuchen, meine Beweggründe darzulegen.

Im Jahre 1956 siedelte ich in die Deutsche Demokratische Republik über, nachdem mein Mann, der seit jeher Leipziger ist, mich 1954 in meiner Heimatstadt Hamburg kennenlernte. Er war damals mehrfach im Auftrag der FDJ und des DTSB in Hamburg und anderen westdeutschen Städten, um die Tätigkeit unserer KPD zu unterstützen. Meine Eltern und ich waren aktive Mitgleider der KPD, meine Eltern sind es heute nach wie vor – trotz ihres Alters und ihres nicht mehr besten Gesundheitszustandes. Seit meiner Übersiedlung in die DDR bin ich Mitglied der SED. Bereits 1 Jahr nach meinem Herzug nach Leipzig erlaubte man mir wegen meiner Zugehörigkeit zur SED nicht, meine Eltern und Geschwister in Hamburg zu besuchen. Schon nach 1 Jahr handelte die Stadtbezirksleitung Südost gegen das Versprechen, was man mir nach meiner Übersiedlung gab, stets nach Hamburg fahren zu können. Nach energischem Protest gegen die Maßnahmen besagter Stadtbezirksleitung durfte ich dann bis 1960 meine Eltern und Geschwister wieder in Hamburg besuchen. Als 1961 die Grenzen der DDR geschlossen werden mußten und der private Besucherverkehr aus den uns allen bekannten Gründen eingestellt werden mußte, hatte ich selbstverständlich dafür Verständnis. Ich hoffte, daß sich das Verhältnis beider deutscher Staaten eines Tages wieder normalisieren würde. Seit dieser Zeit sind eine Reihe mir nahestehende Verwandte verstorben. Ich gestehe offen, daß mich das Grauen packt, wenn ich daran denke, daß meine Eltern auch eines Tages unerwartet diesen Weg gehen müssen und ich höchstens nach den heutigen Bestimmungen am Begräbnis teilnehmen darf. Meine Mutter war 1972 tatsächlich nahe daran, diesen Weg gehen zu müssen. Schwerkrank und lebensgefährlich lag sie im Krankenhaus. Glücklicherweise trat der Verkehrsvertrag zu dieser Zeit in Kraft, so daß ich kurzfristig für einige Tage nach Hamburg reisen durfte. Die Ärzte, die damals meine Mutter behandelten, sagten übereinstimmend, daß mein Besuch meiner Mutter neue Lebenskraft gab, daß sich dadurch das Krankheitsbild schlagartig verbesserte. Glücklicherweise konnte meine Mutter bald nach einigen Wochen genesend das Krankenhaus verlassen. Trotzdem bleibt nach wie vor, daß meine 70jährige Muter gebrechlich ist und kaum reisefähig ist. Eine so lange Reise nach hier ist für sie jedesmal eine unzumutbare Strapaze. Natürlich sehe ich ein, daß unser Staat in seinem konsequenten Kampf gegenüber bestimmten Kreisen der BRD zu unpopulären Maßnahmen gezwungen ist. Aber muß man nach dem nunmehr bereits einige Zeit in Kraft stehenden Grundvertrag mir gegenüber so herzlos sein und mir immer wieder die Reise nach Hamburg verwehren? Der kürzlich von mir gestellt Antrag auf Reise nach Hamburg zum Geburtstag meiner Mutter, die 70 wurde, wurde von unseren staatlichen Stellen abgelehnt. Warum wird meine Familie immer und immer wieder in dieser Frage diskriminiert? Haben wir nicht stets bewiesen, welche Stellung wir der Politik unseres Staates gegenüber einnehmen? Meine Eltern sahen 1956 ein, daß ich als Frau meinem Mann in die DDR folgte und nicht er in die BRD übersiedelte. Sie kennen genau so gut wie ich, wie die offenen Grenzen dazu benutzt wurden, Bürger der DDR zum Verlassen der DDR zu veranlassen. Mein Mann hat selbst Jahr für Jahr erleben müssen, wie schwer es ist, die entstandenen Lücken zu füllen. Er konnte ganz einfach als Lehrer seinem Staat nicht in den Rücken fallen. Er wußte, wo er hingehörte. So stand auch für mich die Übersiedlung nach hier fest. Und ich bin gern in die DDR gekommen. Durfte ich doch in jenem Staat leben, der uns Kommunisten als Ziel in unserem schweren Kampf in der BRD vorschwebte. Für diesen Kampf wurden meine Eltern, nachdem sie schon im 3. Reich Verfolgungen ausgesetzt waren, im damaligen Adenauer-Staat verfolgt. Mein Vater wurde schließlich 1957 von der Adenauer-Polizei wegen seiner Aktivität als Kommunist in Schutzhaft genommen. Aber das dürfte wohl an maßgeblicher Stelle in Berlin hinreichend bekannt sein. Sollte man aus all den genannten Gründen kein Verständnis für meinen Wunsch haben, meine Eltern in Hamburg besuchen zu können? Ich glaube, es gibt genügend Gründe, um meinen zutiefst menschlichen Wunsch zu erfüllen. Es wäre wohl nicht zu viel verlangt, mich wenigstens einmal im Jahr zu meinen Eltern fahren zu lassen. Menschliches Einfühlungsvermögen seitens unserer staatlichen Organe und eine im Sinne der Humanität variable Auslegung des Grundvertrages könnte solche Härten, wie sie mir nun weit über ein Jahrzehnt zugemutet werden, beseitigt werden. Solchen Bürgern, die illegal unseren Staat verließen, wird die Möglichkeit gegeben, die DDR zu besuchen. Sie haben die Möglichkeit, zu ihren Verwandten in die DDR zu fahren. Ihre Verwandten in der DDR haben laut Grund- und Verkehrsvertrag sogar die Möglichkeit, bei bestimmten Anlässen ihre Angehörigen in der BRD aufzusuchen. Meine Geschwister sind inzwischen alle verheiratet. Es ist auch nicht damit zu rechnen, daß sie noch mehr Kinder bekommen. Soll ich nun warten, daß einer meiner Eltern stirbt, um mein Elternhaus aufsuchen zu können? In meiner Verzweiflung über die dauernden Ablehnungen seitens unserer staatlichen Organe, mich nicht zu meinen Eltern fahren zu lassen, sehe ich mich zu meinem unpopulären Schritt gezwungen und erkläre meinen Austritt aus der Sozialistischen Einheitspartei Deutschlands. Heute will niemand mehr wahrhaben, daß man mir einst versprach, daß ich stets meine Eltern und Geschwister in Hamburg besuchen darf. Unsere staatlichen Organe verweigerten sogar 1969 meiner Schwester und ihrer Familie die Einreise nach hier und gaben als fadenscheinige Begründung an, daß man die Zahl der Einreisenden aus der BRD etwas einschränken müsse, und da fallen eben zufällig unsere Verwandten darunter. Hinterher erfuhren wir, daß man uns mit dieser Antwort belogen hat – jawohl, belogen! Die Wirklichkeit war folgende: Auf den Einreiseantrag schreibt man u.a. neben den Personalien auch den Betrieb, in dem der Einreisende arbeitet. Mein Schwager arbeitete damals als Chemiegraph in einer Druckerei, die kurz vorher vom Springer-Verlag geschluckt worden ist. Das war der Anlaß der Einreiseverweigerung. Hinzu gefügt werden muß, daß aber mein Schwager jedes Jahr von hier als Gewerkschaftsfunktionär zu den Arbeiterkonferenzen zur Leipziger Messe und zu gleichen Konferenzen zur Ostseewoche eingeladen worden ist. So könnte ich noch so manches hinzufügen, wie man uns in dieser Hinsicht das Verständnis unseren Problemen gegenüber versagt. Ich bin oft der Verzweiflung nahe. Wenn auch mein Mann immer wieder versucht, mir zu helfen, mich aufzurichten, so komme ich trotzdem nicht mehr umhin, meinen Protest durch meinen Austritt aus der Sozialistischen Einheitspartei zum Ausdruck zu bringen. Ich kann nicht mehr!

Ruth P*.

Das Wichtigste: Gemütlichkeit

Fliesen waren praktisch, chic und selten. Die Partei sicherte sich ihren Anteil durch festgelegte Bezugsquoten. Am 13. November 1975 mahnte die Bezirksleitung Leipzig bei der PGH Fliesen-Keramik die Lieferungen für das Wochenendhaus in Lausa und die Ferienheime Wolfsgrün und Ahrensdorf an.[2]

Werter Kollege Bühnert!

Anfang dieses Jahres übergaben wir Ihnen unseren Bezugsanteil für Wand- und Fußbodenfließen. Es handelte sich dabei um 1000 m^2 Wandfliesen, 500 m^2 Fußbodenfliesen. Von diesem Anteil sollten ausgeführt werden: Objekt Wolfsgrün, Objekt Lausa, Objekt Ahrensdorf. Bisher wurde von Ihnen lediglich das Ferienheim Wolfsgrün ausgeführt. Aufgrund unserer Aussprache erklärten sie sich bereit, für das Ferienheim Ahrensdorf 300m² Wandfliesen in 4 Farben [zu liefern.] 120m² Fußbodenfliesen werden benötigt und wir bitten, dieses Material noch in diesem Jahr auszuliefern. Sie erklärten sich bereit, dieses Material im März/April 1976 zu verlegen. Wir bitten um Bestätigung dieses Auftrages. In diesem Zusammenhang möchten wir an das Schwimmbecken in Lausa erinnern, welches von Ihnen mit grünen oder blauen Spaltplatten belegt werden soll.

Mit sozialistischem Gruß!
Schäfer

Fehlbetrag und Kurzschlusshandlung

Am 27.2.1976 verfaßte die Bezirksparteikontrollkommission Leipzig eine »Information über versuchten Verrat der DDR des Genossen Peter S*.« für die Parteiführung. Die versuchte Republikflucht eines Polizisten war unüblich, der Anlaß jedoch nicht.[3]

Wir wurden informiert, daß Genosse Peter S*., geb. am [...] 1941, VP-Obermeister im Transportpolizei-Revier, Leipzig-Engelsdorf, wohnhaft in 705 Leipzig, [...], am 6.2.1976 seinen Dienst nicht angetreten hat. Die Fahndung wurde durch die zuständigen Organe eingeleitet. S*. ist seit 1965 Mitglied der Partei und seit 1959 Angehöriger der VP.

Im Ergebnis wurde festgestellt, daß S*. unter Mitnahme seiner Dienstwaffe versucht hat, über die Grenze der CSSR die DDR zu verraten. Als das mißlang, verübte er auf dem Gebiet der CSSR Selbstmord.

Im Auftrag des 1. Sekretärs der Bezirksleitung wurde über die Abteilung Sicherheit der Bezirksleitung veranlaßt, daß Genossen der BdVP die weitere Untersuchung führen. Genossen der Hauptverwaltung Trapo beim MdI führen ihrerseits Untersuchungen durch. Die erste Überprüfung ergab, daß der von Schulze*. verwaltete Finanzhaushalt einen Fehlbetrag von 2400,- M aufweist.

S*. ist verheiratet und hat 2 Kinder.

Die parteimäßige Auswertung erfolgt mit Unterstützung der Kreisleitung Leipzig-Land und dem Politorgan der BdVP in der Grundorganisation des Transportpolizeireviers Leipzig-Engelsdorf.

Möbius
Mitglied

Unpolitisches Fernsehen

Die Genossen der Wohngebietsparteiorganisation 440, Berlin-Mitte, Holzmarktstraße, sandten dem 1. Sekretär der Bezirksleitung Konrad Naumann am 31. Juli 1979 eine Eingabe. Denn Parteisekretär Dr. Heinz Beike war nicht nur Sekretär der WPO, sondern auch Vorsitzender des Wohngebietsausschusses (WBA) der Nationalen Front. Aber weder WBAs noch WPOs fanden den Weg in den Unterhaltungsteil des Fernsehens, was Beike deutlich missfiel. Naumann leitete das Schreiben an Joachim Hermann weiter, da es sich um eine Angelegenheit der Medien handelte. Ein Mitarbeiter des ZK klärte die Angelegenheit in einer »kameradschaftlichen Aussprache«. Die kritisierte Serie wurde trotzdem nicht umgeschrieben.[4]

Werter Genosse Naumann!

Am Sonnabend, dem 27.1.79, lief im 1. Programm der 9. Teil der Fernsehserie »Rentner haben niemals Zeit«. Für uns als Genn. der WPO war der Titel vielversprechend. Wir wurden aber sehr enttäuscht. Unsere Genn. fragen: »In welcher Gesellschaftsordnung leben die dort gezeigten Rentner?« Von der Partei und vom WBA der Nationalen Front ist dort nicht die Rede. Einen »Mach mit«-Wettbewerb gibt es dort nicht. Diese Rentner sprechen nicht von der Volkssolidarität und schon gar nicht von der DSF und dem DFD. Eine Verbindung zu ihrem ehemaligen Betrieb haben sie nicht.

Leider konnte ich selbst nicht alle Teile der Serie sehen, weil ich dazu keine Zeit hatte. (Ich bin nämlich Rentner.) Ich muß mich auf die Einschätzung unserer Genossen verlassen. Außer als WPO-Sekretär bin ich aktiv im WBA tätig. (In letzter Zeit hat uns die Quartierwerbung viel Zeit gekostet.) Außerdem bin ich in der Leitung des Komitees der Antifaschistischen Widerstandskämpfer Berlin-Mitte und in deren Geschichtskommission und als Betreuer der »Walter-Husemann-Oberschule« tätig. Auch werde ich als Referent eingesetzt. Bis Februar vorigen Jahres war ich auch noch stundenweise im Institut für Marxismus-Leninismus beim ZK der SED tätig. Da ich zweimal einen Herzinfarkt und starke Kreislaufstörungen hatte und letztere noch habe, mußte ich diese Tätigkeit aufgeben. Zu einem solchen Leben, wie [es] die dort gezeigten Rentner führen, habe ich keine Zeit. Ich bin aber froh, daß ich die angeführten Funktionen noch ausüben kann und das noch erleben kann, wofür wir Illegalen damals gekämpft haben.

Unsere Genossen fragen: »Kennen die Produzenten dieser Serie die Namen ihres WPO-Sekretärs und ihres WBA-Vorsitzenden?« (Wahrscheinlich wohnen sie soweit j.w.d., daß sie vom gesellschaftlichen Leben des Wohngebietes völlig isoliert sind.) »Wie viel FDJler nehmen sie Pfingsten in ihrem Heim auf?« Haben sie auch solche Ausreden wie manche Genossen unseres Wohngebietes: »Ich bekomme zu Pfingsten Besuch!«»Ich habe wahrscheinlich Urlaub!« oder sogar: »Es gibt kein Gesetz, welches mich zwingt, zu Pfingsten einen FDJler aufzunehmen. Wenn ich die ganze Woche gearbeitet habe, habe ich das Recht zu Pfingsten auf meine Datsche zu fahren!«

Auf unserer Kreisdelegiertenkonferenz wurde die Bedeutung der Arbeit im Wohngebiet gewürdigt und Du selbst hast in Deinem Schlußwort die Bedeutung nochmals sehr gut herausgehoben, wofür wir Dir auf diesem Wege danken möchten.

Wir sind überzeugt, daß Du auch weiterhin Dich für das Gedeihen der gesellschaftlichen Arbeit im Wohngebiet einsetzen wirst.

Mit kommunistischen Gruß
Heinz Beike

Genosse Kowalski legt kein Bekenntnis mehr ab

Annerose Mensch, Mitglied der Parteikontrollkommission der Bezirks-leitung Leipzig, informierte das Sekretariat am 14. Juni 1981 über eine Ungeheuerlichkeit aus Machern.[5]

Information

Das Mitglied der Bezirksleitung Genosse Kowalski, wohnhaft in Machern, hatte keine Fahne an seinem Einfamilienhaus angebracht.

Selbst nach einem persönlichen Gespräch durch den Vorsitzenden der Parteikontrollkommission des Kreises veränderte Genosse Kowalski den Zustand nicht.

A. Mensch

Ein Marx-Promoter geht

DEFA-Regisseur Manfred Krause wollte nicht mehr. Zusammen mit Produktionsleiter Peter Schwartzkopff, Ko-Autor Herrmann Herling-haus und Kameramann Eberhard Geick war der Ko-Regisseur des Films »Marx lebt« in Bonn, um den sowjetischen Botschafter Wladimir

*Semjonow zu interviewen. Dessen Aussagen zum Thema »Marx und
Stalin« brachten das Fass zum Überlaufen. Am 28. September 1982 um
6.30 Uhr informierte der Nachtportier des Hotels »Consul« Schwartzkopff, daß Manfred Krause »plötzlich abgereist« sei. In einem Briefumschlag hinterließ der Regisseur zwei Abschiedsbriefe, die Spesenabrech-
nung und den Rest des Reisebudgets. Ein Brief wandte sich an Jochen
Stellmacher, den Parteigruppenorganisator der »Gruppe 67«.[6]*

Vor einigen Wochen, bei der »Überprüfung« fragtest Du mich, wie vorgesehen, ob ich weiterhin Mitglied der Partei bleiben will. Es wäre besser gewesen, schon damals mit »Nein« zu antworten. Da aber ein Austritt bei meinem Beruf und meiner spezifischen Konstellation einem
Berufsverbot gleichgekommen wäre, habe ich damals leider mit »Ja«
geantwortet. Dies bedaure ich jetzt.

Im vollen Bewußtsein meiner Worte sage ich Dir hiermit, daß ich seit
einigen Jahren in wesentlichen Fragen nicht mehr die Parteilinie billige
und mich auch nicht mehr als Kommunist fühle. Der erste und ent-
scheidenste Punkt ist die Verlogenheit und Inkonsequenz der KPdSU
und damit auch der SED bei der Darstellung der Verbrechen Stalins
und der Stalinzeit. Die Vertuschung der Millionen-Opfer und die all-
mähliche Rehabilitierung Stalins halte ich für eine unglaubliche histo-
rische Schuld dieser beiden Parteien. Solange über die Verbrechen der
Stalinzeit der Mantel der wohlgefälligen Lüge gebreitet wird, will ich
keiner marxistisch-leninistischen Partei mehr angehören. Herrmann
Herlinghaus und Peter Schwartzkopff waren – wie ich – gestern abend
Zeuge, wie ein großer sowjetischer Funktionär, der zweifelsfrei große
Verdienste hat und ganz sicher ein subjektiv schuldloser Anhänger Stalins ist, von Stalin als einer großen Sonne sprach. Dies ist der letzte
Hinweis für mich (man lese die sowjetische Literatur, Presse, sehe
Filme), daß vor der Geschichte eine Korrektur des Stalinbildes vorbe-
reitet wird. Das ist für mich der letzte Anlaß, mich von einer Politik der
historischen Lüge und Inkonsequenz zu trennen.

Der zweite Grund meiner Abwendung von der Politik der KPdSU
und der SED ist meine Kenntnis von der Lebensweise und Machtausü-
bung der Nomenklatur. Keine noch so spitzfindigen theoretischen
Begründungen können für mich eine Erklärung für den feudalen
Lebensstil, die Lebensfremdheit und die Machtbessenheit aller
Führungsschichten aller Parteien aller sozialistischen Länder abgeben.

In den Auswüchsen der Nomenklatur-Existenz sehe ich eine Pervertierung des Sozialismus.

Der dritte Grund: Ein spezifisch auf die DDR zutreffender. Ich kann es einfach nicht weiter vertreten, daß dieser Staat seine Bürger bis zu ihrem 65. Lebensjahr faktisch als unmündige Insassen eines Heimes für Schwererziehbare behandelt. Ich lebe nur einmal auf dieser Welt und möchte noch recht viel von dieser Welt sehen und gestehe keinem Staat das Recht zu, mich in diesem selbstverständlichen Punkt zu beschneiden.

Der vierte Grund: Kulidschanows armseliger Verrat mir gegenüber. Wer die Geschichte der Produktion des Films »Karl Marx – Die jungen Jahre« kennt, weiß, was ich meine und niemand wird mir hier widersprechen.[7] Die fast direkte Fortsetzung dieser Linie ist nun das Filmspiegel-Interview mit Annelie: Nachdem sich Kulidschanow mir gegenüber allen Absprachen hohnsprechend verhalten hat, zeichnet sich haargenau das gleiche bei Annelie ab. Nur eins hat sich geändert: Meine Geduld ist zu Ende. So, Jochen. Die Gründe 2, 3, 4 hätten mich nie zum Verlassen der DDR bewegen können. Der erste Punkt wohl. Und die Punkte 2, 3, 4 brachten das Faß zum Überlaufen.

Grüße bitte alle Mitarbeiter der Gruppe von mir – wenn sie diese Grüße jetzt vielleicht auch noch nicht annehmen wollen. An die meisten von Ihnen werde ich mich Zeit meines Lebens als gute Menschen und Kollegen erinnern.
Manfred Krause

In einem Brief an seinen Kollegen Peter Schwartzkopff schilderte er das Zerwürfnis mit der Star-Filmemacherin der DDR, Annelie Thorndike, genauer. [8]

Bitte übermittle der Leitung der DEFA-Gruppe 67, daß ich nicht in die DDR zurückkehren werde und mein Arbeitsverhältnis bei der DEFA hiermit kündige. Die Kündigungsfrist von 14 Tagen kann ich aus den Gründen der Gesetzgebung der DDR über den Reiseverkehr, die ich für undemokratisch und der Menschenrechtskonvention widersprechend halte, nicht einhalten.

Einen Filmvertrag für den Film »Marx lebt« habe ich bisher nicht unterschrieben, bin demzufolge auch nicht daran gebunden. Die moralische Seite dieses noch nicht abgeschlossenen Vertrages betrachte ich seit den Filmspiegel-Interview von Annelie Thorndike als gegenstandslos. »Marx lebt« ist ein Film von Annelie Thorndike. Mit dieser ersten und an wichtiger Stelle vor dem Kongreß erschienen publizistischen Mitteilung über die Produktion dieses Filmes als alleiniges Werk von Annelie ist sie mir gegenüber wortbrüchig geworden. Ich ziehe jetzt daraus lediglich Konsequenzen.

Ich bedaure die vielen Auseinandersetzungen, Diskussionen, Berichte, Verhöre, die jetzt über die Gruppe 67 einbrechen werden. Ich habe einen großen inneren Kampf durchstanden – aber mir bleibt keine andere Wahl, zu Kompromissen bin ich nicht mehr länger bereit, zu viele habe ich schon im Leben schließen müssen. Die Dinge, die der DEFA gehören, habe ich dem Hotel-Pförtner übergeben, in diesem Umschlag findest Du auch die DM-Abrechnung und den Rest des Geldes. Mein Entschluß – das sei eindeutig festgehalten – ist durch nichts rückgängig zu machen.

Manfred Krause

Auch ausgewählte Kader gehen

Die Bezirksparteikontrollkommission Leipzig beschloß am 22. November 1983 die abschließende »Information über Verrat der DDR durch Genossen Dr. Detlev S., Direktor für Forschung und Entwicklung im VEB Baumechanisierung Leipzig«.*[9]

Von der KPKK Leipzig-Land erhielten wir die Information, daß Dr. Detlev S*. von einer Dienstreise nach West-Berlin am 3.11.1983 nicht zurückgekehrt ist und die DDR verraten hat. Dr. S*., geb. am 19.9.1948, Mitglied der SED seit März 1977, ist Absolvent der Bauhochschule in Leningrad und bestätigter Reisekader.

Am 4.11. hat Detlev S*. bei den Nachbarn seiner Eltern angerufen und mitgeteilt, daß er sich im Ausland befindet und es ihm gut ginge. Am 7.11.1983 hat er seinem Vater telefonisch übermittelt, daß er sich noch in West-Berlin befindet.

Detlev S*. ist verheiratet und hat 1 Kind. Seine Frau hat nur über die Nachbarn bzw. ihre Schwiegereltern vom Verrat ihres Mannes Kenntnis erhalten. Sie kann keine Erklärung für das Verhalten ihres Mannes geben.

Frau S*. hat festgestellt, daß in seinen persönlichen Unterlagen das Hochschuldiplom, die Dissertationsarbeit und die Promotionsurkunde fehlen. Frau S*. ist parteilos und als Projektantin im VTK-Leipzig tätig.

Detlev S*. wird in der Mitgliederversammlung am 21.11.1983 ausgeschlossen.

Bamberg, Vorsitzende

Der Schlingerkurs sorgt für Unruhe

Der Sektor Parteiinformation der SED-Bezirksleitung Leipzig registrierte am 14. März 1984 massive »Diskussionen zum Ausreisegeschehen in die BRD«. Viele Genossen verstanden weder das Taktieren der Partei noch die Verschwiegenheit in dieser Frage. Das ganze Ausmaß der Absetzbewegung in Richtung Westen war jedoch nur ganz wenigen Genossen bekannt.[10]

Gegenwärtig sind Diskussionen zum Ausreisegeschehen in die BRD in Partei- und Arbeitskollektiven verstärkt im Gespräch. In Mitgliederversammlungen machen Genossen darauf aufmerksam, daß sie zwar versuchen, parteilich auf Fragen zu reagieren, aber wegen mangelnder Sachkenntnis nicht überzeugend wirken.

Dabei handelt es sich um folgende Fragen:
– Stimmt es, daß täglich 100 Bürger aus der DDR ausreisen?
– Wieso stellen so viele Menschen einen Ausreiseantrag?
– Warum genehmigen wir das in solcher Höhe?
– Gibt es dazu Vereinbarungen mit der BRD?
– Warum wird darüber nicht auf dem Parteiweg informiert?
Beispiele für das Auftreten von Genossen zu diesen Fragen:
– Im Staatsbürgerkundeunterricht der Betriebsberufsschule Starkstromanlagenbau Leipzig/Halle fragt ein Lehrling, ob das stimmt, was das Westfernsehen an Zahlen veröffentlicht. Die Genossin Staatsbürgerkundelehrerin antwortete, daß ihr bekannt ist, daß täglich 100 Bürger seit Januar 1984 die DDR verlassen und es sei doch gut, wenn wir solche miesen Staatsbürger loswürden.

In der darauffolgenden APO-Versammlung dieser Schule stellte ein Kandidat die gleiche Frage und bezweifelte die Auskunft der Lehrerin. Der APO-Sekretär bestätigte die genannte Zahl und argumentierte, daß unser Staat damit ein gutes Geschäft macht, weil jeder Ausreisende die Ausbildungskosten an die DDR zurückzahlen müsse.

– In einer Zusammenkunft eines Wohnparteiaktivs in Grünau wurde gefragt, was man denn antworten soll, wenn in den Hausversammlungen zur Vorbereitung der Wahl die Bürger dazu Fragen stellen würden.

Zunächst bestätigten alle Genossen, daß in ihren Partei- und Arbeitskollektiven dazu diskutiert wird.

Es entwickelten sich dann folgende Argumentation: Eine Genossin vom Hauptpostamt Leipzig: »Wir treten bei uns so auf, daß wir sagen, die BRD zahlt ja für jeden die Ausbildungskosten zurück, also machen wir dabei nur gut.« Eine Genossin der KMU: »Ich glaube, das hat andere Gründe und hängt mit den Wahlen am 6. Mai zusammen. Im Grunde sind doch die Antragsteller die Nichtwähler der letzten Wahl. Ich jedenfalls bin froh, daß aus meinem Wohnabschnitt einige weg sind. Da habe ich jetzt keine Schwerpunkthäuser zur Wahl mehr.«

Daraus leitete eine Genossin vom Rat des Stadtbezirkes West die Forderung ab, nicht wieder so viele Agitatoren zum Wahltag einzusetzen, da wir doch dadurch nun weniger Probleme hätten. Ein Genosse von der Deutschen Spedition äußerte: »Warum haben wir es plötzlich so eilig, bei uns kann sich das niemand erklären und es gibt viele Diskussionen. Da die Ausreisenden so kurzfristig die DDR verlassen müssen, bekommen wir Speditionsaufträge, die wir, auch aus Treibstoffgründen, gar nicht realisieren können. Mir scheint das alles überstürzt und unüberlegt.«

Der Leiter des Parteiaktivs argumentierte, daß man Vertrauen haben müsse, auch wenn man manche Maßnahmen nicht gleich verstünde, aber hoffentlich dürften solche Leute nie wieder die DDR betreten. Wenn das wahr sei, was so erzählt wird, daß Ausgereiste 3mal jährlich die DDR besuchen dürften, dann würde bei den Genossen das Verständnis aufhören.

Eine Genossin diskutierte und wurde dazu von zwei weiteren unterstützt, daß sie zwar nicht wisse, was daran überhaupt wahr sei, denn die genannten Fakten stammten ja offensichtlich von Westsendern, aber sie erkläre sich das so, daß das zur Kompromißbereitschaft der DDR zu rechnen sei im Sinne der Schaffung guter Beziehungen zur

BRD zur Erhaltung und Sicherung des Friedens- und der Entspannungspolitik. Dazu schwiegen jedoch die anderen Genossen und es entstand der Eindruck, daß diese Argumentation nicht richtig ankam.

Die Partei ist erpressbar geworden

Der Sektor Operativ der SED-Bezirksleitung Leipzig erstellte am 29. Mai 1986 eine »Information zu Beispielen von Androhungen zur Wahlverweigerung im Kreis Altenburg«. Neben Mitgliedern verschiedener Religionsgemeinschaften hatte auch Kerstin K. damit gedroht, nicht zur Wahl zu gehen.[11]

[...] Frau K*. wohnt mit ihrem Ehemann, der zur Zeit bei der NVA seinen Ehrendienst leistet, in der Wohnung ihrer Eltern. Da sie auf ihren vor 2 Jahren gestellten Wohnungsantrag keinen Bescheid erhielt, sah sie sich veranlaßt, mit Nichtteilnahme an der Volkswahl zu drohen.

Durch den Rat der Stadt wurde darüber ihr Betrieb, die PGH Mechanik, informiert. Nach einer Aussprache im Arbeitskollektiv und mit dem Vorsitzenden der PGH, Genossen Kreische, nahm Frau K*. ihre Wahlverweigerung zurück. Am 28.5.86 erhielt sie durch den Rat der Stadt, Abteilung Wohnungspolitik, den Bescheid, daß ihr Wohnungsproblem noch in diesem Jahr geklärt wird.

Gräske

Die Verwaltung verhält sich kapitulantenhaft

Beim Leipziger Oberbürgermeister wurden kontinuierlich Vorschläge zur Benennung von Straßen gesammelt. So forderten einige Bürger Leipzigs einen Walter-Ulbricht-Platz. Andere wollten Johannes Dieckmann, dem ersten Präsidenten der Volkskammer, ein Denkmal gesetzt sehen. Antifaschistische Wiederstandskämpfer, Teilnehmer der Völkerschlacht, russische Besatzungsoffiziere – die Palette möglicher Namensgeber für die Straßen der Neubaugebiete Heiterblick und Kiebitzmark war breit. Die SED-Stadtleitung entschied jedoch anders, wie eine Aktennotiz für Jochen Prag, Sekretär der Bezirksleitung Leipzig, vom 13. November 1987 zeigt. Der Trend ging hin zu Unpolitischem.[12]

Standpunkt:
Der Vorgang war schon Tagesordnungspunkt für die Beratung der Arbeitsgruppe Straßenbenennung beim Rat der Stadt am 17. 9. 1987, an der Genossin Albert teilnahm. Gegenüber dem damaligen Vorschlag gibt es 2 Veränderungen, indem die Dachsstraße und der Graßmückenweg hinzugekommen sind. Nachdem der Wohnkomplex Heiterblick ausschließlich mit Pflanzennamen bedacht wurde, halte ich es für eine logische Konsequenz, daß nun für den Wohnkomplex Kiebitzmark Namen aus der Tierwelt der Parthenaue vorgeschlagen werden.

Jörgen Buschmann

Erik Neutsch fragt sich: Was wird aus uns?

Erik Neutsch hatte schon lange um eine Aussprache mit Achim Böhme, dem 1. Sekretär der SED-Bezirksleitung Halle und Mitglied des Politbüros, nachgesucht. Vorab sandte der Schriftsteller, selbst Mitglied der Bezirksleitung, am 13. Juli 1989 einen Brief an Böhme, in dem er Probleme ansprach, die ihn bewegten.[13]

Lieber Achim,

in Erwartung unseres Gespräches am 26. Juli will ich wenigstens einige der Probleme nennen, die mich bewegen. Ich hatte es angekündigt, aber lange geschwankt, mich zu formulieren. Nun tue ich es doch, mit einem *spontanen* Brief, weil ich glaube, unser Vertrauensverhältnis ist so groß, daß ich nicht jedes Wort auf die Goldwaage legen muß. Du wirst Dir denken können, daß einer, der so eine Art Lebenswerk wie den »Frieden im Osten« schreibt, ständigen Denkprozessen unterworfen ist und von den Dingen, wie sie sich gegenwärtig politisch vollziehen, enorm beunruhigt sein muß. Vielleicht kann unser Gespräch, da Du Politbüromitglied bist, einiges an Klarheit schaffen.

1.) Die Lage im Sozialismus. Die Länder scheinen mir mehr oder weniger zerstritten zu sein (Beispiel: Ungarn-Rumänien). Ungarn driftet ohnehin ab. Polen wird nun doch »verloren« sein. In der Sowjetunion rast der Nationalismus nun schon rundum durch alle nichtrussischen Republiken. Die Mär von damals, in der UdSSR herrsche eine einzige glückliche Völkerfamilie, erweist sich mir als eine Geschichtslüge, die alles andere als den Idealen des Kommunismus entspricht. Zu den Maßnahmen in China (obgleich ich sie äußerst bedauerlich finde) stehe ich, ganz im Sinne von St. Just zur Zeit der Jakobinerherrschaft in Frankreich: »Denn wer eine Revolution nur halb macht, der schaufelt lediglich sein eigenes Grab.« Was wird aus uns, wenn die DDR eines Tages zwischen den Ereignissen zermalmt wird?

2.) Die innenpolitische Situation in der DDR. Außenpolitisch leisten wir bestimmt Hervorragendes. Doch haben wir nach nunmehr immerhin 40(!) Jahren unser Land so attraktiv gemacht, daß wirklich die Mehrheit der Bevölkerung unserer Behauptung folgt, der Sozialismus sei dem Kapitalismus historisch überlegen? Mir scheint, das ist keineswegs der Fall. Das hat Ursachen, zurückzuführen auf Sünden, die seit Jahrzehnten begangen worden sind: Wir haben es nicht vermocht (zusammengefaßt), unsere hehren Ideale in die Köpfe der Menschen zu tragen. Und somit ist der Platz darin mehr vom Westen besetzt als von uns. Das Wahlergebnis vom Mai, das wieder einmal nicht ohne Schummelei abging, ist, wie ich finde, eine Selbsttäuschung, die wenn man ihr ernsthaft glauben würde, sogar tödlich sein kann.

3.) Das rührt natürlich auch schon generell an die Informationspolitik in unserem Lande. Ich will nicht von anderen sprechen, nur von mir. Ich fühle mich durch unsere Medien desorientiert, nahezu verklapst, einem Unmündigen ähnlich, der nicht die ganze Wahrheit, die ja oft unangenehm ist, erfahren darf. Ich lese und höre nur bei jeder sich bietenden Gelegenheit, Lappalien oft, von »Optimismus und Lebensfreude« als Grundhaltung der DDR-Bewohner. Doch ich sehe anderes. In den meisten Fällen höre ich Klagen, gegen den Bürokratismus, die Herzlosigkeit im Umgang mit Menschen angefangen bis zur immer wieder oft katastrophalen Versorgungslage mit Gütern des täglichen Bedarfs. Die Partei jedoch schweigt dazu – einen anderen Eindruck habe ich nicht – und ich bin immerhin Mitglied einer Bezirksleitung der SED.

4.) Die Konturen unserer Kulturpolitik werden für mich in zunehmendem Maße verschwommener. Was die Literatur betrifft, so ist der

»sozialistische Realismus« schon fast ein Schimpfwort, daß sich kaum noch einer in den Mund zu nehmen getraut. Wenn Halle dabei eine Ausnahme bildet, so wirkt dies längst längst sektiererisch, zumindest provinziell. Die von Zeit zu Zeit dummen (oder gezielten?) Äußerungen unseres Kulturministers tragen erst recht nicht dazu bei, für ideologische Ordnung zu sorgen.

5.) Meine eigene künstlerische Position empfinde ich längst als die eines Außenseiters. Nicht umsonst soll das 5. Buch vom »Frieden im Osten« den Titel »Plebejers Unzeit« erhalten. Wer aber fragt schon nach diesem Werk? Die Leser, gewiß, bisher jedenfalls. Doch offizielle Stellen nehmen es kaum zur Kenntnis. Verzeih mir meine Unbescheidenheit: Ich weiß, was ich seit nunmehr zwanzig Jahren mit dem »Frieden im Osten« leiste, die FDJ beispielsweise weiß es nicht. Wer noch? Und zunehmend sehe ich mich auch Verleumdungen ausgesetzt, die – auch – in zentralen Institutionen bis zu der Behauptung führen, ich sei ein Trunkenbold. Als wenn ich auch nur eine vernünftige Zeile schreiben könnte, wäre ich alkoholabhängig...

6.) Höchst enttäuschend ist für mich der Fortgang der Dinge an der Medizinischen Fachschule der Universität Halle. Mein Eindruck kann nur sein, daß sich dort – bis auf die Entlassung einer Dozentin – nichts geändert hat. Die Klagen, die ich höre sind dieselben, die ich bereits von meiner Tochter kenne. Und wenn das kommunistische Erziehung sein soll – offenbar auch noch unterstützt von den zuständigen Genossen unserer Bezirksleitung – kann ich künftig meine Enkel nur davor warnen, sich ihr anzuvertrauen.

7.) Meine Verbitterung ist groß, und ich kann und will sie nicht leugnen. Mich ärgert der Zynismus, mit dem zum Teil auch schon in der Partei untereinander umgegangen wird. Vielleicht ist es das, weil ich ihn auch literarisch zu bekämpfen versuche, weshalb man mich fühlen läßt, daß ich nicht mehr gewünscht bin. Andere meinesgleichen besitzen seit langem Dauerpässe, mit denen sie jederzeit durch die Welt reisen können. Für mich, der einen »Forster in Paris« geschrieben hat, war es nicht einmal möglich – trotz Einladung der Französisch-Deutschen Gesellschaft in Limoges, die von Kommunisten beeinflußt wird – zum 200. Jahrestag der Französischen Revolution nach Frankreich zu fahren, vornehmlich studienhalber. Für irgendwelche Sportler hingegen, wie man den Meldungen entnehmen kann, sind die Valuta immerzu griffbereit, und auch Schriftsteller, die sich mit der DDR anlegen, erhalten ihre Visa gratis. Lieber Achim, soweit die Dinge, die mir vorerst einfielen. Ich denke, sie reichen, und deshalb mache ich Schluß. Ich wünsche Dir und allen Genossen der Bezirksleitung alles Gute von hier und verbleibe

mit kommunistischem Gruß
Dein Erik Neutsch

In dem Gespräch zwischen Neutsch und Böhme wurden am 26. Juli 1989 weder die Kulturpolitik der Partei, noch die Probleme des Umgangs miteinander thematisiert. Böhme wies jede Kritik von sich und brachte den rebellischen Schriftsteller schnell auf »Linie«.[14]

Notiz über ein Gespräch des Genossen Achim Böhme mit Genossen Erik Neutsch am 26. Juli 1989

Das Gespräch fand auf ein Bitte des Genossen Erik Neutsch statt. Erik Neutsch hatte im Gesprächsvorfeld in einm Brief Fragestellungen und Probleme zum Gesprächsinhalt angesprochen. Der Brief war Grundlage der Begegnung. Hauptinhalt des Gesprächs war eine grundsätzliche Verständigung zur internationalen Situation und zu Erfordernissen einer überzeugenden Argumentation. Dabei sprach Genosse Böhm, auf Fragen des Genossen Neutsch eingehend, zu Entwicklungsfragen in der Sowjetunion, zur Lage in der KPdSU, zu Ungarn, Polen und zur Entwicklung des RGW.
   Breiten Raum nahmen Fragen der inneren Entwicklung der DDR, ihrer ökonomischen Situation und Herangehensweise an die Bestimmung des Inhalts und der Methoden politisch-ideologischer Arbeit der SED ein. Genosse Erik Neutsch stellte Fragen nach der Lage der DKP, zur Informations- und Medienpolitik der DDR, zu Geschichtsauffassungen in Arbeiterparteien der sozialistischen Länder und anderes mehr. Des weiteren wurde über Probleme der Charakteristik des Imperialismus und seiner Politik heute gesprochen.
   Im Gespräch unterstrich Erik Neutsch seine Dankbarkeit, Informa-

tionen dieser Art erhalten und Gelegenheit zum Gedankenaustausch zu diesen Fragen erneut zu haben.

Er teile die gegebene Einschätzung persönlich voll. Insbesondere Achim Böhmes Bemerkung zur USA-Politik, zum Bild und zur Rolle des Imperialismus überhaupt, zur Notwendigkeit der stärkeren Entlarvung und Anklage des Imperialismus und einer klassenmäßigen Einschätzung der BRD-Politik sei ihm voll aus dem Herzen gesprochen.

Unser Imperialismusbild – davon sei er überzeugt – entspreche voll den Realitäten und sei von keinerlei Vereinfachung oder Einseitigkeit getragen. Der Imperialismus sei Feind der Menschheit, des Friedens und des Fortschritts, und das müsse auch gesagt werden.

Erik Neutsch akzeptierte die prinzipielle Zurückweisung des Vorwurfs einer Wahlmanipulation in der Stadt Halle durch Genossen Böhme, betonte aber, daß ihm die ausgedruckten Ergebnisse besser erscheinen, als er das für wahrscheinlich hält. Nach seiner Meinung sollten wir im »Kampf um die letzten Prozente« nicht formal und kleinlich sein. Auch 90 Prozent oder 94 Prozent wie in seinem Wahllokal seien ein überzeugendes Ergebnis. Abschließend bat Genosse Neutsch Genossen Böhme um Hilfe beim Erwerb eines neuen Pkw. Nach seiner Information sollen im September VW »Passat« kommen, von denen er gern einen erwerben möchte. Er habe sich in dieser Problematik bereits an Genossin Ursel Ragwitz mit der Bitte um Hilfe gewandt, möchte aber nunmehr auch Genossen Achim Böhme um Unterstützung bitten [...]

Christa Wolf zieht sich zurück

Auch Christa Wolf zog im Juli 1989 einen Schlussstrich unter ihr Dasein als Kommunistin. Die Kulturabteilung des ZK registrierte diesen Schritt, war aber nicht mehr in der Lage zu reagieren. Auch nachdem Ragwitz und Hager aus dem Urlaub zurückkehrten, tat sich nichts.[15]

Lieber Genosse Hager!

Am 26.7. informierte mich Genosse Heinz Schnabel mündlich davon, daß Genossin Christa Wolf beim Sekretär der Parteiorganisation der Akademie der Künste, Genossen Rolf Harder, vorgesprochen habe und ihm mitteilte, daß sie nicht bereit sei, die Mitgliedschaft in unserer Partei aufrecht zu erhalten.

Daraufhin hat in der vorigen Woche ein längeres Gespräch mit ihr stattgefunden, das Genosse Rolf Harder und Genossin Christel Berger führten. Genossin Wolf brachte während des Gespräches folgendes zum Ausdruck: Sie habe lange über diesen Schritt nachgedacht, besonders während ihrer Krankheit in den vergangenen Monaten. Sie könne ihre Parteimitgliedschaft mit ihrem Gewissen nicht mehr vereinbaren, da sie sich ungenügend als Mitglied der Partei mit ihr verbunden fühlt und nun möchte sie mit sich ins Reine kommen. Am Parteileben nimmt sie ja schon lange Zeit nicht mehr teil. Eigentlich, sagte sie, hätte sie diesen Schritt schon 1976 tun müssen, als ihr Mann aus der Partei ausgeschlossen wurde. Sie betrachtete die nun bevorstehenden Parteigespräche mit jedem Mitglied und den Umtausch der Parteidokumente im gewissen Sinne als »neuen Eintritt« in die Partei, so wäre es am besten, sich vor den Gesprächen streichen zu lassen. Sie möchte das in aller Stille tun und sie sei selbst daran interessiert, daß daraus keine große Aktion gemacht wird. Sie selbst wird mit niemandem darüber sprechen.

Genosse Rolf Harder hat Genossen Wekwerth und Genossen Baierl darüber informiert. Ich würde empfehlen, lieber Genosse Kurt Hager, weitere Schritte zu unterlassen, bis Du und Genossin Ursel Ragwitz aus dem Urlaub zurück sind, um sich dann darüber verständigen zu können. Solltest Du anderer Auffassung sein, so laß es bitte wissen.

Mit sozialistischem Gruß
i.V. Unleserlich
[für] Ursula Ragwitz
Abteilungsleiter

Markus Wolf vereinbart einen Termin

Im November 1986 schied Markus Wolf aus dem aktiven Dienst als Leiter der Hauptverwaltung Aufklärung aus. Wolf widmete sich der Aufarbeitung der eigenen Geschichte und verfasste mit dem Roman »Die Troika« ein brisantes Buch über die Zeit des Stalinismus. Am 9. März 1989 erklärte Markus Wolf im ARD-Fernsehen, daß er »froh und glücklich«

darüber sei, dass es Gorbatschow gäbe. Auf eine Frage nach dem Verbot der sowjetischen Zeitschrift Sputnik reagierte er abweichend von der Parteilinie. Er halte das Verbot für nicht gerechtfertigt.[16] *Die Parteistellen reagierten prompt. Mielke verbot ihm weitere Interviews, das Neue Deutschland nahm gegen »Die Troika« Stellung. Am 26. Juni 1989 schrieb Wolf an Erich Honecker, um diesen Zustand zu beenden.*[17]

Lieber Genosse Erich Honecker,

diesesmal schreibe ich Dir als Buchautor. Die »Troika« findet erstaunlich großes Interesse in der Öffentlichkeit, bei uns und im Ausland. Dank intensiver Bemühungen, auch Deiner Befürwortung, soll nun im Herbst eine 2. Auflage erscheinen, um der großen Nachfrage entgegenzukommen.

Diesem lebhaften Interesse, das sich auch bei den Lesungen und Leserforen zeigt, steht die Zurückhaltung bei Teilen des Parteiapparates gegenüber Buch und Autor entgegen. Offenbar eine Folge der im März gegebenen Information über die Mißbilligung einer Antwort von mir auf eine Frage im ARD-Fernsehen durch die Parteiführung. Die Folgen spürte ich in Reaktionen der von der Partei angeleiteten Medien, der Politapparate der NVA und im MdI, wie auch bei geplanten Lesungen in einigen Bezirken. Vermutlich hat bei Genossen, die das Buch nicht kennen, auch der Artikel des Genossen Harald Wessel im ND vom 19.4. d.J., zu dieser Haltung beigetragen. Anders die durchweg positive Meinung bei allen, die das Buch gelesen haben, ebenso wie in allen anderen Buchbesprechungen.

Aufgrund des mir nach dem ARD-Interview über Genossen Erich Mielke gegebenen Hinweises, habe ich seit dem 9.3.89 trotz vieler Anträge keinerlei weitere Interviews für westdeutsche und westberliner Medien gegeben. Alle anderen, meist für Presseorgane der Bruderparteien, waren abgestimmt.

Nun läßt sich diese restriktive Haltung m.E. ohne Schäden für unser Ansehen nicht weiter aufrechterhalten. Der westdeutsche Buchverlag drängt auf Medienaktivitäten, da ich dort für Lesungen oder Pressegespräche nicht zur Verfügung stehe. Deshalb habe ich mit gleichem Datum Genossen Joachim Herrmann eine Übersicht in Frage kommender und vom Verlag befürworteter Interviewanträge geschickt, um aus dieser Liste einige auszuwählen. Da damit aber sofort wieder die

mir häufig gestellte Frage auftaucht, wieso der Autor der »Troika« im Westfernsehen, nicht aber in unseren Medien präsent ist (bisher gab es mit mir nur ein Interview in der »Volksarmee«), wäre über das weitere Vorgehen zu entscheiden. Eine Aktivität in unseren Medien würde für manche Genossen des Parteiapparates die Stellung zum Buch und seinem Autor klären und dem vom Westen gehegten Wunsch entgegenwirken, mich in eine Ecke zu manövrieren, in die ich nicht hingehöre. Die überfüllten Lesungen und Foren sowie die geplante Neueauflage bieten für Publikationen genügend Stoff.
Mit sozialistischem Gruß
W.

Da Wolf auf sein Schreiben keine Anwort erhielt, wandte er sich am 27. Juli 1989 an Egon Krenz, verantwortlich für Sicherheitsfragen.[18]

Lieber Egon,

wie vereinbart schicke ich Dir die Kopien des Schreibens vom 26.6., die m. E. die Adressaten noch nicht erreicht haben. Es tut meinem und unserem Ansehen nicht gut, auf solche Anfragen gar nicht zu reagieren. Sowohl der Aufbau-Verlag wie der Claasen-Verlag drängen auf Klärung. Über alles andere können wir hier am 3. 8. reden.

Mit herzlichem Gruß
Mischa Wolf

XII. Der Untergang

MINISTERRAT
DER DEUTSCHEN DEMOKRATISCHEN REPUBLIK
MINISTERIUM DES INNERN
Minister
und
Chef der Deutschen Volkspolizei

3 0. Mai 1988

1086 Berlin, den 30, 5. 8
Mauerstraße 29-32
Fernruf: 22 57

Mitglied des Politbüros
und Sekretär des ZK der SED
Genossen Egon Krenz
Haus des Zentralkomitees
Am Marx-Engels-Platz
Berlin

1 0 2 0

Werter Genosse Krenz!

Als Anlage überreiche ich Ihnen eine Information zum Privatbesuch
des Bundeskanzlers der BRD in der DDR.

Mit sozialistischem Gruß

Anlage

Dickel
Armeegeneral

Viel Volk sammelt sich beim Kirchentag

Die evangelische Kirche der Provinz Sachsen führte, wie andere regionale Kirchen auch, regelmäßig Kirchentage durch. 1983 versammelten sich die Christen in Eisleben. Die SED-Bezirksleitung Halle erhielt täglich einen Bericht. Die Information über den dritten Tag, den 18. Juni 1983, verfaßt vom 1. Sekretär der Kreisleitung Eisleben, wurde in Halle besonders aufmerksam zur Kenntnis genommen. Denn es tummelte sich gar seltsam Volk in der kleinen Stadt.[1]

Information über die Kongreßarbeit am 17. und 18. Juni 1983.

Die Diskussionen in den Arbeitsgruppen, in denen das Thema des Kirchentages auf die verschiedensten kirchlichen und gesellschaftlichen Fragestellungen hin entfaltet wurde, sind nach vorliegenden Informationen sachlich, basisbezogen und ohne Provokation verlaufen.

Die Gesprächsrunde in der Arbeitsgruppe 1 begann mit der Aufzählung negativer Meinungen über Ausländer. Dabei identifizierte sich niemand mit deren Inhalt. Im Verlauf der Diskussion wurden die Polen in der DDR mit den Türken in der BRD gleichgestellt. Ihnen wurden gleiche, abwertende Eigenschaften zugesprochen. Den BRD-Jugendlichen mußte erklärt werden, daß es entgegen ihrer Meinung auch in der DDR Ausländer gibt. Dazu stand noch die Frage und Erläuterung, welche Haltung die DDR-Regierung zur Ausländerfeindlichkeit einnimmt. Durch einen Blockfreund der CDU wurde geklärt, daß es keine Rassenfrage, sondern eine Klassenfrage für uns ist. (Arbeiter – Kapitalist). Die juristische Tatsache, daß die BRD Ausland ist, wurde anerkannt. Die Diskussion zu Problemen der Homosexualität war sehr schleppend und zurückhaltend. Es ging nur um allgemeine Probleme. Besonders hervorgehoben wurde, daß der Paragraph 175 in der DDR nicht mehr existiert. (35 Personen, überwiegend Jugendliche).

In der AG 2, in der es auch um die Fragen des Umweltschutzes und der Lebensweise ging, wurde eine zunehmende Entfremdung und Anonymität der Menschen in den städtischen Neubauzentren beklagt und angeregt, daß man zunächst selbst die Fürsorge und den Kontakt zu Behinderten, Alkoholikern und anderen »Benachteiligten« entwickeln müsse. Während vorwiegend junge Diskussionsteilnehmer sich für eine Einschränkung der eigenen Ansprüche, den Verzicht auf höheren Konsum aussprachen, meinten vor allem ältere Gesprächsteilnehmer, daß hier der sozialistische Staat noch mehr tun müsse. Völlig unzureichend, sowohl durch den Staat, als auch durch die Kirchen, sei die Information über diese Fragen entwickelt. In den Pausengesprächen wurde verschiedentlich angeregt, die Kommunikation zwischen den einzelnen Umweltgruppen zu verbessern und engere Verbindungen zu knüpfen.

In der AG 3 wurde ein Einführungsvortrag durch Pfarrer Schäfer-Elbingerode gehalten. Inhalt des Vortrages war das Wirken Luthers in Eisleben, die Renovierung und Restaurierung der Luthergedenkstätten, die Entwicklung sowie der gegenwärtige Stand der ökumenischen Beziehungen.

In der AG 4 zu Problemen der Verantwortung in der Gesellschaft spielte das Gespräch vom 6. März eine große Rolle. Die Teilnehmer vertraten die Meinung, daß auf der obersten Ebene die Weichen gestellt wurden. Vertrauen wagen wird aber durch staatliche Organe und einzelne Menschen auf der unteren Ebene zunichte gemacht, es wurde die Frage gestellt, »Hat es überhaupt Zweck, sich weiter zu engagieren?« Dies Frage wurde nicht ausdiskutiert. Es kamen dabei folgende Tendenzen zum Ausdruck: 1. man müßte resignieren 2. Engagement sei unumstößlich. (25 Teilnehmer)

In der AG 5 wurden Fragen aufgeworfen, ob man als Christ eine sozialistische Persönlichkeit sein kann. Die Gäste aus der BRD und viele andere Teilnehmer verneinten dies, wegen des Atheismus, ein evangelischer und ein katholischer Christ aus Eisleben bewiesen an Hand von Beispielen aus der Praxis, daß Christ [sein] und Sozialismus kein Gegensatz ist. (26 Teilnehmer)

In der AG 6 standen Probleme der Partnerschaft in Ehe und Familie im Mittelpunkt. Schwierigkeiten seien im Vertrauen zum Partner und im Vertrauen zu Gott zu überwinden. Christen aus der BRD berichteten in positiver Aussage vom Kirchentag Hannover, lehnten aber die Halstuchaktion ab. Es war im wesentlichen nur ein Austausch von Erfahrungen über innerkirchliches Leben.

In der AG 7 wurde ein Podiumsgespräch geführt, wobei die Entwicklung des Verhältnisses von Juden und Christen bis zum Ende des 2. Weltkrieges im Mittelpunkt stand. Über die Zeit von 1945 bis heute wurde nicht gesprochen. Zum Thema Antisemitismus gibt es in St. Andreaskirche eine Ausstellung, deren Inhalt die Leidensgeschichte der Juden bis 1945 ist.

Zu weiteren Veranstaltungen

Die »Liturgische Nacht« wurde in Anwesenheit von ca. 500 Teilnehmern, vorwiegend Jugendlichen, durchgeführt. Sie war als moderner Jugendgottesdienst mit dem Ziel großer emotionaler Wirkung angelegt. Die Nacht gestaltete sich in einem Wechsel moderner Blues-Musik, liturgischer Musik und moderner Gebetsform.

Das Hauptthema der »Liturgischen Nacht«, sichtbar an einem mit Kerzen beleuchteten Kreuz und dem entsprechenden Symbol am Kreuz: »Schwerter zu Pflugscharen«.

Am Gleichnis einer Waage wurde der Mut zur Entscheidung gefordert, das Anstreben gezielter Aktivität in Wort und Tat beim Dienst am Frieden, gegen Zwang, Macht und Gesetz. Damit sollte das Gewicht des Einzelnen zu den Fragen der Abrüstung bzw. der Beseitigung von Waffen auch einseitig beginnend, erhöht werden.

Ein immer wiederkehrendes Thema des religiösen Gesangs war: »Zeuge das Kind, pflanze einen Baum, baue ein Haus und zerbrich das Gewehr.« Das vorgetragene Leitlied aus dem DEFA-Film »Solo Sunny« sollte das Motiv dafür schaffen, den einzuschlagenden Weg mutig, unbeirrbar trotz Widrigkeiten durch Gesetz und Macht zu gehen. Der größte Teil der Jugendlichen ging mit dem Dargebotenen mit und spendete nach den Musikbeiträgen lebhaften Beifall.

Beginn der Veranstaltung Punk[2]

– [Bei] MÜLLSTATION – GRÖSSENWAHN waren ca. 230 Personen anwesend, überwiegend Jugendliche, davon einzelne »Punker«. Die Veranstaltung war auch durch lautstarke dekadente Musik gekennzeichnet. Die Mitglieder der Musikgruppe fielen durch ihr verwahrlostes Äußeres auf. Die vorgetragenen Texte waren durch Worte wie »Scheiße«, »Scheißspiel« u.a. gekennzeichnet. Das Auftreten wirkte abstoßend auf die Mehrheit der Anwesenden.
– Eine Versteigerung fand im Garten des Pfarrhauses statt. Versteigert wurden alte Gegenstände ohne politischen Bezug. Bei der Versteigerung eines polnischen Holztellers aus Warschau wurde in folgenden Worten politische Position bezogen: »Freunde, dieser Teller ist aus Warschau, nun ... es ist manches heute nur noch schwer ausdrückbar, aber Polen ist ja für uns kein Niemandsland.«

– Die durchgeführte Zirkusveranstaltung »Holter dipolter« mit geistig und körperlich behinderten Kindern hat[te] keine politischen Aussagen.
– Vortrag über: 1. Gebot, Frau Begrich. Teilnehmer: 60 bis 80 Personen, vorwiegend Jugendliche im Alter von 25 Jahren
Inhalt: Abgeleitet aus dem Luther-Wort »Man sollte nur Angst vor Gott haben, um die Furcht vor anderen Herren zu verlieren.« vertrat sie pazifistische Meinungen und brachte inhaltlich zum Ausdruck, daß die polnischen Christen dies schon täglich praktizieren. Die Christen sollten keine Waffen in die Hand nehmen, sie wandte sich gegen den Wehrkundeunterricht an den POS. Sie brachte zum Ausdruck, immer mehr erkennen, daß sie nicht mit der Waffe dienen, sich dagegen wenden und Strafe in Kauf nehmen. Diese Ausführungen waren in der Mitte des Vortrags eingebaut. Der Vortrag war nicht mit Diskussion verbunden.

– An dem durchgeführten Orgel-Konzert bzw. Vokal-Instrumentalmusik nahmen insgesamt 320 Teilnehmer aller Altersgruppen teil. Beide Veranstaltungen trugen ausschließlich musikalischen Charakter und wurden laut Programm durchgeführt.
– Genosse Hohaus führte mit Pfarrer Müller ein geplantes Gespräch durch. Unverabredet traf Genosse Hohaus dabei mit Probst Abel und drei weiteren Gästen zusammen, die ihm als Bürger aus Kassel, BRD, vorgestellt wurden. Bei diesem Gespräch gab es keine Probleme.
– Kurz vor Mitternacht wurde die »liturgische Nacht« beendet. Danach fand wie zu ähnlichen Anlässen üblich eine Prozession von 150 bis 200 Jugendlichen hinter dem Gebäude, Petrikirche, statt. Dabei wurde ein Kreuz mit dem Symbol »Schwerter zu Pflugscharen« und Kerzen mitgetragen.
Es kam zu keinen nennenswerten Störungen. Die Prozession löste sich gegen 0.30 Uhr unter Einwirkung der kirchlichen Ordnungskräfte auf.

Steinert, 1. Sekretär
SED Kreisleitung Eisleben

Krawall an der Zionskirche

Am 3. November 1987 erhielt Egon Krenz eine Information der Abteilung Jugend. Krenz gab eine Kopie des Schreibens an Erich Mielke, den Minister für Staatssicherheit. Der Verfasser des Textes war mit einem Mitarbeiter der Abteilung Jugend befreundet. Er schilderte einige Vorfälle der jüngsten Zeit.[3]

Am Montag, dem 2.11.1987, besuchte mich Alexander K*., Lehrling im Centrum-Warenhaus (Alexanderplatz, Bereich RFT, in Begleitung von zwei Freunden (Fachverkäufer im Centrum-Warenhaus). Die drei FDJ-Mitglieder baten um ein Gespräch, um ihre »ernsten Sorgen und Beobachtungen unglaublicher Vorgänge« mitzuteilen.

Das Gespräch ergab folgendes:

1. Alexander K*., der in einer Amateurband (»Ü*.«, 5 Musiker) mitwirkt, die noch keine Einstufung hat, aber gelegentlich auftritt (auch in Räumen, die die Kirche zur Verfügung stellt), besuchte am 17.10.1987 ein Konzert in der Zionskirche. Es traten die Westberliner Band »Element of crime« und eine DDR-Gruppe »Firma« auf. »Firma« hätte u.a. Antinazitexte mit Punkmusik dargeboten. Es seien etwa 500 Besucher in der Kirche gewesen. Nach Verlassen der Kirche, gegen 22.45 Uhr waren auf dem Zionskirchplatz etwa 30 bis 40 schwarzuniformierte »Skinheads« versammelt (teils mit der Straßenbahn angekommen, teils im Konzert bereits anwesend). Sie brüllten »Rot Front verrecke«, »Juden raus aus deutschen Kirchen«, »Sieg Heil«. Einzelne Besucher des Konzertes wurden von Ihnen tätlich angegriffen. Alexander K*. wurde von drei »Skinheads« unter Rufen wie »Stasischwein« zusammengeschlagen. Er erlitt eine leichte Gehirnerschütterung und war am 18.10.1987 zur Behandlung in der Charité. (Die Mutter von Alexander K*., Genossin Prof. Dr. Angelika K*., ist stellvertretende Leiterin der Augenklinik der Charité.) Die am Zionskirchplatz anwesende Volkspolizei (nach dem Eindruck von Alexander K*. 1 Toniwagen und 2 Mannschaftswagen) schritt leider nicht ein.

Die drei Freunde äußerten, daß sie in großer Sorge seien über das Auftreten dieser »Nazis« und fragten, warum so wenig oder nichts gegen sie getan werden würde. Unter jungen Leuten, die sich als

»Linke« begreifen, wachse die Furcht vor diesen »Neonazis«, die in kleinen Terrorgruppen organisiert seien. Offenbar unter Ausnutzung dieser Erscheinungen hätten am 27.10.1987 rund 100 Teilnehmer einer Veranstaltung in der »Umweltbibliothek« der Kirche eine Eingabe an den Staatsrat der DDR gerichtet, in der sie sich über die Passivität der Volkspolizei am 17.10.1987 auf dem Zionskirchplatz beschweren. Am 14.11.1987 wird in der Samariterkirche ein Konzert im Rahmen der Aktion »Brot für die Welt« stattfinden. »Man habe wieder Angst.«

2. Alexander K*. teilte weiter mit, daß sein Freund am 6.10.1987 bei einem Überfall der »Skinheads« auf das Haus Pfarrstraße 94 durch tätliche Angriffe dieser Schläger eine schwere Nierenverletzung erlitt.

3. Nach Beobachtungen von Alexander K*. und seinen Freunden terrorisierten Gruppen der Schwarzuniformierten gezielt einzelne Jugendclubs der FDJ, so den Jugendclub in der Wolliner Straße, den Klub »Sputnik« und auf der Straße vor dem »Sophieklub«.

4. Unter Jugendlichen kursieren folgende Gerüchte:

– In Berlin seien die »Neonazis« in festen Gruppen organisiert, »Führer seien M*. und V*.

– In Weimar gebe es eine faschistische »Wehrsportgruppe«.

– In Boltenhagen habe es ein Skinheadtreffen gegeben.

– Im Frühjahr 1987 soll auf der »Insel der Jugend« (Treptow) ein Skinhead »niedergestochen« worden sein.

– von »Skinheads« soll es einen Angriff auf ein sowjetisches Militärobjekt gegeben haben.

5. Einer der drei Freunde, Holger B*. (Fachverkäufer Uhren/Schmuck) informierte über folgendes: Kürzlich besuchte er den Jugendklub »Drushba« im Hans-Loch-Viertel. Dort beobachtete er eine Gruppe von etwa 15 Jugendlichen, die nur leicht veränderte Bundeswehruniformen mit BRD-Flagge trugen, Haarschnitt erinnerte an Hitler. Die Gruppe trat nicht aggressiv auf. Er sprach einige an und fragte nach dem Sinn ihrer äußeren Erscheinung. Als Antwort hörte er: »Wir sind für Deutschtum. In 10 Jahren an der Schule wird uns die deutsche Ehre genommen. Wir wollen die deutsche Ehre wieder herstellen. Die deutschen Grenzen von 1937 waren gut.« Nach seinem Eindruck handelte es sich bei diesen Jugendlichen um »intelligente« Leute.

Am Abend seines Besuches im Klub erlaubte sich der Diskotheker, dessen Namen er leider nicht kennt, sinngemäß folgendes: »Wir verabschieden heute einige, die leider zur Armee müssen. Ich hoffe, daß sie nicht für 3 Jahre gehen.« »Einen Wunschtitel will ich vorziehen, weil das Mädel, das ihn wünschte, nachher einen Film in ›SAT 1‹ sehen will.«

6. An der Betriebsberufsschule des Handels, Michaelkirchplatz, gebe es einen »bekannten Nazi« namens S*. Er habe u.a. auf einer Wandzeitung den Titel »Neuererbewegung« in »Führerbewegung« umgeschrieben. Er trete offen als »Nazi« auf. Im Frühjahr 1987 habe es eine Anzeige gegen ihn gegeben. Angeblich sei nichts passiert. Der Schuldirektor habe nur erklärt, man solle Vertrauen haben, die Sache sei gemeldet worden.

Anmerkung: Alexander K*. ist dienstlich unter der Telefonnummer 2164317/284, Holger B*. unter 2164317/395 zu erreichen. Er bat darum, die Namen seiner Freunde streng vertraulich zu behandeln. Sie sind bereit, auf vertrauliche Weise uns im Kampf gegen die »Neonazis« zu helfen.

Ob Alexander K. und seine Freunde wirklich zu Spitzeln wurden, ist nicht bekannt. Von 30 an den Krawallen an der Zionskirche beteiligten Skinheads wurden vier angeklagt und zu Freiheitsstrafen zwischen 1 1/2 und 4 Jahren verurteilt. Weitere Ermittlungsverfahren wurden eingeleitet und Material über vier Westberliner Skinheads an die Staatsanwaltschaft im Westteil der Stadt abgegeben. Ein weiterer Schlag richtete sich jedoch gegen die Umweltbibliothek an der Zionskirche. In der Nacht vom 24. zum 25. November stürmten Mitarbeiter des MfS die Bibliothek und verhafteten 7 Personen. Mit diesem harten Vorgehen erreichte die SED jedoch das Gegenteil: In der Zionskirche wurde eine Mahnwache eingerichtet. Über 200 Personen protestierten, in der ganzen Republik solidarisierten sich Friedens- und Umweltgruppen mit den Verhafteten. Die Verhafteten wurden am 28. November freigelassen. In der Zionskirche fanden weiterhin Konzerte statt, im Umfeld der Umweltbibliothek bildeten sich festere Strukturen der Opposition.*

Kohl schaut schon mal ...

Vom 27.5.1988 bis zum 29.5.1988 besuchte Helmut Kohl, westdeutscher Kanzler, privat die damals sehr stabil scheinende DDR. Armeegeneral Friedrich Dickel, Innenminister, sandte Egon Krenz, Politbüromitglied, eine Zusammenfassung des Observationsprotokolls.[4] Selbstverständlich wurde Kohl erkannt und selbstverständlich wandten sich Bürger mit Ihren Sorgen an ihn. Für Kohl ein weiteres Indiz für die Hinfälligkeit der DDR. Ein Jahr später, am 27. April 1989, konstatierte er »neue Hoffnung für die Einheit unseres Vaterlandes« und erklärte offiziell: »Unser Ziel bleibt ein freies und geeintes Deutschland.«[5]

Am 27.05.1988, gegen 12.30 Uhr reiste der Bundeskanzler der BRD, Dr. Helmut Kohl, in Begleitung seiner Ehefrau, seines Sohnes sowie des Regierungssprechers Ost und dessen Mitarbeiter Dr. Bergsdorf, über die Grenzübergangsstelle Wartha zu einem Privatbesuch in die Deutsche Demokratische Republik ein.

Der Bundeskanzler und seine Begleitung hielten sich vom 27.05. 1988 bis 28.05.1988 in den Städten Gotha und Weimar auf. Besucht wurden die Stadtzentren der beiden Städte. Durch den Bundeskanzler wurde mehrfach versucht, Kontakte zu DDR-Bürgern herzustellen, indem er Bürger ansprach. Dabei kam es zu keinen Personenansammlungen bzw. Sympathiebekundungen. In Erfurt übergaben zwei namentlich bekannte DDR-Bürger dem Bundeskanzler jeweils einen Brief.

Am 28.05.1988, gegen 10.30 Uhr trafen der Bundeskanzler und seine Begleitung in der Stadt Dresden ein. Während seines Aufenthaltes wurden das Stadtzentrum, das Fußballspiel Dynamo Dresden gegen den FC Carl Zeiss Jena, die Semperoper sowie ein Gottesdienst in der Kathedrale der Stadt Dresden besucht. Schwerpunktmäßig sind 134 Personen, die in den letzten Wochen provokativ im Stadtzentrum von Dresden versuchten, ihrem Übersiedlungsersuchen Nachdruck zu verleihen, kontrolliert worden.

Am 29.05.1988 in der Zeit von 14.30 Uhr bis 15.00 Uhr hielten sich der Bundeskanzler und seine Begleitung in der Stadt Saalfeld/Gera auf.

Gegen 16.18 Uhr verließen der Bundeskanzler sowie die ihn begleitenden Personen über die Grenzübergangsstelle Hirschberg die Deutsche Demokratiche Republik.

Durch rechtzeitige operativ-vorbeugende Maßnahmen, insbesondere zur Verhinderung von Demonstrativ- und anderen provokatorischen Handlungen wurden im engen Zusammenwirken mit den zuständigen Diensteinheiten des Ministeriums für Staatssicherheit Störungen der öffentlichen Ordnung und Sicherheit nicht zugelassen.

Eine detaillierte Meldung aus Karl-Marx-Stadt

Viele Genossen an der Basis vermuteten, daß es denen da oben schlichtweg an den nötigen Informationen fehle. Daher stellte APO-Sekretär Manfred Schneider aus dem Wirkmaschinenbau Karl-Marx-Stadt »Stimmungen und Meinungen zur Übergabe an Vertreter des ZK der SED« zusammen. Am 2. August 1988 sandte er das Schreiben ab. Es fand sich in einer Akte von Egon Krenz und trug keinerlei Bearbeitungsvermerke. [6]

Allgemeines zur gegenwärtigen Lage

Wegen der mangelhaften Versorgungslage, der mangelhaften Qualität der angebotenen Waren und Dienstleistungen sowie deutlicher Mängel in der Infrastruktur und wegen der nach wie vor ungelösten Probleme auf dem Gebiet des Wohnungswesens ist die Stimmung in sehr großen Teilen der Bevölkerung unseres Landes sehr schlecht.

Diese Situation wird noch dadurch verschärft, daß ein Staat (BRD) mit einer ökonomisch und politisch überholten Gesellschaftsordnung nachgewiesen hat, daß es auch unter den gegenwärtigen internationalen Bedingungen möglich ist, einen erheblichen Teil dieser Fragen im Interesse der Bevölkerung zu lösen.

Gestützt wird diese Stimmung auch dadurch, daß unsere Presse und die Mehrzahl der verantwortlichen Vertreter von Partei und Regierung den oben angeführten Sachverhalt nicht konkret ansprechen, das Positive immer wiederholen und die bestehenden Probleme verklausulieren oder nur zwischen den Zeilen andeuten. Eine offene und ehrliche Diskussion anstehender Probleme ist auch für Mitglieder unserer Partei kaum möglich. Jedenfalls ist nicht erkennbar, ob und in welcher Form die Hinweise und Vorschläge unserer Genossen bei den Verantwortlichen auch nur zum Nachdenken führen. Aus diesen Gründen ist das Vertrauen der Bevölkerung in unsere Partei- und Staatsführung zum gegenwärtigen Zeitpunkt deutlich spürbar erschüttert.

Ausdruck dieses Sachverhaltes sind u.a.:

- Die Einstellung zur Arbeit hat auf fast allen Gebieten der Wirtschaft einen Tiefstand erreicht. Die Arbeitsintensität ist bei mehr als 50% unserer Werktätigen in den letzten Jahren zurückgegangen. Die Sicherung einer hohen Qualität in der Arbeit wird als notwendiges Übel, nicht aber als erstrebenswertes Ziel angesehen.
- Die Qualifizierung für verantwortungsvolle Aufgaben oder gar für Leitungsfunktionen ist heute immer schwerer durchzusetzen. Die Bereitschaft, Leitungsverantwortung zu übernehmen, ist heute als Ausnahme anzusehen.
- Unter dem gleichen Gesichtspunkt sind die Rückgänge in der Kandidatengewinnung zu sehen. An dieser Stelle wirken auch die Zweifel der Genossen an der Richtigkeit der gegenwärtigen Parteipolitik. Sie sind nicht mehr in der Lage, junge Menschen davon zu überzeugen, daß sie als Mitglieder der Partei in der Lage sind, die gegenwärtigen Probleme in unserer Gesellschaft erfolgreich zu lösen.
- In zunehmendem Maße beginnen insbesondere junge, noch ungefestigte Genossen darüber nachzudenken, welchen Sinn es hat, Genosse zu sein. Die Zahl der Austrittsgesuche steigt.
- Während der überwiegende Teil unserer Bevölkerung der Überzeugung ist, daß wir unser Leben selbst gestalten müssen, daß wir in unserer Heimat bleiben und hier den Sinn unseres Lebens finden müssen, gibt es einen zunehmend größeren Teil der Bevölkerung, der diesen Standpunkt aufgegeben hat und sich u.a. in der Bundesrepublik in ein gemachtes Nest setzen möchte.
- Nicht übersehbar ist, daß auch die Zahl derer, die die Probleme der DDR dadurch lösen möchten, daß ein anderes Gesellschaftssystem geschaffen wird, im Steigen begriffen ist. Sie beginnen sich in den unterschiedlichsten Gruppierungen zu organisieren und finden nicht unterschätzbaren Zuspruch in der Bevölkerung.
- Natürlich hat auch unsere Partei- und Staatsführung alle diese Fakten bereits erkannt und ich bin sicher, daß bereits viele Spezialistengruppen an der Vorbereitung von Lösungsvorschlägen arbeiten. Die gegenwärtig sich zuspitzenden Probleme sind jedoch bereits seit vielen Jahren erkennbar. Die Ursachen dafür sind unseren führenden Genossen bekannt und trotzdem wird nicht sichtbar, wie und mit

welchen Methoden und Mitteln diese Probleme gelöst werden sollen. Es dauert zu lange und das Vertrauen in die Fähigkeit, die Probleme zu lösen, ist gesunken. Die zweifellos sinnvollen, regelmäßigen Gespräche einiger unserer Gruppenorganisatoren mit unserem ersten Kreissekretär zu Grundfragen dieser Art führten bisher noch nicht zu einer vernünftigen, schöpferischen Auseinandersetzung. Antworten auf unsere Fragen erhielten wir nicht, bzw. in einer Form, die der Bedeutung dieser Probleme nicht angemessen erscheint. Einige unserer Genossen sehen das als ein Indiz dafür, daß die Partei nicht mehr als einheitliches Ganzes betrachtet werden kann. Man sieht keine Möglichkeit, mit der derzeitigen Denkweise (vgl. Banaschak, »Einheit« 7/88, S. 658) die gegenwärtige negative Entwicklung zu stoppen und neue Wege erfolgreich durchzusetzen.

Ursachen der gegenwärtigen Entwicklung und Vorstellungen zur Lösung der anstehenden Probleme
– Das System der Kennziffern der Planung, Abrechnung und Stimmulierung der Produktion steht im Widerspruch zu den Entwicklungsbedingungen der Produktivkräfte.
– Die IWP ist trotz der Orientierung auf Kennziffern wie Nettoproduktion, Nettogewinn, Arbeitsproduktivität u.a. nach wie vor noch die dominierende Kennziffer und fördert die Entstehung von volkswirtschaftlich bedeutsamen Disproportionen, die insbesondere die Zulieferindustrie in falschen Richtungen stimuliert. Durch Mehrfachrechnung von Leistungen für die Sicherung der IWP-Vorgaben werden vorrangig solche Erzeugnisse produziert, in denen die meisten Zulieferungen mit möglichst hohen Preisen enthalten sind. Die Betriebe, die aus diesen Gründen Zulieferungen nicht oder nicht im notwendigen Sortiment erhalten, sind gezwungen, sich selbst zu helfen und mit volkswirtschaftlich nicht vertretbarem Auffwand zu produzieren. Erhebliche Kräfte der Forschung, der Rationalisierung und der Produktion werden auf diese Weise zweckentfremdet eingesetzt. Das betrifft zumindest im Bereich des Maschinenbaus die Mehrzahl der Betriebe.
– Das Leistungsprinzip für Betriebe funktioniert gegenwärtig nicht. Die Versuche mit dem Prinzip der Eigenerwirtschaftung der Mittel sind ein Anfang, Wirkungen sind jedoch erst dann zu erwarten, wenn das Prinzip in voller Breite angwandt wird und sich die zentralen

Einreden auf die Sicherstellung und Stimulierung der maximalen volkswirtschaftlichen Effekte und Entwicklungserfordernisse beschränken. Völlig unbefriedigend ist gegenwärtig die Zusammenarbeit zwischen den Betrieben stimuliert. Jeder sieht zuerst seine »IWP« und ist sich selbst der Nächste. Die aus Bewußtsein und Verantwortung für maximale volkswirtschaftliche Effekte oder durch Leistungsdruck organisierte Zusammenarbeit bleibt in der Regel auf niedrigem Niveau stecken und bricht bei der ersten besten Gelegenheit zusammen.

– Das Leistungsprinzip für die Werktätigen als Einzelperson ist gegenwärtig nur noch in sehr wenigen Fällen wirksam. Die Anerkennung der Leistungen für die Entwicklung der Produktivkräfte sind ungenügend ausgeprägt. Die Einführung der neuen Technik führt zwar bei den Anwendern dieser Technik zu völlig neuen, wesentlich höheren Löhnen, aber die, die die Voraussetzungen dafür schufen, gehen im wesentlichen leer aus. Die Einführung objektbezogener Gehaltszuschläge und die Einführung der Produktivlöhne tragen aber nicht zur Beseitigung dieser Disproportionen bei. Sie erhöhen im wesentlichen nur das Entlohnungsniveau insgesamt. Die Steuerpolitik verschärft diese Proportion zusätzlich. Die Differenzierung zwischen geistiger und körperlicher Arbeit, die daraus abgeleitete Definition der Klassen und Schichten und die damit verbundenen Konsequenzen bei der Anwendung des Leistungsprinzipe ist nicht mehr zeitgemäß und bedarf zwingend einer durchgreifenden Korrektur.

– Die Einführung des Leistungsprinzipes für gesellschaftliche Arbeit auf allen Ebenen ist ebenfalls ein unbedingtes Erfordernis der Zeit. Die »Ehre«, das Vertrauen der Wähler zu besitzen, bringt dem Betroffenen nur Arbeit und Verantwortung. Wird er nicht wieder gewählt, wird er Arbeit und Verantwortung los. Wird der Gewählte in seiner Wahlfunkton hauptamtlich tätig, dann hat er im gegenwärtigen Wahlsystem Macht und Möglichkeiten, seine erneute Wahl unabhängig von seiner Leistung erneut durchzusetzen. Notwendig erscheint deshalb, ehrenamtliche Wahlfunktionen zusätzlich zu vergüten und bei jeder Wahl mehrere Kandidaten zuzulassen.

Es wird eingeschätzt, daß die hier vorgelegte Einschätzung der Lage und die Vorstellungen zur Lösung dieser Probleme von mehr als 70%

unserer Genossen getragen wird und daß vor allem Kader der staatlichen Leitungen in den Betrieben Veränderungen in dieser Richtung
fordern. Wir bitten die Genossen des Zentralkomitees, diesen unseren
Standpunkt zur Kenntnis zu nehmen, und erwarten, daß er bei der
Erarbeitung neuer Maßnahmen Berücksichtigung findet.

Wir sind daran interessiert, den gegenwärtigen Bearbeitungsstand zu
erfahren und erklären uns beriet, unsere Erfahrungen und unsere
Ideen in diesen Prozeß mit einzubringen.

Manfred Schneider
APO-Sekretär

Probleme mit der Kandidatenkür

*Am 2. März 1989 schrieb ein Genosse aus Dresden an das Politbüro und
wies auf einige Probleme im Zusammenhang mit den bevorstehenden
Kommunalwahlen hin. Krenz ließ die Sache vor Ort mündlich
»klären«.*[7]

Lieber Freund und Genosse Egon Krenz,

Presse, Rundfunk und Fernsehen der DDR haben vor Wochen verkündet, daß Du für die Kommunalwahlen am 7. Mai 1989 der oberste Boß
der DDR bist. Du warst das auch zu den letzten Wahlen am 8. Juni
1986. Deshalb wenden wir uns heute, also rechtzeitig vor den Wahlen,
an Dich. Worum geht es? Als Wohnbezirksausschuß 543 haben wir die
Aufgabe, wieder einen Wahlausschuß für unser Wohngebiet auf die
Beine zu bringen. Während uns das in den vergangenen Jahren ohne
große Schwierigkeiten gelang, haben wir diesmal erhebliche Probleme.
Viele altbewährte Mitsteiter, Blockfreunde und Genossen, sagen uns
ganz unumwunden: »Nee, den Schwindel machen wir nicht wieder
mit.« Was meinen sie?

Durch ihre Mitarbeit im Wahlausschuß der Vergangenheit wußten
sie, wieviel Wahlberechtigte in unserem Wohngebiet wohnen und in
den Wählerlisten standen. Sie wußten auch, wieviel Wahlberechtigte
am 8.6.86 bei der Schließung des Wahllokals nicht erschienen waren.
Bei uns kamen von 973 Wahlberechtigten 109 nicht zur Wahl.

Am nächsten Morgen war der Wahlverlauf das Frühstücksgespräch im Betrieb mit den Arbeitskollegen, die zum Teil in anderen Wahlausschüssen mitgearbeitet hatten und bei denen das Wahlergebnis nicht besser war. Und dann wurde die Tagespresse zur Hand genommen und das offizielle Wahlergebnis studiert. Laut dieser Veröffentlichung gab es in der ganzen Stadt weniger Nichtwähler als in drei Wahlbezirken in der Nachbarschaft. Das schönfrisierte Wahlergebnis wurde als Schwindel bezeichnet.

Wir fragten uns: Muß das sein, haben wir das nötig? Hätten wir nur 80% Wahlbeteiligung gehabt und ebensoviele hätten für die Kandidaten der Nationalen Front gestimmt, konnten wir doch zufrieden sein. Und das Ergebnis wäre wenigstens ehrlich gewesen. Meckerer und Unzufriedene wird es wohl noch lange geben. Wir vermuten, daß die Wahlbeteiligung diesmal nicht besser sein wird. Man spürt die Stimmung in der Bevölkerung beim Schlangestehen am Gemüseladen.

Das lieber Genosse Egon, wollten wir Dir mal zu bedenken geben, damit nicht noch mehr Schaden angerichtet wird.

In ehrlicher Offenheit beste Grüße und alles Gute
Franz Sonntag

Ausländerfeinde lokalisieren

Am 7. März 1989 erhielt Horst Schumann, 1. Sekretär der SED-Bezirksleitung Leipzig, ein Gedicht aus dem VEB Plasta Espenhain zugeschickt. Das MfS wurde informiert.[8]

Vom Warenhaus komm ich her,
ich muß Euch sagen, die Regale sind leer
und auf den Stufen und Kanten
sitzen die Polen mit ihren Verwandten
und draußen vor dem großen Tor
stehen die Deutschen geduldig davor.
Und wie ich so stehe am Markte umher,
da sehe ich die Leute aus der CSSR,
sie haben gekauft, gefüllt sind die Taschen,
waren bemüht, das Letzte zu erhaschen.
Als ich dann heimfahr mit dem Busse

sitzt mir gegenüber ein Russe.
Voller Wut rannte ich in den Laden und kaufte Käse,
da steht vor mir ein Vietnamese.
Ich stolpere zur Tür hinaus ich Armer,
da steht vor mir ein Kubaner.
Komm lieber Erich sei unser Gast
und gib uns die Hälfte von dem, was du hast.
Der Pole hat Kohle, der Russe hat Licht,
wir haben die Freundschaft, mehr brauchen wir nicht.

Ein Konzert in Frauenstein/Erzgeb.

Die DDR sei ein Staat von Polizei, Armee und Staatssicherheit behauptete der Liedermacher Karl-Heinz Bomberg während eines Konzertes, zu dem Pfarrer Bernd Albani in seine Kirche eingeladen hatte. Das geht zu weit!, befand der Vorsitzende des Rates des Bezirkes Karl-Marx-Stadt, Lothar Fichtner. Er machte Meldung beim Staatssekretär für Kirchenfragen in Berlin und hängte dem Pfarrer, Mitglied des Ausschusses des Netzwerkes der Friedens- und Umweltgruppen, ein Ordnungsstrafverfahren an. Das deutliche Abstrafen des Pfarrers war um so notwendiger, als klar wurde, dass Albani ab 1. Oktober 1989 an der Gethsemanekirche in Berlin tätig sein würde.[9]

Werter Genosse Staatssekretär!

Ich möchte Sie über ein Vorkommnis in der Ev.-Luth. Kirche »Zu unserer lieben Frau« in Frauenstein, Kreis Brand-Erbisdorf, am 20.05.1989 in Kenntnis setzen.

Im Vorfeld war uns bekannt geworden, daß der dortige Pfarrer, Dr. Albani, beabsichtigt, den sogenannten Liedermacher Karl-Heinz Bomberg aus Berlin, tätig als Facharzt für Anästhesie im Städtischen Krankenhaus Berlin Pankow, auftreten zu lassen.

In einer dazu erfolgten prinzipellen Aussprache des Stellvertreters des Vorsitzenden des Rates des Kreises für Inneres mit Pfarrer Dr. Albani wurde die staatliche Erwartung ausgesprochen, diesen Auftritt, bei dem es sich um keine religiöse Veranstaltung handelt, entsprechend der Veranstaltungsverordnung anzumelden. Diesen Standpunkt bewußt ignorierend, beharrte der Pfarrer auf der Durchführung dieser Veranstaltung und negierte die entsprechende Anmeldepflicht.

Er beließ nicht nur die Ankündigung dieses Auftrittes im Schaukasten der Kirchgemeinde, sondern brachte provokatorisch am Turm dieser Kirche ein 2,5 Meter langes und ca. 1 m breites weißes Spruchband mit der Aufschrift »Karl-Heinz Bomberg – Liedermacher aus Berlin« und »Immer noch – heute 19.30 Uhr Kirche« an.

Während seiner Eröffnung erklärte Pfarrer Dr. Albani u. a., das »Immer noch« bedeute, in der DDR weiter ausharren zu müssen, trotz Bürokratismus und Demagogie, trotz Machtmißbrauch und Unfreiheit. Sinngemäß forderte er dazu auf, hier zu bleiben, sich aber nicht ruhig zu verhalten, sondern »gegen die bestehenden Mißstände« zu kämpfen und die Regierenden keine Minute außer Kontrolle zu lassen. »Einmischung ist die Devise!« Unter diesem Gesichtspunkt bezeichnete er die bekanntgegebenen Wahlergebnisse als gefälscht und manipuliert. Es bestehe ein Widerspruch zu den Feststellungen kirchlicher Vertreter, die an Stimmauszählungen in Wahllokalen teilgenommen haben.

Bezugnehmend auf das Auftreten sogenannter Liedermacher wie Krawczyk, Schöne und Bomberg in Frauenstein bezeichnete er solche Veranstaltungen als »Tradition«, die er auch gegen staatliche und kirchliche Widerstände beibehalten werde. Er sei deshalb zum Rat des Kreises bestellt worden, habe sich jedoch eine Einmischung in kirchlich Angelegenheiten verbeten und sich letztendlich »durchgesetzt«.

Die »Lieder« des Bomberg, die keinerlei religiösen Charakter trugen, beinhalteten solche Aussagen, wie
– die DDR sei ein Staat von Polizei, Armee und Staatssicherheit,
– die DDR-Führung sei durch Schleimerei, Selbstgefälligkeit und grenzenlosen Machtmißbrauch gekennzeichnet,
– die Menschen in der DDR lebten in Unfreiheit und müßten sich dagegen wehren,
– der Staat trüge die Schuld an der »Ausreisewelle«, da er Besuchsreisen seiner Bürger nicht gewähre.

Die Liedtexte kommentierte er vor den ca. 200 meist jugendlichen Teilnehmern mit abfälligen und provokatorischen Auslassungen, z.B. durch einen »Auszug aus dem Lebenslauf eines Mitarbeiters des Ministeriums für Staatssicherheit«, in dem es laute »lieber schnüffeln als büffeln«.

Werter Genosse Staatssekretär!
Ich habe vor, gegen den Pfarrer Dr. Albani wegen Verstößen gegen die §§ 3 und 8 der Verordnung über die Durchführung von Veranstaltungen vom 30.06.1980 gemäß § 9 dieser Verordnung ein Ordnungsstrafverfahren durchführen zu lassen, in dessen Ergebnis eine Ordnungsstrafe in Höhe von 1000,- Mark ausgesprochen werden sollte.

Mit sozialistischem Gruß
Fichtner

Weg. Nur weg hier.

Gabi T*. aus S*. schrieb am 22. Juni 1989 an Inge Lange, Kandidatin des Politbüros. [10]

Werte Frau Lange!

Ich habe mich bereits vor einem Jahr hilfesuchend an Sie gewandt, als man mich, auf Grund unseres gemeinsamen Ausreiseersuchens zu Familienangehörigen, fristlos aus der Volksbildung entlassen hat. Diese fristlose Entlassung wurde bis heute nicht wieder rückgängig gemacht. Durch diese einschneidende Maßnahme wurde mir eine Oppositionshaltung zu diesem Staat aufgezwungen.

Trotz allem habe ich, so wie auch mein Mann, das von uns einseitig eingegangene Versprechen, bei Bearbeitung unseres Antrages, alle Pflichten als DDR-Bürger zu erfüllen, eingehalten. Was uns in der letzten Zeit sehr schwer gefallen ist. Am 19.6.89 wurde uns die Entscheidung der Abt. Inneres auf unseren Antrag vom 22.12.1987 und den Neuantrag vom 25.1.89 mitgeteilt.

Unser Antrag wurde wegen Nichterfüllung des §10 der Verordnung über Reisen von Bürgern der DDR nach dem Ausland vom 30.11.88 abgelehnt. Jeder Tag, den ich nach meiner fristlosen Entlassung noch gearbeitet habe, wird mit dieser Ablehnung verhöhnt. Alle unsere Bemühungen, unsere Pflicht zu tun, wurden für null und nichtig erklärt. Mein Leben hier in der DDR hat jeden Sinn verloren, denn ich habe merken müssen, daß all unsere positiven Bemühungen zum Schluß gegen uns verwendet worden sind. Unmenschlicher geht es nicht mehr. Ich möchte Sie jetzt, werte Frau Lange, fragen, was Ihre Tochter Katja anders gemacht hat, als sie die DDR verlassen hat?

Wurde sie vorher auch einem solchen Psychoterror ausgesetzt? Welche Gründe hat sie für ihre Übersiedlung angegeben? Eine Familienzusammenführung kann es doch nicht gewesen sein, denn die beabsichtigte Eheschließung wurde doch nie vollzogen. Auch wenn Sie uns aus Ihrer weltanschaulichen Sicht nicht verstehen können, so hoffe ich doch, daß für Sie das Wort Humanität eine Bedeutung hat, und Sie unsere ausweglose Situation verstehen.

Ein Weiterleben in der DDR ist uns auch aus materiellen Gründen mittlerweile stark erschwert, da wir in den eineinhalb Jahren der Bearbeitung des Antrages und nach meiner fristlosen Entlassung an eine Ablehnung nicht mehr glauben konnten und somit unser Eigentum veräußert haben. Durch die Behandlung, die man uns angedeihen ließ und läßt, ist uns auch aus ideeller Sicht ein Verbleiben in der DDR nicht mehr möglich, denn was in dieser Zeit in mir zerstört wurde, läßt sich nicht mehr reparieren.

Ich hoffe auf Ihren Rat und Ihre Hilfe.

Hochachtungsvoll
Gabi T*.

Erst als der Mann von Gabi T*. drohte, sich am 7. Oktober 1989 vor dem Ministerium für Auswärtige Angelegenheiten zu verbrennen, durfte das Ehepaar die DDR verlassen.

Die Hildebrandts fordern »Realitätsempfinden«

Am 23. Juni 1989 sandten Jörg und Dr. Regine Hildebrandt, seit der Wende Arbeits- und Sozialministerin in Brandenburg, eine Eingabe an Joachim Herrmann, Mitglied des Politbüros. Herrmann, zuständig für die Medienpolitik der SED und unbedingter Gefolgsmann Honeckers, hatte wenige Tage vorher, Honecker lag im Krankenhaus, den Bericht des Politbüros an das ZK gegeben. Das Ehepaar aus Berlin konstatierte erhebliche Meinungsunterschiede.[11]

Sehr geehrter Herr Herrmann!

Meine Frau und ich haben heute im »Neuen Deutschland«, dessen Abonnenten wir sind, Ihren Bericht gelesen, den Sie auf der 8. Tagung des Zentralkomitees der SED am 22.6.1989 erstattet haben.

Obwohl wir keine Mitglieder Ihrer Partei sind, meinen wir, zu einzelnen ausgewählten Punkten Stellung nehmen zu müssen und zu dürfen – als Bürger dieses Landes, das von der SED als der führenden Partei regiert wird.

1. Sehr deutlich wollen wir uns dagegen verwahren, uns als »vom Klassengegner mobilisiert« bezeichnen zu lassen, weil wir nicht an den Kommunalwahlen dieses Jahres teilgenommen haben. Wir sind sehr wohl in der Lage, uns aus Erfahrungen einer vierzigjährigen DDR-Wirklichkeit eine eigene Entscheidung zu leisten – diese Entscheidung wird weder durch »westliche elektronische Medien« manipuliert noch durch hiesige Propaganda. Wenn Sie selber an die 98,85 Prozent glauben – wir glauben übrigens nicht daran – verstehen wir Ihre Unruhe nicht, mit der Ihre Partei kritischen Anfragen, gerade aus dem Raum der Kirche, zum Wahlverlauf und zum amtlichen Endergebnis begegnet ist. Meine Frau und ich glauben, erst dann an einer Wahl in der DDR teilnehmen zu können, wenn uns tatsächlich die Möglichkeit gegeben ist, eine Entscheidung zwischen mindestens zwei echt alternativen Angeboten zu treffen.

2. Damit kommen wir zum Stichwort Ungarn, also zu einem Land, dessen Entwicklung Sie »mit großer Sorge« erfüllt. Wir können nur hoffen, daß Ihre Partei, ähnlich der USAP, den Mut findet (oder auch der PVAP, die von Ihnen unerwähnt bleibt) sich demokratisch neben andere, nichtkommunistische Parteien zu stellen und ihnen die Chance zu geben, sich zu artikulieren und Stimmen zu geben.

3. Das Thema China bewegt uns besonders. Sie weisen auf die objektive Information hin, die die DDR geliefert habe: Keine »westlichen Horrormeldungen«, sondern »alle entsprechenden Verlautbarungen und Erklärungen der Partei- und Staatsführung der Volksrepublik China«. Wann und wo aber kamen die zu Wort, die friedfertig für ihr Recht und ihre Freiheit demonstrierten? Objektiv wäre es unserer Auffassung nach gewesen, auch deren Wünsche und verzweifelte Hilferufe zu vermelden, davon zu berichten, daß Hunderte von wehrlosen

Menschen rücksichtslos getötet wurden. Das jedoch festzustellen, halten Sie für »ausländische Einmischung« in die »innere Angelegenheit der Volksrepublik China.« Legen Sie und Ihre Partei fest, sehr geehrter Herr Herrmann, wo wir uns »einmischen« dürfen? Erlaubt sind zur Zeit Südafrika, Chile, Israel, die Bundesrepublik Deutschland und die USA? Wir glauben nicht, daß Untaten zu Ruhmestaten werden, nur weil sie von Kommunisten begangen wurden, die die richtige Linie vertreten.

4. Wenn wir Ihren Bericht wörtlich lesen, scheinen Sie fest davon überzeugt zu sein, daß lediglich »Politiker im Westen« Anstoß an der »Mauer« nehmen. So möchten wir Sie wissen lassen, daß auch wir, meine Frau und ich, sie schrecklich und unmenschlich finden – und dies, seitdem der erste Stacheldraht ausgerollt wurde: am Morgen des 13. August 1961 in der Bernauer Straße (in der meine Frau und ich damals wohnten). Wir haben in den zurückliegenden achtundzwanzig Jahren viele offizielle Versionen zur Rechtfertigung dieses Baues lesen und hören müssen – den eigentlichen Grund haben Sie nie beim Namen genannt. Daß Sie sich nun auch noch ausgerechnet Stefan Heyms als Führsprecher bedienen, berührt eigenartig. Lassen Sie ihn dann doch bitte alles sagen, was er seinen DDR-Lesern sagen möchte! Wir jedenfalls können die Mauer nicht als »Schutzwall« feiern: Halten Sie unsere Gesellschaft wirklich für so schwach und anfällig, daß Sie sich nur mit Steinen, Schneisen und Gräben gegen Drogenhandel und braune Ideologie zur Wehr setzen kann? Wir meinen: das ist absurd.

5. Schließlich Rumänien. Am 12.11.1988 hatten wir an den Staatsratsvorsitzenden geschrieben und unser Befremden darüber zum Ausdruck gebracht, daß Nicolae Ceausescu mit dem höchsten Orden der DDR, dem Karl-Marx-Orden, ausgezeichnet wurde. Eine Antwort hatten wir nicht erhalten. So möchten wir an dieser Stelle unsere Besorgnisse wiederholen. Da Sie einen »allseitigen und kameradschaftlichen Meinungs- und Erfahrungsaustausch« mit der rumänischen Bruderpartei führen, sollten Sie (wie Sie es Ungarn gegenüber praktizieren) bei geeigneter Gelegenheit Ihre Beunruhigung artikulieren – unsere haben wir in dem erwähnten Brief an Erich Honecker so formuliert: »Aus eigener Erfahrung wissen wir, wie Nicolae Ceausescu in Sonderheit die in Rumänien lebenden deutschen und ungarischen nationalen Minderheiten benachteiligt und sein Land wirtschaftlich ruiniert, kulturell, ökologisch und politisch deformiert.«

Sehr geehrter Herr Herrmann, bitte verübeln Sie uns dieses Schreiben nicht. Wir glauben die Pflicht, aber auch das Recht zu haben, Ihnen unsere Auffassung bekannt zu machen, die in vielen Punkten wesentlich von der Ihren abweicht. Viele weitere Stichworte wüßten wir zu nennen, wo wir größere Nüchternheit, größeres Realitätsempfinden, größere Überlegenheit und Weitsicht seitens Ihrer Partei für erstrebenswert hielten.

Mit guten Wünschen für Ihre Arbeit grüßen Sie
Jörg und Dr. Regine Hildebrandt

Volkmar Stanke, persönlicher Mitarbeiter Herrmanns schlug vor, wie mit dem Brief umzugehen sei. Herrmann notierte am 10. Juli 1989 auf dem Zettel: »Einverstanden«.[12]

Vorschlag: Da es sich bei den Absendern um Nichtwähler handelt, wird nicht reagiert. Im Büro des Genossen Honecker wird in analogen Fällen ebenso verfahren.
V. Stanke

»Nennen Sie das Menschenrechte?«

Nicht nur Intellektuelle wandten sich an das Politbüro um ihm mitzuteilen, was man doch bitte ändern möge in der Politik der Partei. Und so schrieb D. B. aus Rathenow am 20. Juli 1989 an Joachim Herrmann.*[13]

Werter Herr Herrmann!

Aus dem Bericht des Politbüros an das Zentralkomitee der SED gibt es vieles, was Sie und Ihre Genossen richtig erkannt haben, aber jedoch gibt es in Ihrem Bericht auch viele Widersprüche.

So schreiben Sie, daß jene Politiker im Westen sich unverholener denn je in die inneren Angelegenheiten der sozialistischen Länder einmischen, jedoch praktizieren doch dies Ihre Genossen jeden Tag.

»Die DDR kann auf bedeutende Leistungen bei der Verwirklichung der Menschenrechte in allen Bereichen sowie einen beispielhaften Beitrag zur Zusammenarbeit der Staaten im humanitären Bereich verweisen.« Diesen Satz muß man sich mal richtig durch den Kopf gehen lassen. Welche Leistungen [sind] denn da gemeint? Ihre Partei bestimmt über unser Leben, wie und wo wir zu leben haben. Weiterhin bestimmt Ihre Partei, wo wir unseren Urlaub zu verbringen haben. Ihre Partei zwingt uns Ihre Ideologie auf. Nennen Sie das Menschenrechte und Humanität?

Für wen ist die Mauer von hohem Nutzen? Wer ein freies [Volk] haben will, der darf es nicht eingesperrt halten. Menschenrechte und Humanität gibt es doch nur für bestimmte Kreise.

Was Ihre Partei von Menschenrechten und Humanität hält, zeigt die Haltung zu den Ereignissen am 3. und 4. Juni 1989 in China.

Wenn Ihre Partei soviel von Menschenrechten und Humanität halten würde, dann dürfte Sie die menschenunwürdige Handlung der chinesischen Regierung nicht befürworten, sondern müßte energisch dagegen antreten. In Ihren weiteren Ausführungen schreiben Sie von vertrauensvollem Gedankenaustausch mit dem äthiopischen Staatsoberhaupt und Herrn Honecker sowie [über] die feste Verbundenheit der DDR mit Äthiopien. Sind Sie wirklich davon überzeugt, daß die DDR-Bevölkerung in fester Verbundenheit mit Äthiopien ist? Nach mehreren Umfragen erschien es uns nicht der Fall, dafür ist das Lebensniveau der DDR-Bevölkerung zu niedrig, um solche Völker freiwillig zu unterstützen.

In Ihren Ausführungen erwähnen Sie einen Satz, der nicht den Tatsachen entspricht: »Unsere Partei hat einen festen Platz im Herzen der Bürger unseres sozialistischen Vaterlandes.« Nachdem wir unsere Umfrage durchgeführt haben, müssen wir zu einem anderen Entschluß kommen. Die steigende Zahl der Ausreisewilligen und illegalen Auswanderer zeigt uns dies deutlich und diese Meinung besteht auch bei Genossen ihrer Partei. Haben Sie sich eigentlich schon die Frage gestellt, warum die Bürger wegwollen?

Nach Ihren Erfahrungen besteht erst jetzt das Kaufinteresse an modischer und attraktiver Bekleidung bei der DRR-Bevölkerung. Auch dies entspricht nicht der Wahrheit. Das Kaufinteresse an solchen Artikeln bestand schon immer, jedoch gab es selten solche Artikel zu erwerben oder der Preis und die Qualität entsprach nicht dem Gebrauchswert der Ware. Weiterhin stellen Sie fest, daß der Warenumsatz gestiegen ist, jedoch muß man die gestiegene Anzahl der Ausländer hinzuzählen.

»Das Wahlergebnis vom 7. Mai ist angesichts der vielschichtigen Entwicklung in der Welt von nationaler und internationaler Tragweite. Es
bestätigt, wie sehr der Sozialismus zur Angelegenheit des ganzen
Volkes, aller Klassen und Schichten wird, wenn man seine Gesetzmäßigkeiten beachtet und [sie] entsprechend den konkreten nationalen Bedingungen schöpferisch angewandt werden.«

Über das Wahlergebnis läßt sich vieles sagen. Abgesehen davon, daß
ein Wahlbetrug offensichtlich war, läßt sich [das] aus den Zahlen der
veröffentlichten Wahlergebnisse der der einzelnen Tagespressen sowie
dem Fernsehen der DDR entnehmen. Nach unseren Untersuchungen,
soweit es ging, gab es in mehreren Kreisen der Bezirke Berlin, Dresden,
Frankfurt/O., Leipzig und Erfurt Wahlbetrug. Die Verweigerung der
Einsicht in die Wahlunterlagen bekräftigt dies noch. Welche Gesetzmäßigkeiten muß man beachten, oder muß man die Augen schließen,
wenn Privilegien an bestimmte Personen verteilt werden.

Dies waren ein paar Bemerkungen zu Ihren Ausführungen unsererseits.
Wir hoffen, daß Ihnen unsere Gedanken Anregungen geben für die wei-
tere Gestaltung Ihrer Parteiarbeit.

Volkmar Stanke, persönlicher Mitarbeiter von Herrmann, notierte auf
einem Zettel, wie man mit dem Schreiben verfuhr: »Ablage – wird nicht
beantwortet.«[14]

Anhang

QUELLEN

I. Der Generalsekretär...
[1] BA Berlin (SAPMO) DY30/vorl. SED 20728.
[2] BA Berlin (SAPMO) DY30/IVB2/2.024/89.
[3] BA Berlin (SAPMO) DY30/IVB2/2.028/20, Blatt 60f.
[4] Staatsarchiv Leipzig (StAL), SED-KL Altenburg / 808 Blatt 27.
[5] BA Berlin (SAPMO) NY4205/47, Blatt 96.
[6] BA Berlin (SAPMO) DY30/IVB2/9.06/95.
[7] BA Berlin (SAPMO) DY30/IVB2/9.06/95.
[8] BA Berlin (SAPMO) DY30/IVB2/9.06/95.
[9] BA Berlin (SAPMO) DY30/IV2/2.037/3, Blatt 95.
[10] BA Berlin (SAPMO) DY30/IVB2/2.024/119.
[11] BA Berlin (SAPMO) DY30/IV2/2.037/4, Blatt 110.
[12] Nicht datiert (zwischen 11. und 22. August 1980). StAL SED-BL Leipzig IV/ D-2/ 3/227, Blatt 69ff.
[13] BA Berlin (SAPMO) DY30/IV2/2.037/4 S. 150. Die Berichte zum Besuch Mittags in Hannover und Bonn sind abgedruckt in: Detlef Nakath und Gerd-Rüdiger Stephan, Von Hubertusstock nach Bonn – Eine dokumentierte Geschichte der deutsch-deutschen Beziehungen auf höchster Ebene 1980-1987, Berlin 1995, S. 37ff. Eine Notiz des Telefonates findet sich in: Heinrich Potthoff, Bonn und Ost-Berlin 1969-1982, Dialog auf höchster Ebene und vertrauliche Kanäle, Darstellung und Dokumente, Bonn 1997, S. 544. Potthoff übernimmt jedoch kritiklos Schmidts reflektierende Selbststilisierungen und führt den Leser in die Irre.
[14] BA Berlin (SAPMO) DY30/IV2/2.037/4, Blatt 241.
[15] BA Berlin (SAPMO) DY30/879, Blatt 34.
[16] StAL SED-Kl Leipzig IV4/02/166, S. 252ff. Der Text wurde zugunsten einer besseren Lesbarkeit von den Besonderheiten eines Fernschreibens bereinigt.
[17] BA Berlin (SAPMO) DY30/IV2/2.037/5, Blatt 252.
[18] BA Berlin (SAPMO) DY30/IV2/2.037/6, Blatt 101.
[19] BA Berlin (SAPMO) DY30/IV2/2.037/6, Blatt 100.
[20] BA Berlin (SAPMO) DY30/IV2/2.037/6, Blatt 99.
[21] StAL SED-BL Leipzig IV/E-2/4/221, Blatt 22.
[22] BA Berlin (SAPMO) DY30/vorl. SED 27501.
[23] BA Berlin (SAPMO) DY30/IV2/2.039/275, Blatt 5.
[24] BA Berlin (SAPMO) DY30/IV2/2.039/275, Blatt 64.
[25] BA Berlin (SAPMO) DY30/IVB2/9.06/94, Blatt 93.
[26] BA Berlin (SAPMO) DY/30/IV2/2.039/273, Blatt 50.
[27] BA Berlin (SAPMO) DY/30/IV2/2.039/273, Blatt 56.
[28] BA Berlin (SAPMO) DY/30/IV2/2.039/273, Blatt 54f.

[29] BA Berlin (SAPMO) DY/30/IV2/2.039/273, Blatt 52f.

[30] BA Berlin (SAPMO) DY30/IV/2.039/88, Blatt 22f.

II. Weggefährten

[1] BA Berlin (SAPMO) DY30/vorl. SED 14357.

[2] BA Berlin (SAPMO) DY30/IVB2/2.024/71.

[3] StAL, SED-BL Leipzig IV/C-2/3/276, Blatt 126.

[4] StAL, SED-BL Leipzig IV/C-3/3/276, Blatt 127.

[5] StAL, SED-KL Döbeln, IV/D-4/05/122, Blatt 3f. Der erste Punkt des Schreibens behandelte Probleme der Planerfüllung.

[6] BA Berlin (SAPMO) DY30/IV2/2.037/26, Blatt 2.

[7] BA Berlin (SAPMO) DY30/IV2/2.037/31, Blatt 147.

[8] Zur Biografie vgl. Wer war Wer in der DDR, S. 182. Das Antwortschreiben der Gauckbehörde auf das Auskunftsersuchen des Senates ist abgedruckt in Utopie Kreativ, 1/1992, S. 27f.

[9] Die Vorlage des Dokuments (Mikrofiche) war schlecht zu entziffern, nicht eindeutig lesbare Passagen sind mit eckigen Klammern gekennzeichnet.

[10] BA Berlin (SAPMO) DY30/IVB2/14/139, Blatt 218f.

[11] Die Promotion B entsprach der Habilitation.

[12] StAL SED-KL Altenburg 808, Blatt 80f.

[13] StAL SED-KL Altenburg 808, Blatt 87.

[14] StAL SED-BL Leipzig IV/D-2/3/216, Blatt 6.

[15] StAL SED BL Leipzig IV/E-2/4/221, Blatt 70f.

[16] StAL SED-SL Leipzig IV E – 5/01/143.

[17] BA Berlin (SAPMO) DY30/IV2/2.039/115, Blatt 120f.

[18] BA Berlin (SAPMO) DY30/IV2/1/642, Blatt 23.

[19] StAL SED-BL Leipzig IV/E-2/3/206, Blatt 34.

[20] BA Berlin (SAPMO) DY30/IV2/2.037/9, Blatt 35.

[21] BA Berlin (SAPMO) DY30/IV2/2.037/9, Blatt 34.

[22] BA Berlin (SAPMO) DY30/IV2/2.042/33, Blatt 152.

[23] BA Berlin (SAPMO) DY30/IV2/2.037/13, Blatt 87.

[24] BA Berlin (SAPMO) DY30/IV2/2.037/13, Blatt 90.

III. Politische Probleme

[1] BA Berlin (SAPMO) DY30/IVB2/2.028, Blatt 6f.

[2] BA Berlin (SAPMO) DY30/IVB2/2.028, Blatt 36.

[3] BA Berlin (SAPMO) DY30/IVB2/2.028, Blatt 40.

[4] BA Berlin (SAPMO) DY30/vorl. SED 14362.

[5] SED-BL Leipzig IV/C-2/3/275, S. 73f.

[6] StAL SED BL Leipzig, IV/C-2/18/277, Blatt 143.

[7] StAL SED-KL Borna, IV/C-4/02/189, Blatt 24.

[8] BA Berlin (SAPMO) DY30/vorl. SED 20728.

[9] StAL SED-BL Leipzig IV/C-2/14/736, Blatt 86f.

[10] LA Merseburg SED-BL Halle IV/C-2/9.02/489, Blatt 85.

[11] BA Berlin (SAPMO) DY30/vorl. SED 20728.

[12] StAL SED-KL Torgau IV/C-4/12/013.

[13] Gemeint sind Blitzkriegspläne.

[14] StAL, SED-KL Borna, IV/C-4/02/161, Blatt 4.

[15] SED-KL Döbeln IV/D-4/05/122 Blatt 130.

[16] SED-KL Döbeln IV/D-4/05/122 Blatt 133. Weiterhin ging es in dem Dokument um sexuelle Handlungen eines Genossen in der Öffentlichkeit und die Verwendung staatlichen Hundefutters für private Zwecke.

[17] StAL SED-BL Leipzig 2041, Blatt 43f.

[18] Dem Absender ist hier ein stilistischer Fehler unterlaufen, da eine doppelte Verneinung entsteht.

[19] BA Berlin (SAPMO) DY30/IV2/2.037/16, Blatt 1.

[20] BA Berlin (SAPMO) DY30/IV2/2.037/44, Blatt 69f.

[21] BA Berlin (SAPMO) DY30/IV2/2.037/16, Blatt 19.

[22] BA Berlin (SAPMO) DY30/IV2/2.040/33, Blatt 232ff.

[23] Als Wiederverwendungsobjekt wurden Typenprojekte bezeichnet, die mit geringem planerischen Aufwand an den jeweiligen Standort angepaßt wurden. Ein Wehrkreiskommando wurde in Erwägung gezogen, da die Sicherheitsvorkehrungen denen einer forensischen Klinik entsprachen.

[24] BA Berlin (SAPMO) DY30/IV2/2.042/60.

[25] BA Berlin (SAPMO) DY30/IV2/2.042/60.

[26] BA Berlin (SAPMO) DY30/IV2/2.037/37, Blatt 43f.

[27] BA Berlin (SAPMO) DY30/IV2/2.037/37, Blatt 40.

[28] BA Berlin (SAPMO) DY30/IV2/2.037/37, Blatt 221ff.

[29] Das Dokument ist abgedruckt in: Matthias Judt (Hrsg.), DDR-Geschichte in Dokumenten, Berlin 1998, S. 67.

[30] BA Berlin (SAPMO) DY30/IV2/2.037/37, Blatt 220 (ohne Datum).

IV. Thema Nr. 1: Die Versorgung

[1] StAL SED-BL Leipzig IV/C-2/4/295, Blatt 231f.

[2] StAL SED-BL Leipzig IV/C-2/5/419.

[3] StAL SED-KL Altenburg Nr. 808.

[4] Statistisches Jahrbuch der DDR, Berlin (Ost) 1981, S. 275.

[5] StAL SED-BL Leipzig IV/D-2/6/03/406, Blatt 85ff.

[6] Vgl. Stefan Wolle, Die heile Welt der Diktatur, Bonn 1998, S. 199f.

[7] BA Berlin (SAPMO) DY30/IVB2/2.028/20, Blatt 62ff.

[8] Vgl. Wolle, S. 201.

[9] StAL SED-BL Leipzig, IV/D-2/3/232, Blatt 153f.

[10] Vgl. Wolle S. 75ff.

[11] StAL, SED-KL Altenburg Nr. 803 Blatt 58.

[12] BA Berlin (SAPMO) DY30/IV2/2.037/32, Blatt 84ff.

[13] StAL SED-BL Leipzig IV/D-2/12/519, Blatt 76.

[14] StAL SED-BL Leipzig IV/D-2/4/266, Blatt 9.

[15] StAL SED-BL Leipzig IV/D-2/4/266, Blatt 124.

[16] BA Berlin (SAPMO) DY30/IV2/2.037/15, Blatt 71.

[17] StAL SED-BL Leipzig IV/E-2/5/300, Blatt 35ff.

[18] StAL SED-BL Leipzig IV/E-2/5/300, Blatt 183.

[19] BA Berlin (SAPMO) DY30/IV2/2.037/36, Blatt 41ff.

[20] BA Berlin (SAPMO) DY30/IV2/2.037/36, Blatt 41ff.

[21] BA Berlin (SAPMO) DY30/IV2/2.037/36, Blatt 184. Rechtschreibung (z.B. Symphatie, ihnen, Wurtstwaren) korrigiert.

[22] Die DDR hatte bis in die achtziger Jahre hinein den höchsten Benzinpreis und die rigidesten Ausfuhrbestimmungen im Ostblock. Das änderte sich mit den zunehmenden wirtschaftlichen Problemen der anderen Länder. Der Benzinpreis stieg, außer in der DDR – hier wurden Dienstfahrten eingeschränkt. 1988 verbot die CSSR die Ausfuhr von praktisch allen Gebrauchsgütern und Lebensmitteln (außer Thunfisch in Dosen). Die DDR und die polnische Regierung verzichteten auf allzu rigide Ausfuhrbestimmungen, wussten sie doch, daß findige Schmuggler mehr ein- als ausführten.

[23] BA Berlin (SAPMO) DY30/IV2/2.037/37, Blatt 147f.

[24] BA Berlin (SAPMO) DY30/IV2/2.037/37, Blatt 146.

[25] BA Berlin (SAPMO) DY30/IV2/2.042/32, Blatt 325.

V. Museum der Nichtigkeiten

[1] BA Berlin (SAPMO) DY30/IVB2/9.06/31.

[2] BA Berlin (SAPMO) DY30/vorl. SED 33528.

[3] BA Berlin (SAPMO) DY30/vorl. SED 37915

[4] BA Berlin (SAPMO) DY30/IVB2/2.024/120.

[5] BA Berlin (SAPMO) DY30/IVB2/2.024/120.

[6] BA Berlin DY30/IV2/2.037/11 Blatt 36.

[7] BA Berlin (SAPMO) DY30/vorl. SED 26130.

[8] MfS-Hauptmann Dr. Werner Teske wurde 1981 wegen Spionage für den BND hingerichtet.

[9] BA Berlin (SAPMO) DY30/vorl. SED 33528.

[10] BA Berlin (SAPMO) DY30/IV2/2.037/36, Blatt 47.

[11] BA Berlin (SAPMO) DY30/vorl. SED 37915.

[12] BA Berlin (SAPMO) DY30/vorl. SED 33528.

[13] BA Berlin (SAPMO) DY30/vorl. SED 37914 Band 2.

[14] BA Berlin (SAPMO) DY30/vorl. SED 37915.
[15] BA Berlin (SAPMO) DY30/vorl. SED 37919.
[16] BA Berlin (SAPMO) DY30/vorl. SED 33709.
[17] StAL SED-BL Leipzig IV/D/2/5/372, Blatt 142f.
[18] StAL SED-BL Leipzig IV/D/2/5/372, Blatt 73f.
[19] BA Berlin (SAPMO) DY30/vorl. SED 37919.
[20] DY30/IVB2/14/70, S. 56. Das vorliegende Schriftstück, das den telefonisch übermittelten Inhalt des Telegramms wiedergibt, trägt das Datum des 14.2.1986.
[21] BA Berlin (SAPMO) DY30/IV2/2.037/12, Blatt 44ff.
[22] BA Berlin (SAPMO) DY30/IV2/2.037/12, Blatt 43.
[23] BA Berlin (SAPMO) DY30/vorl. SED 33709.
[24] BA Berlin (SAPMO) DY30/37914 Band 2.

VI. Die Gegner: Christen, Drucker, Linksabweichler

[1] BA Berlin (SAPMO) DY30/IVB2/14/193.
[2] BA Berlin (SAPMO) DY30/IVB2/14/193.
[3] StAL SED-BL Leipzig IV/C-2/4/295, Blatt 197ff.
[4] StAL SED-BL Leipzig IV/C-2/4/295, Blatt 197ff.
[5] StAL SED-BL Leipzig IV/C-2/4/295, Blatt 202.
[6] StAL SED-BL Leipzig IV/C-2/4/295, Blatt 300
[7] StAL SED-BL Leipzig IV/C-2/14/736.
[8] BA Berlin (SAPMO) DY30/IV2/2.037/31, Blatt 70f.
[9] BA Berlin (SAPMO) DY30/IV2/2.037/31, Blatt 69.
[10] BA Berlin (SAPMO) DY30/IV2/2.037/31, Blatt 120. Notiz: »Eine Ablichtung hat Genosse Mittig, MfS.« Außerdem findet sich in der Akte ein Registraturvermerk des Ministeriums für Staatssicherheit.
[11] BA Berlin (SAPMO) DY30/IVB2/2.028/20, Blatt 178.
[12] BA Berlin (SAPMO) DY30/IV2/2.037/13, Blatt 11f.
[13] BA Berlin (SAPMO) DY30/IV2/2.037/32, Blatt 110ff.
[14] BA Berlin (SAPMO) DY30/IV2/2.037/3, Blatt 330ff.
[15] BA Berlin (SAPMO) DY30/IV2/2.037/3, Blatt 329.
[16] BA Berlin (SAPMO) DY30/IV2/2.037/44, Blatt 37.
[17] BA Berlin (SAPMO) DY30/IV2/2.037/44, Blatt 38.
[18] BA Berlin (SAPMO) DY30/IVB2/14/102.
[19] BA Berlin (SAPMO) DY30/IV2/2.037/15, Blatt 3.
[20] BA Berlin (SAPMO) DY30/vorl. SED 27501.

VII. Kulturpolitik – Ein weites Feld

[1] BA Berlin (SAPMO) DY30/IV B 2/2.024/77.
[2] BA Berlin (SAPMO) DY30/IVB2/2.024/100.

[3] BA Berlin (SAPMO) DY30/IV A 2/2.024/71 Blatt 122.

[4] StAL, SED-BL Leipzig IV/C-2/5/419, Blatt 157f.

[5] StAL, SED-BL Leipzig IV/C-2/5/419, Blatt 201.

[6] StAL, SED-BL Leipzig IV/C-2/5/419, Blatt 216f.

[7] BA Berlin (SAPMO) DY30/IV B 2/2.028/20, Blatt 8.

[8] BA Berlin (SAPMO) DY30/IV B 2/2.024/88.

[9] Diese Abschrift des Briefes für Kurt Hager trug keine Unterschrift.

[10] BA Berlin (SAPMO) DY30/IV B 2/9.06/61.

[11] Zur Antifaschistischen Arbeitergruppe Mitteldeutschland existiert keine quellengestützte Untersuchung. Das Manifest ist abgedruckt in: Andreas Schmidt, »Wir hatten und haben noch den Kurs auf Schaffung der einheitlichen Klassenpartei« – Ein programmatisches Dokument Eislebener Kommunisten vom April 1945. In: Hallische Beiträge zur Zeitgeschichte, Heft 5, 1998

[12] DY30/IV B 2/2.024/90.

[13] BA Berlin DY30/IV 2.2.037/44 Blatt 12 und 14 (Auswahl).

[14] BA Berlin (SAPMO) DY30/IVB2/2.024/102.

[15] BA Berlin (SAPMO) DY30/IVB2/2.024/102.

[16] BA Berlin (SAPMO) DY30/IV B 2/2.024/77.

[17] BA Berlin (SAPMO) DY30/IV B 2/2.024/77.

[18] StAL SED-BL Leipzig IV/E-2/3/206, Blatt 1f.

[19] BA Berlin (SAPMO) DY30/vorl. SED 32707.

[20] BA Berlin (SAPMO) DY30/vorl. SED 32707.

[21] BA Berlin (SAPMO) DY30/vorl. SED 32707.

[22] Gemeint ist ein Treffen ehemaliger Angehöriger der Waffen-SS.

[23] BA Berlin (SAPMO) DY30/vorl. SED 42316.

[24] Die Auflistung folgt einer Abschrift. Auf dem Originalbogen waren einige Vornamen ausgeschrieben, einige nicht.

[25] BA Berlin (SAPMO) DY30/vorl. SED 42316.

[26] BA Berlin (SAPMO) DY30/vorl. SED 36829.

[27] BA Berlin (SAPMO) DY30/vorl. SED 36829.

[28] BA Berlin (SAPMO) DY30/vorl. SED 42323/1.

[29] BA Berlin (SAPMO) DY30/vorl. SED 42323/2

[30] BA Berlin (SAPMO) DY30/vorl. SED 42323/1.

[31] BA Berlin (SAPMO) DY30/vorl. SED 42323/1.

VIII. Stars im Sozialismus

[1] StAL SED-BL Leipzig IV/C-2/9/02/695, Blatt 1ff.

[2] Vgl. Klaus Renft, Zwischen Liebe und Zorn – Die Autobiografie, Berlin 1997. Enthält auch die Briefe von Renft und die Reaktionen der SED.

[3] BA Berlin (SAPMO) DY30/IVB2/9.06/95.

[4] Der Abschiedsbrief ist abgedruckt in: Nina Hagen, Ich bin ein Berliner, München 1988, S. 18f.

[5] BA Berlin (SAPMO) DY30/IVB2/2.024/105.

[6] BA Berlin (SAPMO) DY30/IVB2/2.024/105.

[7] Die DDR exportierte Waffen nach Syrien.

[8] BA Berlin (SAPMO) DY30/IVB2/2.024/105.

[9] BA Berlin (SAPMO) DY30/IV2/2.037/31, Blatt 54ff.

[10] BA Berlin (SAPMO) DY30/IV2/2.037/31, Blatt 60ff.

[11] Der Durchschlag in der Akte von ZK-Sekretär Herrmann war nicht unterschrieben.

[12] BA Berlin (SAPMO) DY30/IVB2/9.06/94, Blatt 125.

[13] BA Berlin (SAPMO) DY30/vorl. SED 25947.

[14] BA Berlin (SAPMO) DY30/vorl. SED 42323/1.

[15] »Familienkrach« erschien noch 1988.

[16] Gabriele Eckart, geboren 1954 hatte während ihres Philosophiestudiums mit dem MfS zusammengearbeitet, sich aber nach dem Bruch mit der Ideologie des Marxismus-Leninismus demonstrativ dekonspiriert. Das MfS legte über sie eine »Gegnerakte« an (OV »Kontra«), trotzdem publizierte sie weiterhin Lyrik in Kleinstauflagen. Nach mehrfachen Wechseln zwischen Ost- und Westdeutschland entschied sie sich 1988 für die USA als Wohnsitz.

[17] BA Berlin (SAPMO) DY30/vorl. SED 42323/1.

[18] BA Berlin (SAPMO) DY30/vorl. SED 42323/2.

[19] BA Berlin (SAPMO) DY30/vorl. SED 42323/2.

[20] BA Berlin (SAPMO) DY30/vorl. SED 42323/2.

[21] BA Berlin (SAPMO) DY30/vorl. SED 42323/2.

[22] BA Berlin (SAPMO) DY30/vorl. SED 42323/2.

[23] BA Berlin (SAPMO) DY30/vorl. SED 42323/1.

[24] StAL SED-KL Döbeln IV F-4/05/066, Blatt 43ff.

IX. IX. Die Jugend und ihre Erzieher

[1] StAL SED-Bezirksleitung Leipzig IV/C-2/3/274 Blatt 80ff.

[2] StAL SED-KL Borna lV-C-4/02/189, S. 65.

[3] LAM SED-BL Halle IV/C-2/5/0402, Blatt 96ff.

[4] StAL SED-BL IV/C-2/3/274, Blatt 93.

[5] StAL SED-BL Leipzig IV/C-2/4/295 Blatt 346.

[6] StAL SED-Kl Altenburg Nr. 830, Blatt 44f.

[7] LAM SED-BL Halle lV/D-2/3/214 Blatt 75ff.

[8] StAl, SED-BL Leipzig IV/D-2/3/227 Blatt 59.

[9] BA Berlin (SAPMO) DY30/lV2/2.037/21 Blatt 13ff.

[10] BA Berlin (SAPMO) DY30/vorl. SED 22574.

[11] BA Berlin (SAPMO) DY30/vorl SED 26130.
[12] Ba Berlin (SAPMO) DY30/vorl. SED 26130.
[13] StAL SED-BL Leipzig IV/E-2/4/221 Blatt 216
[14] StAL SED-BL Leipzig IV/E-2/4/221 Blatt 215.
[15] StAL SED-BL Leipzig IV/E-2/4/222 Blatt 122.
[16] LAM SED-BL Halle IV/E-2/9.02/525.
[17] BA Berlin (SAPMO) DY30/IV2/2.037/1 Blatt 96.
[18] BA Berlin (SAPMO) DY30/IV2/2.037/1 Blatt 94.
[19] StAL SED-BL Leipzig IV/E-2/15/470 Blatt 213.

X. Die DDR und die Welt – Die Welt und die DDR

[1] BA Berlin (SAPMO) DY30/vorl SED 20734.
[2] BA Berlin (SAPMO) DY30/vorl. SED 20734.
[3] StAL SED-BL Leipzig IV/D-2/17/570, Blatt 13.
[4] BA Berlin (SAPMO) DY30/IVB2/ 2.024/120.
[5] BA Berlin (SAPMO) DY30/vorl. SED 30107.
[6] BA Berlin (SAPMO) DY30/vorl. SED 30107.
[7] BA Berlin (SAPMO) DY30/vorl. SED 30107.
[8] StAL SED-BL Leipzig IV/E-2/3/227, Blatt 36.
[9] Landesarchiv Merseburg LAM SED-BL Halle IV/D-2/3/214, Blatt 80f.
[10] BA Berlin (SAPMO) DY30/IV2/2.037/4, Blatt 179.
[11] StAL SED-BL Leipzig IV/D-2/8/02/486, Blatt 31f. Das Schreiben ist auf den 9. Januar 1981 (Tippfehler) datiert.
[12] BA Berlin (SAPMO) DY30/IV2/2.037/44 Blatt 41f.
[13] StAL SED-KL-Altenburg Nr. 808, Blatt 130ff.
[14] Der Stellvertreter des Ministers für Staatssicherheit Markus Wolf bezeichnet rückblickend das Wirken in Äthiopien als »erfolglos«. Er bilanzierte »viel Arbeit und hohe Kosten für uns bei minimalem Einfluß«. Vgl. Markus Wolf, Spionagechef im geheimen Krieg, München 1997, S. 377f.
[15] BA Berlin (SAPMO) DY30/ vorl. SED 27501.
[16] BA Berlin (SAPMO) DY 30/IVB2/14/176, S. 122ff.
[17] StAL SED-BL Leipzig IV/E-2/4/224, Blatt 46f.
[18] StAL SED-BL Leipzig IV/E-2/4/222, Blatt 117.
[19] BA Berlin (SAPMO) DY30/IV2/2.039/115, Blatt 81f.
[20] Schüler, die sich verpflichtet hatten, eine längere Dienstzeit in der NVA zu absolvieren wurden in »Bewerberkollektiven«, einer Art »Arbeitsgemeinschaft«, zusammengefaßt. Eine bessere vormilitärische Ausbildung und der Besuch von interessanten Veranstaltungen sollte zusätzliche Motivation bringen.
[21] BA Berlin (SAPMO) DY30/IV2/2.039/115, Blatt 81f.
[22] BA Berlin (SAPMO) DY30/35699 Nach der Übersetzung des ZK.

[23] StAL SED-BL Leipzig IV/E-2/18/513, Blatt 60f.

[24] StAL SED-BL Leipzig IV/E-2/9-1/417, Blatt 89.

[25] BA Berlin (SAPMO) DY30/IV2/2.039/300, Blatt 127.

[26] Der Beschluss sah den Ausbau der Beziehungen vor. Der entscheidende Punkt waren die unregelmäßigen Rückzahlungen des Irak für fällige Kredite. 1990 schuldete der Irak der DDR 1,051 Milliarden DM.

[27] BA Berlin (SAPMO) DY30/IV2/2.039/299, Blatt 334ff. Der Text folgt der Übersetzung des ZK.

XI. Die SED zerfällt

[1] StAL SED-BL Leipzig IV/C-2/4/295 Blatt 62ff. Ein Austritt aus der SED war nach dem Statut von 1963 nicht vorgesehen. Genossen, die den Wunsch äußerten, die Partei zu verlassen, wurden ausgeschlossen. Erst das Statut von 1976 legte fest, dass die Mitgliedschaft in der Partei auch mit dem Austritt enden konnte.

[2] StAL, SED-BL Leipzig IV/C-2/21/800, Blatt 250.

[3] StAL, SED-BL Leipzig IV/C-2/4/295, Blatt 193.

[4] BA Berlin (SAPMO) DY30/IV2/2.037/32, Blatt 7ff.

[5] StAL SED-BL Leipzig IV/D-2/8/02/480, Blatt 82.

[6] BA Berlin (SAPMO) DY30/IV2/2.037/26 Blatt 120ff. In der Gruppe 67 waren Regisseure und Autoren, die sich in der Zone zwischen Dokumentation und Spielfilm bewegten, zusammengefasst.

[7] Der sechsteilige Fernsehfilm »Karl Marx – Die jungen Jahre« war eine Koproduktion DDR-Sowjetunion. Er erreichte Einschaltquoten zwischen 13,4 und 21,2%. Im Durchschnitt sahen ihn 2 Millionen Zuschauer, die ihn mit der Zensur 2,89 bewerteten. Diese Benotung lag über dem Durchschnitt, die Quote deutlich darunter. Im Jahresdurchschnitt schalteten etwa 30% der Bevölkerung das DDR-Fernsehen ein. Eberhard Fensch, zuständiger Sektorenleiter im ZK meinte, daß die Einschaltquote »angesichts des hohen geistigen Anspruchs dieser Serie dennoch als positiv zu bewerten« sei. BA Berlin (SAPMO) DY30/vorl. SED 25948.

[8] BA Berlin (SAPMO) DY30/IV2/2.037/26, Blatt 118.

[9] StAL SED-BL Leipzig IV/E-2/4/221, Blatt 212.

[10] StAL SED-BL Leipzig IV/E-2/5/301, Blatt 24f.

[11] StAL SED-BL Leipzig IV/E-2/13/461, Blatt 88.

[12] Sammlung der Namen in StAL SED-SL-Leipzig 2038, Blatt 42.

[13] LAM SED-BL Halle IV/F-2/902/338.

[14] LAM SED-BL Halle IV/F-2/902/338.

[15] BA Berlin ((SAPMO) DY30/IV2/2.039/273 Blatt 211.

[16] Markus Wolf, Die Kunst der Verstellung, Berlin 1998, S. 107.

[17] BA Berlin (SAPMO) DY30/IV2/2.039/273 Blatt 207f.

[18] BA Berlin (SAPMO) DY30/IV2/2.039/273 Blatt 206.

XII. Der Untergang
[1] LAM SED-BL Halle IV/E-2/14/581, Blatt 70ff.
[2] In eckigen Klammern war das Wort »Ausrufungszeichen« hinzugefügt.
[3] BA Berlin (SAPMO) DY30/IV2/2.039/313, Blatt 2ff.
[4] BA Berlin (SAPMO) DY30/IV2/2.039/192, Blatt 79ff.
[5] Zit. nach Werner Maser, Helmut Kohl – Der deutsche Kanzler, Berlin, Frankfurt/Main 1990, S. 297.
[6] BA Berlin (SAPMO) DY30/IV2/2.039/92, Blatt 27f.
[7] BA Berlin (SAPMO) DY30/IV2/2.039/173, Blatt 143.
[8] StAL SED-KL Borna IV/F-4/02/058, Blatt 76.
[9] BA Berlin (SAPMO) DY30/IVB2/14/70, Blatt 286.
[10] BA Berlin (SAPMO) DY30/IV2/2.042/60.
[11] BA Berlin (SAPMO) DY30/IV2/2.037/37, Blatt 225ff.
[12] BA Berlin (SAPMO) DY30/IV2/2.037/37, Blatt 224.
[13] BA Berlin (SAPMO) DY30/IV2/2.037/37, Blatt 211ff.
[14] BA Berlin (SAPMO) DY30/IV2/2.037/37, Blatt 210.

Nachwort

I.

Die Geschichte der DDR wird üblicherweise von ihrem Ende her interpretiert. Demokratiedefizite werden gesucht und gefunden. Der Planwirtschaft wird, durchaus zutreffend, die Fähigkeit abgesprochen, eine moderne Gesellschaft mit ausreichend Gütern zu versorgen. Die mangelnde Freiheit zu reisen, kritische Bücher zu lesen oder private Träume zu verwirklichen, wird ebenfalls für das Scheitern des sozialistischen Versuchs verantwortlich gemacht. Selten wird gefragt, warum diese Gesellschaft überhaupt existieren konnte. Die Antwort liegt auf der Hand: Sie wurde mit politischem Druck, nicht ohne Gewalt, etabliert und stützte sich auf einen starken Sicherheitsapparat. Doch es gab auch die Zeit zwischen Stalinismus und dem Scheitern. In den Akten der SED finden sich viele Dokumente zu Repression und engstirnigem Handeln, aber es findet sich auch anderes. Immer wieder loten Idealisten die Grenzen des Regimes aus, machen Vorschläge zu Reformen und Verbesserungen. Vor allem aber findet sich die Sehnsucht nach dem kleinen Glück. Der Rockstar wünscht sich einen Citroen, der Funktionär einen Bootssteg und Leipziger Künstler wollen eine Ausstellung von Max Beckmann besuchen.

II.

Die DDR in der Ära Honecker hatte zwei Gesichter. Die Partei machte ernst mit der Verwirklichung des Sozialismus. Wohnungen entstanden, Konsumgüter wurden importiert, bescheidener Wohlstand hielt Einzug. Die Nachkriegsepoche ging zu Ende, der Staat erschien stabil. Ihre Politiker waren international geachtet, das Land wurde auch diplomatisch anerkannt. Aber die Probleme des Landes waren die Probleme einer sozialistischen Gesellschaft: die Versorgung machte Schwierigkeiten, die Investitionsquoten waren zu gering und die staatlich anerkannte Utopie verlor ihre Zugkraft. Nur die linken, kommunistischen Abweichler klagten ihre Verwirklichung im Hier und Heute ein.

III.

Das größte Hindernis bei der Suche nach dem persönlichen Glück war die SED. Erzwungener Kollektivismus im Namen eines Paradieses für alle ließ keinen Platz für kleine Freiheiten. Die Bevölkerung nahm sie sich trotzdem. Sie handelte und tauschte, baute Datschen, lebte Neigungen und Vorlieben unter dem Dach der Kirche aus. Abseits von der politischen Gesellschaft entstand eine zweite, private. Die schärfste Kritik an der SED kam in den siebziger Jahren jedoch von links. Rudolf Bahro forderte eine sozialistische Alternative, Robert Havemann mahnte die Demokratisierung der DDR an. Die SED reagierte mit Gefängnis und Isolation. Und in den achzigern? Viele der zwei Millionen Mitglieder hatten sich innerlich abgewendet und taten nur das Nötigste. Anderen war die Linie der Partei zu weich. Das Fernsehprogramm sei zu unpolitisch, die Genehmigung von Ausreisen stieß auf Unverständnis.

IV.

Die politische Verantwortung trug Erich Honecker, er führte die Partei und den Staat. Doch er war weder ein harter Stalinist noch ein Reformer. Und für individuelle Wünsche brachte er, der sein ganzes Leben der »Sache« gewidmet hatte, keinerlei Verständnis auf. Dabei begann Erich Honecker als Hoffnungsträger. Er meinte, dass der Sozialismus für den Menschen da sei, nicht umgekehrt. Er formulierte, dass es in der Kunst keine Tabus mehr geben dürfe, wenn der Sozialismus unangetastet blieb. Doch als er am 3. Mai 1971 Walter Ulbricht ausschaltete und selbst die Macht übernahm, war er bereits 59 Jahre alt. Nur in den ersten Jahren gingen von ihm politische Impulse aus. Schwangerschaftsabbrüche wurden legalisiert, ein deutsch-deutscher Dialog begann, Honecker versuchte, das Verhältnis zur Kirche zu entspannen. Mit der neuen Generallinie der Partei, der Verbindung von Wirtschafts- *und* Sozialpolitik, glaubte er, das gültige Rezept für die nächsten Jahrzehnte gefunden zu haben. Weitergehende Impulse waren unerwüscht. Die untergeordneten Hierarchien von Partei und Staat sollten das reibungslose Umsetzen der politischen Linie garantieren, mehr nicht. Doch Erich Honecker erwies sich auch als Mann des

Apparates. Er vertraute auf die Kompetenz und Führungsstärke der von ihm ausgewählten Kader. Aber viele von ihnen wuchsen immer mehr in die Rolle von Kleingöttern – Günter Mittag leitete die Wirtschaft nach seinem Gutdünken. Andere legten ihm ausschließlich Erfreuliches vor. Trotzdem war »Einverstanden E.H.« der häufigste Vermerk, den er auf die ihm vorgelegten Akten schrieb. Im Gegensatz zu Walter Ulbricht, der auf allen Gebieten dilettierte, sich in alles einmischte und auch kompetente Führungspersönlichkeiten permanent unter Druck setzte, war Honecker lasch und überfordert. Sein eigentliches Gebiet war die Kaderpolitik. Er machte aus Underdogs Mächtige und strafte ab, wenn ihm Loyalität nicht mehr gewährleistet schien. Ansonsten profilierte er sich als Außen- und Friedenspolitiker. Zu innenpolitischen Reformen unfähig, sah er tatenlos zu, wie sich die DDR in eine Sackgasse manövrierte. In der Rückschau erscheint seine Machtübernahme als der Höhepunkt seiner Laufbahn.

V.

Der Tod von Werner Lamberz machte deutlich, dass die Zahl derer, die für Führungsposten in Frage kamen, klein war. Die Verantwortung für die Medien wurde in die Hände von Joachim Herrmann gelegt, der ohne Zustimmung Erich Honeckers nichts entschied. Nach der Absetzung von Konrad Naumann trat Günter Schabowski an dessen Stelle, auch er war ein Ideologe ohne eigenes Profil. In den Provinzen saßen selbstherrliche Statthalter. Horst Schumann, der den Bezirk Leipzig von 1970 bis 1989 führte, kümmerte sich um die Ferienheime und das Wochenendhaus der Bezirksleitung. Gelegentlich ordnete er Sonderschichten an und sorgte dafür, dass aus FDJ-Funktionären Soldaten werden. Im übrigen befahl er Ruhe: aufmüpfige Musiker wurden abgestraft, oppositionelle Regungen verfolgt. Andere Bezirkssekretäre regierten weniger aktionistisch, hatten aber kaum Handlungsspielräume.

VI.

Die Grenzen für politisches Handeln wurden zunehmend enger. Immer häufigere Versorgungskrisen sorgen für wachsenden Unmut in der Bevölkerung. Es fehlte an Autos, Wohnungen, Fleisch und Kräutertee. Die Führung reagierte immer gleich. Die Wirtschaft wurde angewiesen, ein Loch zu stopfen, und riss damit andere Löcher auf. Die Partei selbst flüchtete in Propaganda. Sie versuchte die Bevölkerung zu mobilisieren. Agitatoren kämpften um Selbstverständlichkeiten. Zum Beispiel im Braunkohlenkombinat Borna. Die Ziele eines Aufrufes: Ordnung, Disziplin, Sauberkeit, termingerechte Arbeit. Mochte auf diese Weise in den siebziger Jahren noch manches Produktionsziel zu erreichen sein, war es damit in den achtzigern vorbei. Der Vorsitzende einer Abteilungsparteiorganisation in Karl-Marx-Stadt sandte eine ausführliche Bestandsaufnahme ins ZK. Eine offene und ehrliche Diskussion anstehender Probleme wäre auch für Parteimitglieder kaum möglich. Die Arbeitsintensität sei zurückgegangen. Die Sicherung einer hohen Qualität in der Arbeit werde als notwendiges Übel, nicht aber als erstrebenswertes Ziel angesehen. Die Bereitschaft, Leitungsverantwortung zu übernehmen, kennzeichnete er als »Ausnahme« und es sei nahezu unmöglich Kandidaten für die SED zu gewinnen.

VII.

Doch nicht nur die schlechte Versorgung entmutigte die Bevölkerung. Das Fehlen persönlicher Freiheiten, allen voran die mangelnde Reisefreiheit, beschleunigte den Untergang der DDR ebenfalls. Zur Ausreise war eine Erlaubnis der Behörden erforderlich. Diese wurde als Visum zur einmaligen oder mehrmaligen Ausreise, als einfaches oder als Dienstreisevisum erteilt. Ohne Visum war nur die Tschechoslowakei erreichbar, Polen bis zur Verhängung des Kriegsrechtes 1981. Die Reise nach Bulgarien, Ungarn und Rumänien war unproblematisch. Die Sowjetunion wurde im Kollektiv bereist. In den Westen konnten eventuell jene reisen, die Familienangehörige hatten und sie nicht wie jener Funktionär aus Altenburg demonstrativ verleugneten. Außerdem mussten sie politisch loyal und durften nicht Träger von Geheimnissen sein. In der zweiten Hälfte der 80er Jahre waren das immerhin mehrere Millionen Menschen. Doch mehr als die Hälfte der Bevölkerung blieb zu Hause.

VIII.

Der Staat, der sie festhielt, gab sich trotzdem international. Ein Staatsbesuch mit Staatsgeschenk in Sao Tomé e Principe rief vergessene Gegenden dieser Welt ins Bewusstsein. Andere Regionen drängten sich auf. Chile, Vietnam, Nikaragua – auf den Höhepunkten der Systemauseinandersetzung bezog die DDR Stellung. Immer gegen das Alte, immer für die kommunistisch orientierten Revolutionsheere. Die DDR nahm zwar Partei, aber offiziell nicht teil. Von militärischen Lieferungen, von Militärberatern im Ausland erfuhr die Bevölkerung nichts. Sie wurde gelegentlich um Spenden gebeten. Enthusiasmus wurde kanalisiert, eigene Initiativen waren nicht erwünscht. Die Partei entschied, wer wo welche Form der Solidarität zu üben hatte. Freiwillige, die die Sandinisten in Nikaragua unterstützen wollten, wurden zurückgeschickt.

IX.

Das Ausbluten der DDR war von ihr selbst organisiert. Wolf Biermann musste gehen. Armin Mueller-Stahl erhielt keine akzeptablen Filmangebote mehr, Ausreiseantrag. Franz Bartzsch blieb im Westen, sein Hit »Auf der Wiese« – gesungen von Veronika Fischer, durfte nicht mehr gespielt werden. Wenig später geht Fischer auch. Jeden Monat bestätigte Erich Honecker die Listen mit den Namen derer, die die DDR verlassen durften. Zuerst waren es einige hundert im Monat, 1984 schon über 2000. Nicht nur Künstler, auch Ingenieure, Facharbeiter, Wissenschaftler verließen die DDR in Richtung Westdeutschland. Viele Republikflüchtige wollten, dass ihr Abschied als Protest zur Kenntnis genommen wird. Sie verfassten Abschiedsbriefe und hoffen, daß sich in Ihrem Land, der DDR, etwas zum Guten wenden würde. Einige legten Wert darauf, dass ihnen niemand etwas Ehrenrühriges unterstellen konnte. So rechnete Regisseur Manfred Krause die Spesen korrekt ab und ließ den Rest des Reisebudgets seines Filmteams beim Hotelpförtner in Bonn.

X.

Westdeutschland war nicht nur als politischer Konkurrent von Bedeutung. Der innerdeutsche Handel war eine wesentliche Säule der DDR-Wirtschaft. Erich Honecker bemerkte auch, dass beide deutsche Staaten nur zu verlieren hätten, sollte es zu einem Krieg in Europa kommen. Schon jede Verschlechterung des Klimas an der Nahtstelle der beiden Systeme brachte für die DDR weitreichende Probleme. Nur wer sich vorstellen kann, welche Mühe es kostete, den Dialog zwischen Ost und West aufrecht zu erhalten, kann ermessen wie schmerzlich Erich Honecker die Absage Helmut Schmidts zum Besuch in der DDR getroffen haben muss. Honecker verprellte Moskau, die sowjetische Fraktion seines Politbüros und alle Parteimitglieder, die sich eine harte, antiimperialistische Linie erhofften. Helmut Schmidt verantwortete mit seiner unsensiblen, arroganten Haltung eine neue Eiszeit in Deutschland. Dass ein Jahr später der Besuch stattfand, gab schon keinen Anlass zu Hoffnungen mehr. Die Fronten waren verhärtet, die Regierung Schmidt ohnehin am Ende. Neue Hoffnung kam erst mit dem Machtwechsel in der Sowjetunion. Der langsame Abbau der Systemkonfrontation ging mit innenpolitischen Reformen einher. Doch Michail Gorbatschow, der auch in der DDR viele Hoffnungen auf sozialistische Reformen erzeugt hatte, ermöglichte die Abschaffung des Staates DDR. Bis zum Schluss nicht mehr als ein Staat von Moskaus Gnaden, gab er sie zur Übernahme frei, da er von einem geeinten Deutschland größere finanzielle Unterstützung erhoffte. Der Sozialismus in der DDR ging 1990 zu Ende. Gescheitert war er schon vorher.

Personenregister

Abel 302
Abusch, Alexander 182
Adameck, Heinz 35, 224
Adenauer, Konrad 277
Adler, Franz 77f.
Albani, Bernd 313ff.
Albert 289
Anschütz 167
Anske 133
Arafat, Yassir 208
Aull 258
Axen, Hermann 24ff, 203, 208ff., 240, 260

B*., Andreas 88f.
B*, D. 319
B*, Holger 304f.
B*, Ingrid 133
B*, Kerstin 137
B*, Lothar 98ff.
B*, Marco 246f.
B*, Olaf 268
B*, Peter 137
Bahmann, Günther 270
Bahro, Rudolf 155, 333
Baierl 275, 294
Bamberg 38, 286
Banaschak 309
Bär, Olaf 221
Barbarino, R. 92f.
Barckhausen, Christiane 188
Bartel, Pat 96
Barth, Arndt 105, 176
Bartsch, Kurt 183
Bartzsch, Franz 41ff., 336
Bator 211
Bauch, M. 16
Baum 235
Baumbach 54

Bause, Arnd 225
Bebel, August 27, 90, 164
Becher, Johannes R. 173
Becker, Achim 154
Becker, Jurek 178f., 217
Beckmann, Max 194, 332
Begrich 302
Beike, Heinz 280ff.
Beines 145
Bellmann, Rudi 64, 144f.
Berger 115
Berger, Christel 275, 293
Bergsdorf, Wolfgang 306
Beyer, Hans-Jürgen 205
Biedermann, W. 195
Biermann, Wolf 18, 21, 174, 176ff., 182, 206f., 336
Birnbaum, Brigitte 188
Bischoff 226
Böhme, B. 195
Böhme, Hans-Joachim 123f., 174, 289ff.
Bohnenkamp, Arno 93ff.
Bomberg, Karl-Heinz 313f.
Börne, Ludwig 190
Börnert, Dietmar 132
Böttcher, B. 194
Böttcher, W. 194
Brandt, Willy 84f.
Braun, J. 194
Braun, Volker 198f.
Brecht, Bertolt 191
Brecht, Hartmut 129
Brendler, G. 194
Breshnew, Leonid 29, 49, 136
Brézan, Jurij 196f.
Brie, Horst 35
Broeker 71, 87
Brombacher, Ellen 140

Brüning, Elfriede 188
Brüsewitz, Oskar 148f., 230
Buchs, H. 17
Bühnert 279
Burger, D. 194
Bürkholz, Thomas 204ff.
Buschmann, Jörgen 289
Butlers 204
Bykowski, Waleri F. 136

Calvin, Johannes 193
Carter, Jimmy 150
Ceausescu, Nicolae 318
Cebulla, Jochen 134
Chamoun, Pierre 210
Chruschtschow, Nikita S. 145
City 225
Conrad 235
Cordshagen, Rudi 133f.
Czerny, Frank-Peter 205
Czerny, Peter 207

d'Estaing, Giscard 29
Dammbeck, Lutz 194
Dau 233
Deckhardt, A. 194
Demmler, Kurt 225
Dickel, Friedrich 130, 297, 306
Dieckmann. Johannes 288
Dietze 80
Dimitroff, Georgi 90
Dohlus, Horst 55, 56
Domrös 241
Döpmann 53, 54
Dreessen, Adolf 146
Drenkow, Renate 188
Dümont 233

Ebersbach, Ch. 194
Ebersbach, H. 194
Eckhart, Gabriele 219
Einstein, Albert 167

Element of Crime 303
Endler, Adolf 183
Engel 51, 52
Engels, Friedrich 15, 216
Erhardt, Monika 189

F*, Jürgen 147f.
Falk, Hermann 42, 43, 44
Feist 240
Felfe, Werner 196f.
Fensch, Eberhard 91, 141, 217f.
Feuerbach, Ludwig 48
Feyl, Renate 188
Fichtner, Lothar 313ff.
Fink, Heinrich 52, 53, 54
Fink, Rudi 50
Firit, G. 194
Firma 303
Fischer 131
Fischer, Oskar 272f.
Fischer, Veronika 41, 217, 336
Flor 220
Freyer, Paul H. 188
Fricke 220
Fuchs 176
Fuchs 167
Fühmann, Franz 179
Funke, Otto 211ff.

G*, Erich 137
G*, Gerd 232
G*, Michaela 232
G*, Olaf 54, 55
G., Andres 257
G., Delfin 257
Ganzert 82
Gast 234
Gebhardt, Wolfgang 270
Geggel, Heinz 28, 48, 92f., 105,
    115f., 217f., 240, 242, 250f.,
    253
Gehse, A. 194

Geick, Eberhard 282
Geilsdorf, M. 194
Geisler, Heinz 205
Gemayel 210
Gerhard, S. 194
Giese, J. 195
Gille, Sieghardt 195
Girnus, Wilhelm 172, 190ff.
Glende, Günter 132
Goethe, Johann Wolfgang von
    172f., 190ff.
Goldberg, Rainer 220
Gorbatschow, Michail S. 294, 337
Görrisch 71, 87
Görtz, Günter 218
Gotsche, Otto 181f.
Götting, Gerald 60f., 72f., 75
Gräske 288
Grimmling, H. H. 194
Gromyko, Andrej 254
G*., Jörg 96f.
Grotewohl, Otto 145
Günther 174
Günther, Eva 206

H* 227
H*, Carl-Heinz 137
H*, Friedhelm 266
H*, Peter 122f.
H*, Tino 268
H*, Wolfgang 176
Haase, J. 194
Hackenberg, Helmut 120, 247
Hafranke 171, 184
Hagen, Eva-Maria 176f.
Hagen, Nina 206f.
Hager, Kurt 14, 24ff, 38, 42, 48,
    127ff., 143, 169, 174, 179, 182,
    185f., 189, 193, 196f., 200f.,
    209ff., 217, 219ff., 252, 262f.,
    275, 293f.
Hahn, Karl-Heinz 193

Hahn, R. 247, 271
Hahnemann, Helga 10, 223f.
Haig, Alexander 240
Hanemann 234
Hantz 59
Hardel, Lilo 188
Harder, Rolf 275, 293f.
Härtwig 57
Haupt 75
Häuser, Otto 214
Havemann, Robert 158ff., 333
Heino 265
Heisig, Johannes 195
Heldt, Peter 128
Hellmann, Rudi 75
Henne, W. 194
Hennig, Günter 143, 166
Henniger, Gerhard 179, 189
Herger, Wolfgang 97, 132f.
Herlinghaus, Herrmann 282f.
Hermann, Steffi 244
Hermlin, Stephan 181f.
Herrmann, Joachim 24, 32, 34ff,
    45f., 63ff., 67, 91f., 97ff., 115,
    120ff., 127, 130, 132, 140, 149,
    154ff., 165, 169, 214, 238,
    246f., 258, 260, 280, 295,
    316ff., 334
Hertel, Carl-Heinz 129
Herzberg 225
Hesse 82
Heubach, Michael 205
Heyden, Günther 24
Heym, Stefan 14, 178, 183
Hildebrandt, Jörg 316ff.
Hildebrandt, Regine 316ff.
Himel, Ruth 262
Hirsch, K. G. 195
Hitler, Adolf 67, 147, 266
Hoeldtke, Siegfried 253ff.
Hoffmann, Hans-Joachim 174f.,
    220f.

Hoffmann, Heinz 129, 138ff.
Hohaus 302
Honecker, Erich 13ff, 23f., 26ff,
 45f., 58, 61, 64, 69, 72, 83, 97,
 99, 108, 112, 129f., 136, 138ff.,
 155, 165, 169, 175, 179, 182f.,
 186, 190, 198ff., 224, 238ff.,
 243, 245, 258, 262, 267ff., 295,
 313, 316, 318f., 320, 332ff.
Honecker, Margot 175
Höpcke, Klaus 52, 144f., 198
Hund, Hans-Peter 194
Huniat, G. 194
Hüthel, A. 194

Irmscher 106
Itzerott, Dieter 109f.

Jähn, Siegmund 135f., 234
Jakobs, Karl-Heinz 183
Janus-Sommer, M. 195
Jentzsch, Bernd 179
Joachim 271
Josten, Erich 146
Jungk, Robert 168

K*, Alexander 303ff.
K*, Angelika 303
K*, Rolf 137
K., Kerstin 288
Kaiser, Roland 41, 42, 43, 44
Kamnitzer, Heinz 185f.
Kant, Hermann 182, 189, 198f.,
 219
Karajan, Herbert von 220f.
Karau, Gisela 188, 219
Karmal, Babrak 260
Karney, Jürgen 225
Kaufmann, Walter 189
Kaul, Friedrich Karl 172f.
Kaunda, Kenneth 31
Kautz 74

Keller, Dietmar 256, 259
Kerschek, Dieter 183
Kiele, I. 195
Kießling 55, 111
Kirsch, Sarah 179
Kisch, Egon Erwin 89f.
Kiwitt, Maria 270
Klaus 58, 245, 267
Klauschke 135
Kleiber, Günter 103, 124
Klotzsch, Manfred 244
Kniebusch 75
Kobayashi 35
Koch 113
Kohl, G. 194
Kohl, Helmut 306
Koniecny 115
König 78
König, Erhard 94
König, Klaus 220
Kosiol 105
Kowalski 282
Kraatz 44
Krack, Erhard 36, 37, 60f.
Kramer, Rudi 108
Krause 115
Krause, Manfred 282ff., 336f.
Krawczyk 314
Kraze, Hanna-Heide 188
Kreische 288
Krenz, Egon 40, 42, 99f., 140,
 249, 269, 272f., 296f., 303,
 306f., 311f.
Kroker, Herbert 56ff.
Kronfeld 107
Krosch 82
Krug, Manfred 178
Krusche 33
Küchenmeister, Claus 17, 188
Küchenmeister, Wera 17, 188
Kuczynski, Jürgen 6, 48
Kuhlow, K. von 66

Kulidschanow 284
Küster, M. 194

L* 111
L*, Bernhard 232
L*, Niels-Olaf 268
Lafontaine, Oskar 44
Lamberz, Werner 17, 18, 48, 250, 334
Lampe 107
Lange, Inge 64, 96f., 103, 124f., 315
Lange, Katja 316
Langguth, Dieter 121
Lao-tse 161
Lausche, Werner 251
Lehnert, Martin 191
Lemmel 107
Lenin, Wladimir Iljitsch 15, 131, 230
Lewin, Waltraud 188
Libuda, W. 195
Lichaczewska, Barbara 270
Liebknecht, Wilhelm 90
Lieverz, O. 194
Lindner 77f.
Linke, Harald 35, 36, 37
Lippold, Eva 188
Löbel, E. 194
Loeser, F. 178
Loest, Erich 52
Löffler, Anneliese 189
Lotze, H. 80
Lukowski, Martin 254
Luther, Martin 193, 229f., 300, 302
Luxemburg, Rosa 161

M* 304
Mäde, Hans Dietrich 203, 208ff.
Maj 259

Majakowski, Wladimir Wladimiro-witsch 198
Mampel 82
Markowski, Paul 17
Maron, Monika 197f.
Martin, Bernd 219
Martinetti 54
Marx, Karl 15, 90, 262f., 282ff.
Masur, Kurt 177, 220f.
Mathi, Daniel 44
Mattheuer, Wolfgang 195, 199ff.
Mattheuer-Neustädt, U. 195
Maxwell, Robert 24
May, Karl 13, 39
Mecklinger, Ludwig 74, 129f., 253
Menge, Melanie 261
Mensch, Annerose 282
Merten, Rosemarie 108
Mesik, J. 194
Meyer 200
Meyer, Henri 254
Meyer, Kurt 251
Meyer, Peter 221ff.
Meyer, W. 249
Michel 251
Mielke, Erich 129, 136, 197, 217, 258, 294, 303
Miesiaczek 259
Milosz, Czeslaw 259
Mittag, Günter 27, 29, 45, 91f., 334
Mittig, Rudi 155
Möbius 280
Modrow, Hans 13, 14, 39, 40, 76
Molotow, Wjatscheslaw M. S. 145
Morgenstern, Harry 128
Morgner, Irmtraud 189
Mossadegh, Mohammed 150
Mückenberger, E. 28
Mueller-Stahl, Armin 18ff, 336
Müller 302
Müller, Else 97f.

Müller, Karl-Heinz 134
Müller, Margarete 97
Müllstation 301

N. 261
Nagel 211
Naumann 107
Naumann, Konrad 61f., 179,
280f., 334
Nebe, Arthur 106, 229, 260f.
Neujahr 231
Neutsch, Erik 174f., 289ff.
Nickelsen, Olaf 254f.
Nitzsche 105
Nitzsche, Hans 262
Noll, Dieter 183
Norden, Albert 15, 72ff., 108f.,
155f., 178
Novaky, A. 194
Nowak 57

Oppermann 134
Oppermann, Lothar 240ff.
Orwell, George 164

P* 110
P*, Ruth 276ff.
Palahwi, Muhammad Reza 149ff.
Palisch, Heinz 247
Pankow 224ff.
Pannach, Gerulf 206
Parzefall, Walter 132
Pasternak, Boris 186
Paul 50, 51
Pech, Cyrill 229f.
Pehnert 21
Pergold 108
Petersdorf, G. 194
Pieck, Wilhelm 83, 128
Pilz, Waldemar 73
Pinochet Ugarte, Augusto 152
Pirskawetz, Lia 188

Pleitgen, Fritz 254f.
Plenzdorf, Ulrich 172f.
Poche, Klaus 133
Pohl, Ursula 49, 50
Pöhland, Ralph 76f.
Pontius, G. 195
Pöschel 115
Prag, Jochen 51, 289
Puhdys 221ff.

R*, Rolf 156f.
Raddatz, Klaus 169
Ragwitz, Ursula 23, 40, 178,
189ff., 275, 293f.
Ramisch, Richard 145
Rätz, Kurt 211, 222f.
Reed, Dean 203, 208ff.
Renckwitz, Fritz 243
Renft 206
Renft, Klaus 204
Renner 120
Reupert, Eberhard 80f.
Reutzsch, Gerhard 188
Richter 107
Richter, Reinhard 138
Rink, Arno 195
Rinnebach 17
Roscher, Paul 144
Roßbander 167f.
Rößler 176
Roßmann, Gerhard 24
Rostenkowski, Dan 249, 273f.
Rotzsch 244
Rücker, Günther 188
Rüdiger, G. 16
Rümpel, Werner 239f.
Rüscher 128

S* 305
S* 285f.
S*, Achim 176f.
S*, Detlev 285f.

S*, Eberhard 244f.
S*, Karin 176f.
S*, Willi 267
Saint-Just, Louis Antoine Léon de 290
Sch* 58ff.
Sch*, Heike 54, 55
Sch*, Mirko 268
Sch*, Peter 267
Sch*, Thomas 54, 55
Sch*, Thoralf 268
Sch*, Wolfgang 88f.
Schabowski, Günter 65f., 93, 95, 334
Schade, R. 195
Schäfer 300
Schäfer 279
Schäfer, J. 194
Schalck-Golodkowski, Alexander 108
Schall-Brecht, Barbara 171, 184f.
Scheibe 32, 132
Schirmer 108
Schlesinger, Klaus 183
Schmidt 243
Schmidt, H. 17
Schmidt, Hans 52
Schmidt, Heidi 270ff.
Schmidt, Helmut 29ff, 84, 86, 91, 337
Schmidt, Rudolf 58
Schnabel, Heinz 275, 293
Schneider, Manfred 307ff.
Schneider, Rolf 183, 193
Schöbel, Frank 225
Scholz 245f.
Schöne, Gerhard 225, 314
Schönherr, Albrecht 33
Schreier, Peter 18, 20, 220
Schubert, Dieter 183
Schubert, W. 17
Schubert, Wolfram 196

Schückelgrube 145
Schuder, Rosemarie 188f.
Schulmeister, Karl-Heinz 191
Schulz 50
Schulz, Dietmar 253
Schulz, G. A. 194
Schulz, H. 246
Schulz, Jo 188
Schulze, Oskar 145ff.
Schulze, Peter 280
Schumann 54
Schumann, Horst 49f., 55, 56, 62, 77, 106, 110f., 135f., 186f., 227f., 238, 251, 258f., 260f., 271f., 312, 334
Schürer, Gerhard 130
Schwabe, Ernst-Otto 92, 260
Schwartzkopf, Peter 282ff.
Schweitzer, Albert 75
Sefrin, Max 72f., 75
Seghers, Anna 180f., 185f.
Selbmann, Erich 21
Semjonow, Wladimir 282f.
Seyppel, Joachim 183
Siebert 258
Siegenbruck, W. 194
Silly 225
Sindermann, Horst 252
Sitte, Willi 175, 195
Sommer, Siegfried 134
Sonntag, Franz 312
Sorgenicht, Klaus 112, 157
Stadler, H. 178
Stahlhut 77f.
Stalin, Josef W. 67, 145, 282
Stall, Dieter 134f.
Stanke, Volkmar 98, 100, 319, 321
Steger, Otfried 157f.
Stein, Manfred 66ff.
Steineckert, Gisela 42, 188f., 218
Steinert 302
Steinhaus 166

344

Stellmacher, Jochen 283
Stern, Kurt 174
Steuer 129
Stolpe, Manfred 7, 47, 63f., 138
Stoph, Willi 171, 184f.
Strittmatter, Erwin 197

T*, Gabi 315f.
Tamm, Erich 133
Tautenhahn, Gerhard 223
Teichmann 82
Terechow, V. S. 136
Teucher, Fritz 120f.
Th* 266
Thälmann, Ernst 128
Thiele 73
Thiele, G. 194
Thorndike, Annelie 284f.
Thürk, Harry 24ff
Trebs 54
Trölitzsch, Gerhard 129, 132ff.,
  141
Trümpling, Horst von 9, 149ff.
Turczinski 59

Ü* 303
Uhlig 240
Ulbricht, Lotte 64
Ulbricht, Walter 14f., 83, 145,
  181, 190, 288, 333f.
Umbrecht 254

V* 304
Vogel, Hans-Jochen 167
Vogel, Peter 168

W*, Elfriede 110
W*, Thomas 176
Wächter 54
Wadepuhl 191
Wagner 107
Wagner, St. 194

Wahl 82
Walczak 259
Walde, Werner 138
Wasser, Charlotte 188
Weber, Lothar 144
Wegewitz, O. 194
Wehling, Ulrich 77
Weigel, Helene 171, 184f.
Weisgerber, A. 195
Wekwerth, Manfred 275, 294
Weller, Werner 6, 50, 51
Wendt, V. 194
Wenzel 131
Werther, Egon 44
Wessel, Harald 294
Wichmann 82
Wiegel, Karl 89f.
Wiessner, Hans-Jürgen 178, 254
Wildenhain 133
Wippo, H. Peter 183
Wlaschitza, Eckehard 220
Wojciechowski, Jerzy 261f.
Wolf, Christa 174, 193, 275, 293f.
Wolf, Hanna 169
Wolf, Markus 12, 294ff.
Wolf, Werner 204
Womacka, Walter 196
Wudy, Heinz 141
Wunderlich, I. 194

Z*, Günter 231
Zahn, Wolfgang 205
Zehm, Günter 14
Zobel 234
Zöphel, Gerald 270
Zwingli, Ulrich 193

Abkürzungsverzeichnis

ABI Arbeiter-und-Bauern-Inspektion
Abt. K Kriminalpolizei
ABV Abschnittsbevollmächtigter
ADN Allgemeiner Deutscher Nachrichtendienst
AG Arbeitsgemeinschaft
AGL Abteilungsgewerkschaftsleitung
AK Aktuelle Kamera
ALWO Altenburger Wollfabrik
APO Abteilungsparteiorganisation
ARD Arbeitsgemeinschaft der öffentlich-rechtlichen Rundfunkanstalten der Bundesrepublik Deutschland
BA Bundesarchiv
BD Betriebsdirektor/Bezirksdirektion
BdVP Bezirksdirektion der Volkspolizei
BL Bezirksleitung
BRD Bundesrepublik Deutschland
BT Betriebsteil
BZ Berliner Zeitung
CDU Christlich Demokratische Union
CIA Central Intelligence Agency
CSSR Ceskoslovenská Socialistická Republika: Tschechoslowakische Sozialistische Republik
DDR Deutsche Demokratische Republik
DEFA Deutsche Film Aktiengesellschaft
DFD Demokratischer Frauenbund Deutschlands
DKP Deutsche Kommunistische Partei
DSF Deutsch-Sowjetische Freundschaft
DTSB Deutscher Turn- und Sportbund

EG Europäische Gemeinschaft
EKO Eisenhüttenkombinat Ost
Erzgeb. Erzgebirge
FDGB Freier Deutscher Gewerkschaftsbund
FDJ Freie Deutsche Jugend
FF-Dabei Funk&Fernsehen-Dabei
Gen. Genosse
Ges-Bl Gesetzblatt
GHG Großhandelsgesellschaft
GO Grundorganisation
GPG Gärtnerische Produktionsgenossenschaft
Gr. Grafik
GULAG Glawnoje Uprawlenije Lagerej: Hauptverwaltung des sowjetischen Straflagersystems
HKH Haftkrankenhaus
HO Handelsorganisation
HWL Holzwolle-Leichtbau-Platten
IBM International Business Machines Corporation
IFA Industriefahrzeuge-Kombinat
IM Inoffizieller Mitarbeiter
IML Institut für Marxismus-Leninismus
IOC Internationales Olympisches Komitee
IWP Industrielle Warenproduktion
Kfz Kraftfahrzeug
KGB Komitet gossudarstvennoj besopasnosti: Komitee für Staatssicherheit (wörtl: Komitee der Gefahrlosigkeit!)
KMU Karl-Marx-Universität
KPdSU Kommunistische Partei der Sowjetunion
KPI(M) Kommunistische Partei Italiens
KPKK Kreisparteikontrollkommission
KSZE Konferenz für Sicherheit und Zusammenarbeit in Europa
LVZ Leipziger Volkszeitung
MdI Ministerium des Inneren

MfAA   Ministerium für Auswärtige Angelegenheiten
MfS   Ministerium f. Staatssicherheit
MLK   Metall-Leichtbaukombinat
MPLA   Movimento Popular de Libertação de Angola - Partido de Trabalho: Volksbewegung für die Befreiung Angolas - Partei der Arbeit
NATO   North Athlantic Treaty Organisation
ND   Neues Deutschland
NDP   Nationaldemokratische Partei
NKWD Narodnyj Komissariat Wnutrennych Del: Volkskommissariat für Innere Angelegenheiten
NSW   Nichtsozialistisches Wirtschaftsgebiet
NVA   Nationale Volksarmee
ODH   Oberster Diensthabender
OMR   Obermedizinalrat
PB   Politbüro
PC   Personal Computer
PDS   Partei des Demokratischen Sozialismus
PGH   Produktionsgenossenschaft des Handwerks
Pkw   Personenkraftwagen
PLO   Palestinian Liberation Organization: Palästinensische Befreiungsorganisation
PLO   Parteileitungsorganisation
POS   Polytechnische Oberschule
PVAP   Polnische Vereingte Arbeiterpartei
RFT   Rundfunktechnik
RGW   Rat für gegenseitige Wirtschaftshilfe
RIAS   Rundfunk im Amerikanischen Sektor
SAPMO   Stiftung; Archiv der Parteien und Massenorganisationen der ehemaligen DDR
SAWAK   Sazeman-e Ettela'at va Amnijat-e Kešwar

SB-PKK   Stadtbezirks-Parteikontrollkommission
SDAG   Sowjetisch-Deutsche Aktiengesellschaft Wismut
SED   Sozialistische Einheitspartei Deutschlands
SGL   Sektionsgewerkschaftsleitung
SL   Sektionsleitung
SPKK   Stadtparteikontrollkommission
SR   Sozialistische Republik
Stasi   Staatssicherheit
SU   Sowjetunion
Trapo   Transportpolizei
UdSSR   Union der Sozialistischen Sowjetrepubliken
Ufd.   Unionsfreund
Uffz.   Unteroffizier
UGL   Universitätsgewerkschaftsleitung
UN   United Nations
UNO   United Nations Organization
USAP   Ungarische Sozialistische Arbeiterpartei
VBK   Verband Bildender Künstler
VB-Ob. Volksbildungs-Objekte
VdgB   Vereinigung der gegenseitigen Bauernhilfe
VEB   Volkseigener Betrieb
VEG   Volkseigenes Gut
Verl.Dir.   Verlagsdirektor
VP   Volkspolizei
VPKA   Volkspolizeikreisamt
VRB   Volksrepublik Bulgarien
WBA   Wohngebietsausschuß
WEMA Werkzeugmaschinen
WKK   Wehrkreiskommando
WPO   Wohngebietsparteiorganisation
ZBO   Zwischenbetriebliche Bauorganisationen in der Landwirtschaft
ZDF   Zweites Deutsches Fernsehen
ZK   Zentralkomitee
ZPKK   Zentrale Partei Kontrollkommission

MIT SOZIALISTISCHEM GRUSS

Parteiinterne Hausmitteilungen, Briefe,
Akten und Intrigen aus der Ulbricht-Zeit

Herausgegeben von Henrik Eberle
320 Seiten, mit Abbildungen, Broschur,
ISBN 3-89602-146-X, 24,80 DM

»Es gibt Briefe, die die Welt nicht braucht, aber unbedingt gelesen haben sollte.« FRITZ – Das Magazin

»Über Mumpitz hinaus liefert der Band eine Reihe eindringlicher Beschreibungen des Alltagslebens« Thüringer Allgemeine

»Bizarr« Rheinische Post

»Das ist nur härteren Gemütern zuzumuten. Aus jeder Zeile glotzt uns der gesamtdeutsche Kleinbürger blöde an.« Donaukurier

»Proletprosa« Der SPIEGEL

»Über weite Strecken amüsant.« Leipziger Volkszeitung

»Nachrichten von gestern, heute eher erheiternd als bestürzend.« Lausitzer Rundschau

»Zum Schmunzeln komisch« BILD

»Wieweit der Opportunismus der Vielen und der Mut ganz Weniger ging, läßt sich nicht zuletzt an den Dokumenten bekannter Promis ablesen – einige sind geradezu zum Heulen.« Ruhr-Nachrichten

IM SCHWARZKOPF & SCHWARZKOPF VERLAG

DIE GAGARIN-STORY

Die Wahrheit über den Flug des ersten Kosmonauten der Welt.

Von Gerhard Kowalski

Ca. 320 S., mit vielen Abbildungen,
Format 13,5 x 21 cm, Broschur
Erscheint im Februar 1999.
ISBN 3-89602-184-2
DM 29,80

Der geheimnisumwitterte Flug Juri Gagarins, des ersten Kosmonauten: Fast alles, was wir darüber zu wissen glauben, ist falsch. Wie es wirklich war, steht in diesem Buch des Raumfahrt-Journalisten und Kosmonauten-Fachmannes Gerhard Kowalski.

Durch eigene Recherchen und Gespräche mit russischen Kosmonauten konnte Kowalski viele weiße Flecken in dem bis dato höchst lückenhaften Mosaik des Gagarin-Flugs tilgen.

Nicht zuletzt hat auch Juri Gagarins Witwe Walentina dazu beigetragen, eine Reihe offener Fragen zu klären. Somit entstand ein Buch, das erstmals für den deutschsprachigen Raum die wahren Umstände des vielfach geheimnisumwitterten Fluges Gagarins schildert.

Im Lichte der Tatsachen erweist sich zudem Gagarin als Mensch, dessen epochale Leistung keiner realsozialistischen Verbrämung bedurft hätte, um ihn unsterblich zu machen.

IM SCHWARZKOPF & SCHWARZKOPF VERLAG

»ALS ICH WIE EIN VOGEL WAR.«
GERULF PANNACH: DIE TEXTE.

Die Songtexte von Gerulf Pannach
für die Klaus Renft Combo, Pannach & Kunert,
Veronika Fischer, die Puhdys und viele andere.
Herausgegeben von Salli Sallmann.
Ca. 300 S., mit vielen Abbildungen,
Format 13,5 x 21 cm, Broschur.
ISBN 3-89602-186-9, DM 29,80

»Ob im Osten oder Westen, wo man ist, ist's nie am besten« diese Zeilen dichtete Gerulf Pannach aktualisierend in Erich Mühsams Text »Weiter, weiter, unermüdlich«. Dies steht für das Leben und Schreiben des Rockpoeten und Dichtersängers, der in den 70ern der DDR als der zweite Wolf Biermann bezeichnet wurde. Der angriffslustige oppositionelle Sänger galt vielen als sächsisch-plebejisches Gegenstück zu Biermann. Pannach, einer der beiden Texter der legendär-anarchischen Rockband »Renft-Combo«, für die er auch eine seiner schönsten Balladen, den »Apfeltraum« schrieb, verfügte über das Instrumentarium des Beats, der Rock- und Folkmusik als Grundlage seines Lebens-, Schreib- und Singegefühls und konnte deshalb sein Publikum emotional unmittelbarer und provozierender ansprechen. Dies tat er in der DDR und später – nach seiner Ausbürgerung 1977 – ebenso im Westen mit einer dichterischen Brillanz, die ihm in der deutschsprachigen Dichtung nach dem II. Weltkrieg dauerhaft einen Platz sichert. Das Buch dokumentiert erstmals umfassend die Texte von Gerulf Pannach.

Das Buch ist der dritte und letzte Band der Renft-Trilogie:
KLAUS RENFT – ZWISCHEN LIEBE UND ZORN.
Die Autobiografie. Hrsg. von Hans-Dieter Schütt
300 Seiten, mit 50 Abbildungen, Broschur.
ISBN 3-89602-135-4. 29,80 DM
NACH DER SCHLACHT. Die Renft Story – von der Band selbst erzählt.
Aufgeschrieben von Delle Kriese.
320 Seiten, Broschur 13,5 x 21 cm, viele Abb., DM 29,80

IM SCHWARZKOPF & SCHWARZKOPF VERLAG

AMIGA.
DIE DISKOGRAPHIE DER
ROCK- UND POP-PRODUKTIONEN
1964   1990

Mit Abbildungen aller LP-Cover und allen Angaben zu
den Komponisten, Textern, Interpreten und den Aufnahmen
aller Amiga-Produktionen.
Von Birgit und Dr. Michael Rauhut.

Ca. 480 S., mit über 1000 farbigen und s/w Abbildungen,
Format 13,5 x 21 cm, Hardcover
ISBN 3-89602-189-3; ca. DM 49,80

Amiga buchstabiert man heute Kult. Was unter diesem Namen in Vinyl gepreßt wurde, ist mittlerweile ein begehrtes Sammlerobjekt, ein kulturgeschichtlicher Schatz. Amiga bleibt für viele aber auch ein Stück Biographie. Die alten Scheiben von Renft, den Puhdys oder Manfred Krug sind der Soundtrack ganzer Generationen.

Die Diskographie listet erstmals alle Rock- und Pop-Platten auf, die Amiga zwischen 1964 und 1990 veröffentlicht hat, vom ersten »Yeah, yeah, yeah« bis zur Umwandlung der Firma in eine GmbH. Hier finden sich sämtliche LPs, EPs und Singles, gegliedert nach nationalen Produktionen und Lizenzübernahmen.

Die Diskographie ist die erste ihrer Art und damit ein unentbehrliches Handbuch für den Fan und Chronisten. In puncto Akribie und Tiefe ist sie ein Novum.

Aus dem Inhalt:

• *Nationale Produktionen: Long Player / Sampler / Extended Player / Singles*
• *Lizenzübernahmen: Long Player / Sampler / Extended Player / Singles*
• *Raritäten, Sammlerstücke, Kuriosa*
• *Bildteil (viele farbige Abbildungen)*
• *Titelregister / Personen- und Bandregister*

IM SCHWARZKOPF & SCHWARZKOPF VERLAG

Die Herausgeber

Henrik Eberle, 1970 in Karl-Marx-Stadt geboren, studierte Geschichte an der Martin-Luther-Universität Halle (Saale). Nach einem Ausflug in den Journalismus kehrte er an die Universität zurück und beschäftigt sich mit verschiedenen Themen der DDR-Geschichte. 1998 veröffentlichte er das Buch *Mit sozialistischem Gruß! Parteiinterne Hausmitteilungen, Briefe, Akten und Intrigen aus der Ulbricht-Zeit*

Denise Wesenberg, 1971 in Merseburg geboren, studierte Geschichte, Germanistik, Theologie und Pädagogik an der Martin-Luther-Universität Halle (Saale). Derzeit absolviert sie das Referendariat an einem Gymnasium.

Editorische Notiz

Vorwort, Nachwort und Einleitungstexte sind nach den Regeln der neuen Rechtschreibung abgefasst. In den Dokumenten wurde die alte Rechtsschreibung beibehalten, da der Charakter der Texte sonst zu sehr verändert worden wäre. Schreibfehler – soweit nicht inhaltlich von Bedeutung – wurden stillschweigend und vorsichtig nach den Regeln der alten Rechtschreibung korrigiert. Die Interpunktion wurde behutsam den neuen Regeln angepaßt. Der Duktus der Dokumente wurde ebenso beibehalten wie stilistische Eigenheiten. Hervorhebungen sind einheitlich kursiv gesetzt. Erledigungsvermerke und handschriftliche Unterstreichungen blieben unberücksichtigt. Randbemerkungen sind in den einleitenden Texten widergegeben. Wenn ein Bericht auf mehrere Themen einging, wurde nicht zur Sache gehörendes gekürzt. Diese Kürzungen sind durch eckige Klammern und Auslassungszeichen kenntlich gemacht. Nicht oder nur schwer entzifferbare Stellen wurden ebenfalls durch eckige Klammern markiert. Von uns anonymisierte Personen wurden mittels Sternchen gekennzeichnet, sonstige Abkürzungen sind original.

Danksagung

Allen Mitarbeiter der Archive in Leipzig, Merseburg und Berlin schulden wir Dank. Ohne ihre sachkundige Beratung und intensive Betreuung hätte dieses Buch nicht entstehen können. Ralph Knobelsdorf kritisierte leider sehr zurückhaltend, Inga Grebe deutlicher. Christina Schröder unterzog sich der Mühe der Erstellung des Registers.

Impressum

Einverstanden, E.H. Parteiinterne Hausmitteilungen, Briefe, Akten und Intrigen aus der Honecker-Zeit. Herausgegeben von Henrik Eberle und Denise Wesenberg (Mit sozialistischem Gruss! Band 2) ISBN 3-89602-188-5. Originalausgabe Copyright © 1999 by Schwarzkopf & Schwarzkopf Verlag GmbH, Berlin. Druck AIT Norwegen. Printed in Europe.

Wir senden Ihnen gern unseren kostenlosen Katalog. Schreiben Sie an:
Schwarzkopf & Schwarzkopf Verlag GmbH / Abt. Service, Kastanienallee 32, 10435 Berlin.